国家社科基金重点项目"中国马克思主义绿色发展观的基本理论与方法研究"(项目编号 14AKS013)

国家社科基金丛书
GUOJIA SHEKE JIJIN CONGSHU

中国马克思主义绿色发展观的基本理论与方法研究

Studies on Basic Theory and Methodology of
China's Marxist Green Development Ideology

黄志斌 著

人民出版社

责任编辑：方国根　郭彦辰

封面设计：石笑梦

版式设计：胡欣欣

图书在版编目（CIP）数据

中国马克思主义绿色发展观的基本理论与方法研究/黄志斌 著. —北京：
　人民出版社,2023.10

ISBN 978－7－01－025203－2

Ⅰ.①中…　Ⅱ.①黄…　Ⅲ.①马克思主义-生态经济学-发展-研究②绿色
　经济-经济发展-研究-中国　Ⅳ.①F062.2②F124.5

中国版本图书馆 CIP 数据核字（2022）第 203804 号

中国马克思主义绿色发展观的基本理论与方法研究

ZHONGGUO MAKESIZHUYI LÜSE FAZHANGUAN DE JIBEN LILUN YU FANGFA YANJIU

黄志斌　著

人民出版社 出版发行

（100706　北京市东城区隆福寺街 99 号）

北京汇林印务有限公司印刷　新华书店经销

2023 年 10 月第 1 版　2023 年 10 月北京第 1 次印刷

开本:710 毫米×1000 毫米 1/16　印张:27

字数:371 千字

ISBN 978－7－01－025203－2　定价:120.00 元

邮购地址 100706　北京市东城区隆福寺街 99 号

人民东方图书销售中心　电话（010）65250042　65289539

目　录

前　言

　　绿色作为生态系统的底色,展示着生机与活力,象征着和谐与美好。绿色发展作为附着生态底色的发展,理当是人与自然日趋和谐、绿色资产不断增殖、人的绿色福利不断提升的过程。中国马克思主义绿色发展观作为一种关于发展问题的理论思考和根本看法,则是经由几代中国共产党人的接力探索而孕育、形成、成熟的关于绿色发展的主张和观点的集合,它赋予什么是绿色发展、为什么要实行绿色发展以及怎样实现绿色发展等重大问题以科学系统的回答,其核心思想内在地结构为基本理论与方法体系,昭示出 21 世纪中国马克思主义在发展问题探索上的创新发展,不仅为新时代中国绿色发展提供了理论支撑和行动指南,而且为世界绿色发展贡献了中国智慧和中国方案。

　　"绿色发展"与"生态文明""美丽中国"是紧密相关的。尽管这三个概念正式出现在党的文献中的时间不同,但其理论内涵高度相关,具有内在的一致性。"生态文明"最早以建设生态文明的术语出现于 2007 年党的十七大报告中,其目标取向是:"基本形成节约能源资源和保护生态环境的产业结构、增长方式、消费模式。循环经济形成较大规模,可再生能源比重显著上升。主要污染物排放得到有效控制,生态环境质量明显改善。生态文明观念在全社会牢固树立。"①2012 年召开的党的十八大,进一步将生态文明建设纳入"五位

---

　　①　中共中央文献研究室:《十七大以来重要文献选编》(上),中央文献出版社 2009 年版,第 16 页。

一体"总体布局,成为中国特色社会主义建设全局中的重要"一位"。"绿色发展"最早于2010年由胡锦涛在中国科学院第十五次院士大会、中国工程院第十次院士大会上的讲话中提出,其要义是:"发展环境友好型产业,降低能耗和物耗,保护和修复生态环境,发展循环经济和低碳技术,使经济社会发展与自然相协调。"①党的十八大以来,绿色发展在习近平系列重要讲话中常以"绿色发展方式与生活方式"的术语出现,党的十八届五中全会则明确提出绿色发展理念,并将其上升到引领新时代中国特色社会主义事业发展的空前高度予以系统展开。"美丽中国"最早出现于2012年党的十八大报告中,其要旨在于让中华大地天更蓝、山更绿、水更清、环境更优美。习近平在其系列重要讲话中将绿色发展与生态文明、美丽中国有机联系在一起,一同纳入了实现中华民族伟大复兴中国梦的题中之义。就直接含义而言,三者以"文明走向—战略路径—愿景擘画"的逻辑主线相贯穿。生态文明代表了人类文明和中国现代化建设的发展走向,"功在当代、利在千秋""事关中华民族永续发展""关乎人类未来";绿色发展作为一种发展方式与生活方式,是生态文明的战略路径,我们要走出工业文明人与自然对立冲突的局面,走向生态文明新时代,就必须从忽视生态规律的传统发展方式与生活方式转向遵循生态规律的绿色发展方式与生活方式;美丽中国则是绿色发展的美好愿景,因而也就是生态文明的美好愿景,绿色发展、生态文明的成果在生态环境向度上都展现为祖国山河的美丽。而在理念层面,三者都以人与自然是生命共同体、人与自然的和谐共生为核心,无论是绿色发展还是生态文明、美丽中国,其观念前提都在于人与自然是生命共同体、人与自然的和谐共生;在目标归宿上,三者都聚焦于人民的绿色福利、生态福祉,都体现了中国共产党人为中国人民谋幸福、为中华民族谋复兴的初心,都是为了"让人民群众在绿水青山中共享自然之美、生命之

---

① 中共中央文献研究室:《十七大以来重要文献选编》(中),中央文献出版社2011年版,第747页。

美、生活之美"①。因此，在对中国马克思主义绿色发展观的阐释中，不必刻意对三者加以区分，可以根据不同的语境和论域选择使用、互换使用甚或串联使用。

　　理论思考始于问题。正是中国革命、建设和改革过程中所面临的生态环境问题，引发了中国共产党人的理论思考，孕育、形成了中国马克思主义绿色发展观。中国马克思主义绿色发展观植根于中国革命、建设和改革的伟大实践，伴生于马克思主义中国化时代化的历史过程。在毛泽东生活的年代，中国共产党人所肩负的历史任务是让中国人民"站起来"，生态环境建设从属于中国革命和建设事业。毛泽东虽然从未使用过绿色发展的术语，甚至出现过有悖于自然和社会发展规律的"大跃进"和"文化大革命"的错误，但是在新民主主义革命、社会主义革命和建设过程中，他曾因应当时的历史条件，针对因为战争和人的因素所导致的植被破坏等问题，提出过诸如属意自然、增产节约、大地园林化、群众路线、统筹兼顾等具有绿色发展思想意蕴的主张和观点，开创了中国共产党人绿色发展理论探索的先河，成为中国马克思主义绿色发展观的发轫之作。解放和发展生产力，提高人民生活水平，让中国人民"富起来"，是以邓小平同志为主要代表的中国共产党人所肩负的重要历史任务。邓小平立足当时中国具体国情和党的历史任务，汇聚集体智慧，科学回答"什么是社会主义，如何建设社会主义"的根本问题，形成了邓小平理论。他在力推改革开放、社会主义经济社会发展、人民生活水平改善的同时，开始将生态环境建设作为社会主义建设的一个方面来对待，从人口控制、植树造林、科教先导、立法建制诸方面探索并提出了一系列加强生态环境保护、协调人与自然关系、意指绿色发展的思想，展示出邓小平理论现实性与前瞻性的高度统一，对当代中国马克思主义绿色发展观形成、深化及实践运用产生了深远影响。

---

　　①　习近平：《在纪念马克思诞辰 200 周年大会上的讲话》，人民出版社 2018 年版，第 21—22 页。

千年更迭、世纪之交,国际局势风云变幻,世界社会主义事业陷入低谷,中国改革开放和社会主义现代化建设波澜壮阔,需要通过党的建设和坚强领导,与时俱进,迎难而上,坚决捍卫和发展中国特色社会主义。以江泽民同志为主要代表的中国共产党人,基于对冷战结束后国际形势和党的历史方位的科学判断,以及党的历史经验和建设中国特色社会主义伟大实践的深刻总结,科学回答"建设什么样的党,怎样建设党"的重大问题,形成了"三个代表"重要思想。与"三个代表"重要思想的酝酿、形成和深化相伴随,江泽民提出了可持续发展战略、科技创新、人才建设、环境法治和制度改革等一系列主张和观点,确立了生态环境建设在中国特色社会主义建设中的重要地位,接续丰富和强化了中国共产党人关涉绿色发展的思想。进入 21 世纪,中国特色社会主义事业进入全面建设小康社会的新阶段,谋求科学发展、和谐发展,全面提高人民群众的生活质量和健康素质,成为以胡锦涛同志为主要代表的中国共产党人所肩负的重要历史任务,生态文明建设逐渐成为中国特色社会主义建设的主导方向之一。胡锦涛在中国马克思主义的接力发展中,瞄准我国发展的重要战略机遇期,针对我国经济高速增长中出现的严重生态环境问题,将可持续发展等发展思想予以拓新,科学回答"实现什么样的发展、怎样发展"的重大问题,提出了科学发展观和社会主义和谐社会思想,并在科学发展和和谐发展的框架下提出了"绿色发展"的概念,从观念变革、绿色增长、以人为本、统筹兼顾诸方面论述了绿色发展的思想,阐释了绿色发展的自然观、价值观、经济观和方法论,确立了中国马克思主义绿色发展观的基本内容,标志着中国马克思主义绿色发展观的形成。党的十八大以来,中国特色社会主义事业迈向新时代,中国人民在中国共产党的坚强领导下,历经"站起来""富起来"的奋斗过程而迎来了"强起来"的新飞跃,站上了我国社会发展新的历史方位,决胜全面建成小康社会、进而开启全面建设社会主义现代化强国的新征程,成为中国共产党人新的历史使命。我国社会的主要矛盾已经转化为人民日益增长的美好生活需要和不平衡不充分的发展之间的矛盾,这种关系全局的社会主要矛盾的历史性变化,发出了产生与之相适应的新理论的呼唤。而新中国成立以来建设社会主义的实践、改革开放40多年来的实践,特别是党的十八大以来的最新实践则为新理论的产生提供了坚实的基础。人民群众作为实践的主体,在新时代中国特色社会主义伟大实践中展现出的极大积极性、主动性和创造性,为新理论的形成提供着广泛的群众基础和集体智慧。以习近平同志为核心的党中央,顺应时代新呼唤、因应人民新期待、回应实践新要求,从理论和实践的结合上系统回答了新时代坚持和发展什么样的中国特色社会主义、怎样坚持和发展中国特色社会主义,建设什么样的社会主义现代化强国、怎样建设社会主义现代化强国,建设什么样的长期执政的马克思主义政党、怎样建设长期执政的马克思主义政党等重大时代课题,形成了新时代中国特色社会主义思想。习近平同志通过发表系列重要讲话对此作出了决定性贡献,展现出卓越的理论素养、非凡的政治智慧和果敢的历史担当。在党的十八届五中全会上,以习近平同志为核心的党中央围绕全面建成小康社会、实现伟大民族复兴中国梦的奋斗目标,立足于当代中国经济社会发展与资源约束趋紧的现实矛盾、人民群众日益强烈的生态需求与环境污染加重的现实问题、绿色资产增殖诉求与生态系统退化的现实反差,以及我国国际形象提升需要与国土空间不够优美的现实抵牾等发展难题的破解,提炼出绿色发展等五大发展理念,并将其上升到引领新时代中国特色社会主义事业发展的空前高度,成为习近平新时代中国特色社会主义思想的有机组成部分。绿色发展理念的确立及其在自然观、价值观、经济观、人民观、法治观、方法论等层面的系统展开,意味着推动绿色发展、建设生态文明已成为新时代坚持和发展中国特色社会主义的主轴,标志着中国马克思主义绿色发展观历经几代中国共产党人的探索而跃升为成熟形态,其所涵括的基本理论与方法集中体现了习近平的生态文明思想,彰显了中国马克思主义绿色发展观的最新成果和崭新境界。这内在地要求学术界以高度的理论自觉展开深入研究。

中国马克思主义绿色发展观之基本理论与方法的学术化、学理化研究,是中国马克思主义学者义不容辞的责任和使命。如何基于中国共产党人所探索的中国道路、所总结的中国经验、所建立的中国制度、所提出的中国理念和主张，从学理上阐释中国马克思主义绿色发展观形成与发展的历史逻辑、理论逻辑和实践逻辑，阐明中国马克思主义绿色发展观的历史必然性、理论创新性和现实合理性，如何从学术上贯通中国马克思主义绿色发展观的基本理论与方法，构建经得起实践检验的绿色发展的范畴论、规律论、价值论、方法论，丰富和创新学术化形态的马克思主义绿色发展理论与方法体系，为新时代中国绿色发展的伟大实践乃至世界生态文明建设提供强有力的思想基础、理论支撑、方法指引，已成为学术界必须承担和努力完成好的时代课题。

近年来，学术界围绕中国马克思主义绿色发展观进行了多角度、多方面的研究，使人们对中国马克思主义绿色发展观的生成逻辑、学术意涵、学理依据和实践旨归都有了深刻认识。国内学者所出版的著作，主要包括以下五种类型：一是专门研究马克思恩格斯生态思想对于中国马克思主义绿色发展观生成的理论根基作用，阐释马克思恩格斯生态思想是中国马克思主义绿色发展观的主要理论源泉，以及中国马克思主义绿色发展观对马克思恩格斯生态环境思想的继承与发展。例如，徐民华、刘希刚的《马克思主义生态思想研究》（中国社会科学出版社 2012 年版），张进蒙的《马克思恩格斯生态哲学思想论纲》（中国社会科学出版社 2014 年版），苗启明等人的《马克思生态哲学思想与社会主义生态文明建设》（中国社会科学出版社 2016 年版），方世南的《马克思恩格斯的生态文明思想——基于〈马克思恩格斯文集〉的研究》（中国社会科学出版社 2018 年版），解保军的《马克思生态思想研究》（中央编译出版社 2019 年版），张云飞的《自然的复活：马克思主义人与自然关系思想及其当代意义》（人民出版社 2022 年版）等，这些著作主要从文本的角度对马克思恩格斯的生态思想进行结构梳理、内容解读和理论阐释，论述马克思恩格斯生态观对我国社会主义生态文明、绿色发展的价值意义和思想影响，凸显马克思恩格斯关于人与自然、人与社会双重和解的思想就是社会主义生态文明、绿色发展的理论渊源和先声。二是专门研究西方学界生态发展观对于中国马克思主义绿色发展观的借鉴意义，汲取其中所蕴含的生态文明和绿色发展思想成分，说明这些思想成分在研究中国马克思主义绿色发展观中的参考价值。例如，李晓西等人的《中国:绿色经济与可持续发展》(人民出版社 2012 版)，郇庆治的《当代西方生态资本主义理论》(北京大学出版社 2015 年版)，王雨辰的《生态学马克思主义与生态文明研究》(人民出版社 2015 年版)、《生态学马克思主义与后发国家生态文明理论问题研究》(人民出版社 2017 年版)，刘仁胜的《生态马克思主义与生态文明》(中国人民大学出版社 2022 年版)等，这些著作对生态学马克思主义、西方环境伦理和可持续发展等现当代西方思想进行分析甄选和学术梳理，归纳西方学者对于主客二元对立的近代哲学世界观，人对自然的侵略性、宰制性、扩张性、人类中心主义、资本逻辑等非生态甚至反生态思想的批判，以及在此基础上所提出的生态价值、自然资本、自然资源优化配置、非人类中心主义、绿色方案设计等思想观点，分理出其中可资借鉴的合理成分及其启迪意义，这拓展了我们研究中国马克思主义绿色发展观的学术资源和理论视野。三是专门研究中华传统文化中的绿色发展思想基因及其当代价值，探寻中华传统生态智慧与当代生态文明及绿色发展的内在关联，阐释中华传统智慧在当代中国的创造性转化与创新性发展。例如，吴洲的《中国古代哲学的生态意蕴》(中国社会科学出版社 2012 年版)，乔清举的《儒家生态思想通论》(北京大学出版社 2013 年版)，胡化凯的《道家自然观发凡》(海天出版社 2016 年版)，陈红兵的《佛教生态哲学研究》(宗教文化出版社 2011 年版)，韩晓燕等人的《中国古代生态思想及实践研究》(四川人民出版社 2019 年版)，朱亚飞等人的《当代视域下的中国传统生态化研究》(人民出版社 2020 年版)等，这些著作或在整体上或分门别类或从具体人物角度对儒、道、释各家所蕴含的生态自然观、价值观、审美观等予以深度挖掘和归纳，解析"天人合一""自然无为""以时禁发"以及"生态同体"等传统文化观念的合理内核，说明其对当代生态环境保护、生态文明、绿色发展的基因意义。四是系统研究生态文明、绿色发展、美丽中国,在揭示生态环境问题的特征及其产生根源的基础上,阐释生态文明的现实诉求、社会背景、内在本质、价值取向、实践方略与路径、美好愿景等。主要有刘思华的《生态文明与绿色低碳经济发展总论》(中国财政经济出版社 2011 年版),陈学明的《谁是罪魁祸首——追寻生态危机的根源》(人民出版社 2012 年版),胡鞍钢的《中国:创新绿色发展》(中国人民大学出版社 2012 年版),郁庆治等人的《绿色发展与生态文明建设》(湖南人民出版社 2013 年版),卢风等人的《生态文明新论》(中国科学技术出版社 2013 年版),赵建军的《如何实现美丽中国梦——生态文明开创新时代(第 2 版)》(知识产权出版社 2014 年版),张云飞的《唯物史观视野中的生态文明》(中国人民大学出版社 2014 年版),陈金清的《生态文明理论与实践研究》(人民出版社 2016 年版),卢风的《生态文明与美丽中国》(北京师范大学出版社 2019 年版),戴圣鹏的《人与自然和谐共生的生态文明》(社会科学文献出版社 2022 年版),张云飞的《建设人与自然和谐共生的现代化》(中国人民大学出版社 2022 年版)等,这一类型著作所占比重最大。五是直接研究中国马克思主义绿色发展观的发展历程和理论成果的著作。例如,傅晓华的《可持续发展之人文生态——兼论马克思主义绿色发展观》(湖南人民出版社 2013 年版),李军等人的《走向生态文明新时代的科学指南——学习习近平同志生态文明建设重要论述》(中国人民大学出版社 2015 年版),龙睿赟的《中国特色社会主义生态文明思想研究》(中国社会科学出版社 2017 年版),任玲、张云飞的《改革开放 40 年的中国生态文明建设》(中共党史出版社 2018 年版),潘家华的《生态文明建设的理论构建与实践探索》(中国社会科学出版社 2019 年版),蔡昉等人的《新中国生态文明建设 70 年》(中国社会科学出版社 2020 年版)等,这些著作梳理了中国马克思主义绿色发展观的形成与发展轨迹,阐释了作为中国马克思主义绿色发展观成熟形态的习近平生态文明思想。

在学术论文方面,许多学者对中国马克思主义绿色发展观也表现出炽热的激情和独特的睿智，发表了一系列研究成果。归纳起来，现有的研究成果中，主要呈现出三种研究路向和旨趣：一是理论源流探寻。如有学者把中国马克思主义绿色发展观的理论渊源概括为四个方面：马克思恩格斯绿色发展思想、西方现代发展思潮、中华传统生态智慧以及中国共产党对绿色发展观的积极探索（刘海霞等，2018）；另有学者将中国共产党人关于绿色发展的理论思考和实践探索梳理为"保护植被—保护环境—可持续发展—科学发展—绿色发展"的不断深化的历史过程，并认为绿色发展观的提出和完善，标志着中国共产党对自身执政、社会主义建设及人类社会发展的规律性认识进入一个崭新的阶段（冯留建等，2017）；还有学者凸显马克思恩格斯的生态自然观、对资本主义反生态性的批判等思想是中国马克思主义绿色发展观生成的直接理论来源，绿色发展理念是马克思主义绿色发展观与我国当前生态环境状况和经济发展实际相结合的新成果，因而是马克思恩格斯绿色发展观的当代再现（陈凡等，2013；刘玉高等，2016）。二是基本概念辨析。例如，有学者对生态文明及其建设理论的基础范畴进行了阐释和辨析，认为生态文明概念或范畴是整个生态文明及其建设理论或话语体系的逻辑起点或原点，其界定包括两个基本维度：一是着眼于"文明"，强调生态文明的新文明特质；二是着眼于"生态"，强调生态文明及其建设的绿色变革意蕴。生态文明建设作为生态文明的派生术语，更接近于指向社会实践层面。绿色发展理念主要是我国谋划中长期经济社会发展的重要指导性准则或规约，所彰显的是我国经济社会发展中应有的绿色思维或生态文明建设要求，而作为生态文明建设新四大战略部署之首的"推进绿色发展"，突出了经济领域生态化这一战略前沿是我国生态文明建设的主要内容和现实进路。还自然以宁静、和谐、美丽的美丽中国建设则体现了推进绿色发展、实现"人与自然和谐共生的现代化"的生态文明建设愿景目标（郇庆治，2018）。另有学者把绿色发展界定为人与自然日趋和谐、绿色资产不断增殖、人的绿色福利不断提升的过程，论证了绿色发展是当代中国发展的主题，绿色资产是绿色发展、绿色福利的基础和载体，绿色福利是绿色发展、绿色资产的归宿(黄志斌,2015);美丽中国作为我国生态文明建设愿景的新描绘,其生态环境特质是人工自然与天然自然的璧合,具体展开为外在形式上的协调、内在作用上的互利、基于外在形式和内在作用的精神文化意蕴的相洽(黄志斌,2014)。三是理论意涵阐释。如有学者指出:习近平生态文明思想在绿色发展的视域下对生态生产力理念、绿色福利理念、发展与文明关系的阐述,继承和发展了马克思主义生态观,有利于当代中国发展难题的破解(康沛竹等,2016)。另有学者对习近平新时代绿色发展观进行了系统阐释,认为这一新的发展观创新了马克思主义,顺应了时代主流,彰显了发展主题,坚持了保护自然的一贯主张,坚持了人民主体地位,贯穿着制度建设主线,抓住了当今世界现代化的主脉,坚守着美丽中国主旨(刘保国,2019)。也有学者分别针对不同的理论议题对中国马克思主义绿色发展观的理论意涵深入展开研究,阐释生态文明理论及其绿色变革意蕴(郇庆治,2015),人与自然和谐共生的多维取向(蓝强,2016),新时代人与自然和谐共生的对策(刘尚洪、单喜凤,2017),绿色发展的哲学意蕴与时代价值(杨发庭,2016),绿色发展的系统特征、价值取向以及实践路径(刘金、曹康康、黄志斌,2018),习近平绿色发展理念的真善美意境(苏亮乾,2017),分析人与自然命运共同体(卢艳芹、彭福扬,2017),"金山银山"与"绿水青山"关系的逻辑理路(王景通、林建华,2019),生态文明建设的"超循环"本然依据、应然规范和实然途径(黄志斌,2014),绿色发展理念的"生产力、群众、制度"三重逻辑(张建、袁伟,2018),绿色发展中的辩证思维(黄志斌,2017),习近平绿色发展观的方法论(刘保国、张小娟,2018),习近平生态文明思想的原则性贡献(张云飞,2022),人与自然和谐共生的现代化的真善美意蕴(方世南,2022),中国形态的生态文明理论构建的方法论问题(王雨辰,2022)等。

国外学界目前未见到对中国马克思主义绿色发展观的直接研究,但在生态学马克思主义者对马克思恩格斯生态思想的阐发与论述以及当代国际社会主要新型发展观中,涉及了绿色发展思想。如福斯特(John Foster)从对资本主义生态批判的视角,提出了以人为本、适度发展、协调发展等命题,认为可持续发展的希望在于转向社会主义。克沃尔(Joel Kovel)通过对资本癌症般增长本性的分析与思考,指出资本主义制度在本质上是反生态的,只要不改变资本主义的生产方式,任何科学技术都无法阻止人类面临的能源和环境双重危机。此外,值得关注的是,国际社会对中国绿色发展的行动与成效给予了高度认同和评价。如联合国环境规划署发布《绿水青山就是金山银山:中国生态文明战略与行动》报告,向国际社会推介中国建设生态文明、推动绿色发展的指导原则、基本理念、政策举措、成功经验和坚定决心,彰显了中国生态文明、绿色发展的世界意义。

纵观学界的研究现状,我们认为近年来在中国马克思主义绿色发展观的孕育、形成与发展及其理论意涵研究,马克思恩格斯生态思想、中国传统生态智慧、国外生态思潮及其当代价值的研究等方面取得了可喜的丰硕成果,呈现出宽广的研究视域和深入的探究趋向,为攀登中国马克思主义绿色发展观新的学术研究高地提供了阶梯。但聚焦中国马克思主义绿色发展观,探究其基本理论与方法的成果并不多见,在中国马克思主义绿色发展观历史逻辑、理论逻辑和实践逻辑的揭示上,在理论渊源自身的内容结构梳理及其与中国马克思主义绿色发展观承续发展的对接上,尤其是在中国马克思主义绿色发展观之基本理论与方法的提炼及其学术意涵、内在逻辑的阐释上,仍有进一步研究的必要和拓展的空间,需要我们进一步展开深入、系统的研究,增添富有学术、理论和现实价值的研究成果。

基本理论与方法是具有基础和根本意义的理论与方法,从哲学高度看,它就是世界观和方法论。中国马克思主义绿色发展观的基本理论与方法有现实化形态和学术化形态两种形态:前者是中国共产党人在破解生态环境问题的实践及对其经验教训总结的基础上,通过理论概括而形成的有关绿色发展的基本理念、观点、主张和论断;后者是学界在研究阐释现实化形态的基本理论与方法的过程中,通过学术化、学理化探究而形成的绿色发展本质性规定、规律性认识、价值性原理和方法论意涵。基于此,本书从"基本理论与方法"的论域,按照"现实化形态阐释—思想渊源探索—学术化形态构建"的思路展开对中国马克思主义绿色发展观的研究:首先考察中国马克思主义绿色发展观从潜在到现实的历史过程,阐释现实化形态的基本理论与方法的历史逻辑、理论逻辑和实践逻辑,彰显其历史必然性、理论创新性和实践指导性;接着探索中国马克思主义绿色发展观的基本理论与方法渊源,分理、提炼原生形态的马克思恩格斯生态观中的绿色发展思想意蕴、中华传统"天人合一"生态智慧中的绿色发展思想基因、国外生态思潮中的绿色发展思想成分,凸显中国马克思主义绿色发展观基本理论与方法的思想理论基础、本土文化基因和国外批判借鉴;进而尝试构建学术化形态的中国马克思主义绿色发展观的基本理论与方法体系,以"本然依据—应然规范—实然方法"为逻辑路径,递进展开绿色发展范畴论、规律论、价值论、方法论的系统阐释,开掘、提取现实化形态中国马克思主义绿色发展观之基本理论与方法的学术意涵和实践根据,彰显其内容科学性、学理支撑性和实践规约性,推动 21 世纪中国马克思主义绿色发展理论的创新与发展。本书力求在总体上呈现出源流呼应、横纵结合、理实贯通、现实化形态理论阐释与学术化形态理论构建有机关联的研究特色。

本书由八章内容构成。

第一章,中国马克思主义绿色发展观的历史形成与接力发展。通过研读各个历史阶段党的重要文献,结合我们党革命、建设、改革的奋斗历程和马克思主义中国化的历史过程,阐述中国马克思主义绿色发展观的孕育成长过程,展现毛泽东思想、邓小平理论、"三个代表"重要思想中的绿色发展思想意涵、逻辑脉络及其接续拓新关系;指明以胡锦涛为主要代表的中国共产党人正式提出绿色发展的理论话语,在人与自然的关系上将科学发展观深化成为绿色发展观,阐述绿色发展观的基本内容;阐明习近平对中国马克思主义绿色发展观的原创性发展、独创性贡献以及使之走向成熟的决定性作用,系统阐述习近平新时代绿色发展观的基本理论及其科学定位和内在逻辑,指出其中蕴含着绿色发展的思想方法、技术方法和工作方法。

第二章,中国马克思主义绿色发展观的思想理论基础。通过研读马克思恩格斯经典文本,从生态自然观、价值观和方法论等多维视角,发掘、提炼和梳理马克思恩格斯哲学、政治经济学、科学社会主义理论中所包含的绿色发展思想意蕴,论证其理论内容的逻辑自洽性、科学性、前瞻性及其对资本主义制度反生态本质批判的深刻性,呈现马克思恩格斯生态观的整体结构和主要内容,说明其必然是中国马克思主义绿色发展观基本理论与方法现实化形态生成和学术化形态构建的思想理论基础。

第三章,中国马克思主义绿色发展观的本土文化基因。通过考察"天人合一"智慧在"传统儒、道、释各家—传统新儒家—现代新儒家"历史链条中的内容变迁,摈弃其中掺杂的唯心、封建糟粕,汲取其中包含的绿色发展天人观、生态保护观、生态价值观、生态科学观、生态思维观等本土文化基因,说明这些文化基因和中国马克思主义绿色发展观基本理论与方法的血脉联系,彰显其可承续、可转化、可创新的本根意义。

第四章,中国马克思主义绿色发展观的国外借鉴成分。通过对国外生态学马克思主义、环境伦理学和新型发展观等主要生态思潮代表性学者观点的深度解读和比较分析,指出其因历史和阶级的局限而导致的偏颇甚至错误之处,解析其内含的诸如人与自然的一体性、自然内在价值与外在价值的系统性、环境道德建构与社会结构变革的统一性、代内发展与代际发展的可持续性等绿色发展思想成分,昭示这些思想成分在中国马克思主义绿色发展观之基本理论与方法构建中的借鉴意义。

第五章,中国马克思主义绿色发展范畴论。着眼于学术化形态的中国马克思主义绿色发展观基本理论的逻辑基础,综合提炼前述研究成果,兼容当代生态哲学、生态科学、环境科学、系统科学等最新成果,从学理上递进回答生态绿色、天人关系、绿色发展是什么的问题,揭示生态绿色、天人关系、绿色发展的深层本质,尝试构建中国马克思主义绿色发展观的范畴链条——"生生—

协变—臻善""劳动—共处—和达""绿色发展—绿色资产—绿色福利",丰富和创新绿色发展理论的范畴体系,为绿色发展提供实践准则和努力方向。

第六章,中国马克思主义绿色发展规律论。一是基于绿色发展必须依循生态系统规律的内在要求,阐明生态系统持续运行、绵延演替过程和动态平衡、自我修复机制中的本质性联系,揭示生态系统物质、能量、信息的"循环再生规律"和"反馈调控规律"。二是通过考察人类产生以来人与自然关系从低级和谐到对立冲突再到走向和解的辩证发展过程,阐明人类社会中人与自然关系演变的基本趋势,揭示绿色发展的社会发展规律——"天人和解规律"。这三个规律是绿色发展必须遵依和体用的基本规律,也是构建学术化形态中国马克思主义绿色发展观基本理论的题中之义。

第七章,中国马克思主义绿色发展价值论。一是立足绿色发展本质和规律与价值观的内在转化关系,开显绿色发展的价值意涵,从使用价值、交换价值、潜在价值三个维度论证自然对人的资源价值,在遵依自然、天人和谐、人民立场三个方面阐明人对自然的价值取向,展现中国马克思主义绿色发展观在价值本质、价值评价、价值选择上的理论内容。二是站在中国特色社会主义新时代的历史方位,论述中国马克思主义绿色发展观的时代价值,阐明绿色发展对推进美丽中国建设、促进社会全面发展、推动人类命运共同体构建的价值意义,展现新时代中国绿色发展的价值目标。

第八章,中国马克思主义绿色发展方法论。根据马克思主义既是世界观又是方法论的规定性,鉴于绿色发展基本理论与实践方法的统一性,提炼中国马克思主义绿色发展观基本理论所蕴含的思想方法、技术方法、工作方法。在思想方法层面,提炼体现于新时代中国绿色发展实践部署谋划之中的历史思维、战略思维、辩证思维、系统思维、创新思维、法治思维、底线思维方法;在技术方法层面,汲取深藏于绿色发展实践技术创新要求之中的绿色设计方法、仿生技术方法和智慧网链方法;在工作方法层面,开掘见之于绿色发展实践部署和具体工作落实过程中的群众路线方法和钉钉子的方法。以此尝试构建绿色发展的方法论体系,打造推进绿色发展实践和实现绿色发展目标的过河之桥、渡河之舟、善事之器。

在研究方法的选择上,本书立足于从历史和现实相贯通、理论和实践相结合、国际和国内相关联的宽广视角进行综合研究。

一是体现历史与逻辑相结合。根据中国革命、建设和改革各个时期的不同背景和所面临的生态环境问题,考察中国马克思主义绿色发展观从孕育到生成再到成熟的历史过程,展开其基本理论与方法的逻辑分析与推理、概括与贯通,探索现实化形态中国马克思主义绿色发展观之基本理论与方法的历史形成、接力发展、科学内涵和创新机理,突出习近平对中国马克思主义绿色发展观之基本理论与方法的创新发展。

二是突出文本解读和比较研究的统一。深入研读中国化马克思主义文本、马克思恩格斯经典文本、中华传统文化相关文献、西方生态思潮重要论著,梳理其绿色发展意涵及内在逻辑,比较其语境差异及意涵相通之处,展现中国马克思主义绿色发展观对马克思恩格斯生态观的继承与发展,对中华传统"天人合一"智慧的传承与创新,对国外生态思潮的扬弃与借鉴。

三是着力系统思考和综合创新。在集约相关思想资源的基础上,综合运用马克思主义、哲学、经济学、政治学、管理学、社会学等学科的理论知识和研究方法,吸纳当代生态科学、环境科学、系统科学的最新成果,在理论与实践、学理与事理、一般与特殊、现在与未来、真理与价值、观念与方法、中国与世界等结合点上进行要素解析、整体贯通和综合创新,尝试构建学术化形态的绿色发展范畴论、规律论、价值论、方法论,彰显中国马克思主义绿色发展观在基本理论与方法上的学术意涵、学理根据、内在逻辑和鲜明特色。

第一章　中国马克思主义绿色发展观的
历史形成与接力发展

　　中国马克思主义绿色发展观植根于中国革命、建设和改革的伟大实践，伴生于马克思主义中国化时代化的历史过程。对于中国共产党人有关绿色发展探索的实践历程、阶段特征和经验教训，以及马克思主义中国化时代化的展开条件、历史过程、成果概括，学界已有较为深入的研究，本书不再作专门梳理，而侧重阐释中国马克思主义绿色发展观的历史形成与接力发展。毛泽东思想、邓小平理论、"三个代表"重要思想、科学发展观作为马克思主义中国化的理论成果，其中蕴含了中国共产党人在不同历史背景与条件下有关绿色发展的实践探索与理论思考，它们既一脉相承又与时俱进，不断丰富着中国马克思主义绿色发展观的思想资源宝库，展现了中国马克思主义绿色发展观从潜在到现实的历史过程。习近平立足当代中国国情和国际环境背景，继承发展马克思主义的生态自然观、价值观和方法论，传承创新中华传统文化中"天人合一"思想基因，合理借鉴国外生态环境思想和国际社会新型发展观的思想成分，科学回答了新时代中国为什么需要绿色发展、什么是绿色发展、如何实现绿色发展等重大问题，将中国马克思主义绿色发展观引向深入和成熟，展现出中国马克思主义绿色发展观的基本理论与方法体系，为新时代中国的绿色发展提供了实践指南。

第一节　中国马克思主义绿色发展观的发轫[①]

在当代中国,绿色发展不仅是一种新的发展理念,而且是一种自然观、经济观、审美观、价值观和思维方式的革命,业已凝结、提升为当代中国马克思主义绿色发展观,是作为马克思主义中国化最新成果的中国特色社会主义理论体系的有机组成部分,它的核心是正确处理人与自然的关系,持续追求和递进实现生产、生活、生态的协调共进,人与自然的和谐发展,从而满足人民的生态需求,实现人民的现实幸福。毛泽东虽然从未提出绿色发展的概念,甚至出现过有悖自然和社会发展规律的"大跃进"和"文化大革命"的错误,但是在新民主主义革命、社会主义革命和建设过程中,他曾因应当时的历史条件和我党所肩负的历史任务,提出过诸如属意自然、增产节约、大地园林化、群众路线、统筹兼顾等具有绿色发展意识的主张和观点,开创了中国共产党人绿色发展理论探索的先河,成为中国马克思主义绿色发展观的发轫之作。

一、属意自然:解决天人矛盾的初步探索

属意自然,从而探索自然、把握和遵循自然规律,是正确处理人与自然两者关系、解决天人矛盾的认识前提。毛泽东首先从生产实践的视角来阐释自然的存在以及人与自然关系的发生,"人最初是不能将自己同外界区别的,是一个统一的宇宙观。随着人能制造较进步工具而有较进步生产,人才能逐渐使自己区别于自然界,并建立自己同自然界对立而又统一的宇宙观。"[②]这就是说,人与自然本来是浑然一体的,自从人类开始从事物质生产的实践活动,人类才从自然界中区分出来,直面人与自然的关系。继而,毛泽东基于客观世

---

① 参见黄志斌等:《毛泽东的绿色发展思想及其时代意义》,《毛泽东邓小平理论研究》2015 年第 8 期。
② 《毛泽东文集》第三卷,人民出版社 1996 年版,第 82 页。

界普遍存在的对立统一规律进行演绎,认为人与自然是一对矛盾,人类既是自然界的奴隶又是主人;人类为了自己的生存与发展既不断地克服自然界中的不利因素,同时又按照自己的意志对自然加以改造。1957年,毛泽东在《关于正确处理人民内部矛盾的问题》一文中指出:"团结全国各族人民进行一场新的战争——向自然界开战,发展我们的经济,发展我们的文化,使全体人民比较顺利地走过目前的过渡时期,巩固我们的新制度,建设我们的新国家。"①毛泽东"向自然界开战"的主张确实引起了不少误读,被理解成把自然界看作敌人和征服的对象,只注重人对自然的主观能动性而未重视人在自然面前的受动性。其实这只是毛泽东对于人与自然关系认识的一个方面,毛泽东不仅强调人对自然界的对象性活动和主观能动性,也强调自然界对人的反作用和人在自然面前的受动性:"人去压迫自然界,拿生产工具作用于生产对象,自然界这个对象要作抵抗,反作用一下,这是一条科学。"②"如果对自然界没有认识,或者认识不清楚,就会碰钉子,自然界就会处罚我们,会抵抗。"③在这里,毛泽东沿用战争年代的话语体系阐述了人与自然之间的矛盾关系,说明了人对自然能动性和受动性的统一,肯定了认识自然在解决人与自然之间矛盾中的基础作用。

认识自然不能浮于表面、止于现象,而要由表及里、由此及彼,其核心在于把握和遵循自然规律,只有把握和遵循自然规律,才能有效地解决人与自然的矛盾,从必然王国走向自由王国。毛泽东认为,在社会经济发展过程中,无论是解决人与人(社会)的矛盾还是解决人与自然的矛盾,都"必须从实践出发,从没有经验到有经验,从有较少的经验,到有较多的经验,从建设社会主义这个未被认识的必然王国,到逐步地克服盲目性、认识客观规律、从而获得自由,

---

① 《毛泽东文集》第七卷,人民出版社1999年版,第216页。
② 《毛泽东文集》第七卷,人民出版社1999年版,第448页。
③ 《毛泽东文集》第八卷,人民出版社1999年版,第72页。

在认识上出现一个飞跃,到达自由王国。"①这里所说的必然,就是客观规律,认识客观必然规律是人在客观外界面前获得自由的前提,否则"对客观必然规律不认识而受它的支配",就会使人陷入盲目性,"成为客观外界的奴隶"②,无法享有自由。而自然科学对人类改造自然的生产实践具有巨大的推动作用,因而"自然科学是人类争取自由的一种武装","人们为着要在自然界里得到自由,就要用自然科学来了解自然,克服自然和改造自然,从自然里得到自由"③。也就是说,以自然科学对自然规律的把握为基础,可以使人类在自然界里获得自由。正是基于这样的认识,毛泽东先后发起了治理淮河、黄河等抗击洪涝灾害的壮举,领导中国人民兴修了一系列卓有成效的水利工程。

概言之,毛泽东在其著述中表现出对自然的属意,初步探索了人与自然的矛盾关系及其解决之道。人的生存与发展需要通过生产实践对自然加以能动改造,但这种改造会受到自然的抵抗甚至处罚;解决人与自然矛盾的前提是认识自然,认识自然的核心是把握和遵循自然规律,而对自然规律的把握和遵循则需要自然科学和生产实践的推动。毛泽东的这些思想总体上符合马克思主义的生态自然观和认识论,在后来得到深化和拓展,演进为以尊重自然、顺应自然、师法自然、人与自然和谐共生等生态文明建设理念,成为中国马克思主义绿色发展观的有机组成部分。至于毛泽东在大剿麻雀、大炼钢铁、大修梯田等方面的错误实践则有其复杂原因,在此就不再赘述。

二、增产节约:绿色经济思想的质朴形态

生产活动作为基本的经济活动,是以劳动为中介在人与自然之间不断进行物质交换的过程。物质资料的生产是人类社会存在和发展的基础,生产发展是人民幸福的基础。在生产活动中人们不断地调整人与自然、人与人之间

---

① 《毛泽东文集》第八卷,人民出版社 1999 年版,第 300 页。
② 《毛泽东文集》第八卷,人民出版社 1999 年版,第 326 页。
③ 《毛泽东文集》第二卷,人民出版社 1993 年版,第 269 页。

的关系,人类社会才会不断进步,人民的现实幸福才有保障。早在第二次国内革命战争时期,毛泽东就开始注意到生产活动的重要性。1933 年,他在中央苏区南部 17 县经济建设大会上所作的《必须注意经济工作》的演说中指出,经济方面的建设不光可以保障红军的物质供给,而且可以巩固党群关系,改善人民群众的生活。抗日战争时期,国民党对共产党领导的边区实行经济封锁,造成边区物资十分匮乏,经济极其困难。这一时期,毛泽东除了对发展生产的基础性地位作了论述之外,更侧重于生产自给具体方针政策的思考。他提出:发展生产,"要做到农业生产'耕三余一',备战,备荒"①;"经济改革的基本方针,我们认为是为着发展生产,而实行一个调节各阶级经济利益的民主集中的经济政策"②。在《抗日时期的经济问题和财政问题》中,他特别强调,发展经济要有根据,"一方面要反对陈旧的保守的观点,另一方面又要反对空洞的不切实际的大计划。"③与此同时,毛泽东深厚的传统文化底蕴使他深知勤俭节约的重要性。勤俭节约一直是中华民族的传统美德,是另一种形式的创造,节约有利于物质资源的积累和再创造,用最少的资源获得最大的经济效益和社会效益。毛泽东认为,首先必须发展生产,其次"和生产相辅的是节约,必须尽可能地减少浪费。'发展经济,保障供给',是我们确定不移的财政方针"④。发展生产和厉行节约是两个紧密联系不可分割的整体,两者是相辅相成的。1943 年 10 月,毛泽东在《开展根据地的减租、生产和拥政爱民运动》中明确要求:"在一切党政军机关中讲究节省,反对浪费,禁止贪污。"⑤解放战争时期,毛泽东一以贯之地强调了增产节约的主张,他在《一九四六年解放区工作的方针》中指出:"发展生产,保障供给,集中领导,分散经营,军民兼顾,公

---

① 《毛泽东文集》第三卷,人民出版社 1996 年版,第 70 页。
② 《毛泽东文集》第三卷,人民出版社 1996 年版,第 43 页。
③ 《毛泽东选集》第三卷,人民出版社 1991 年版,第 893 页。
④ 《毛泽东文集》第三卷,人民出版社 1996 年版,第 240—241 页。
⑤ 《毛泽东选集》第三卷,人民出版社 1991 年版,第 911 页。

私兼顾,生产和节约并重等项原则,仍是解决财经问题的适当的方针。"①在《解放战争第二年的战略方针》中,他要求所有新老解放区都要发展生产,厉行节约,减轻人民负担。

革命时期的增产节约主要是为革命服务,而革命本身也是为了打破旧的生产关系,为新的生产力开辟道路,解放生产力。毛泽东说:"社会主义不仅从旧社会解放了劳动者和生产资料,也解放了旧社会所无法利用的广大的自然界。"②新中国成立后,社会主要矛盾发生变化,建设新中国成为头等大事。随着社会主义改造的进行,毛泽东提出要进行技术改造、提高劳动生产率的新任务,尝试走出一条中国工业化道路。在新的时代背景下,生产力得到解放,自然界也获得解放,人们在征服自然和改造自然的过程中不断地调整人与自然、人与人之间的关系。与此同时,毛泽东坚持将节约放在与生产同等重要的地位。他在《必须维持上海,统筹全局》中说:"着重节约那些本来可以减少的开支,但不要减少那些必不可少的开支。着重反对浪费,从这里可以得到一笔很大的钱。"③基于这一思路,他于1951年在全国发起增产节约运动,促进经济建设,同时揭发了大量的贪污盗窃现象,并将其与党和政府内部严重的官僚主义作风相联系。因此,党中央在1951年12月发布《关于实行精兵简政,增产节约,反对贪污,反对浪费和反对官僚主义的决定》,其中不仅论述了增产节约的重要性,还说明了贪污、浪费和官僚主义之间的关系。毛泽东在审阅这一决定时改写和加写道:"为了建设重工业和国防工业,就要付出很多的资金,而资金的来源只有增产节约一条康庄大道";"浪费和贪污在性质上虽有若干不同,但浪费的损失大于贪污,其结果又常与侵吞、盗窃和骗取国家财物或收受他人贿赂的行为相接近";官僚主义和自由主义的工作作风,"是贪污

---

① 《毛泽东选集》第四卷,人民出版社1991年版,第1176页。
② 《毛泽东文集》第六卷,人民出版社1999年版,第457页。
③ 《毛泽东文集》第五卷,人民出版社1996年版,第335页。

和浪费现象所以存在和发展的根本原因"①。

由上可见,毛泽东一直把生产发展置于推进革命和建设事业以及改善人民生活的基础地位,并强调在生产和生活中必须厉行节约。在他看来,生产发展与厉行节约是相得益彰的,它们都是物资和财富积累、创造的方式;节约的重点在于免除那些本来可以减少的开支,反对浪费,而不是减少生产和生活中必不可少的开支;增产节约不仅具有经济意义,更有政治意义和社会意义,可以巩固干群关系,改善社会风气,而反对官僚主义则是实现增产节约的主要保障;增产节约的要旨在于处理好生产、节约及改善人民生活的关系。从历史的维度看,毛泽东的增产节约思想是在当时的历史条件下针对中国革命和建设面临的难题而提出来的发展之道,总体上切合当时中国的国情和中华传统文化中的勤劳节俭思想;从当代中国发展的角度思考,毛泽东的增产节约思想含有绿色经济思想的胚芽,其实质是实现经济发展与资源节约的统一。就此而言,毛泽东的增产节约思想乃是绿色经济思想在特定历史时期的质朴形态。它经由邓小平、江泽民、胡锦涛等人的接力发展而被纳入中国马克思主义绿色发展观之中,演进为转变经济发展方式、壮大生态企业和循环经济、建设资源节约型和环境友好型社会、促进节能减排和"两型"消费相统一等一系列有关绿色经济发展的战略思想。

三、大地园林化:美化生态环境的具体构想

生态环境是人类赖以生存与发展的条件,是绿色资产的自然形态和民生福祉的重要载体。美化生态环境可以优化人类生存与发展的条件,积累绿色资产,惠及民生福祉。毛泽东出生在湖南韶山美丽的韶山冲,对美化生态环境情有独钟。而且,毛泽东既是一位伟大的革命家、战略家,也是一位豪情万丈的浪漫主义诗人,无论在出生入死的战场,还是获悉亲人被敌人杀害的悲情时

---

① 《毛泽东文集》第六卷,人民出版社1999年版,第207—209页。

分,毛泽东都表现出他远见卓识的战略意识、坚韧不拔的品格和革命浪漫主义情怀。毛泽东在山林植被保护和生态环境美化上也散发出这种独特人格魅力。

早在1930年10月,毛泽东所作《兴国调查》就论及保护山林问题,对分得山林的农民提出要求,"树木只准砍树枝,不准砍树身,要砍树身须经政府批准"①。1932年3月,毛泽东主持起草的《对于植树运动的决议案》,在中华苏维埃共和国临时中央人民政府委员会第十次常委会上获得通过,以文件的形式提出在"空山荒地""沿河两岸及大路两旁""旷场空地"种树的要求,同时创新性地提出要用竞赛的方法来激励群众,"在每年春天来进行此种运动"。这个文件还将种树与土地建设以及群众利益相联系,认为种树"既有利于土地建设,又可增加群众之利益",种树可以促进土地建设,改善自然环境,从而增加群众在生活、生产环境方面的利益。

中央苏区时期,战乱不断,生态环境遭到了严重破坏,毛泽东一直把植树造林作为建设苏区的重要组成部分,而这种传统也延续到延安时期。1944年5月,毛泽东在延安大学开学典礼上说:"还有陕北的山头都是光的,像个和尚头,我们要种树,使它长上头发。种树要订一个计划,如果每家种一百棵树,三十五万家就种三千五百万棵树。搞他个十年八年,'十年树木,百年树人'。"②

新中国成立后,毛泽东愈益看重美化工作生活环境,发出"植树造林,绿化祖国"的号召。毛泽东看到了森林不仅可以给工农业生产带来经济效益,而且可以优化美化生态环境:"森林是社会主义建设的重要资源,又是农业生产的一种保障。积极发展和保护森林资源,对于促进我国工、农业生产具有重要意义。"③"一切能够植树造林的地方都要努力植树造林,逐步绿化我们的国

---

① 中共中央文献研究室、国家林业局编:《毛泽东论林业》(新编本),中央文献出版社2003年版,第9页。

② 《毛泽东文集》第三卷,人民出版社1996年版,第153页。

③ 中共中央文献研究室、国家林业局编:《毛泽东论林业》(新编本),中央文献出版社2003年版,第78页。

家,美化我国人民劳动、工作、学习和生活的环境。"①这些主张在当时的中国无疑是具有先见性的,不仅为新中国的绿化事业作出了贡献,还培养了植树造林的传统。

毛泽东将植树造林和农业生产结合起来,进一步提出了大地园林化的具体构想。1958年8月,毛泽东针对"大跃进"对生态环境和森林资源的破坏,在中央政治局扩大会议上提出:"要使我们祖国的河山全部绿化起来,要达到园林化,到处都很美丽,自然面貌要改变过来。"②什么是大地园林化,如何实现大地园林化,对此毛泽东提出了他的耕作"三三制"。所谓耕作"三三制","即是将现有全部种植农业作物的十八亿亩耕地,用三分之一,即六亿亩左右,种农业作物,三分之一休闲,种牧草、肥田草和供人观赏的各种美丽的千差万别的花和草,三分之一种树造林。"当然,落实耕作"三三制",实现大地园林化是需要条件的,不可能一蹴而就,毛泽东说:"几年以后,亩产量提得很高了,不需要那么多土地面积了,土地的概念变了,可以拿三分之一种树,三分之一种粮,三分之一休息。"③他还在1958年11月修改《十五年社会主义建设纲要四十条》时,加写了一段话:"在上述条件下,到一九七二年,争取将全国现有耕地面积十八亿亩中每年播种的面积只要六亿亩左右,以另一个六亿亩左右的耕地休闲和种植绿肥,其余六亿亩左右的耕地植树种草,使整个农村园林化。"④毋庸讳言,毛泽东提出大地园林化及耕作"三三制"的构想受到"大跃进"虚报粮食产量、过于乐观估计粮食产量的影响。但他这一构想体现了其远见卓识:一是对合理建设好新中国的谋划,他说:"现在中国刚建设,我们要

①　中共中央文献研究室、国家林业局编:《毛泽东论林业》(新编本),中央文献出版社2003年版,第77页。

②　中共中央文献研究室、国家林业局编:《毛泽东论林业》(新编本),中央文献出版社2003年版,第51页。

③　中共中央文献研究室、国家林业局编:《毛泽东论林业》(新编本),中央文献出版社2003年版,第52页。

④　中共中央文献研究室、国家林业局编:《毛泽东论林业》(新编本),中央文献出版社2003年版,第64页。

想到怎样建设得更合理、更好一些";二是对为人民谋幸福的思虑,他说:"逐步绿化我们的国家,美化我国劳动人民劳动、工作、学习和生活的环境";三是对森林所蕴含的巨大生产力的自觉意识,他说:"林业、森林、草,各种化学产品都可以出";四是对绿化事业长期性的清醒认识,1964 年他在听取陕、豫、皖三省负责人汇报工作时说:"前几年你们说一两年绿化,一两年怎么能绿化了?用二百年绿化了,就是马克思主义……这一代人死了,下一代人再搞。"①

尽管毛泽东关于美化生态环境的具体构想夹带有其诗人的浪漫色彩,在当时的历史条件下也难以实现,但其影响是深远的,从邓小平的"植树造林,绿化祖国,造福后代"直至在党的十八大报告中提出美丽中国建设,乃至习近平的"绿水青山就是金山银山",无不映现有毛泽东上述构想的因素。毛泽东关于美化生态环境的浪漫构想业已演进为当代中国共产党人关于绿色发展的成熟顶层设计。

四、群众路线:以人为本的思想蕴含

群众路线是毛泽东思想活的灵魂,其精髓在于"一切为了群众,一切依靠群众,从群众中来,到群众中去"。它蕴含了"为了人,依靠人,发展人"的以人为本的核心思想。当代中国绿色发展的最终目标是满足最广大人民群众求生态、盼环保的诉求,让最广大人民群众享有生态福祉、提高生活品质,它需要我们党激发最广大人民群众的积极性和创造性并付诸实践,需要培养人民群众推进绿色发展的理念和能力。就此而言,毛泽东所总结的蕴含有以人为本思想的群众路线奠定了中国马克思主义绿色发展观的大前提,亦即说,中国马克思主义绿色发展观中的以人为本,乃是由群众路线这个大前提演绎推出的必然结论。

毛泽东将人民群众的利益置于至上的地位。他在《延安文艺座谈会上的讲话》中就指出:"我们是以占人口百分之九十以上的最广大群众的目前利益

---

① 中共中央文献研究室、国家林业局编:《毛泽东论林业》(新编本),中央文献出版社 2003 年版,第 74 页。

和将来利益的统一为出发点的……任何一种东西,必须能使人民群众得到真实的利益,才是好的东西。"①他认为,我们发展经济的目的就是要"为着改善人民群众的生活"②,一切"群众生活上的问题,都应该把它提到自己的议事日程上",在走向群众中间,考察群众状况,接触群众生活、征求群众意见、宣传群众思想、组织群众参与等各项联系群众的活动中,都"要使广大群众认识我们是代表他们的利益的,是和他们呼吸相通的"③。

毛泽东将依靠群众看作是各项事业成功的保证。他谈到革命战争时多次指出:"革命战争是群众的战争,只有动员群众才能进行战争,只有依靠群众才能进行战争"④,群众是革命战争取得胜利的保证;新中国成立后,他多次强调:"人民群众有无限的创造力"⑤,在他们身上"蕴藏了一种极大的社会主义的积极性"⑥,人民群众是社会主义事业成功的保证。

毛泽东将人的自由全面发展视为社会发展所必需、所使然。早在青年时代他就提道:"人类之目的在实现自我而已。实现自我者,即充分发达吾人身体及精神之能力至于最高之谓。"⑦这里的"实现自我"带有明显的"精神个人主义"个性观的色彩,需要予以扬弃,但其中蕴含了合理的内核,即:人的发展是人类社会发展的目的,它不仅包括身体能力的发展,而且包括精神能力的发展,是身体能力和精神能力相统一的全面发展。1941年11月,毛泽东在陕甘宁边区参议会的演说中又讲道:"全国人民都要有人身自由的权利,参与政治的权利和保护财产的权利。全国人民都要有说话的机会,都要有衣穿,有饭吃,有事做,有书读,总之是要各得其所。"⑧这就是说,人民群众应在社会发展

---

① 《毛泽东选集》第三卷,人民出版社1991年版,第864—865页。
② 《毛泽东选集》第一卷,人民出版社1991年版,第119页。
③ 《毛泽东选集》第一卷,人民出版社1991年版,第138页。
④ 《毛泽东选集》第一卷,人民出版社1991年版,第136页。
⑤ 《毛泽东文集》第六卷,人民出版社1999年版,第457页。
⑥ 《建国以来重要文献选编》第七册,中央文献出版社1993年版,第224页。
⑦ 《毛泽东早期文稿》,湖南出版社1990年版,第246—247页。
⑧ 《毛泽东选集》第三卷,人民出版社1991年版,第808页。

中享有其发展的自由、权利及条件。后来,毛泽东在党的七大期间论及党性与个性问题时,从马克思在《共产党宣言》中所说的"每个人的自由发展是一切人的自由发展的条件"出发,阐释了党性与个性的辩证关系,"党性就是普遍性,个性就是特殊性"①,他认为我们党讲党性,并不排斥每个党员有个性,"不能设想每个人不能发展,而社会有发展,同样不能设想我们党有党性,而每个党员没有个性"②;党员的个性要服务于人民群众的个性,共产党员要肩负起人民个性解放和个性发展的历史任务;人民群众的个性解放和个性发展不仅是建立社会主义的必要条件,而且是建设社会主义的重要内容。

毛泽东所倡导的群众路线伴随着中国特色社会主义事业的发展而与时俱进,在不同时代主题中得以具体展开和深化。胡锦涛的科学发展观将以人为本确定为发展的"核心立场",突出人民群众的根本利益和主体地位及人的全面发展,强调发展为了人民,发展依靠人民,发展成果由人民共享,从发展的视角具体深化了毛泽东的群众路线思想。推而论之,当代中国以人与自然的关系为主线的绿色发展作为发展的特殊形态当然也是为了人民,要以最广大人民群众的生态福祉和全面发展为归宿,也必须最大限度地激发人民群众的积极性和创造性,依靠人民群众的力量予以推进。人民群众既是绿色发展的活动主体、责任主体、创造主体,同时也是绿色发展成果的享有主体。这构成了中国马克思主义绿色发展观的价值论。质言之,科学发展观中的以人为本是毛泽东群众路线思想在当代中国的具体深化,绿色发展观中的价值论则是科学发展观中的以人为本的必然推论。

五、统筹兼顾:绿色发展的方法泉源

绿色发展的主旨是持续追求和递进实现人与自然的和谐发展,需要运用统筹兼顾的思想方法总揽全局,科学谋划,整合力量,兼顾各方。毛泽东对统

---

① 《毛泽东文集》第三卷,人民出版社1996年版,第340页。
② 《毛泽东文集》第三卷,人民出版社1996年版,第416页。

筹兼顾方法的实践运用和理论总结,为当代中国的绿色发展提供了方法泉源。

毛泽东的统筹兼顾的思想方法在第二次国内革命战争时期开始萌芽,在这一时期,毛泽东做过多次农村调查,在《反对本本主义》中,毛泽东强调做社会调查要统筹安排、兼顾各方。他说:"我们不仅要调查各业的情况,尤其要调查各业内部的阶级情况。我们不仅要调查各业之间的相互关系,尤其要调查各阶级之间的相互关系。"①

抗日战争时期,毛泽东的统筹兼顾思想方法主要体现在中国社会各阶级、各政治派别的利益协调以及战略战术的谋划和制定上。在《论新阶段》中,毛泽东指出:"为了团结抗日,应实行一种调节各阶级相互关系的恰当的政策,既不应使劳苦大众毫无政治上和生活上的保证,同时也应顾到富有者的利益,这样去适合团结对敌的要求。只顾一方面,不顾另一方面,都将不利于抗日。"②有鉴于此,边区实行了"三三制"政权制度。

解放战争时期,除了团结各阶级打倒蒋介石,解放全中国之外,毛泽东还在解放战争胜利前夕提出:"新民主主义国民经济的指导方针,必须紧紧地追随着发展生产、繁荣经济、公私兼顾、劳资两利这个总目标。一切离开这个总目标的方针、政策、办法,都是错误的。"③1949年3月,在《党委会的工作方法》中,毛泽东形象地称要"学会弹钢琴","弹钢琴要十个指头都动作,不能有的动,有的不动"。"我们现在管的方面很多,各地、各军、各部门的工作,都要照顾到,不能只注意一部分问题而把别的丢掉。"④在西柏坡筹备建国时,毛泽东又提出了"四面八方"政策,即公私兼顾、劳资两利、城乡互助、内外交流。

新中国建立前,毛泽东的统筹兼顾思想更多地表现在协调各阶级和各派别利益、汇集各方力量夺取革命胜利上;新中国成立后,则更多地表现在调动

---

① 《毛泽东选集》第一卷,人民出版社1991年版,第113页。
② 《毛泽东选集》第二卷,人民出版社1991年版,第525页。
③ 《毛泽东选集》第四卷,人民出版社1991年版,第1256页。
④ 《毛泽东选集》第四卷,人民出版社1991年版,第1442页。

国内外一切积极因素、为社会主义事业服务上,且特别强调产业结构和区域平衡。在《论十大关系》中,毛泽东深刻论述了我国社会的重大关系及其处理之道,其中对于产业结构的平衡,他认为首先是农业、轻工业、重工业之间的平衡,在不影响重工业投资重点的同时,"还要适当地调整重工业和农业、轻工业的投资比例,更多地发展农业、轻工业"[①];其次是农业、轻工业、重工业内部的平衡,如农业,必须兼顾农、林、牧、副、渔五方面的发展。对于区域平衡,则要总揽沿海与内地的平衡、汉族和少数民族的平衡、中央和地方的平衡、中国和外国的平衡。对于国家、生产单位和生产者个人的关系,"必须兼顾国家、集体和个人三方面"[②]。在《关于正确处理人民内部矛盾的问题》一文中,毛泽东总共谈论了 12 个问题,其中第七个问题就是"统筹兼顾、适当安排"。他指出:"这里所说的统筹兼顾,是指对于六亿人口的统筹兼顾。我们作计划、办事、想问题,都要从我国有六亿人口这一点出发,千万不要忘记这一点。"[③]

　　毛泽东针对我党不同时期所面对的重大问题和肩负的历史使命,赋予统筹兼顾思想方法以不同的时代内容。毛泽东的统筹兼顾思想方法及其高超的运用艺术被其后继者加以传承和发展,江泽民的《正确处理社会主义现代化建设中的若干重大关系》和科学发展观中的"五个统筹",无不体现了毛泽东统筹兼顾的思想方法,是在新的历史条件下,为解决中国特色社会主义建设过程中所面临的重大问题,对毛泽东统筹兼顾思想方法的运用和丰富。绿色发展所着力的人与自然的和谐是"五个统筹"内容之一,需要整合政府、企业、社会组织、居民等各方力量,协调各方利益,形成具有强大合力的主体群予以推进,需要将山水林田湖草作为一个生命共同体加以统筹,需要维持、恢复、优化人口与各种生态环境资源之间的比例和空间关系,需要协调处理经济增长与环境保护之间的矛盾,更需要总揽全局,将其深度融入"五位一体"总体布局

---

① 《毛泽东文集》第七卷,人民出版社 1999 年版,第 24 页。
② 《毛泽东文集》第七卷,人民出版社 1999 年版,第 28 页。
③ 《毛泽东文集》第七卷,人民出版社 1999 年版,第 227—228 页。

中予以谋划和践行。质言之,绿色发展需要统筹兼顾,毛泽东的统筹兼顾思想方法是绿色发展的方法泉源,它与绿色发展的有机结合,便形成了绿色发展的方法论。

综上所述,属意自然主要涉及绿色发展的自然观,增产节约萌发有绿色发展的经济观,大地园林化标示出绿色发展的审美观,群众路线包含着绿色发展的价值观,统筹兼顾蕴含了绿色发展的方法论。毛泽东尽管在当时的历史条件下未提出也难以提出绿色发展的概念,但他初步探索并展现了蕴含有绿色发展意识的自然观、经济观、美化观、价值观、方法论,标志着中国共产党人绿色发展思想的发轫,为当代中国马克思主义绿色发展观提供了基本理论与方法来源。

第二节　解放和发展生产力语境下的绿色发展意指[①]

解放和发展生产力,提高人民生活水平,是以邓小平同志为主要代表的中国共产党人所肩负的重要历史任务,也是党的十一届三中全会之后一个时期内我国社会经济发展的时代语境。邓小平立足当时中国具体国情和党的历史任务,汇聚集体智慧,科学回答"什么是社会主义,如何建设社会主义"的根本问题,形成了邓小平理论。他在力推改革开放、社会主义经济社会发展、人民生活水平改善的同时,开始将生态环境建设作为社会主义建设的一个方面来对待,从人口控制、植树造林、科教先导、立法建制诸方面探索并提出了一系列加强生态环境保护、协调人与自然关系、意指绿色发展的思想,展示出邓小平理论现实性与前瞻性的高度统一,对当代中国马克思主义绿色发展观的形成、发展及其实践运用产生了深远影响。

---

① 参见黄志斌等:《邓小平绿色发展思想的历史考察》,《安徽史学》2016年第3期。

一、控制人口:优化人与资源的关系

在人与自然的关系中,人口作为主体方面,其与资源的关系是基础性关系。绿色发展的主旨在于实现人与自然的和谐发展,需要优化人口与资源之间的关系。邓小平虽然没有直接阐述过绿色发展观以及人与自然和谐发展的主张,但对人口与资源之间的关系给予了高度关注,蕴含了绿色发展的思想。邓小平作为党的第二代中央领导集体的核心,面对人民群众求温饱、提高生活水平的迫切需要,在提出"发展是硬道理"思想的同时,强调要把握人口与资源的国情,正确处理人口与资源的关系。1979 年,邓小平以发展基础及人口与耕地问题为重点来说明我国经济、人口与资源的基本国情:"一个是底子薄。帝国主义、封建主义、官僚资本主义长时期的破坏,使中国成了贫穷落后的国家……第二条是人口多,耕地少。现在全国人口有九亿多,其中百分之八十是农民……这就成为中国现代化建设必须考虑的特点。"[1]面对贫穷落后,就要奋力发展;针对人多地少、人均资源偏低对发展的瓶颈制约,就要协调人口与资源的关系;中国现代化建设既要突出"发展是硬道理",又要重视人口与资源之间矛盾的解决和关系的优化。

在生产力发展水平不够高的国情下,控制人口是从主体方面解决人口与资源之间矛盾和优化人口与资源关系的必要路径选择。人口多的好处在于能够提供丰富的人力资源,但庞大的人口不仅给教育、就业、医疗、福利和公共设施带来压力,而且也会使自然资源难以为继,生态环境不堪重负,为了中国的发展大计必须通过计划生育控制人口数量,调整人口与资源的比例关系。因此邓小平指出:"人多有好的一面,也有不利的一面。在生产还不够发展的条件下,吃饭、教育和就业就都成为严重的问题。我们要大力加强计划生育工作"[2]。与此同时,为了增强我国国力、持续发展经济,还要提高人口的素质。

---

① 《邓小平文选》第二卷,人民出版社 1994 年版,第 163—164 页。
② 《邓小平文选》第二卷,人民出版社 1994 年版,第 164 页。

邓小平进一步指出："我们国家,国力的强弱,经济发展后劲的大小,越来越取决于劳动者的素质,取决于知识分子的数量和质量。"①邓小平的这一主张贯穿于其一系列关于提高人口质量的决策之中,具体体现为对劳动者进行劳动技能培训、完善教育体制机制、引进国外优秀人才、培养"四有"人才、营造人才成长的良好社会氛围等战略举措。

控制人口数量、提高人口素质是邓小平优化人口与资源关系的最主要抓手,内含了人与自然和谐发展的绿色发展思想。计划生育政策看似与我国现在实施普遍"二孩"政策矛盾,但究其实质两者则具有内在的一致性,都旨在通过人口与资源关系的优化来实现社会经济及人民群众生活的持续健康发展。

二、植树造林:着力绿化祖国山河

协调人与自然的关系不仅要从主体方面着眼,而且要从客体方面考虑。在人与自然的关系中,森林树木是重要的客体因素。森林树木作为地球肌体之肺,涵养水土之绵,调节气候之器,维系生态系统良性循环之基,是人类生态安全、经济发展可持续的重要保障。对森林的过量采伐,会减少生态绿色资产,破坏生态系统的功能,酿成各种自然灾害,恶化人与自然的关系,威胁人的生态安全,降低人的生活质量。20世纪80年代初,邓小平对我国四川、陕北等地发生特大洪灾的教训进行了深刻反思,明确指出:"最近发生的洪灾涉及到林业问题,涉及到森林的过量采伐,看来宁可进口一点木材,也要少砍一点树。报上对森林采伐的方式有争议。这些地方是否可以只搞间伐,不搞皆伐,特别是大面积的皆伐。"②在我国现代化建设中,必须注意对森林资源的保护,保护森林就是保护林业生产力,就能减少自然灾害和财产损失,使经济得以持

---

① 《邓小平文选》第三卷,人民出版社1993年版,第120页。
② 中共中央文献研究室:《新时期环境保护重要文献选编》,中央文献出版社、中国环境科学出版社2001年版,第139页。

续发展。推而广之,对于各种环境和自然资源都要加以保护。1981年,中共中央颁发的《关于在国民经济调整时期加强环境保护工作的决定》体现了这一思想,将生态环境的全面科学管理、自然资源的合理开发利用确定为我国现代化建设的一项基本任务。1984年,在国务院出台的《关于环境保护工作的决定》中,则将生态环境保护升格为我国的一项基本国策,为推进我国生态环境保护实践提供了保障。

对生态环境的保护不仅要减少环境破坏,而且要增加环境投入,弥补生态缺口,改善生态环境,惠及民生福祉,造福子孙后代。植树造林就是一种相对便捷的环境投入。有鉴于此,邓小平于1982年强调要"植树造林,绿化祖国,造福后代"①,通过植树造林、绿化祖国的大好河山,弥补已有的生态缺口,优化人民的生活环境,为子孙后代留下良好的生态环境和更多的绿色资产。此后,他又为我国三北防护林体系建设工程题词,将之美誉为"绿色长城"。对于幅员辽阔的中国,植树造林是一项庞大的环境投入系统工程,不可能一蹴而就、一劳永逸,需要长期坚持、持续推进。1983年,邓小平在十三陵水库植树时强调说:"植树造林,绿化祖国,是建设社会主义,造福子孙后代的伟大事业,要坚持二十年,坚持一百年,坚持一千年,要一代一代永远干下去。"②邓小平在会见美国驻华大使德科克时也谈道:"我们准备坚持植树造林,坚持二十年、五十年……就会给人们带来好处,人们就会富裕起来,生态环境也会发生很好的变化。"③这在肯定生态环境建设现实意义的同时,凸显了可持续化的理念。邓小平还认为,人民群众是建设祖国的主体,植树造林作为一项庞大的工程,需要广泛动员、人人参与,提出将每年的3月12日作为我国植树节的创议。1979年召开的第五届全国人大常委会第六次会议通过了邓小平的

① 《邓小平文选》第三卷,人民出版社1993年版,第21页。

② 冷溶、汪作玲等:《邓小平年谱(一九七五——一九九七)》下册,中央文献出版社2004年版,第895页。

③ 冷溶、汪作玲等:《邓小平年谱(一九七五——一九九七)》下册,中央文献出版社2004年版,第867—868页。

这一创议,在此基础上,两年后召开的第五届全国人大第四次会议通过了《关于开展全民义务植树运动的决议》,其主旨就在于动员全国各族人民积极植树造林,加快绿化祖国和林业建设的步伐。我国军队是人民的军队,与人民鱼水相依、骨肉相连,因此邓小平还要求军队加入绿化祖国的行列。1982 年他在对空军的讲话中特别提出:"空军要参加支援农业、林业建设的专业飞行任务,至少要搞二十年,为加速农牧业建设、绿化祖国山河做贡献。"①邓小平本人更是身体力行、率先垂范,每年亲自参与植树。在邓小平的倡导和带动下,我国的植树造林蔚然成风,人们的环境保护意识不断增强,对我国林业和绿化事业产生了积极、深远的影响。

邓小平关于植树造林的思想将保护性、群众性和长期性放在突出地位,关注森林保护、生态安全,强调广泛参与、造福人民,主张长期坚持、持续推进,内含了生态安全观、群众主体观、持续绿化观等绿色发展思想。

三、科教先导:推动经济与环境建设

面对科学、技术、经济、社会四位一体的大科技时代,邓小平深刻认识到当代科学技术对生产力的乘数效应及其在社会经济发展中的先导作用,他从世界新科技革命的全新视角,提出了"科学技术是第一生产力"的著名论断,精辟阐述了当代科学技术与发展生产力的必然联系和内在规律。他指出:"没有科学技术的高速度发展,也就不可能有国民经济的高速度发展。"②而科学技术只有通过教育,才能被人所掌握,转化为人的能力和素质,"科学技术人才的培养,基础在教育"③,"一个十亿人口的大国,教育搞上去了,人才资源的巨大优势是任何国家比不了的"④。1992 年春,他在视察南方的谈话中将上

---

①　冷溶、汪作玲等:《邓小平年谱(一九七五——一九九七)》下册,中央文献出版社 2004年版,第 799 页。

②　《邓小平文选》第二卷,人民出版社 1994 年版,第 86 页。

③　《邓小平文选》第二卷,人民出版社 1994 年版,第 95 页。

④　《邓小平文选》第三卷,人民出版社 1993 年版,第 120 页。

述观点予以综合,进一步指出:"经济发展得快一点,必须依靠科技和教育。"①就是说:要发展生产力,加快经济建设,必须依靠科学技术;要提高科学技术水平,就必须发展教育,重视人才的培养。

在大科技时代,科技和教育的广泛渗透性决定了其不仅在经济建设中具有先导作用,而且在生态环境保护中不可或缺,生态环境保护也要依靠科技和教育。科学技术的本质在于认识和应用自然规律,提高资源利用率、防治环境污染、有效治理与恢复遭到破坏的生态环境,都必须遵循自然规律,均需要科学技术的支撑。邓小平在具体谈及农村能源和农业发展问题时表达了这一思想:"解决农村能源,保护生态环境等等,都要靠科学。"②他认为:"将来农业问题的出路,最终要由生物工程来解决,要靠尖端技术。对科学技术的重要性要充分认识。"③同时,邓小平主张将环境保护纳入宣传教育之中,通过宣传教育来使大家树立生态环境保护的意识,掌握生态环境保护的技能,缺少生态环境保护意识和技能的人,是不能自觉践行和有效实施生态环境保护的。

进而言之,生产力发展、经济建设与生态环境保护、环境建设都是为了提高人民的生活水平,需要统一谋划。一方面,发展生产力、推进经济建设不能危害环境,要"防害于先",厉行节约,在获取经济效益的同时兼顾生态环境效益。1979年,邓小平在论及企业发展时就明确提出了这一思想,他说:"现在最重要的一条,是新建的企业必须保证环境卫生无害,注意影响环境卫生的东西"④。企业的环境卫生不好,不仅会波及整个生态环境,而且会危及工人的身心健康。从企业自身来说,重要的是抓好产品质量,"提高产品质量是最大

---

① 《邓小平文选》第三卷,人民出版社1993年版,第377页。

② 冷溶、汪作玲等:《邓小平年谱(一九七五——一九九七)》下册,中央文献出版社2004年版,第882页。

③ 《邓小平文选》第三卷,人民出版社1993年版,第275页。

④ 中共中央宣传部对外宣传局编:《中央负责同志同外宾的谈话》,人民出版社1993年版,第37页。

的节约"①。另一方面,生态环境建设要尽可能地为推动社会经济发展服务,在改善生态环境的同时获取必要的经济效益。1980年,邓小平在考察四川峨眉山时以风景区造林为例阐明了这一思想:"这么好的风景区为什么用来种玉米,不种树?这会造成水土流失,人摔下来更不得了。不要种粮食,种树吧……"②1983年,在考察杭州九溪时他同样谈到:"水杉树好,既经济,又绿化了环境,长粗了,还可以派用处,有推广价值。泡桐树也是一种经济树木,长得很快,板料又好……"③而要在生产力发展、经济建设中"防害于先"、提高产品质量,在生态环境建设中创造经济价值,做到经济建设与生态环境建设相得益彰、经济效益与生态环境效益有机统一,当然也离不开科技和教育,需要科技和教育的驱动和支持。邓小平尽管没有就此作专门论述,但从他高度重视科技和教育的一贯主张来理解,这是毫无疑义的。

邓小平关于依靠科技与教育推动经济和环境建设的思想,体现了邓小平在重点解决人民温饱问题过程中对满足人民生态需求的前瞻思维和深谋远虑,蕴含有绿色发展的科技观、教育观。

四、立法建制:保障环保事业发展

我国现代化建设不仅需要依靠科技和教育加以推进,而且需要通过立法建制加以保障,环保事业也是如此。邓小平认为,生态环境保护和整个社会经济工作一样,要从人治走向法治,必须制定各种相关法律和制度,以规范、约束、引导主体行为,将环保事业纳入法制化轨道。1978年,在中央工作会议闭幕之时,邓小平就明确要求集中力量尽快制定森林法、草原法、环境保护法等

---

① 《邓小平文选》第二卷,人民出版社1994年版,第30页。
② 冷溶、汪作玲等:《邓小平年谱(一九七五——一九九七)》上册,中央文献出版社2004年版,第652页。
③ 冷溶、汪作玲等:《邓小平年谱(一九七五——一九九七)》下册,中央文献出版社2004年版,第889页。

生态环境保护法律法规,以确保我国环保事业的不断前进和长远发展。按照邓小平的总体设计和明确主张,我国森林法、海洋保护法、草原法、环境保护法等一系列全国性、地方性的法律法规先后出台并付诸实施,结束了我国生态环境保护无法可依、无章可循的局面,实现了我国环保事业的法制化转向。针对经济增长中暴露的生态环境破坏问题,邓小平赞同"采取'三同时'的方针,即环境保护设施要与生产设施同时设计、同时施工、同时投产"[①]。通过"三同时"的制度化,从源头上防止环境污染,实行资源的循环综合利用。

具体到林业方面,邓小平针对我国森林覆盖率不高、生态承载能力不强、自然灾害频发的实际情况,特别强调要通过建章立制促进林业发展。他指出:"中国的林业要上去,不采取一些有力措施不行。是否可以规定每人每年都要种几棵树,比如种三棵或五棵树,要包种包活,多种者受奖,无故不履行此项义务者受罚。可否提出个文件,由全国人民代表大会通过,或者由人大常委会通过,使它成为法律,及时施行。总之,要有进一步的办法。"[②]这一创议得到积极响应,其精神被纳入 1981 年第五届全国人大第四次会议审议通过的《关于开展全民义务植树运动的决议》之中,使义务植树成为一种法律制度上的规定。这不仅推动了我国植树造林活动的开展,给林业发展注入了活力,而且有助于生态环境保护法制意识的确立,给环保事业发展指引了法制化的方向。

邓小平关于通过立法建制保障我国环保事业发展的思想,拓展了马克思主义的生态观,蕴含着绿色发展的法制观。

综上所述,邓小平在人与自然关系的主体方面,主张控制人口,主要涉及绿色发展的人口与资源协调发展观;在人与自然关系的客体要素方面,倡行植树造林,蕴含了绿色发展的生态安全观、群众主体观和持续绿化观;在协调人

---

① 中共中央文献研究室:《新时期环境保护重要文献选编》,中央文献出版社、中国环境科学出版社 2001 年版,第 49—50 页。

② 冷溶、汪作玲等:《邓小平年谱(一九七五——一九九七)》下册,中央文献出版社 2004 年版,第 771 页。

与自然关系的支撑条件方面,强调科教对经济建设和环境建设的先导作用,突出立法建制对环保事业发展的保障作用,蕴含有绿色发展的科技观、教育观和法制观。邓小平虽然没有直接阐述过绿色发展的概念,但他结合我国改革开放初期社会发展面临的新情况、新问题,从人与自然关系的本原意义出发,探索并提出了加强环境保护、意指绿色发展的人口与资源协调发展观、生态安全观、群众主体观、持续绿化观、生态科教观以及环保法治观。这在中国马克思主义绿色发展观的孕育中处于承前启后、继往开来的地位,既丰富发展了发轫于毛泽东的关涉绿色发展的思想,又奠定了当代中国马克思主义绿色发展观的理论前提。它经由后续几代中国共产党人的接力发展而被纳入中国特色社会主义的战略选择和总体布局之中,演进为中国马克思主义绿色发展观的基本理论与方法体系。

第三节　可持续发展战略中的绿色发展意涵

千年更迭、世纪之交,国际形势风云变幻,世界社会主义事业陷入低谷,中国改革开放和社会主义现代化建设波澜壮阔,需要通过党的建设和坚强领导,与时俱进,迎难而上,坚决捍卫和发展中国特色社会主义。以江泽民同志为主要代表的中国共产党人,基于对冷战结束后国际形势和党的历史方位的科学判断,以及党的历史经验和建设中国特色社会主义伟大实践的深刻总结,科学回答"建设什么样的党,怎样建设党"的重大问题,形成"三个代表"重要思想。与"三个代表"重要思想的酝酿、形成和深化相伴随,江泽民提出了可持续发展战略及科技创新、人才建设、环境法治和制度改革等一系列主张和观点,接续丰富和强化了中国共产党人关涉绿色发展的思想。

一、核心理念:实现人与自然和谐发展

正确认识自然、合理改造自然,实现人与自然的和谐发展是江泽民处理人

与自然关系的核心理念,体现了中国共产党始终代表中国先进文化前进方向的要求。

正确认识和运用自然规律是实现人与自然和谐发展的基础。1998 年,江泽民在全国抗洪抢险总结表彰大会上的讲话中引用了恩格斯的论述:"人类可以通过改变自然来使自然界为自己的目的服务,来支配自然界,但我们每走一步都要记住,人类统治自然界决不是站在自然界之外的,人类对自然界的全部统治力量,就在于能够认识和正确运用自然规律。"①他指出:"恩格斯这番话讲清了人类应该如何正确处理同自然界的关系。"②人与自然界是对立统一体的两个方面,人靠自然界而生存和发展,同时也对自然界施加主观能动的作用。改造自然作为人对自然界的能动作用绝非面向自然界的恣意妄为、一味掠夺,而应该通过对自然规律的正确认识和运用,统筹对自然界的利用、调控和保护,使自然界与人类社会协同演进。而且,"人们认识自然规律,并不总是即时即刻就能全面把握它的"。亦即说,我们对自然规律的认识不可能一步到位,而需在不断往复中切近和完成。"过去没有认识的东西,今天可以被认识,今天没有认识的东西,将来可以被认识。"③当认识与自然事物所固有的规律存在反映的偏差时,就需要通过再实践再认识的过程来消除偏差,从而把握自然规律,为后续运用奠定基础。"自然灾害是件坏事,但通过同它的斗争,人们可以加深对自然规律的认识和把握,从中得出有益的结论,从而更加科学地利用自然为自己的生活和社会发展服务。这就是人与自然关系的辩证法。"④于此,江泽民通过对自然灾害的深入分析,阐明了深刻认识和正确运用自然规律在协调人与自然关系中的基础意义。

合理改造自然是实现人与自然和谐发展的题中之义。江泽民指出:"自

---

①　《江泽民文选》第二卷,人民出版社 2006 年版,第 233 页。

②　《江泽民文选》第二卷,人民出版社 2006 年版,第 233 页。

③　《江泽民文选》第二卷,人民出版社 2006 年版,第 233 页。

④　《江泽民文选》第二卷,人民出版社 2006 年版,第 232—233 页。

古以来,中华民族就进行了征服、开发、利用自然的壮阔历史活动。精卫填海、愚公移山的传说,大禹治水的故事,表达了远古时代中国人民改造自然、人定胜天的顽强奋斗精神。"①但是如何改造自然也是人们一直探寻的问题。在江泽民看来,我们在正确认识自然规律的基础上,还必须"学会按自然规律办事,以利把我们的经济建设和其他社会事业搞得更好,实现经济建设和生态环境协调发展"②。人的主观能动性的发挥必须以尊重自然规律为前提,如此对自然进行合理的改造和保护,才能使经济建设与生态环境相协调。自然资源是有限的,但是人类对自然资源的需求是无限的,这种有限和无限的矛盾是在处理人与自然关系的过程中必须面对和加以解决的。人类如果一直坚持人是自然界的主宰,片面强调人类对自然的征服和利用,过度开发甚至掠夺自然,就会导致生态失衡和环境恶化,招致自然对人类的报复,阻碍人类的持续进步和发展。人类只有科学地利用、改造并保护自然,才能为自身生产生活保有良好生态环境条件。就此而言,实现人与自然的和谐发展是社会主义先进的生态文化理念,也是先进生产力和最广大人民根本利益在天人关系上的价值体现。

二、战略选择:坚定不移地走可持续发展道路

实现人与自然的和谐发展内在地要求实施与之相适应的可持续发展战略。1992 年世界环境与发展大会之后,实现可持续发展已经成为许多国家关注的一个重大问题。党的十四届五中全会因应国际发展大势和中国现代化建设诉求,提出把实现可持续发展作为一项重大战略方针。党的十五大明确将可持续发展战略定位为国家战略并加以实施。江泽民借鉴国际社会的可持续发展观,对可持续发展给出了比较清晰的定义,认为:"可持续发展,就是既要考虑当前发展的需要,又要考虑未来发展的需要,不要以牺牲后代人的利益为

---

① 《江泽民文选》第二卷,人民出版社 2006 年版,第 67—68 页。
② 《江泽民文选》第二卷,人民出版社 2006 年版,第 233 页。

代价来满足当代人的利益。"①实施可持续发展战略是实现人与自然和谐发展的必由之路。江泽民深刻地认识到两者之间的内在关联,将两者放在一起综合表述:"要促进人和自然的协调与和谐,使人们在优美的生态环境中工作和生活。坚持实施可持续发展战略,正确处理经济发展同人口、资源、环境的关系,改善生态环境和美化生活环境,改善公共设施和社会福利设施。"②这就是说,实现人与自然的和谐发展需要通过可持续发展战略付诸实践、见之于行动。可持续发展战略的要义在于"可持续",即在追求当代人发展的情况下,不危及后代人的发展。它要求化解经济发展与生态环境保护、代内发展与代际发展之间的矛盾,在不破坏生态环境、合理利用资源的基础上,实现经济的有序健康发展,在改善当代人生活、生态环境条件的同时,给后代人留下足够发展资源。于此,江泽民关于"使人们在优美的生态环境中工作和生活"和"改善生态环境和美化生活环境"的主张,充分体现了中国共产党始终代表最广大人民根本利益的价值指向,后来在科学发展观"以人为本"的核心立场、绿色发展观"绿色惠民、绿色利民、绿色为民"的价值旨归中得到进一步的具体深化。

实施可持续发展战略必须正确处理经济发展同人口、资源、环境的关系。人口基数大,人均资源拥有量少是我国的一项基本国情,这使得我国的经济发展面临的人口资源环境压力巨大,也决定了我国决不能走那种以大量消耗资源、破坏生态环境为代价的发展道路。"经济发展,必须与人口、环境、资源统筹考虑"③。人口资源环境问题,是经济发展和社会进步过程中必须处理好的问题。这一问题关系到经济能否有序发展和人民生活能否改善。只有处理好这一问题,我们的经济才能在更好的环境中取得既快又好的持续发展,我们的人民才能在更好的环境中生活、学习和工作。因此,我们"要把控制

---

① 《江泽民文选》第一卷,人民出版社 2006 年版,第 518 页。
② 《江泽民文选》第三卷,人民出版社 2006 年版,第 295 页。
③ 《江泽民文选》第一卷,人民出版社 2006 年版,第 532 页。

人口、节约资源、保护环境放到重要位置,使人口增长与社会生产力发展相适应,使经济建设与资源、环境相协调,实现良性循环"①。与此相联系,江泽民还论述了资源环境与生产力的关系,指出:"破坏资源环境就是破坏生产力,保护资源环境就是保护生产力,改善资源环境就是发展生产力。"②这既展现了先进生产力的价值意指,也是对"绿色生产力"的先始表述,经由胡锦涛的接力承续,在习近平的绿色发展观中得以直接体现和阐释。

就人口而言,控制人口增长与提高人口素质必须同步进行。江泽民指出:"人口问题,既是一个社会问题,也是一个经济问题。"③我国现实发展过程中遇到的一系列问题,诸如吃饭问题、就业问题、教育问题、资源环境问题等等,都与人口的数量与素质有着直接的联系。解决好人口问题与环境保护一样,"不仅具有近期效益,更具有远期效益;不仅有经济效益,更有社会效益"。④ 要实现可持续发展,必须合理控制人口规模,坚持实施计划生育这一基本国策。在江泽民看来,"我国实行计划生育,是依据马克思主义关于人口生产要与物质资料生产相适应的理论,从我国的基本国情出发所作出的正确决策"⑤。人口规模控制住了,不仅可以提高人均国民生产总值的水平,同时也可以减轻人口总数过大对经济建设产生的压力;反之,如果任由人口盲目膨胀,经济建设成果的增长在日益增长的人口数量面前就会被抵消,并且势必破坏资源与环境。同时,我们还应该优化人口结构,提高人口素质,从而为发展提供良好的人力资源。因此,我们"要把计划生育工作与发展经

---

① 《江泽民文选》第一卷,人民出版社 2006 年版,第 463 页。

② 中共中央文献研究室:《江泽民论有中国特色社会主义(专题摘编)》,中央文献出版社 2002 年版,第 282 页。

③ 中共中央文献研究室:《江泽民论有中国特色社会主义(专题摘编)》,中央文献出版社 2002 年版,第 285 页。

④ 中共中央文献研究室:《江泽民论有中国特色社会主义(专题摘编)》,中央文献出版社 2002 年版,第 281 页。

⑤ 中共中央文献研究室:《江泽民论有中国特色社会主义(专题摘编)》,中央文献出版社 2002 年版,第 285 页。

济、消除贫困、保护生态环境、合理开发利用资源、普及文化教育、发展医疗卫生事业、提高妇女地位、完善社会保障等方面工作结合起来,统筹规划,综合考虑,实现相互促进,协调发展。要努力提高人民的物质文化生活水平,以及道德修养和身心健康水平,保障人民的合法权益,促进国民素质的全面发展和提高"①。即通过人口数量控制和人口素质提高的同步展开实现近期效益与远期效益、经济效益与社会效益以及环境效益的统一。这在当时的历史条件下无疑是正确的,当前所实施的"普遍二孩"政策是根据我国生产力发展水平和要求的变化而作出的人口"控制"的适当限度调整,而非不加"控制"的盲目增长。培养德智体美劳全面发展的社会主义建设者和接班人则是提高人口素质在新时代的特质要求,在其本质上都有利于可持续发展,都体现了绿色发展的意蕴。

就资源环境而言,节约资源和保护环境必须齐抓并举。节约资源和保护环境事关可持续发展自然物质基础的保有,因此江泽民指出:"必须切实保护资源和环境,不仅要安排好当前的发展,还要为子孙后代着想,决不能吃祖宗饭、断子孙路,走浪费资源和先污染、后治理的路子。要根据我国国情,选择有利于节约资源和保护环境的产业结构和消费方式。坚持资源开发和节约并举,克服各种浪费现象。"②在具体路径上就是要调整产业结构,协调第三产业与第一、第二产业的发展。"坚持以信息化带动工业化,以工业化促进信息化,走出一条科技含量高、经济效益好、资源消耗低、环境污染少、人力资源优势得到充分发挥的新型工业化路子。"③在具体做法上,就是要提高资源利用率,转变资源利用方式,使有限的资源在生产过程中发挥更大的作用,从而间接地达到节约资源的目的;要加强环境保护工作,重视治理污染问题,在

---

① 中共中央文献研究室:《江泽民论有中国特色社会主义(专题摘编)》,中央文献出版社2002年版,第287—288页。

② 《江泽民文选》第一卷,人民出版社2006年版,第464页。

③ 《江泽民文选》第三卷,人民出版社2006年版,第545页。

全国范围开展植树造林运动,从而达到防治荒漠化、防止水土流失、改善生态环境的目的。在国际环境合作中,"我们愿为保护全球环境作出积极贡献,但不能承诺与我国发展水平不相适应的义务"①。应该充分考虑各国发展的具体情况,针对不同的国情统筹协调,互助合作,共同保护人类共有的地球家园。

三、条件要素:科技和教育支撑、法律和制度保障

可持续发展战略的实施关涉诸多条件要素,特别需要依靠科学技术的进步和教育对人才资源的供给,促使生产方式从高耗低效向低耗高效转变,通过法律和制度的规约,减少生产生活中自然资源的消耗和污染物的排放。江泽民继承了邓小平"科学技术是第一生产力"的思想,在一系列讲话中反复强调科技和教育的作用,倡导把科技和教育摆在优先发展的战略地位,提出与可持续发展战略相匹配的科教兴国战略。江泽民还继承了邓小平关于生态环境建设走法治化道路的思想,主张在处理人与自然关系、进行环境保护和资源节约等方面要以法律和制度的不断完善为保障。

提高科技创新能力,加快科技进步,推动科技向现实生产力的转化,可以促进自然资源的节约和生态环境的保护。首先,科学技术可以帮助人们深入认识自然、合理改造自然。江泽民指出:"科学技术是人类认识和运用自然规律、社会规律能力的集中反映。自古以来,人类社会经济和文化的每一次重大发展,都依赖于科学的重大发现和技术的重大发明"②。这就是说,人类可以通过科技的进步愈益深入地认识和了解自然界,发现自然界的奥秘和规律,从而指引人们更为合理适度地改造自然,改变之前盲目地滥用自然的局面,迎来社会经济和义化的重人发展。其次,科技创新可以促进产业结构升级,提高资

---

① 《江泽民文选》第一卷,人民出版社 2006 年版,第 534 页。
② 中共中央文献研究室:《江泽民论有中国特色社会主义(专题摘编)》,中央文献出版社 2002 年版,第 237 页。

源利用效率,从而有效降低自然资源的消耗,达到节约资源、保护环境的目的。江泽民指出:"物质资源的开发利用是人类社会发展的基础,而人类智慧和能力的发展决定着对物质资源开发的深度和广度。"①离开物质资源的开发利用,人类社会的发展就是空中楼阁、无从谈起,但对物质资源的开发利用不能任性妄为,而要依靠人类的智慧和能力特别是科技创新高效、节约、清洁使用。江泽民在为《中国信息化探索与实践》一书作序时具体说明了这一点:"充分发挥电子信息技术对经济的倍增作用,我们就能够提高国民经济的效率,降低消耗,利用已经形成的相当规模的钢铁、煤炭、电力、石油资源,更好地推动我国经济的发展。"②从更广阔的视野看,依靠科技创新,可以改造传统产业,推进清洁生产,淘汰落后的生产工艺、设备和产品,将经济建设主要依靠资源消耗向主要依靠科技对生产力的变革转变,即促使经济由粗放型向科技含量高的集约型转变,通过科技创新成果向现实生产力的转化,"建立节耗、节能、节水、节地的资源节约型经济"③。

实施可持续发展战略和科教兴国战略,关键是人才。江泽民十分重视人才的教育和培养,他认为"人才是最宝贵最重要的资源"④,科技在创新中的进步、可持续发展战略的有效实施都离不开人才资源。改革开放伊始至世纪之交,我国一直都是世界上的制造大国,但是在整个产业链条中我们只负责一些低附加值高能耗的环节,这使得我国的经济发展一直依赖于低廉的劳动力输出和资源的消耗。因此,要变低附加值高能耗为高附加值低能耗,就必须改变原有的产业结构,向技术密集型产业发展,这需要培养一大批的高素质科技人才。针对我国的人才培养工作,江泽民指出:"我国人力资源丰富,但是人才

---

① 中共中央文献研究室:《江泽民论有中国特色社会主义(专题摘编)》,中央文献出版社2002年版,第258页。

② 中共中央文献研究室:《江泽民论有中国特色社会主义(专题摘编)》,中央文献出版社2002年版,第252页。

③ 江泽民:《论科学技术》,中央文献出版社2001年版,第21—22页。

④ 江泽民:《论科学技术》,中央文献出版社2001年版,第77页。

资源并不丰富,结构不尽合理,创新能力还亟待提高。"①因此,我们首先要发展好教育事业,提高教育质量;其次还要在全社会营造尊重知识、尊重人才的氛围,各级党政机关和企事业单位要创造良好条件,培养优秀的人才,尤其是年轻的科技人才,为经济和社会的持续发展提供人才支撑。同时,江泽民还主张在处理环境和生态问题时,要广泛动员人民群众,"增强广大干部群众的环保意识和生态意识"②,汇集可持续发展战略的群众智慧和力量。

可持续发展战略的有效实施,不仅需要科技和教育的支撑,而且需要法律和制度的保障。江泽民接续发展邓小平的环境法治思想,指出:"人口、资源、环境工作要切实纳入依法治理的轨道。"③即要将环保工作纳入法治轨道,做到有法必依、执法必严、违法必究,彰显从"法制"向"法治"的转变。我国曾先后制定了《中华人民共和国环境保护法》《中华人民共和国海洋环境保护法》《中华人民共和国大气污染防治法》《中华人民共和国森林法》《中华人民共和国水污染防治法》等多部与环境有关的法律,江泽民强调,各级执法部门必须加大环境保护工作的执法力度,严格按规章制度办事,"加大对资源保护和合理利用的执法监察力度。对于违法审批、处置、占用土地和其他资源的,都要依法查处。"④江泽民还创造性地将可持续发展的保障因素延伸到环境保护制度的改革,主张在坚持中国特色社会主义基本制度的同时,通过具体制度机制的改革,从源头上解决环境污染和生态破坏问题。江泽民认为,在制定重大决策时,"一定要从全局出发,统筹规划,标本兼治,突出重点,务求实效"⑤。"保护和合理利用资源的工作,要按照'有序有偿、供需平衡、结构优化、集约

---

① 中共中央文献研究室:《江泽民论有中国特色社会主义(专题摘编)》,中央文献出版社2002年版,第260 261页。

② 中共中央文献研究室:《江泽民论有中国特色社会主义(专题摘编)》,中央文献出版社2002年版,第282页。

③ 《江泽民文选》第三卷,人民出版社2006年版,第468页。

④ 《江泽民文选》第三卷,人民出版社2006年版,第465页。

⑤ 《江泽民文选》第三卷,人民出版社2006年版,第465页。

高效'的要求进行"①。这也就是说,要对经济发展与环境保护进行综合考量,从促进发展和保护环境相统一的角度进行统筹决策,不仅要治理既有生态环境问题之"标",更重要的是从源头上防止环境污染和生态破坏,治理生态环境问题之"本";要探索实行资源有偿利用制度和严格的资源管理制度,并建立环境与发展综合决策机制和政府管理与市场运作相结合的资源优化配置新机制,协调自然资源的供需关系,优化资源结构和产业结构,实现自然资源开发利用的集约高效。江泽民这些关于资源和环境保护制度改革的创新性主张,成为当今我国绿色发展、生态文明制度顶层设计的直接来源。

综上所述,江泽民在处理人与自然关系的核心理念上,主张人与自然的和谐发展,主要涵盖绿色发展的自然观、价值观;在战略选择上,倡导可持续发展战略,强调要处理好经济发展同人口、资源和环境的关系,初步提出"绿色生产力"的意指和资源节约型经济的概念,拓展了邓小平的人口与资源协调发展观;在条件要素上,突出可持续发展的科技和教育支撑、法治和制度改革保障,指明科技创新、人才培养、资源环境保护法治和制度改革的实践路径及其对可持续发展的重要作用,继承发展了邓小平的生态科教观、环保法制观。江泽民虽然尚未直接阐述绿色发展的概念,但他结合世纪之交的国际形势和我国面临的新情况、新问题,在酝酿、提出、深化"三个代表"重要思想的过程中,凸显马克思主义生态自然观和价值观,将可持续发展战略确定为国家战略,探索并提出了经济建设与人口资源环境协调观、资源环境生产力观、节约型经济观、生态科教人才观、资源环境保护法治观和制度观等,在人与自然的关系上演绎了"三个代表"重要思想的内在要求,展现出丰富的绿色发展意涵,为中国马克思主义绿色发展观的形成奠定了更为坚实的理论基础。

---

① 中共中央文献研究室:《江泽民论有中国特色社会主义(专题摘编)》,中央文献出版社2002年版,第296页。

第四节　中国马克思主义绿色发展观的形成

进入新世纪,中国特色社会主义事业进入全面建设小康社会的新阶段,谋求科学发展、和谐发展,全面提高人民群众的生活质量和健康素质,成为以胡锦涛同志为主要代表的中国共产党人所肩负的重要历史任务。胡锦涛在中国马克思主义的接力发展中,瞄准我国发展的重要战略机遇期,将可持续发展等中国马克思主义的发展思想予以拓新,科学回答"实现什么样的发展、怎样发展"的重大问题,提出了科学发展观和社会主义和谐社会思想,并在科学发展与和谐发展的框架下进一步提出了绿色发展的思想。2010 年 6 月,胡锦涛在中国科学院第十五次院士大会、中国工程院第十次院士大会上的讲话中继往开来,明确阐述了绿色发展的概念及内涵,指出:"绿色发展,就是要发展环境友好型产业,降低能耗和物耗,保护和修复生态环境,发展循环经济和低碳技术,使经济社会发展与自然相协调。"①他还先后从观念变革、绿色增长、以人为本、统筹兼顾诸方面论述了绿色发展的思想,阐释了绿色发展的自然观、价值观、经济观和方法论,确立了中国马克思主义绿色发展观的基本内容。"绿色发展"术语的使用及其理论观点的明确,标志着中国马克思主义绿色发展观的形成。

一、观念变革:绿色发展的思想引领

观念变革源自社会经济发展的现实需要,但它一经发生,又将会反作用于社会经济的发展,甚或成为社会经济发展的核心因素。体现时代诉求、切合未来趋势的观念变革可以为社会经济的发展提供合理尽性的战略思路、价值原则和运作航标,从而优化社会经济的发展方式,惠及民生福祉。进入新世纪,

---

① 中共中央文献研究室:《十七大以来重要文献选编》(中),中央文献出版社 2011 年版,第 747 页。

面对"资源约束趋紧、环境污染严重、生态系统退化"的严峻局面和人民群众"求生态""盼环保"的现实需要,绿色发展势在必行。绿色发展作为一种社会经济发展的方式创新,需要自然观、价值观、经济观和思维方式的变革。胡锦涛汇集集体智慧,把握时代脉搏,回应人民群众的生态需求,变革传统发展观念,提出了"人与自然和谐发展""尊重自然、顺应自然、保护自然""以人为本"等绿色发展观念,为绿色发展奠定了思想基础。

绿色发展的要旨是正确处理人与自然的关系。绿色发展与可持续发展战略思想一脉相承,强调"经济—社会—生态"的整体可持续发展,其核心是在社会经济发展中摒弃传统的人与自然二元对立的观念,倡扬人与自然和谐相处的观念。胡锦涛人与自然和谐相处的观念主要包含在其科学发展观和社会主义和谐社会思想之中。1999年3月,胡锦涛在全国"两会"期间参加福建代表团讨论时,就提出要"树立科学的发展观"。2003年6月,胡锦涛在全国抗击"非典"总结大会上,正式提出科学发展观。2003年10月,在党的十六届三中全会上,胡锦涛发表讲话,对科学发展观作了明确阐述,会议通过的《关于完善社会主义市场经济体制若干问题的决定》,围绕落实科学发展观,提出"五个统筹"①的思想,其中一个方面就是统筹人与自然的和谐发展。2005年2月,胡锦涛在中央党校省部级主要领导干部专题研讨班上阐述了社会主义和谐社会的六个基本特征,提出人与自然和谐相处是社会主义和谐社会的一个重要特征。2007年10月,在党的十七大报告中,胡锦涛对科学发展观与社会主义和谐社会构建加以系统论述,其中进一步展开论述了统筹人与自然和谐发展的内涵,强调要"坚持生产发展、生活富裕、生态良好的文明发展道路,建设资源节约型、环境友好型社会,实现速度和结构质量效应相统一、经济发展与人口资源环境相协调",而且"科学发展和社会和谐是内在统一的。没有

---

① 五个统筹:统筹城乡发展、统筹区域发展、统筹经济社会发展、统筹人与自然和谐发展、统筹国内发展和对外开放。

科学发展就没有社会和谐,没有社会和谐也难以实现科学发展"①。科学发展与和谐社会在人与自然的关系上都聚集于人与自然的和谐发展,而人与自然的和谐离不开人与人、人与社会的和谐。这些主张和观点蕴含了中国马克思主义绿色发展观的要义。2010 年 6 月,胡锦涛为凸显中国共产党人对统筹人与自然和谐发展的关注和睿智,强化其实践导向功能,明确提出了绿色发展的概念,并将绿色发展与资源节约型和环境友好型社会建设有机关联。2011 年 11 月,胡锦涛在亚太经合组织工商领导人峰会上的演讲中,回应国际社会对低碳发展的关注,结合中国国情,将绿色发展与低碳发展、节能减排、生态文明有机关联,提出:"中国坚持绿色、低碳发展理念,以节能减排为重点,增强可持续发展和应对气候变化能力,提高生态文明水平。"②2012 年 11 月,在胡锦涛所作的党的十八大报告中,将生态文明建设专立标题,强调要"着力推进绿色发展、循环发展、低碳发展",通过生产方式和生活方式的变革,"节约资源"和"保护环境",从根本上"扭转生态环境恶化趋势",在实现我国生态状况根本好转、优化生产生活环境的同时,"为全球生态安全作出贡献"③。质言之,胡锦涛的人与自然和谐发展观念起先包含于科学发展观和社会主义和谐社会的总体论述之中,然后明确提出绿色发展概念,并将其视为"两型社会"和生态文明建设必须确立和贯穿的观念前提,从科学发展、和谐发展到绿色发展体现了胡锦涛人与自然和谐发展观念不断具体深化的过程,标示着中国马克思主义绿色发展观从潜在到显在的演进。

欲求人与自然的和谐发展,必须属意自然在人与自然的关系中的基础地位。马克思主义经典作家早就阐明,自然界对人具有先在性,人是自然界长期

---

① 中共中央文献研究室:《十七大以来重要文献选编》(上),中央文献出版社 2009 年版,第 12、13 页。

② 胡锦涛:《携手并进,共创未来——在亚太经合组织工商领导人峰会上的演讲》,《人民日报》2011 年 11 月 14 日。

③ 中共中央文献研究室:《十八大以来重要文献选编》(上),中央文献出版社 2014 年版,第 31 页。

演化的结果;自然界的物质交换作为社会活动的根本,预示着人类的活动必须依赖自然规律,人类活动废弃物的排放不能超过自然的自净能力;人是"能动的自然存在物",但同时也是"受动的、受制约的和受限制的存在物",其理性再深邃、意志再坚定、热情再高涨,在自然面前也不能恣意妄为。人如若一味地以自然界的主人自居,把自然当作取之不尽的原料库和随意污染的垃圾场,肆意主宰、征服和索取自然,必将导致自然的"异化"以及对人的报复。在当代中国,人口基数大,人均资源享有量不足是无法回避的问题,而且因经济快速增长所导致的非再生性资源的过度消耗和环境的严重污染反过来又制约着经济的增长,与人民群众对生态环境质量的要求也背道而驰。有鉴于此,胡锦涛指出:"自然界是包括人类在内的一切生物的摇篮,是人赖以生存和发展的基本条件。保护自然就是保护人类,建设自然就是造福人类。要倍加爱护和保护自然,尊重自然规律。对自然界不能只讲索取不讲投入、只讲利用不讲建设。"[1]在党的十八大报告中,胡锦涛在论述生态文明建设时强调:"必须树立尊重自然、顺应自然、保护自然的生态文明理念"[2]。尊重自然、顺应自然、保护自然的观念体现了尊重自然规律的本质要求,自然规律是尊重自然、顺应自然、保护自然观念的本然依据。

欲求人与自然的和谐发展,必须突出人民群众的根本利益和主体地位及人的全面发展。既要以最广大人民群众的生态福祉和全面发展为归宿,也必须最大限度地激发人民群众的积极性、主动性和创造性,依靠人民群众的力量得以递进实现。人民群众既是人与自然和谐发展的活动主体、责任主体、创造主体,同时也是发展成果的权利主体、享有主体。持续追求和递进实现人与自然的和谐发展,其目的在于"为人民创造良好生产生活环境"和"给子孙后代

---

[1] 中共中央文献研究室:《十六大以来重要文献选编》(上),中央文献出版社 2004 年版,第 853 页。

[2] 中共中央文献研究室:《十八大以来重要文献选编》(上),中央文献出版社 2014 年版,第 30 页。

留下天蓝、地绿、水净的美好家园"①，提高人民群众的生活质量和健康素质，即以满足人民的生态需求、实现人民的现实幸福为归宿。科学发展观秉持"发展为了人民、发展依靠人民、发展成果由人民共享"②的核心立场，绿色发展将发展成果由人民共享这一以人为本的核心立场要素，具体展开为提升人民群众享有良好生产生活环境和天蓝、地绿、水净的美好家园的绿色福祉，即更好地满足人民群众的生态需求，于此显现出胡锦涛对科学发展观核心立场的具体深化。

"人与自然和谐发展""尊重自然、顺应自然、保护自然""以人为本"作为胡锦涛绿色发展观念的三大要素，彰显出胡锦涛从人与自然复合系统到这一复合系统中"自然"与"人"两个子系统的层层深入分析的逻辑进路，映现出胡锦涛的绿色发展自然观和价值观。这些观念作为中国马克思主义的新发展，无疑是对人与自然二元对立、人主宰征服自然等传统观念的变革。只有牢固树立这些观念，将之内化于心、外化于行、固化于魂，绿色发展才能获得现实性，观念的变革是绿色发展的引领。

二、绿色增长：绿色发展的实践主线

人与自然的关系首先体现在作为基本经济活动的生产活动上，展现为以劳动为中介的人与自然之间物质、能量的变换过程，它构成人类社会存在和发展的基础。因此，经济增长长期以来被人们认作是社会经济发展的主线。但以牺牲生态环境为代价的经济增长并未给人类带来福音，相反，还给人类的生产与发展造成威胁。这种经济增长实际上是"有增长无发展"，是一种"黑色增长""无未来的增长"。而"绿色增长系指在确保自然资产能够继续为人类

① 中共中央文献研究室：《十八大以来重要文献选编》（上），中央文献出版社 2014 年版，第 31 页。
② 中共中央文献研究室：《十七大以来重要文献选编》（上），中央文献出版社 2009 年版，第 12 页。

幸福提供各种资源和环境服务的同时,促进经济增长和发展"[1],这是世界经合组织(OECD)在可持续发展的框架下提出来的关于绿色增长的定义,对当代中国社会经济发展具有启示意义,契合绿色发展的观念。人类欲求更好地生存与发展,就必须摒弃"黑色增长""无未来的增长",转向绿色增长,凸显经济增长与发展的统一,经济建设与生态环境建设的统一,现在发展与未来发展的统一。有鉴于此,2011 年 9 月,胡锦涛在出席首届亚太经合组织林业部长级会议开幕式时,站在对外开放、区域合作的高度,强调指出:"在去年举行的横滨会议上,为促进区域经济实现平衡、包容、可持续、创新、安全增长,我们通过了《亚太经合组织领导人增长战略》,提出了推动亚太经济发展的指导原则、行动计划、落实机制,绿色增长就是其中的重要内容。"[2]这表明绿色增长体现了当代经济社会发展趋势,也就理当成为当代中国绿色发展的实践主线。

绿色增长内在地要求转变经济发展方式。转变经济发展方式是解决经济社会发展问题的基本途径和基本方式。节约资源、保护环境会促使社会生产力持续发展,会有效改善人们生存质量,提高人们的生活水平。胡锦涛指出:坚决不能"以牺牲环境为代价"[3]的粗放型增长方式获得经济数字的增长,这种牺牲自然资源的增长方式是我们必须摒弃的。中国拥有十多亿的人口,资源能源捉襟见肘,生态环境不堪重负,粗放式增长方式难以为继,以浪费资源、破坏环境为代价换取一时的经济增长无异于饮鸩止渴,"努力使加快转变经济发展方式要求贯穿经济社会发展全过程和各领域,切实做到在发展中促转变、在转变中谋发展",[4]持续追求和递进实现生产、生活、生态的协调共进。

转变经济发展方式重点在于发展绿色产业。国际绿色产业联合会(Inter-

---

① OECD:Towards Green Growth,OECD Meeting of the Council,2011.

② 胡锦涛:《加快区域合作 实现绿色增长——在首届亚太经合组织林业部长级会议上的致辞》,《人民日报》2011 年 9 月 7 日。

③ 中共中央文献研究室:《科学发展重要论述摘编》,中央文献出版社 2008 年版,第 37 页。

④ 中共中央文献研究室:《十七大以来重要文献选编》(中),中央文献出版社 2011 年版,第 1004 页。

national Green Industry Union)2007 年曾给绿色产业下过这样的定义："如果产业在生产过程中,基于环保考虑,借助科技,以绿色生产机制力求在资源使用上节约以及污染减少的产业,我们即可称其为绿色产业。"①绿色产业作为节能减排、资源利用率高、污染物排放少的生态化环保产业理当成为当代中国施行经济发展方式转变的重点领域,它既是中国经济发展的新的增长点,也是外资投资的极好机遇。2006 年 12 月,胡锦涛在第十六届中央政治局第三十七次集体学习中提出："要把节约能源资源作为转变经济增长方式的主攻方向,大力推进产业结构优化升级,……坚决淘汰严重耗费能源资源和污染环境的落后生产能力,加大循环经济试点力度,努力提高生产活动的循环化、生态化水平。"②2011 年 11 月,胡锦涛在亚太经合组织工商领导人峰会的演讲中又进一步指出："中国将绿色产业和节能环保产业作为吸收和利用外资的重点领域,旺盛的绿色需求和优良的投资环境将为各国尤其是本地区企业提供广阔市场和巨大投资机遇。"③胡锦涛从国内改革和对外开放、政府推动和市场导向的双重视角,将我国经济发展方式转变的重点定位到绿色产业的发展上。

发展绿色产业要因地制宜,具有特色。我国幅员辽阔,各地区位特征迥异,比较优势有别,因此不同地区绿色产业的发展不能千篇一律、一个模式,必须扬长避短、谋求特色。早在 2001 年 8 月,胡锦涛在考察吉林省延边朝鲜族自治州有关县市时就表达了这一思想:延边自然资源得天独厚,发展特色产业前景十分广阔,要充分利用当地丰富的动植物资源,按照经济效益与生态效益相统一的要求,面向市场、依靠科技,通过调整产业结构的方式转变农业结构,着重研发优质高效的药材、特色食品、绿色食品等,搞好林业产

---

① 《绿色产业》,https://baike.so.com/doc/6792858-7009499.html。

② 胡锦涛:《把节约能源资源放在更突出的战略位置,加快建设资源节约型、环境友好型社会》,《人民日报》2006 年 12 月 27 日。

③ 胡锦涛:《携手并进　共创未来——在亚太经合组织工商领导人峰会上的演讲》,《人民日报》2011 年 11 月 14 日。

业的多种经营,努力提高农业和农村经济的综合效益,多渠道增加农民收入。

发展绿色产业需要绿色技术的创新驱动。作为能减少污染、降低消耗和改善生态的绿色技术渗透到生产力诸要素,即转化为现实的绿色生产力,从而推动绿色产业的发展和经济发展方式的转变。在 2004 年 3 月召开的中央人口资源环境工作座谈会上,胡锦涛就主张:"推广先进实用的节水灌溉技术,大力开发和推广节水器具和节水的工业生产技术"①。2004 年 12 月,在中国共产党第十六届中央政治局第十八次集体学习时,胡锦涛以充分发挥科技进步和创新的巨大作用为主题,提出:"要加强对节约能源资源的科技研究开发,促进循环经济发展,逐步建设节约型社会,真正走出一条生产发展、生活富裕、生态良好的文明发展道路。"②2005 年 12 月,在北京参观建设节约型社会展览会时,胡锦涛结合产业结构调整和节约型社会建设,要求:"集中力量研究开发提高能源资源利用效率的关键技术和共性技术,支持重点行业加快节能、节水、资源综合利用的技术改造。"③2006 年 12 月,在中国共产党第十六届中央政治局第三十七次集体学习时,他不仅强调了节约能源资源的重要方式,同时还强调,"要加快构建节约能源资源的技术支撑体系,加强能源资源节约和循环利用技术的攻关和产业化,培育节能服务体系",要求各类企业全面"加强管理",推进"技术改造",实现"清洁生产",在绿色发展的实践道路上充当领军者和主力军,凭借企业自身的生产和行动为节约能源资源贡献自己的力量。④ 在党的十七大报告中,胡锦涛再次强调要开发先进技术,使生产生

① 中共中央文献研究室:《十六大以来重要文献选编》(上),中央文献出版社 2004 年版,第 858 页。

② 胡锦涛:《充分发挥科技进步和创新的巨大作用,更好地推进我国社会主义现代化建设》,《人民日报》2004 年 12 月 29 日。

③ 胡锦涛:《节约能源资源,要实行严格的责任制》,《人民日报》2005 年 12 月 22 日。

④ 参见胡锦涛:《把节约能源资源放在更突出的战略位置,加快建设资源节约型、环境友好型社会》,《人民日报》2006 年 12 月 27 日。

活资料"节约、替代、循环利用",并"发展清洁能源","保护土地和水资源","提高能源资源利用效率"①。胡锦涛尽管未特别提出绿色技术的概念,但他的一系列讲话中反复提及的以减少污染、降低消耗和改善生态为特征的技术则属于绿色技术的范畴,其讲话精神蕴含了依靠绿色技术推动绿色产业发展的思想。

从逻辑上加以概括,以绿色技术创新为驱动,以绿色产业发展为重点,推进经济发展方式的转变,从而获得绿色增长,乃是绿色发展的实践主线,也是贯穿胡锦涛绿色发展思想的理论主线。

三、统筹兼顾:绿色发展的根本方法

绿色发展的主旨是持续追求和递进实现人与自然的和谐发展,需要运用统筹兼顾的方法总揽全局,科学谋划,整合力量,兼顾各方。绿色发展作为科学发展、和谐发展在人与自然关系上的具体展开和深化,其统筹兼顾的方法与科学发展观、社会主义和谐社会思想中统筹兼顾方法具有内在的一致性,两者在逻辑上构成前提与推论、一般与特殊的关系。

科学发展观、社会主义和谐社会思想集中体现了胡锦涛的统筹兼顾方法。党的十七大报告系统阐述了科学发展观,指出:科学发展的"根本方法是统筹兼顾",即要正确认识和妥善处理"城乡发展""区域发展""经济社会发展""人与自然和谐发展""国内发展和对外开放""中央和地方""个人利益和集体利益""局部利益和整体利益""当前利益和长远利益"等多方面的关系,在处理具体问题的同时,充分发挥社会各界的积极性和协调性;对于国内国际两个大局的统筹,要具有把握发展机遇的"世界眼光"和应对风险挑战的"战略思维",善于"营造良好国际环境"。统筹兼顾不仅要"统",总揽全局,"抓住牵动全局"的主要工作,而且要"筹",筹谋规划、着力解决"事关群众利益"的

---

① 中共中央文献研究室:《十七大以来重要文献选编》(上),中央文献出版社2009年版,第19页。

突出问题,还要"兼",兼顾各方,协调并进。这些都是胡锦涛直接运用统筹兼顾方法,处理新时期中国特色社会主义事业中重大关系的明晰表述。此外,他在阐述"第一要义是发展"时强调"实现又好又快发展",也贯穿了统筹兼顾的方法,"好"是质量好、效益优,"快"是速度快、增量大,不能只求其一、不顾其二,两者要兼顾,而且在人民从求温饱逐步转向求环保的新形势下要"好"字优先;在阐述以人为本的核心立场时强调"发展为了人民、发展依靠人民、发展成果由人民共享",体现了对待发展目的与手段问题上的统筹兼顾,发展为了人民是我党宗旨所在,使人民在共享发展成果中获得幸福是共产党人谋求发展的终极目的,发展依靠人民则表明人民是发展的主体力量,是发展得以实现的手段,这就是说,发展要从目的与手段相统一的高度兼顾人民的根本利益和主体地位;在阐述全面协调可持续的基本要求时强调"全面推进经济建设、政治建设、文化建设、社会建设","实现经济社会永续发展",则体现了对于中国特色社会主义事业总体布局的统筹兼顾,中国特色社会主义建设不仅要统筹协调经济、政治、文化、社会、生态诸环节和各要素,而且要兼顾现在与未来、当代人与后代人,这一思想在党的十八大报告中得到进一步发展,展现为对"五位一体"整体布局的统筹兼顾。

党的十七大报告还基于科学发展与社会和谐的内在统一性,强调了社会主义和谐社会建设的总要求①,其中就包括了"人与自然和谐相处",这表明,在社会主义和谐社会建设中,必须统筹兼顾人与自然的关系,要将社会经济的发展、人的发展、自然的发展融为一体予以整体设计和施行。

既然科学发展、和谐发展需要统筹兼顾,那么作为发展特殊形态的绿色发展也需要统筹兼顾。在绿色发展中运用统筹兼顾方法是科学发展、和谐发展中统筹兼顾方法的必然推论。胡锦涛将统筹兼顾方法贯彻到绿色发展之中,使统筹兼顾方法得以具体深化。绿色发展所着力的人与自然的和谐发展,需

---

① 社会主义和谐社会建设的总要求:民主法治、公平正义、诚信友爱、充满活力、安定有序、人与自然和谐相处。

要整合政府、企业、社会组织、居民等各方力量,协调各方利益,形成具有强大合力的主体群予以推进,因此要将构建"资源节约型"和"环境友好型"社会放在突出地位,将之"落实到每个单位、每个家庭",实现由"要我做"向"我要做"转变,充分调动和激发广大人民的积极性、主动性和创造性,着力营造鼓励创新的环境,"使全社会创新智慧竞相迸发、各方面创新人才大量涌现"①。

绿色发展是"有自然的"发展,即在经济发展中需要考量"自然成本"和资源的稀缺程度,因此要施行"深化资源性产品价格和税费改革"②和建立"资源有偿使用制度"③"生态补偿制度"④的统筹。生态自然是一个有机整体,因此要将山水林田湖作为一个生命共同体加以统筹,维持、恢复、优化人口与各种生态环境资源之间的比例和空间关系,同时"加大节能环保投入",重点在水、大气、土壤等方面加强防治,"改善城乡人居环境",着力推进"水利、林业、草原建设"和荒漠化、石漠化治理,实行"生态修复"⑤,按照"人口资源环境相均衡"和"经济社会生态效益相统一"两大原则,把握开发的范围和力度,协调区域之间的不平等,鞭策集约高效的生产方式、节约环保的生活方式,使我们的"生态空间山清水秀",为子孙后代留下更多发展空间和"天蓝、地绿、水净的美好家园"⑥。

针对经济增长与环境保护的现实矛盾,胡锦涛主张要协调处理经济增长、产业结构、消费方式与环境保护之间的关系,经济增长不能以牺牲环境为代价,必须加大对节能环保技术和产业的投入,变"主要依靠第二产业带动"为"第一、第二、第三产业协同带动",从"主要依靠增加物质资源消耗"转向"主

---

① 《胡锦涛文选》第一卷,人民出版社 2016 年版,第 630 页。
② 《胡锦涛文选》第三卷,人民出版社 2016 年版,第 646 页。
③ 《胡锦涛文选》第三卷,人民出版社 2016 年版,第 646 页。
④ 《胡锦涛文选》第三卷,人民出版社 2016 年版,第 646 页。
⑤ 《胡锦涛文选》第二卷,人民出版社 2016 年版,第 631 页。
⑥ 《胡锦涛文选》第三卷,人民出版社 2016 年版,第 645 页。

要依靠科技进步、劳动者素质提高、管理创新"①,以绿色增长为主线,发展绿色经济,推动生产过程的绿色化、流通领域的循环化和消费方式的节约化,以绿色消费及其教育为导向,增强全民族的生态环保意识,在全社会形成"爱护环境、保护环境、建设环境的良好风气"②,让节约能源资源深入人心,成为全社会的自觉行动。

在刚性保障上,胡锦涛认为需要协同实施政策支持、机制保障和制度规范。他提出:"要完善有利于节约能源资源和保护生态环境的法律和政策,加快形成可持续发展体制机制"③,建立融入资源消耗、环境损害、生态效益目标要求的经济社会发展评价体系、考核办法和奖惩机制,有效规范经济社会活动和行为。

放眼国内国际两个大局的统筹,胡锦涛认为绿色发展需要审时度势、视情而行。他在亚太经合组织工商领导人峰会上的演讲中指出:"我们应该大力倡导绿色发展理念,尊重各成员根据其资源禀赋、发展阶段、能力水平等具体情况自主选择绿色增长道路。"④这表明,中国走绿色增长道路是根据自身国情和国际发展趋势统筹作出的自主选择。

质言之,绿色发展需要统筹兼顾,胡锦涛将其科学发展观和社会主义和谐社会思想中的统筹兼顾方法具体运用于人与自然关系的处理,便形成绿色发展的方法论。

综上所述,胡锦涛所提出的人与自然和谐发展、尊重自然、顺应自然、保护自然以及以人为本的观念,主要体现了绿色发展的自然观和价值观,关于绿色增长的一系列主张主要聚焦于绿色发展的经济观和模式论,统筹兼顾方法在

---

① 《胡锦涛文选》第二卷,人民出版社 2016 年版,第 547 页。
② 《胡锦涛文选》第二卷,人民出版社 2016 年版,第 184 页。
③ 《胡锦涛文选》第二卷,人民出版社 2016 年版,第 631 页。
④ 胡锦涛:《携手并进,共创未来——在亚太经合组织工商领导人峰会上的演讲》,《人民日报》2011 年 11 月 14 日。

处理人与自然关系上的运用则展示出绿色发展的方法论。胡锦涛的绿色发展思想乃是绿色发展自然观、价值观、经济观、模式论、方法论的统一。他基于科学发展观和社会主义和谐社会构建框架所提出的绿色发展观，在习近平新时代中国特色社会主义思想中得到进一步的深化与创新，形成中国马克思主义绿色发展观的基本理论与方法体系，不仅为新时代中国绿色发展提供了行动指南，而且为世界绿色发展提供了中国智慧。

第五节　中国马克思主义绿色发展观的基本理论集成与创新

　　党的十八大以来，中国特色社会主义事业迈向新时代，中国人民在中国共产党的坚强领导下，历经"站起来""富起来"的奋斗过程而迎来了"强起来"的新飞跃，站上了我国社会发展新的历史方位，面对社会主要矛盾转向"人民日益增长的美好生活需要和不平衡不充分的发展之间的矛盾"的历史性变化，"决胜全面建成小康社会，开启全面建设社会主义现代化强国新征程"，成为中国共产党人新的历史使命，这发出了产生与之相适应的新理论的呼唤。而新中国成立以来建设社会主义的实践、改革开放 40 多年来的实践，特别是党的十八大以来的最新实践，则为新理论的产生提供了坚实基础。人民群众作为实践的主体，他们在新时代中国特色社会主义伟大实践中展现出的极大积极性、主动性和创造性，为新理论的形成提供着广泛的群众基础和集体智慧。以习近平同志为核心的党中央，顺应时代新呼唤、因应人民新期待、回应实践新要求，将理论和实践相结合，系统回答了新时代坚持和发展什么样的中国特色社会主义、怎样坚持和发展中国特色社会主义，建设什么样的社会主义现代化强国、怎样建设社会主义现代化强国，建设什么样的长期执政的马克思主义政党、怎样建设长期执政的马克思主义政党等重大时代课题，形成了习近平新时代中国特色社会主义思想。习近平通过发表系列重要讲话对此作出了决定性贡献,展现出卓越的理论素养、非凡的政治智慧和果敢的历史担当。在党的十八届五中全会上,以习近平同志为核心的党中央围绕决胜全面建成小康社会、实现伟大民族复兴中国梦的奋斗目标,立足当代中国发展难题的破解,提炼出绿色等五大发展理念,并将其上升到引领新时代中国特色社会主义事业发展的空前高度予以系统展开,成为新时代中国特色社会主义思想的有机组成部分。绿色发展理念的确立及其系统展开标志着中国马克思主义绿色发展观历经几代中国共产党人的探索而跃升为成熟形态,其所涵括的基本理论集成于习近平的生态文明思想,彰显了中国马克思主义绿色发展观的最新成果和崭新境界。

一、生态兴则文明兴:人类社会文明发展规律的新概括

生态环境作为人类持存和进步的根基,其变化直接关乎文明的兴衰演替。马克思恩格斯曾对历史上波斯、美索不达米亚、阿尔卑斯山等地区文明由兴到衰的原因进行分析,指出其文明的衰落主要是人为肆意破坏生态环境所致。中国共产党人在马克思主义中国化的接力探索中,始终包含了对生态环境与文明发展关系的认识。延安时期,植被遭到战火的严重破坏,"陕北的山头都是光的,像个和尚头",影响经济生产和百姓生活。毛泽东当时就提出"我们要种树,使它长上头发",意即通过植树造林改善生态环境,推动生产增收。改革开放的历史征程开启之后,邓小平在强调"发展是硬道理"的同时,富有远见地将生态环境保护视为我国现代化建设的一项基本任务,特别提出"植树造林,绿化祖国,是建设社会主义、造福子孙后代的伟大事业",充分肯定了优化生态环境对社会主义文明发展的重要作用。文明只有在可持续发展中才能走向辉煌,有鉴于此,江泽民指出要实现可持续发展,就"必须切实保护资源和环境",决不能"走浪费资源和先污染、后治理的路子"。绿色发展与低碳发展、节能减排、生态文明紧密相关,胡锦涛不仅明确提出了绿色发展的概念,而且将绿色发展与资源节约型和环境友好型社会建设有机关联,主张"坚持

绿色、低碳发展理念,以节能减排为重点,增强可持续发展和应对气候变化能力,提高生态文明水平"。

习近平继承与发展马克思主义生态环境与文明发展关系的思想,以其深邃的历史思维,放眼人类文明演变的历史长河,总结揭示了生态环境在社会文明兴衰中的作用规律,概括出"生态兴则文明兴,生态衰则文明衰"的新论断。习近平在其系列重要讲话中指出:古代埃及、古代巴比伦、古代印度、古代中国四大文明古国的发源地无不水丰林茂、土肥地沃,古代埃及、古代巴比伦之所以走向衰落,其重要原因就在于生态环境衰退,特别是严重的土地荒漠化;我国古代楼兰文明曾经一度显耀于水草丰美之间,后来则被埋藏在万顷流沙之下;黄河作为中华民族的母亲河,是灿烂中华文明的重要发祥地,与之相连的河西走廊、黄土高原都曾经水量丰沛、植被茂盛,但由于人为的破坏,致使生态环境日益恶化,经济也就随之衰落了。对于人类文明演进的历史总体过程,习近平总结说:"人类经历了原始文明、农业文明、工业文明,生态文明是工业文明发展到一定阶段的产物,是实现人与自然和谐发展的新要求。"[1]工业文明长期奉行征服利用自然以推动社会进化的工业现实观,对非再生资源的掠夺式开发和过度利用导致人与自然的对立冲突愈演愈烈。人类欲求永续发展,与自然和谐相处,就必须开辟生态文明之路,实行绿色发展。

知古可以鉴今,亦可启示未来。建设生态文明、实行绿色发展"事关中华民族永续发展和'两个一百年'奋斗目标的实现"[2],关系"人民福祉""民族未来","功在当代、利在千秋"。党的十八大以来,以习近平同志为核心的党中央带领全国人民奋力推进生态文明建设,实施绿色发展行动,使我国的生态环境质量得到持续改善,呈现出稳中向好趋势。但生态环境问题的解决是一项

---

[1]　中共中央文献研究室:《习近平关于社会主义生态文明建设论述摘编》,中央文献出版社 2017 年版,第 6 页。

[2]　中共中央文献研究室:《习近平关于社会主义生态文明建设论述摘编》,中央文献出版社 2017 年版,第 9 页。

复杂的系统工程,犹如逆水行舟,不进则退,易于出现反复。习近平指出:"我国生态文明建设正处于压力叠加、负重前行的关键期,已进入提供更多优质生态产品以满足人民日益增长的优美生态环境需要的攻坚期,也到了有条件有能力解决生态环境突出问题的窗口期。"①当前,我国经济已进入高质量发展阶段,跨越污染防治和环境治理这道关口至关重要、势在必行、行则可成。"绿色发展是构建高质量现代化经济体系的必然要求……是解决污染问题的根本之策。"②如果我们因为经济发展遇到一点困难,就开始动铺摊子开口子、为保经济增长而牺牲环境的念头,那就会得不偿失甚至前功尽弃,以后再要解决生态环境问题就会更为困难、付出更大代价。我们必须坚定决心,爬坡过坎,保持定力,持续发力,坚决打好污染防治攻坚战,闯出生态文明建设的新天地。习近平不仅是人类社会文明发展规律的最新概括者,而且是遵循这一规律的实践引领者。

二、人与自然和谐共生:绿色发展自然观和价值观的新意境

生态自然是一个有机的整体,人与自然的关系是人类社会发展面临的最基本关系,两者的和谐共生是人类永续发展的基础条件因而也就是应有的价值追求。

在马克思主义经典作家那里,不仅生态自然是一个相互作用、有机关联的整体,而且人与自然也是一个相互作用、有机关联的整体。"我们所接触到的整个自然界构成一个体系,即各种物体相联系的总体"③,"主体是人,客体是自然"④,二者相辅相成,通过交互作用,形成永恒的依存关系。自然生态孕育

---

① 习近平:《论把握新发展阶段、贯彻新发展理念、构建新发展格局》,中央文献出版社2021年版,第543页。

② 习近平:《论把握新发展阶段、贯彻新发展理念、构建新发展格局》,中央文献出版社2021年版,第260页。

③ 《马克思恩格斯文集》第9卷,人民出版社2009年版,第514页。

④ 《马克思恩格斯文集》第8卷,人民出版社2009年版,第9页。

了人类并哺育着人类,是人类产生与发展的物质前提,它作为资源宝库彰显出对于人类的多重价值意义;人类通过劳动实践进行着人与自然之间物质变换的调控,转化循环是自然运动发展与人类实践活动的规律,人类在劳动实践中对生态自然的改造利用一旦突破生态自然的限度,就会造成人与自然之间"物质变换的断裂",酿成生态自然报复人类的苦果。因此,人类应当尊重自然、善待自然,"决不像征服者统治异族人那样支配自然界,决不像站在自然界之外的人似的去支配自然界"①;在生产劳动中应当充分循环利用自然力,"把生产排泄物减少到最低程度和把一切进入生产中去的原料和辅助材料的直接利用提高到最高限度"②;在消费上应当合理适度,"奢侈是自然必要性的对立面"③,消费也要遵循自然规律。

马克思主义的中国化包含着马克思恩格斯关于人与自然关系思想的中国化。毛泽东"向自然界开战,发展我们的经济,发展我们的文化"④的主张引起了不少误读,似乎自然界只是人们发挥主观能动性而加以战胜的对象,其实毛泽东同时也强调自然界对人的反作用和人在自然面前的受动性。他说:"人去压迫自然界,拿生产工具作用于生产对象,自然界这个对象要作抵抗,反作用一下,这是一条科学。"⑤人对自然是能动性与受动性的统一,"自然科学是人们争取自由的一种武装"⑥,也就是说,人在自然界里获得自由的前提是通过自然科学把握自然规律。可见,毛泽东将马克思主义人与自然关系思想和社会主义新中国的建设实际相结合,对人与自然的矛盾关系及其解决之道进行了理论思考。邓小平从建设现代化和让人民富起来的历史重任出发,指出:我们国家"一个是底子薄。……第二条是人口多,耕地少。……这就成

---

① 《马克思恩格斯文集》第9卷,人民出版社2009年版,第560页。
② 《马克思恩格斯文集》第7卷,人民出版社2009年版,第117页。
③ 《马克思恩格斯全集》第30卷,人民出版社1995年版,第525页。
④ 《毛泽东文集》第七卷,人民出版社1999年版,第216页。
⑤ 《毛泽东文集》第七卷,人民出版社1999年版,第448页。
⑥ 《毛泽东文集》第二卷,人民出版社1993年版,第269页。

为中国现代化建设必须考虑的特点。"①其题中之义就是,我国现代化建设和人民生活水平的提高必须高度关注人与自然矛盾的解决及其关系的协调。江泽民针对我国现代化建设中的生态环境问题以及所遭遇的自然灾害,提出:"要促进人和自然的协调与和谐,使人们在优美的生态环境中工作和生活。"②他多次引用和阐述恩格斯关于人与自然关系的思想观点,强调实现人与自然和谐发展的基础在于深刻认识到正确认识和运用自然规律,战略选择在于实施可持续发展战略,正确处理人口与资源环境的关系。胡锦涛面对我国经济高速增长中"资源约束趋紧、环境污染严重、生态系统退化"的状况和新世纪人民群众愈益强烈的生态环保需要,明确提出绿色发展的概念和要求,并将统筹人与自然的和谐发展纳入科学发展观的"五个统筹",同时将人与自然和谐相处作为社会主义和谐社会的一个基本特征,继而在他所作的党的十八大报告中提出要"尊重自然、顺应自然、保护自然"。在他看来,"保护自然就是保护人类,建设自然就是造福人类。……对自然界不能只讲索取不讲投入、只讲利用不讲建设。"③绿色发展概念的明确提出及其同人与自然和谐发展的内容关联和展开,标示着绿色发展自然观和价值观的形成。

习近平结合新时代坚持和发展中国特色社会主义的主题,"决胜全面建设小康社会,进而全面建设社会主义现代化强国"的战略任务,以及各类环境污染呈高发态势的"民生之患、民心之痛",在人与自然关系上展开深刻理论思考。在他看来,生态自然自身是生命共同体,山水林田湖草构成相依共存、有机关联的命运链条,诚所谓"万物并育而不相害,道并行而不相悖"④。"人因自然而生,人与自然是一种共生关系"⑤,形成生命共同体,"人的命脉在田,

---

① 《邓小平文选》第二卷,人民出版社 1994 年版,第 163—164 页。
② 《江泽民文选》第三卷,人民出版社 2006 年版,第 295 页。
③ 《胡锦涛文选》第二卷,人民出版社 2016 年版,第 171 页。
④ 王文锦译注:《大学中庸译注》,中华书局 2008 年版,第 36 页。
⑤ 中共中央文献研究室:《习近平关于社会主义生态文明建设论述摘编》,中央文献出版社 2017 年版,第 11 页。

田的命脉在水,水的命脉在山,山的命脉在土,土的命脉在林和草"①。山水林田湖草作为生态屏障保护着人类的永续发展,"生态环境没有替代品,用之不觉,失之难存"②,人类伤害大自然的结果必然是最终对人类自身的伤害。因此,人不能只从自然界中索取而忽视对自然界的投入,不能只求对自然界的利用而忘却对自然环境的保护和建设。人类唯有对自然予以尊重、顺应和保护,才能更好地保护自身、发展自身、造福自身。习近平还以其深厚的中华传统文化素养,在其系列重要讲话中引用、阐述古代哲人含有绿色发展思想基因的经典名句,诸如"劝君莫打三更鸟,儿在巢中望母归""子钓而不纲,弋不射宿""竭泽而渔,岂不获得?而明年无鱼;焚薮而田,岂不获得?而明年无兽""一粥一饭,当思来处不易;半丝半缕,恒念物力维艰""天人合一"等等,说明对自然要取之以时、用之有度,生活消费要简约适度,从而实现人与自然的和谐共生。

习近平在党的十九大报告中,在强调生态文明建设是"五位一体"总体布局中重要一位的同时,进一步将坚持人与自然和谐共生确定为新时代坚持和发展中国特色社会主义基本方略中的一条,指出中国要建设"人与自然和谐共生的现代化",为人民日益增长的美好生活需要而创造更多物质财富和精神财富,为人民日益增长的优美生态环境需要而提供更多优质生态产品。这内在地要求我们更加自觉地推动绿色发展,"像保护眼睛一样保护生态环境,像对待生命一样对待生态环境"③,遵循生态系统的整体性、系统性及其内在规律,谋划生产系统和生活系统的循环链接,按照保护优先、自然恢复为主的绿色思路,实行防治污染、保护自然、修复生态,运用统筹山水林田湖草系统治理的系统思维,见缝插绿、治山理水、显山露水,让自然生态美景永驻人间、

---

① 《习近平谈治国理政》第三卷,外文出版社 2020 年版,第 363 页。

② 《习近平谈治国理政》第三卷,外文出版社 2020 年版,第 360 页。

③ 中共中央文献研究室:《习近平关于社会主义生态文明建设论述摘编》,中央文献出版社 2017 年版,第 12 页。

"还自然以宁静、和谐、美丽"①,让人民群众望得见山、看得见水、记得住乡愁,"共享自然之美、生命之美、生活之美"②。

可见,习近平在人与自然关系的根本看法和价值取向上,不仅将两者"和谐相处""和谐发展"的表述变成为"和谐共生"的新话语,而且将之上升到"基本方略"的高度,对其理论内涵加以丰富和创新,突出新时代人与自然之间应然的旺盛活力和绵延生命走向,彰显了"人与自然和谐共生"这一绿色发展自然观和价值观论断的新意境。

三、绿水青山就是金山银山:绿色生产力观和经济观的新突破

"绿水青山就是金山银山,阐述了经济发展与生态环境保护的关系,揭示了保护生态环境就是保护生产力、改善生态环境就是发展生产力的道理,指明了实现发展和保护协同共生的新路径。"③就其鲜明的绿色生态标识而言,可以称之为绿色生产力观和绿色经济发展观。

马克思恩格斯在他们的著述中都肯定了生态自然对于人类的资源价值。在他们看来,生态自然物不仅是"人的直接的生活资料"④,而且是人的生命活动的对象,"为劳动提供材料"⑤。人的生产劳动以生态自然物为材料对象,使其向生活资料和物质财富转化,同时使生态自然物的资源价值得以彰显。从生产力的角度看,生态自然物主要充当着劳动对象的角色,是生产力的实体要素之一,离开了生态自然物,人的劳动便是无米之炊。在商品经济阶段生态自然物作为劳动对象被劳动者转化为商品,其资源价值便展现于商品的使用价值和交换价值之中。资本主义一味逐利的本性决定了它的反生态性,为求最

---

① 习近平:《决胜全面建成小康社会,夺取新时代中国特色社会主义伟大胜利——在中国共产党第十九次全国代表大会上的报告》,人民出版社 2017 年版,第 50 页。

② 《十九大以来重要文献选编》(上),中央文献出版社 2019 年版,第 431 页。

③ 《习近平谈治国理政》第三卷,外文出版社 2020 年版,第 361 页。

④ 《马克思恩格斯文集》第 1 卷,人民出版社 2009 年版,第 161 页。

⑤ 《马克思恩格斯文集》第 9 卷,人民出版社 2009 年版,第 550 页。

大利润而肆意挥霍自然资源、排放污染物,造成生态自然"物质变换的断裂"和自然生产力的破坏,结果与自然生产力紧密关联的社会生产力也就难免被殃及。因此,马克思主张在人的生产劳动过程中要延续生态自然的转化循环,依靠科学的进步、机器和工艺的改良,在企业内部和企业之间乃至消费环节充分循环利用自然力,要求"人们把生产过程和消费过程中的废料投回到再生产过程的循环中去"①。此外,生态自然物一旦进入艺术创作及欣赏过程,就可以转变为人的"精神食粮",即人的精神生活资料和精神财富。马克思恩格斯的这些观点萌生有绿色生产力和循环经济的意味。

中国共产党人在将马克思主义基本原理同中国具体实践相结合、同中华优秀传统文化相结合,开展革命、建设和改革的实践中,孕育了绿色生产力观和绿色经济观的种子,并逐渐发育成型。毛泽东始终重视生产发展对于推进革命和建设事业以及改善人民生活的基础作用,并倡导在生产和生活中的厉行节约。中国传统文化倡导"节用裕民""节流开源"②,鼓励寡欲去奢。毛泽东因其深厚的传统文化底蕴而崇尚中华民族勤俭节约的传统美德。在1944年底《解放日报》刊印的《一九四五年的任务》一文中,他就提出要大规模恢复和发展生产,"发展经济,保障供给"③,强调"和生产相辅的是节约,必须尽可能地减少浪费"④,将发展生产和厉行节约看作是两个紧密联系、相辅相成的整体。新中国成立后,面对建设新中国的头等大事,毛泽东特别关注增产节约,提出要"着重节约那些本来可以减少的开支"⑤,并按照这一思路于1951年在全国发起增产节约运动,推动经济发展。在他看来,"增产节约"是社会主义建设的"一条康庄大道"⑥。节约资源是绿色经济的特征之一,就此

①　《马克思恩格斯文集》第5卷,人民出版社2009年版,第699页。
②　《荀子》,中华书局2015年版,第140、156页。
③　《毛泽东文集》第三卷,人民出版社1996年版,第241页。
④　《毛泽东文集》第三卷,人民出版社1996年版,第240—241页。
⑤　《毛泽东文集》第五卷,人民出版社1996年版,第335页。
⑥　《毛泽东文集》第六卷,人民出版社1999年版,第207页。

而言,毛泽东的增产节约主张可谓是质朴形态的绿色经济思想。我国进入改革开放之际,世界科技已进入大科技和高科技时代,国内经济建设如火如荼。邓小平审时度势,提出了"科学技术是第一生产力"①的著名论断,并深刻认识到科技要发展,基础在教育,"经济发展得快一点,必须依靠科技和教育"②。而且生态环境保护也要依靠科技和教育,"解决农村能源,保护生态环境等等,都要靠科学"③,均需要人才。发展生产力、推进经济建设不能危害环境,要"防害于先",厉行节约,在获取经济效益的同时兼顾生态环境效益。同理,生态环境建设要尽可能地为推动社会经济发展服务,邓小平曾举例来说明这一点:"水杉树好,既经济,又绿化环境,长粗了,还可以派用处,有推广价值。"④邓小平不仅将科学技术作为生产力的内生因素,而且关注生产发展中经济效益与生态环境效益的统一,这些观点包孕着绿色生产力观和绿色经济观的胚胎。世纪之交,江泽民在坚持"科学技术是第一生产力"的基础上,将"先进生产力"提升到中国共产党始终必须代表的发展方向的高度,并从人与自然关系的视角将生态环境与生产力相关联,提出"破坏资源环境就是破坏生产力,保护资源环境就是保护生产力,改善资源环境就是发展生产力"⑤的观点,给马克思主义生产力观增添了绿色色彩。江泽民科学汲取国际社会可持续发展观的合理因素,结合我国实际,确立了可持续发展战略,将解决好经济发展与生态环境保护之间、代内发展与代际发展之间的关系问题纳入国家发展战略,强调:"不仅要安排好当前的发展,还要为子孙

---

① 《邓小平文选》第三卷,人民出版社1993年版,第274页。

② 《邓小平文选》第三卷,人民出版社1993年版,第377页。

③ 冷溶、汪作玲等:《邓小平年谱(一九七五——一九九七)》下册,中央文献出版社2004年版,第882页。

④ 冷溶、汪作玲等:《邓小平年谱(一九七五——一九九七)》下册,中央文献出版社2004年版,第889页。

⑤ 中共中央文献研究室:《江泽民论有中国特色社会主义(专题摘编)》,中央文献出版社2002年版,第282页。

后代着想","选择有利于节约资源和保护环境的产业结构和消费方式"①,依靠科技创新,改造传统产业,推进清洁生产,变革生产力,着力新型工业化,"建立节耗、节能、节水、节地的资源节约型经济"②。这里"资源节约型经济"与毛泽东的"增产节约"和邓小平的"防害于先"及经济效益和生态社会效益相统一的思路既一脉相承又与时俱进,展现出绿色经济的意指。进入新世纪,胡锦涛在科学发展观和构建社会主义和谐社会的框架下,结合国情、吸收外来、面向未来,提出"绿色增长"和发展"循环经济"的要求和路径。他认为,绿色增长切合绿色发展的要求,体现了经济建设与生态环境建设的统一,"也是经济社会发展趋势"③。要实行绿色增长就必须转变经济发展方式,"努力使加快转变经济发展方式要求贯穿经济社会发展全过程和各领域,切实做到在发展中促转变、在转变中谋发展"④,推动生产、生活、生态的协调共进。转变经济发展方式必须以发展绿色产业为重点,"加大循环经济试点力度,努力提高生产活动的循环化、生态化水平"⑤。发展绿色产业离不开绿色技术的创新驱动。只有将绿色技术渗透到生产力诸要素,实现生产力的绿色化,才能推动绿色产业的发展,因此"要加强对节约能源资源的科技研究开发,促进循环经济发展,逐步建设节约型社会"⑥。依靠科技创新,壮大循环经济,转变发展方式,实行绿色增长,推动绿色发展,勾画出胡锦涛关于科技创新、循环经济、绿色增长和绿色发展的逻辑主线,这直接趋向于绿色生产力观和绿色经济观的应有之义和实

---

① 《江泽民文选》第一卷,人民出版社 2006 年版,第 464 页。

② 江泽民:《论科学技术》,中央文献出版社 2001 年版,第 21—22 页。

③ 胡锦涛:《转变发展方式,实现经济增长——在亚太经合组织第十九次领导人非正式会议上的讲话》,《人民日报》2011 年 11 月 15 日。

④ 中共中央文献研究室:《十七大以来重要文献选编》(中),中央文献出版社 2011 年版,第 1004 页。

⑤ 胡锦涛:《把节约能源资源放在更突出的战略位置,加快建设资源节约型、环境友好型社会》,《人民日报》2006 年 12 月 27 日。

⑥ 胡锦涛:《充分发挥科技进步和创新的巨大作用,更好地推进我国社会主义现代化建设》,《人民日报》2004 年 12 月 29 日。

践路径。

习近平在继承与发展马克思主义生产力理论和经济发展观的基础上，提出了"绿水青山就是金山银山"的新观点。习近平早在其《之江新语》中就认为，"绿水青山也是金山银山"，提出了"从'两座山'看生态环境"[①]的"两山论"。后来他进一步指出："我们既要绿水青山，也要金山银山。宁要绿水青山，不要金山银山，而且绿水青山就是金山银山。"[②]在"新时代"这个历史方位上，美好生活和优美生态环境成为人民群众日益普遍、愈发强烈的现实需要，作为社会财富、经济财富的"金山银山"，为人民群众提供着美好生活的保障，而作为自然财富、生态财富的"绿水青山"，则让人民群众享有更多优质生态产品，是故我们期望绿水青山和金山银山两者兼得。如果说在"求温饱"的境遇下，绿水青山和金山银山因条件的限制而难以两者兼顾，我们优先选择金山银山还情有可原，那么在"求生态"日益普遍的新时代，当两者难以兼顾的特殊情况发生时，从长远发展考虑，我们的选择则理当是"宁要绿水青山，也不要金山银山"。更为根本的是，绿水青山与金山银山具有内在的统一性。绿水青山的保有，意味着生态系统中生产者、消费者、分解者之间的生生不息，生态生产力的旺盛不竭和自然价值的生发不已，它直接作为人的物质和精神、感性和理性的享有对象，展现出利人效益和宜人价值，体现为自然财富和生态财富。就此而言，保护生态环境就是保护生态生产力，就是对自然价值和自然资本增殖本性的保护。依靠绿色科技，壮大循环经济，实行生产的绿色循环和商品的绿色产出，就能做到经济发展和生态保护的协同共生，就是在创造社会财富和经济财富的同时保有绿水青山，从而使创造社会财富和经济财富得以持续，让生态环境的生态效益和经济社会效益持续发挥。这种绿水青山向金山银山的持续转化，显示了绿水青山就是金山银山的内在机理，说明保护生态环境就是在保护生态生产力的同

---

① 习近平：《之江新语》，浙江人民出版社 2007 年版，第 153、186 页。

② 中共中央文献研究室：《习近平关于社会主义生态文明建设论述摘编》，中央文献出版社 2017 年版，第 21 页。

时保护社会生产力。而且,"绿色生态是最大财富、最大优势、最大品牌"①,"鱼逐水草而居,鸟择良木而栖"②,绿水青山的诱人景象及其宜居宜业宜游的区域特征,不仅会激发当地群众的幸福感、获得感和积极性,而且会使游客、人才和投资者偏爱有加,成为引来"金凤凰"的"梧桐树"和激活土地、劳动力、资产等要素的"催化剂",从而让绿水青山转变为金山银山,推动社会生产力健康发展。

绿水青山就是金山银山,这是人与自然和谐共生在经济发展与生态环境保护关系上的逻辑展开。其在实践中的推行,必须以经济发展与生态环境保护的协同共生为路径取向,关键在于加快形成绿色发展方式和生活方式,以求生态环境问题的根本解决。这就要求我们在经济发展上调结构、优布局、强产业、全链条,致力于绿色低碳循环发展的现代化经济体系的构建以及落后产能的淘汰、过剩产能的化解、绿色产品供给的增加,"积极稳妥推进碳达峰碳中和"③,从源头上大幅降低资源消耗和污染物排放,绿化社会生产力的发展;在生态环境建设上,"坚持保护优先、自然恢复为主,深入实施山水林田湖草一体化生态保护和修复"④,优化美化生态环境,焕发生态生产力的生机;在生活方式上,倡导简约适度、绿色低碳,优化消费者需求,倒逼生产方式的绿色转型,从而将生产系统、生活系统、生态系统链接为超循环系统。

习近平关于绿水青山就是金山银山的思想观点,将生态生产力放在与社会生产力更加平等的地位,继承发展了马克思主义生态环境思想的精髓,扬弃了经济发展与生态环境保护相对立的认识局限和实践偏误,揭示了绿水青山

---

① 中共中央文献研究室:《习近平关于社会主义生态文明建设论述摘编》,中央文献出版社 2017 年版,第 33 页。

② 引自中共中央文献研究室:《习近平关于社会主义生态文明建设论述摘编》,中央文献出版社 2017 年版,第 23 页。

③ 习近平:《高举中国特色社会主义伟大旗帜　为全面建设社会主义现代化国家而团结奋斗——在中国共产党第二十次全国代表大会上的讲话》,人民出版社 2022 年版,第 51 页。

④ 中共中央宣传部:《习近平新时代中国特色社会主义思想三十讲》,学习出版社 2018 年版,第 248 页。

所蕴含的经济财富价值和生态产品价值,阐明了绿色生态生产力与绿化社会生产力之间的内在关联和持续机理,明晰了发展生产力与保护生产力之间的辩证关系和民生价值,突出了推动形成绿色发展方式和生活方式的关键作用和实践路径,创新了我们党对生态规律、经济规律和社会规律的整体认识和实践运用。质言之,绿水青山就是金山银山标志着绿色生产力观和经济发展观的新突破,为新时代中国式现代化建设确定了原则、指明了方向。

四、共建共享美丽中国:人民立场的新论述

生态文明的生态环境标识是国土空间的美丽。现实的国土空间是人工自然与天然自然交相镶嵌的复合体,从生态环境向度考察,国土空间的美丽主要展现为人工自然与天然自然的和谐,在外在形式上两者既展现对称又富有变化、尺度既大小相宜又比例适度、色彩既对比得当又调和有致,在内在作用上两者宜人结构相容共生、物质能量良性循环、整体过程熵增最小,在文化意蕴上两者意义彼此相通、氛围相互烘托、意象圆满规整。就此而言,建设美丽中国,就是将祖国大地建设成外在形式协调、内在作用互利、文化意蕴相洽的美丽国土,使之成为天蓝水清、绚丽多彩、物产优特、舒适宜人的美丽家园,显示宜居宜业宜游的特质,为人民群众提供最公平的公共产品和最普惠的民生福祉。

马克思恩格斯在确认生态自然是"自然科学的对象"和人的生产劳动对象的同时,还特别指出生态自然也是"艺术的对象"和人的审美对象,于此生态自然作为人的精神的无机界提供着人"精神食粮"。① 中国具有崇尚自然美的传统基因,诸如《庄子·知北游》中就说到"天地有大美而不言";陶渊明在其《桃花源记》中则描绘了田园风光的美丽。毛泽东通晓中国传统文化,深受出生地湖南韶山冲绿水青山的陶冶,对美丽生态环境偏爱有加。在社会主义

---

① 参见马克思:《1844年经济学哲学手稿》,人民出版社2018年版,第52页。

建设初期,他曾从植树造林和农业生产相结合的角度提出大地园林化的构想:"要使我们祖国的河山全部绿化起来,要达到园林化,到处都很美丽,自然面貌要改变过来。"①而美化生态环境归根结底是为人民服务,具体说来就是"美化我国人民劳动、工作、学习和生活的环境"②,为人民谋幸福。他还反复强调,"人民群众有无限的创造力"③,因此大地园林化必须依靠人民群众。邓小平沿着毛泽东的思路,将生态建设提升到建设社会主义、造福子孙后代的高度,广泛动员人民"植树造林,绿化祖国,造福后代"④。他认为植树造林一方面会使生态环境优化,让人民富裕起来,"给人们带来好处";另一方面又是一项庞大的长期工程,需要依靠广大人民,"一代一代永远干下去"⑤。人民军队也要加入绿化祖国的行列,"为加速农牧业建设、绿化祖国山河做贡献"⑥。江泽民将"人们在优美的生态环境中工作和生活"纳入最广大人民群众的根本利益,提出要"坚持实施可持续发展战略,正确处理经济发展同人口、资源、环境的关系,改善生态环境和美化生活环境,改善公共设施和社会福利设施"⑦,并以人民为依靠力量在全国开展植树造林,既满足当代人对改善生活、生态环境条件的需要,又给后代人留下优美资源和资产。胡锦涛从以人为本的核心立场出发,将实现全面协调可持续发展、统筹人与自然的和谐相处纳入科学发展观,并明确提出绿色发展的概念,强调发展对人民群众主体力量的依靠和生态福祉的共享,在他所作的党的十八大报告中,阐述了"为人民创造良

---

① 中共中央文献研究室、国家林业局编:《毛泽东论林业》(新编本),中央文献出版社 2003 年版,第 51 页。

② 中共中央文献研究室、国家林业局编:《毛泽东论林业》(新编本),中央文献出版社 2003 年版,第 77 页。

③ 《毛泽东文集》第六卷,人民出版社 1999 年版,第 457 页。

④ 《邓小平文选》第三卷,人民出版社 1993 年版,第 21 页。

⑤ 冷溶、汪作玲等:《邓小平年谱(一九七五——一九九七)》下册,中央文献出版社 2004 年版,第 895 页。

⑥ 冷溶、汪作玲等:《邓小平年谱(一九七五——一九九七)》下册,中央文献出版社 2004 年版,第 799 页。

⑦ 《江泽民文选》第三卷,人民出版社 2006 年版,第 295 页。

好生产生活环境"和"给子孙后代留下天蓝、地绿、水净的美好家园"①的发展要旨。可见,我们党一直重视生态环境的美化及其在民生中的作用,具有绿化造林的光荣传统,在持续的理论探索中,推出了一系列依靠和服务人民群众、改善和美化生态环境的思想,孕育了良好生态环境利民、惠民、为民的基本民生观,体现了马克思主义的人民立场。

党的十八大以来,习近平基于生态文明、绿色发展与美丽中国的内在关联,将建设美丽中国视为全面推动绿色发展、走向生态文明新时代的重要标志,作为建设社会主义现代化强国、实现中华民族伟大复兴中国梦的重要内容,提出了共建美丽中国、共享生态之美的新论述,深化创新了马克思主义的人民立场。

2013 年至党的十九大召开之前,习近平在其系列重要讲话中,多次指出要"坚持以人民为中心的工作导向"②和"坚持以人民为中心的发展思想"③,并针对不同的领域和工作不断扩展其外延、丰富其内涵。在党的十九大报告中,习近平明确将"以人民为中心"纳入新时代坚持和发展中国特色社会主义的基本方略加以系统论述,不仅赋予"以人为本"的马克思主义人民立场以新的时代话语表述,而且将确立人民的实践主体、认识主体、价值主体、历史主体地位,"把人民对美好生活的向往作为奋斗目标"④上升为党的一切事业和工作以及发展的"中心",使党的基本理论和马克思主义人民立场提升到一个新的高度。

习近平将"以人民为中心"的根本立场与美丽中国建设一以贯之,提出要

---

① 中共中央文献研究室:《十八大以来重要文献选编》(上),中央文献出版社 2014 年版,第 31 页。

② 中共中央文献研究室:《十八大以来重要文献选编》(上),中央文献出版社 2014 年版,第 533 页。

③ 中共中央文献研究室:《十八大以来重要文献选编》(中),中央文献出版社 2016 年版,第 789 页。

④ 习近平:《决胜全面建成小康社会 夺取新时代中国特色社会主义伟大胜利——在中国共产党第十九次全国代表大会上的报告》,人民出版社 2017 年版,第 21 页。

"动员全社会力量推进生态文明建设,共建美丽中国,让人民群众在绿水青山中共享自然之美、生命之美、生活之美,走出一条生产发展、生活富裕、生态良好的文明发展道路"①。人民群众既是共建美丽中国的实践和认识主体,也是共建美丽中国的成果价值和享有主体。共建美丽中国必须坚持人民主体地位,以人民群众为依靠力量,为人民群众谋生态福祉。

共建美丽中国的要义是尊重人民群众的首创精神和主体地位,凝聚共建美丽中国的磅礴力量。这就要求领导干部始终保持同人民群众的血肉联系,激发人民群众共建美丽中国的无穷智慧和力量。习近平指出:"新发展理念要落地生根、变成普遍实践,关键在各级领导干部的认识和行动。"②领导干部作为"关键少数",必须深入人民群众,虚心听取人民群众的意见,将共建美丽中国的真谛内化于心、外化于行,把人民群众对优美生态环境的向往记在心头、扛在肩上、落在实处。③ 如果领导干部不能牢固树立与共建美丽中国相适应的政绩观,而对人民群众的优美生态环境的呼声置若罔闻,就无法动员人民群众共建美丽中国;如果领导干部高高在上,仅仅把共建美丽中国说在嘴上、写在纸上、挂在墙上,对人民群众的优美生态环境自觉和智慧漠然处之,就无法激发人民群众共建美丽中国的力量。进而言之,领导干部还要善于通过具体建设规划和具体项目,将人民群众的力量凝聚为共建美丽中国的磅礴合力。诸多力量的整体作用效果取决于作用方向是否一致,而在社会实践中,欲使诸多力量同向发力,收到良好的整体效果,就得统筹设计载体及其价值目标。共建美丽中国要以各级各类具体的建设项目为载体。如果这些具体项目因地制宜、因时制宜,能让身处当地的人民群众享有怡人的绿水青山,收获高质量的金山银山,就可以使人民群众焕发出的力量在共建美丽中国中同频共振。如

---

①　习近平:《在纪念马克思诞辰200周年大会上的讲话》,人民出版社2018年版,第21—22页。

②　《习近平谈治国理政》第二卷,外文出版社2017年版,第219页。

③　参见黄志斌:《坚守人民立场 共建美丽中国》,《经济日报》2018年9月6日。

果这些具体项目依据生态文明的顶层设计一以贯之、相互衔接，那么就能形成政府、市场、企业、社会组织、居民各方高度协调、活力竞相迸发的良好格局，从而在整体上凝聚起共建美丽中国的合力。①

共建美丽中国的要旨在于解决人民群众最关心的生态环境问题，让人民群众共享生态福祉。习近平指出："良好生态环境是最公平的公共产品，是最普惠的民生福祉。"②全心全意为人民服务是坚守人民立场的根本指向和中国共产党的根本宗旨，不断满足人民群众日益增长的优美环境需要是新时代中国共产党人不忘初心、牢记使命的自觉担当。共建美丽中国就是从外在形式、文化意蕴等诸层面优化美化生态环境，将中华大地建成景象万千的美丽家园，凸显良好生态环境的惠民、利民、为民价值。这就要求我们具有强烈的问题意识，通过污染防治攻坚和深入推进，产业结构、能源结构和运输结构的绿色生态化以及城乡人居环境整治和美丽城乡打造，攻克重污染天气、黑臭水体、垃圾围城、农村环境脏乱等老百姓身边的突出生态环境问题，化解生态环境状况与人民群众生态环境需要之间的冲突，全面把握与回应人民群众对优美生态环境的新期待，满足新时代人民群众的生态安全、生态消费和生态审美需要，让人民群众普遍置身于绿水青山，共享美好自然、生命和生活。

共建共享美丽中国意味着全体人民都是美丽中国的建设者和受益者，而非事外人、评论家，谁也不能纸上谈兵、袖手旁观。习近平指出："生态文明是人民群众共同参与共同建设共同享有的事业，要把建设美丽中国转化为全体人民自觉行动。"③这也就要求加强生态文明、绿色发展、美丽中国的宣传教育，增强全体人民美化优化生态环境的意识，培育美化优化生态环境的行为道德准则，营造共建美丽中国的社会氛围，引发共建美丽中国的普遍行动，让大

---

① 参见黄志斌：《坚守人民立场 共建美丽中国》，《经济日报》2018 年 9 月 6 日。

② 中共中央文献研究室：《习近平关于社会主义生态文明建设论述摘编》，中央文献出版社 2017 年版，第 4 页。

③ 《习近平谈治国理政》第三卷，外文出版社 2020 年版，第 362 页。

家自觉从爱惜每滴水、节约每粒粮食、保护好每一寸绿色、减少每一点污染做起,用自己的双手为祖国播种绿色、增添美丽。

习近平将"以人民为中心"与"共建美丽中国"相贯通,论述了共建美丽中国的人民主体观、民生福祉观和全面行动观,充分体现了他对马克思主义人民立场的创新发展,标志着新时代中国生态文明、绿色发展、美化国土在依靠力量、价值旨归上的理论跨越。

五、实行最严格生态文明制度:生态环境法治观的新发展

生态环境保护作为生态文明、绿色发展的基本取向和要求,不仅需要生态意识的觉醒和生态道德的"软性"约束,而且需要法治思维的自觉和制度的"硬性"规范。生态环境保护就其主体而言,涉及管理者、生产者、消费者、资源开发者以及普通民众;就其对象而言,涉及山川河流、森林湿地、飞禽走兽、水土大气、矿藏资源以及海洋生态等。只有实行最严格的制度、最严密的法治,才能使生态环境保护有依据、有动力、有支撑,对主体的"保护"行为形成有效激励,对"破坏"行为形成有效约束;只有构建起紧密关联、有机衔接、相互支持的制度体系并严格执行,才能实现生态环境保护主体多元参与和对生态环境保护对象的全面覆盖,从而彰显协同作用,取得最大功效。

毛泽东在中国革命时期就意识到制度对生态环境保护的重要性,他在1930年完成的《兴国调查》中提出:"山虽分了,树木只准砍树枝,不准砍树身,要砍树身须经政府批准。"①1932年他还联名签署了《中华苏维埃共和国临时中央政府人民委员会对于植树运动的决议案》,其中具体规定了树木的栽种和保护,以及推进植树造林运动的方法。邓小平在我国改革开放之初明确提出要把环保事业纳入法制化轨道,要求集中力量尽快制定生态环境保护的法律法规,以使我国环保事业有法可依、有章可循。在他的主导下,我国先后制

---

① 中共中央文献研究室、国家林业局编:《毛泽东论林业》(新编本),中央文献出版社2003年版,第9页。

定了《中华人民共和国森林法》《中华人民共和国海洋保护法》《中华人民共和国草原法》《中华人民共和国环境保护法》等一系列全国性、地方性的法律法规，标志着我国环保事业开始转向法制化。江泽民从实施可持续发展战略的角度，在邓小平环境法制思想的基础上，进一步提出"人口、资源、环境工作要切实纳入依法治理的轨道"①。并认为生态环境保护不仅要有法可依，而且要执法必严、违法必究，要"加大对资源保护和合理利用的执法监察力度。对于违法审批、处置、占用土地和其他资源的，都要依法查处"②。他还从促进发展和保护环境相统一的角度主张环境保护制度的改革，要求探索实行资源有偿利用制度和严格的资源管理制度，以协调自然资源的供需关系，集约高效地开发利用自然资源，从源头上解决环境污染和生态破坏问题。胡锦涛将生态环境保护与转变经济发展方式相联系，提出要"抓紧完善有利于能源资源节约和生态环境保护的法律和政策"，"依法加快淘汰落后生产能力"③，实现国民经济又好又快发展；要"加快建立有利于战略性新兴产业发展的行业标准和重要技术产品标准体系"④，推动绿色发展，发展循环经济。在他所作的党的十八大报告中则明确指出："保护生态环境必须依靠制度"，"要建立国土空间开发保护制度，完善最严格的耕地保护制度、水资源管理制度、环境保护制度"以及建立"资源有偿使用制度和生态补偿制度"⑤等等。这不仅让我国生态资源和环境保护制度的内容得以拓展，而且使得我国生态环境保护的政府管理与市场运行的互补结合和制度优势得以凸显。

党的十八大之后，中国共产党人针对我国生态环境保护制度不严格、法治不严密、体制不健全、执行不到位、惩处不得力以致效果不明显的突出问题，把加强生态环境保护制度的创新、供给、完善、配套和执行置于推进生态文明建

---

① 《江泽民文选》第三卷，人民出版社 2006 年版，第 468 页。
② 《江泽民文选》第三卷，人民出版社 2006 年版，第 465 页。
③ 《胡锦涛文选》第二卷，人民出版社 2016 年版，第 548 页。
④ 《胡锦涛文选》第三卷，人民出版社 2016 年版，第 516 页。
⑤ 《胡锦涛文选》第三卷，人民出版社 2016 年版，第 646 页。

设的优先位置,进一步拓展到生态文明建设的各方面和诸环节。习近平强调指出:"只有实行最严格的制度、最严密的法治,才能为生态文明建设提供可靠保障。"①只有尽快建立起生态文明制度的"四梁八柱",并使其成为刚性的约束和不可触碰的高压线,才能开创生态文明新局面。

对于"四梁八柱"的内容,习近平在其系列重要讲话中针对所要解决的问题,提出要重点建立八项制度。为解决自然资源所有者不到位、产权边界模糊、权能不完整等问题,"要建立归属清晰、权责明确、监管有效的自然资源资产产权制度";为解决优质耕地过度占用、生态空间无序开发等问题,要建立"以空间规划为基础、以用途管制为主要手段的国土空间开发保护制度";为解决空间规划重复抵牾、地方规划变化反复等问题,要建立"以空间治理和空间结构优化为主要内容,全国统一、相互衔接、分级管理的空间规划体系";为解决资源使用浪费严重、利用效率不高等问题,要建立"覆盖全面、科学规范、管理严格的资源总量管理和全面节约制度";为解决自然资源及其产品价格偏低、生产开发成本低于社会成本、保护生态得不到合理回报等问题,要建立"反映市场供求和资源稀缺程度、体现自然价值和代际补偿的资源有偿使用和生态补偿制度";为解决监管职能交错、权责脱节、违法成本低等问题,要建立"以改善环境质量为导向,监管统一、执法严明、多方参与的环境治理体系";为解决市场主体和市场体系发育滞后、社会参与度不高等问题,要建立"更多运用经济杠杆进行环境治理和生态保护的市场体系";为解决发展绩效评价不全面、责任落实不到位、损害责任追究缺失等问题,要建立"充分反映资源消耗、环境损害和生态效益的生态文明绩效评价考核和责任追究制度"②。这些制度涵盖生态文明的源头处置、过程控制、损害赔偿和责任追究,

---

① 中共中央文献研究室:《习近平关于社会主义生态文明建设论述摘编》,中央文献出版社 2017 年版,第 99 页。

② 中共中央宣传部:《习近平新时代中国特色社会主义思想学习纲要》,学习出版社、人民出版社 2019 年版,第 175 页。

覆盖生态环境保护的主体和对象,并在各种规划、制度、法律、规章、条例和标准的制定及修订中得以具体体现,成为新时代中国保护生态环境、推动绿色发展、建设生态文明的创新性制度安排。

制度效能彰显的关键在于执行。我们"决不能让制度规定成为没有牙齿的老虎"①。要用法治手段保障生态文明制度落地生根、富有实效,特别是要实行最严格的生态环境保护督察和巡视,对破坏生态环境的行为决不手软,对破坏生态环境的反面典型要严加惩处。"生态环境保护能否落到实处,关键在领导干部",因此"要落实领导干部任期生态文明建设责任制"②,对造成生态环境损害负有责任的领导干部必须终身追责,对"生态无为"的领导干部严肃问责,对绿色政绩突出的领导干部予以激励。

党的十九届四中全会从发挥中国特色社会主义制度显著优势的高度,强调要坚持和完善我国生态文明制度体系,推进环境治理体系和治理能力的现代化,将我国以人民为中心建设生态文明、集中力量共襄环保盛举等制度优势转化为环境治理效能,彰显生态公平和生态正义,促进人与自然和谐共生。生态保护制度是解决生态环境问题的前提,其"最严格地实行"必须贯穿于"源头预防、过程控制、损害赔偿、责任追究"全过程;资源高效利用制度是协调经济发展与环境保护的抓手,其"全面建立"必须覆盖到自然资源产权、自然资源监管和绿色经济发展诸领域;生态保护和修复制度是保有绿水青山和生态生产力的基础,其"健全"必须以统筹山水林田湖草一体化保护和修复以及国家公园保护等为指向;生态环境保护责任制度是上述制度彰显效能的保障,其"严明"包括加强生态文明建设目标评价考核、领导干部自然资源资产离任审计、环境保护全程监督和生态环境损害责任终身追究诸方面。党的十九届四

---

① 中共中央文献研究室:《习近平关于社会主义生态文明建设论述摘编》,中央文献出版社 2017 年版,第 111 页。

② 中共中央文献研究室:《习近平关于社会主义生态文明建设论述摘编》,中央文献出版社 2017 年版,第 110 页。

中全会明确界定划分的这四大类基础性生态文明制度体系,不仅体现了对我国既有实践成效显著的生态文明制度"四梁八柱"的坚持、巩固和定型,而且展现了检视和弥补既有生态文明制度缺环及短板、完善生态文明制度体系的科学性取向和系统性思维,还突出了构建生态文明制度执行的体制机制、化解生态文明制度效能转化的障碍因素、凸显中国特色社会主义生态文明制度体系优越性等目标意旨,融汇着习近平人与自然和谐共生的价值理念。

以习近平同志为核心的党中央瞄准新时代生态文明建设面临的制度创新、供给、完善、配套和执行问题,将生态环境保护制度予以拓展,谋划生态文明制度体系的构建,推动生态文明制度的系统化、法治化和效能化,充分体现了中国特色社会主义生态文明制度体系、治理体系和治理能力以及中国马克思主义生态环境法治观的创新发展。

六、携手共建地球美好家园:全球合作共赢观的新开拓

人类共有一个地球,当代经济和生态环境问题的全球化,将人类的利益和命运紧紧联系在一起,构成了命运共同体。人类欲求更好地生存与发展,就得立足全球视野,合作保护生态环境,携手共建地球美好家园。

1982 年,邓小平在会见美国驻华大使德科克时就谈到:"我们准备坚持植树造林,坚持二十年、五十年。"①这不仅向国际社会表明了我国保护生态环境的意愿和决心,而且体现了中国共产党人保护生态环境的国际视野。伴随联合国环境与发展委员会《我们共同的未来》研究报告的发表和巴西里约热内卢世界环境与发展会议的召开,共同应对全球气候变化、保护地球家园日益成为国际社会的共识和行动,但一些发达国家不仅自己不愿承担应有义务,而且要求发展中国家承担力所不及的责任。在此背景下江泽民指出:"我们愿为

---

① 冷溶、汪作玲等:《邓小平年谱(一九七五——一九九七)》下册,中央文献出版社 2004 年版,第 867 页。

保护全球环境作出积极贡献,但是不能承诺与我国发展水平不相适应的义务。"①客观公正地表达了我国积极参与国际合作、共同保护地球家园的诚恳态度。胡锦涛基于国际国内两个大局的统筹,从发展理念、发展重点、发展能力诸方面表明了中国应对全球环境问题的主张和做法,即:"坚持绿色、低碳发展理念,以节能减排为重点,增强可持续发展和应对气候变化能力,提高生态文明水平。"并认为各国应"根据其资源禀赋、发展阶段、能力水平等具体情况自主选择绿色增长道路"②。在他所作的党的十八大报告中则明确提出,中国推进绿色发展、循环发展、低碳发展,将"为全球生态安全作出贡献"。这些主张和观点,指明了各国选择生态文明道路中自主性与国际性相统一的原则,说明了中国绿色发展与全球生态文明的必然联系和价值意义。

党的十八大以来,针对国际环境合作不断加深的总趋势,习近平多次强调,"生态文明建设关乎人类未来,建设绿色家园是人类的共同梦想"③。马克思早就说过,人靠自然界生活,如果人类任由全球性生态环境问题积累泛滥,就会使自己赖以生存的家园千疮百孔,最终危及自身的存续。在美好地球家园中享有美好生活,是全人类的梦想。习近平指出:"保护生态环境、应对气候变化需要世界各国同舟共济、共同努力,任何一国都无法置身事外、独善其身。"④伴随当代科学技术的发展与应用以及国际经济社会联系的拓展与加深,地球的空间印象已缩小为"地球村",生态环境的变化往往是牵一发而动全身,生态环境问题常常会跨国界蔓延,而气候变化问题对人类存续的挑战已成为不争的事实。发达国家在其工业化、现代化的过程中对生态环境的破坏巨大,必须也有能力承担更多全球生态环境的保护责任,发展中国家也要承担

---

① 《江泽民论有中国特色社会主义(专题摘编)》,中央文献出版社 2002 年版,第 293 页。

② 胡锦涛:《携手并进　共创未来——在亚太经合组织工商领导人峰会上的演讲》,《人民日报》2011 年 11 月 14 日。

③ 《习近平谈治国理政》第三卷,外文出版社 2020 年版,第 364 页。

④ 《习近平谈治国理政》第三卷,外文出版社 2020 年版,第 364 页。

与自身发展水平相适应的责任。国际社会只有按照"共同但有区别的责任原则"，携手同行，同舟共济，共谋全球生态文明建设之路，共建"尊崇自然、绿色发展的生态体系"，才能有效解决全球生态环境问题，建设地球美好家园，享有清洁美丽世界。于此习近平将其经济领域的国际合作共赢观辐射到生态环境保护领域，开拓了全球合作共赢的新视野，为全球环境治理提供了中国理念。

在实践层面上，习近平主张中国深度参与全球环境治理，同各国深入开展生态文明领域的交流合作，推动成果分享，形成环境利益共同体。在习近平的主导下，中国将绿色发展纳入"一带一路"合作规划、大数据服务平台、技术交流与转移中心、丝绸之路使者计划加以实施，推动沿线国家的生态环境保护和可持续发展；同时将绿色发展列入中非合作计划，在 2018 年中非合作论坛北京峰会上，习近平发表《携手共命运 同心促发展》的主旨演讲，提出要重点实施包括绿色发展行动在内的"八大行动"，帮助非洲增强绿色、低碳、可持续发展能力；①设立气候变化南南合作基金，援助发展中国家应对气候变化。《绿水青山就是金山银山：中国生态文明战略与行动》报告获得联合国环境规划署的高度评价，给世界上解决全球性生态环境问题提供了新的战略启示和方案选择。中国绿色发展的实践成就也因其对世界生态文明建设的贡献而先后获得国际有关组织授予的"全球环境领导奖""地球卫士奖"等一系列奖项。

习近平关于携手共建地球美好家园的理论阐述与实践引领，为全球生态环境保护和绿色发展提供了中国理念、中国智慧和中国方案，作出了中国贡献，体现了全球合作共赢观在生态环境保护、推进绿色发展、建设生态文明上的新开拓。中国作为最大的发展中国家，已经从世界生态环境保护的接受者、响应者、跟随者变成全球环境治理和生态文明建设的重要参与者、贡献者、引领者，在国际环境治理中的地位进一步提高，国际环境话语权得以增强。

---

① 参见习近平：《携手共命运 同心促发展——在 2018 年中非合作论坛北京峰会开幕式上的主旨讲话》，人民出版社 2018 年版，第 12 页。

综上所述，习近平对中国马克思主义绿色发展观的发展与成熟作出了独创性贡献，彰显出决定性作用。他立足新时代中国发展难题破解、总结历史经验教训、把握世界发展大势、继承发展马克思主义理论，传承创新中华优秀传统生态文化基因，通过系列重要讲话的方式，阐述了生态兴则文明兴、人与自然和谐共生、绿水青山就是金山银山、共建共享美丽中国、实现最严格生态文明制度、携手共建地球美好家园等生态文明思想，展现了中国马克思主义绿色发展观在人类社会文明发展规律上的新概括，在绿色发展自然观和价值观上的新意境，在绿色生产力观和经济发展观上的新突破，在人民立场上的新论述，在生态环境法治观上的新发展，在全球合作共赢观上的新开拓，其中蕴含了历史思维、战略思维、辩证思维、系统思维、创新思维、法治思维、底线思维等思想方法以及技术方法和工作方法的高超运用，将中国马克思主义绿色发展历史观、自然观、价值观、经济观、人民观、法治观、合作观、思维观、方法论予以深化、创新和贯通，标志着中国马克思主义绿色发展观经由中国共产党人的接力探索而发展成熟。其基本理论和方法体系犹如喷薄而出的红日完整地展示在世人面前，让人们沐浴着智慧的温暖和光辉，拥抱着美好的今天和每一个明天。

第二章 中国马克思主义绿色发展观的思想理论基础

　　绿色是自然生态的底色,标示出人与自然关系的和谐与美好。中国马克思主义绿色发展观的要旨在于尊重自然、顺应自然、保护自然,不断追求和递进实现人与自然和谐程度的提高、绿色资产的增值和绿色福利的提升。马克思恩格斯一直将人与自然的关系、人与人(社会)的关系以及人自身的发展有机关联,作为统一的整体加以研究,揭示自然界、人类社会以及人自身的本质和发展规律。尽管在马克思恩格斯所生活的时代,生态环境问题并未成为威胁整个人类生存与发展的全球性重大问题,但资本主义生产方式对自然资源的滥用和对生态环境的破坏已经昭然若揭。因此,马克思恩格斯敏锐地将生态环境问题纳入他们的理论视域,在研究客观世界、人类社会以及人自身本质和发展规律,阐述其基本理论的过程中,基于当时的科学技术知识,扬弃德国古典哲学、英国古典政治经济学和英法空想社会主义理论,突出对资本主义生产方式反生态性的批判,提出了一系列关于人与自然辩证关系、异化扬弃和未来前景的精辟见解,奠基了马克思主义生态观。尽管由于时代的限制,在马克思恩格斯的著作中并未出现关于生态观的体系化论述,也未出现过绿色发展的术语,但他们对当时生态环境问题的深刻分析和科学前瞻却富有绿色发展的思想意蕴,特别是他们的生态自然观、生态价值观、生态方法论,构成了中国马克思主义绿色发展观之基本理论与方法的思想基石。习近平指出："在人类思想史上，没有一种思想理论像马克思主义那样对人类产生了如此广泛而深刻的影响。"①研究中国马克思主义绿色发展观的基本理论与方法，必须追本溯源，从源头上厘清马克思恩格斯生态观中的绿色发展思想意蕴，阐明中国马克思主义绿色发展观的思想理论基础。

第一节　马克思恩格斯生态自然观及其绿色发展思想意蕴

生态自然观是人们对生态自然的存在本质、演化规律以及人与自然关系的根本看法。马克思恩格斯对生态自然观的研究和阐述主要呈现出三种视角和思路：一是侧重从自然演化史向人类社会史循序展开，来说明人与自然关系的发生、演变，这在恩格斯的《自然辩证法》《反杜林论》中最为典型；二是侧重从认识论和社会历史观追溯人类社会发展的自然生态基础，从而说明人与自然的动态实践关系，这在马克思的《1844 年经济学哲学手稿》《资本论》中最为典型；三是通过生态环境问题之所以产生的原因分析，说明解决生态环境问题、实现人与自然之间和解的出路所在，这是马克思恩格斯有关论述的共同特征。三种视角和思路殊途同归，都将人与自然的关系和人与人的关系以及人自身的发展相结合，说明了自然生态是人类产生与发展的物质前提，劳动实践是人与自然之间物质变换的独特调控方式，转化循环乃自然运动发展与人类实践活动的规律，资本主义是人与自然之间物质变换断裂的制度根源，人类的终极目标是建立自由人联合体，实现人与自然、人与人的双重和解。它揭示了生态自然和人与自然关系的本质和规律，蕴含了人与自然和谐共生的绿色发展自然观。

---

① 习近平：《在纪念马克思诞辰 200 周年大会上的讲话》，人民出版社 2018 年版，第 10 页。

一、自然生态：人类产生与发展的物质前提

自然生态的演进孕育了人类，这是自然演化史研究的重要结论。对自然演化史的研究必须具备相应的自然科学知识。19 世纪 70 年代之后，恩格斯先后用了 8 年的时间对当时自然科学的最新成就予以梳理和总结，将康德—拉普拉斯星云假说、赖尔的地质渐变说、达尔文的进化论、施莱登—施旺的细胞学说、能量守恒与转化定律、人工合成尿素等科学知识加以贯通和提炼，勾画了自然演化的科学图景。自然界历经原始星云、恒星、地球、生命的起源与演化最终孕育了人类。其中，在天体演化中特别是恒星演化阶段，"一切运动的基本形式都是接近和分离，收缩和膨胀——一句话，是吸引和排斥这一古老的两极对立。"①而且，吸引与排斥在一定的条件下相互转化，"吸引转变成排斥和排斥转变成吸引"②的过程是不断进行的。正是两者的相互转化，推动着恒星演化的进程。地球伴随太阳系的起源与演化而逐步形成了地核、地幔、地壳、大气圈和水圈，最终形成生命起源的条件。恩格斯指出："生命的起源必然是通过化学的途径实现的。"③基于各种地质纪年方法来推算，地球大约已有 46 亿年的年龄，地球形成之后，随着时间的推移，大约 10 亿年间，在其大气圈、地面水圈和岩石圈的表层，通过原始气候等物质作用，发生了诸多化学变化，开始了从无机分子向有机小分子再向生物大分子的生成过程，进而由生物大分子体系演变出原始的生命体。恩格斯将这种原始的生命体称为"简单的蛋白质小块"④，它"也许经过了多少万年，才形成了进一步发展的条件，这种没有形态的蛋白质由于形成核和膜而得以产生第一个细胞"⑤。细胞的产生不仅标志着生命从非细胞形态向细胞形态演化的实现，而且开启了生命从

---

① 《马克思恩格斯选集》第 3 卷，人民出版社 2012 年版，第 953—954 页。
② 《马克思恩格斯选集》第 3 卷，人民出版社 2012 年版，第 969 页。
③ 《马克思恩格斯选集》第 3 卷，人民出版社 2012 年版，第 449 页。
④ 《马克思恩格斯选集》第 3 卷，人民出版社 2012 年版，第 458 页。
⑤ 《马克思恩格斯选集》第 3 卷，人民出版社 2012 年版，第 858 页。

单细胞到多细胞、从低等生物到高等生物的进化。这一进化过程在生命的遗传与变异、生存竞争与自然选择的矛盾运动中,不断展开着生命的演化谱系和物种的多样性,展示着自然生态分化的发展趋向和成果,形成了由植物界、动物界和微生物界及其环境因子所构成的活力旺盛的生态系统。

恩格斯根据生物学史上所取得的研究成果,特别是总结赫胥黎、海克尔、达尔文的研究成果,确认人是从动物界中分化出来的。他说:"从最初的动物中,主要由于进一步的分化而发展出了动物的无数的纲、目、科、属、种,最后发展出神经系统获得最充分发展的那种形态,即脊椎动物的形态,而在这些脊椎动物中,最后又发展出这样一种脊椎动物,在它身上自然界获得了自我意识,这就是人。"①因此在生物科学分类上,人在动物界中的位置是属于脊椎动物门、哺乳纲、灵长目、猿猴亚目、人科、人属、人种。进一步说,人的祖先是猿类,从猿到人的演进分化大致经历了从腊玛古猿、南方古猿到晚期猿人再到智人的过程,历时约 1000 万年。在这一过程中,猿被迫下地直立行走、大脑的发达、工具的制造和使用、意识和语言的形成、不断加强的群体成员之间的亲密联系发挥了重要作用。而社会劳动则集中体现了这一过程的机制和成果,为此恩格斯专门写下了著名的《劳动在从猿到人转变过程中的作用》一文,第一次提出了"劳动创造了人本身"的科学论断,阐明了劳动在人类起源中的决定性作用,超越了达尔文的"自然选择"论。另一方面,恩格斯指出,劳动也是人区别于其他动物的本质特征,他写道:"动物仅仅利用外部自然界,简单地通过自身的存在在自然界中引起变化;而人则通过他所作出的改变来使自然界为自己的目的服务,来支配自然界。这便是人同其他动物的最终的本质的差别,而造成这一差别的又是劳动。"②人类可以通过自身的劳动去变革自然、支配自然,并服务于自身的生存与发展。

这样,恩格斯就在本体论和演化论上,将自然演化史过渡到人类发展史,

---

① 《马克思恩格斯选集》第 3 卷,人民出版社 2012 年版,第 858 页。
② 《马克思恩格斯选集》第 3 卷,人民出版社 2012 年版,第 997—998 页。

突出了两者之间的统一性以及人与生态自然的同源性。人在宇宙自然的长期演化中脱胎而出，伴随着人类的出现，既产生了人与自然的关系，也产生了人与人的关系，人类欲求更好地生存与发展，没有理由不尊重生态自然"母亲"，必须与生态自然和谐相处。

生态自然不仅是人类的"生身"之母，而且是人类的"养育"之母。仅从人的自然属性而言，人的身体、组织、器官也都是由物质的、具体的自然元素所构成的，其生命的延续离不开自然生态的物质和能量供给。对于人的自然属性，恩格斯在《自然辩证法》中从生物学的视角阐释道："生命是蛋白体的存在方式，这个存在方式的本质要素就在于和它周围的外部自然界的不断的新陈代谢，这种新陈代谢一停止，生命就随之停止，结果便是蛋白质的分解。"①这就是说，生态自然是维系人的生命所必需。人既源于动物又高于动物，人类不仅具有自然属性而且具有社会属性，人类劳动的独特作用，使人展现出与动物的本质区别。马克思曾明确指出："动物只是按照它所属的那个种的尺度和需要来构造，而人却懂得按照任何一个种的尺度来进行生产，并且懂得处处都把固有的尺度运用于对象；因此，人也按照美的规律来构造。"②按照物质生活的需要来进行生产劳动，人类可以做到；按照审美的需要来建造事物，人类同样能够做到。而且，"人离开动物越远，他们对自然界的影响就越带有经过事先思考的、有计划的、以事先知道的一定目标为取向的行为的特征"③。动物等其他生命体仅仅是本能地利用自然界，从事无意识的活动，这种活动不具有任何主观意识。而人类能够通过运用自身长期劳动演化而来的智慧，能动地改造自然以更好地为自身服务，具有合目的性；另一方面，人类在劳动实践过程中，也在不断地积累经验，学习知识，吸取教训，达到对自然界规律不断深刻的科学认识、理解，在更好地为自身提供服务的同时，也可以通过尊重规律来实

① 《马克思恩格斯全集》第26卷，人民出版社2014年版，第747页。
② 《马克思恩格斯选集》第1卷，人民出版社2012年版，第57页。
③ 《马克思恩格斯选集》第3卷，人民出版社2012年版，第996页。

现与自然的和谐相处,自觉约束自身的生产活动,从而达到合规律性。人类劳动的过程,理当是一个合目的性与合规律性相统一的实践过程。人类通过劳动与生态自然密不可分,从中获得自身存续发展的条件。

"我们不仅生活在自然界中,而且生活在人类社会中"①。马克思在《1844年经济学哲学手稿》一书中,第一次阐述了"人化的自然"的概念,其出发点是突出人的生产资料和生活资料的创造,因此有学者误认为马克思不关注人的自然属性,忽略从本体论的角度考察人与自然的关系。事实上,马克思在强调人通过劳动实践将自然物改造"成为人这一过程的一个现实部分"②的同时,也高度关注"人的无机的身体"的自然和"人本身的有机体"的自然,以及自然对人的"优先地位"。马克思在《1844年经济学哲学手稿》里明确说:"人直接地是自然的存在物","自然界是人为了不致死亡而必须与之处于持续不断的交互作用过程的、人的身体。所谓人的肉体生活和精神生活同自然界相联系,不外是说自然界同自身相联系,因为人是自然界的一部分。"③自然界不仅是人的肉体生活的对象和资源,而且也是科学的、艺术的对象和资源,还是人的精神生活的对象和资源,就此而言,人与自然之间以对象性关系相联系。他在《德意志意识形态》一书中,也明确肯定"外部自然界的优先地位"。在《资本论》一书中,马克思对劳动的物质属性加以强调,从而赋予人和自然的关系以全新的理解,将劳动阐释为"人以自身的活动来中介、调整和控制人和自然之间的物质变换的过程"④。马克思恩格斯对此所持的观点是一致的,都是说明生态自然是人类存续发展的根源性基础,都是对黑格尔唯心辩证法和费尔巴哈形而上学唯物主义的辩证否定,也是中国马克思主义绿色发展观基本理论与方法所要坚守的唯物辩证法的前提。

---

① 《马克思恩格斯选集》第4卷,人民出版社2012年版,第237页。
② 《马克思恩格斯文集》第1卷,人民出版社2009年版,第194页。
③ 《马克思恩格斯文集》第1卷,人民出版社2009年版,第161页。
④ 《马克思恩格斯文集》第5卷,人民出版社2009年版,第207—208页。

二、转化循环:自然运动发展与人类实践活动的一般规律

转化循环是自然界运动发展的一个普遍的客观事实。从自然事物看,每一种具体的自然事物,不仅有生有灭,而且有灭有生,展现为事物生灭的转化循环。恒星的演化就展现出从星际弥漫物质到恒星又回到星际弥漫物质再转化为新一代恒星的有生有灭和有灭有生的转化循环。正是这样的转化循环形成了宇宙中无数恒星的同时并存。对此恩格斯写道:"诸天体在无限时间内永恒重复的先后相继,不过是无数天体在无限空间内同时并存的逻辑补充"①。而无数恒星的同时并存则又给整个自然界的转化循环提供了无限的可能。地壳的演化也是一个转化循环的过程。首先,地幔中可塑的热流物质自身的对流作用在大洋底的中央裂谷不断上升、溢出,经过冷却而固结,变成为刚性的大洋地壳。这一过程的持续展开,不断把先前形成的大洋地壳向外推移,继续增添新的大洋地壳条带。这样日积月累,经过上亿年或数千万年的缓慢漂移,大洋地壳便与大陆地壳相遇,俯冲到大陆地壳的下面,又熔融回转到地幔物质之中,从而完成了一个周期的"地幔—大洋地壳—地幔"的转化循环。在漫长的地质时期,地球上的气候变迁也经历着"温暖期—寒冷期—温暖期"的转化循环,古气候学所揭示的自震旦纪以来6亿多年间发生过的3次全球性寒冷大冰期,业已证明了这一点。在恩格斯那里,生命体的重要特征是"新陈代谢",生命体将其所摄取的周围外部自然界的物质通过其内部的生化机制转化融入自身的机体,同时又将自身机体的无用之物排泄到周围外部环境,从而形成生命体与外部自然物之间的转化循环。在生命体的生长过程中,所有的生命体都要经历周期性的转化循环,例如麦子从种子到植株再到种子的生长变化、蚕从蚕卵到蚕再到蚕卵的生长变化,都是转化循环的过程。在生命体之间的关系上,生命个体死亡之后,其拥有的物质并不会消失,而是回归

---

① 《马克思恩格斯选集》第3卷,人民出版社2012年版,第864页。

生态环境,成为其他生命体直接或间接的养料,由此完成生命物质的转化循环。

从自然界的运动形式看,每一种运动形式自身以及各种运动形式之间都是按照转化循环的规律来进行的。自然界的一切事物都是运动的,事物的转化循环必定伴随着运动的转化循环。恩格斯根据当时自然科学研究的成果,扬弃黑格尔对运动形式的分类,按照客观的从低级到高级的顺序,将自然界的运动形式划分为机械运动、物理运动、化学运动和生命运动四种类型。在机械运动中,即使是最简单的单摆摆动,也是一个"动能—势能—动能"的转化循环过程。在物理运动中,如磁生电、电生磁,就展现为电与磁的转化循环。在化学运动中,则普遍存在着"化合—分解—化合"的转化循环。在生命运动中,除去上述新陈代谢等转化循环之外,"遗传—变异—遗传"的转化循环也是普遍的事实,它还是生命进化的内在动力机制。进而言之,自然界的各种运动形式是相互转化的,都展现为彼此之间的转化循环,这在恩格斯所处的时代就已被焦耳等人发现的能量守恒和转化定律所证明。例如,机械运动、热运动、电磁运动等可以相互转化。"自然界中的一切运动都可以归结为一种形式向另一种形式不断转化的过程。"①而且高级运动形式往往包含低级运动形式,生命运动中就包含机械运动、物理运动,更离不开化学运动,这些运动形式在生命体内也不断地进行着转化循环。

综上所述,"整个自然界被证明是在永恒的流动和循环中运动着"②。这就是恩格斯根据当时自然科学的最新成就所得出的高度概括性的结论,后来相对论、量子力学、宇宙论、地史地质学、生态学、生命科学等自然科学的发展进一步证明了这一结论的真理性。它作为马克思主义唯物辩证法的重要内容,乃是中国马克思主义绿色发展观基本理论与方法的本体论基础。

人的实践活动接续了自然运动发展的转化循环。人作为自然之子,其实

---

① 《马克思恩格斯选集》第 4 卷,人民出版社 2012 年版,第 252 页。
② 《马克思恩格斯选集》第 3 卷,人民出版社 2012 年版,第 856 页。

践活动不能舍弃和背离自然运动发展的转化循环规律,而只能接续和应用之。从认识论角度看,人在实践活动即劳动实践中对自然运动发展的转化循环规律的认识和应用在程度上有高低之分,总体趋势呈现为由低度向高度的发展。这与科学技术和生产力的发展水平休戚相关,科学技术的发展水平越高,意味着对自然运动发展的转化循环规律的认识和应用程度越高,反之亦然。首先,人在实践活动中要发展科学技术,从源头上有效实现资源利用的多重方式和途径,以发挥其最大限度的转化循环效用。故此马克思说:"采用新的方式(人工的)加工自然物,以便赋予它们以新的使用价值。……要从一切方面去探索地球,以便发现新的有用物体和原有物体的新的使用属性,如原有物体作为原料等等的新的属性;因此,要把自然科学发展到它的最高点"①。第二,人在劳动实践中要注重资源利用的过程控制,以提升其转化循环的效率,创造高"产出比",从而最大限度地减少生产的二次投入和资源浪费。马克思说:"应该把这种通过生产排泄物的再利用而造成的节约和由于废料的减少而造成的节约区别开来,后一种节约是把生产排泄物减少到最低限度和把一切进入生产中去的原料和辅助材料的直接利用提到最高限度。"②这实质上强调的就是一次性投入的高效率的转化循环。第三,人在生产过程中可以通过机器改进等途径实现对自然资源的高效转化循环利用。马克思关于这方面的见解独到而具有前瞻性,他将自然资源的使用属性与社会化大生产的环节联系起来,生动指出了高效率资源转化循环的实现途径。在《资本论》中,马克思还具体描绘了蒸汽机中的气缸与活塞相互协调作用而形成的能源循环利用机制,他写道:"这种蒸汽机有两个汽缸,从锅炉进入其中一个汽缸的蒸汽,由于压力超过大气压力而产生动力,但这种蒸汽不会像以前那样,在活塞的每一个冲程之后跑掉,而是转入另一个容积大约大三倍的低压汽缸中,并且在那里完成进一步的膨胀之后,导入冷凝器中。人们在这种机器上得到的经济效果是,提供一

---

① 《马克思恩格斯文集》第 8 卷,人民出版社 2009 年版,第 89—90 页。
② 《马克思恩格斯文集》第 7 卷,人民出版社 2009 年版,第 117 页。

马力,每小时只耗煤 $3\frac{1}{2}$ 磅或 4 磅,而旧式机器要耗煤 12 磅到 14 磅。"①。在此案例中,诸如利用活塞运动回收能量的方法充分说明了马克思对于资源转化循环与节约利用在早期工业机器化大生产中的重视。这启示我们,在机械化生产向自动化、智能化发展日益普遍的今天,绿色发展就是要在生产劳动中融入以绿色技术为先导的转化循环工艺与农艺,降低"生产排泄物"排放与节约资源并举,注重低碳与循环经济的产业实践。

转化循环不仅存在于企业内部、部门内部,而且存在于企业、部门之间。马克思指出:"一个生产部门的产品是另一个生产部门的原料,反过来也一样。……最后,进入直接消费的产品,在离开消费本身时重新成为生产的原料,如自然过程中的肥料等等,用废布造纸等等。"②这就是说,转化循环可以被拓展到经济活动的各个环节,将经济活动联结为一个转化循环的有机整体。在这个整体中,社会生产、分配、消费、再生产的各个环节通过高度专业的社会化分工而联系起来,达到资源的充分转化循环与利用。在资本主义的生产方式下,废弃物的回收再利用,是建立在其二次价值上的,属于资本家为追求更高效益和利润的自发性行为,其本质仍是为了追求利润的最大化,但有时也在客观上促进了资源转化循环的效益。马克思通过对铁屑资源的转化循环利用在制造机车厂与制铁厂之间得以实现这一事例来说明这一点。他说:"在制造机车时,每天都有成车皮的铁屑剩下。把铁屑收集起来,再卖给(或赊给)那个向机车制造厂主提供主要原料的制铁厂主。制铁厂主把这些铁屑重新制成块状,在它们上面加进新的劳动。他以这种形式把铁屑送回机车制造厂主手里,这些铁屑便成为产品价值中补偿原料的部分。就这样,这些铁屑往返于这两个工厂之间"③。马克思从认识论、唯物史观和政治经济学的视角来考察人的实践活动中人与自然的关系,体现了他在生态自然观上的深邃与先见,说

---

① 《马克思恩格斯文集》第 7 卷,人民出版社 2009 年版,第 113—114 页。
② 《马克思恩格斯全集》第 31 卷,人民出版社 1998 年版,第 112 页。
③ 《马克思恩格斯全集》第 33 卷,人民出版社 2004 年版,第 142 页。

明了转化循环规律在人的实践活动中的普遍适用性和现实性。这为中国马克思主义绿色发展观之基本理论与方法的研究提供了重要的思想基础。人们通过实践活动可以能动地创造"人化的自然",但人们于此只能改变转化循环规律赖以表现的具体条件和形式,而绝对不能改变转化循环规律本身。绿色发展必须遵循转化循环规律,中国马克思主义绿色发展观之基本理论与方法的研究,必须关注转化循环规律的深入探索和实践应用。

三、资本主义:人与自然之间物质变换断裂的制度根源

与人类接续自然运动发展转化循环的实践活动相联系,马克思将德国化学家李比希的物质变换概念运用于生产劳动中人与自然、人与人之间关系的分析。在马克思那里,人的劳动作为人与自然对象性关系的"中介",其要旨在于按照人的需要、目的和意愿对人与自然之间物质变换予以调整和控制,在这一"调整和控制"物质变换的过程中,发生着物质形态、运动形式及能量的转化循环。但"物质变换"顺畅与否、最终结果对人更好地生存与发展是否有利,不仅取决于科学技术和生产力的发展水平,而且取决于生产劳动实践的目的指向及其对生态自然的态度取向,而后者又与为谁生产、如何生产即社会生产方式紧密相关。科学技术和生产力的低水平,意味着人对自然规律特别是转化循环规律的认识和应用的低水平,也就意味着"调整和控制"人和自然之间物质变换的低水平。资本主义制度产生之后,科学技术和生产力迅速发展,对人和自然之间物质变换"调整和控制"的力度空前加大,将人类物质文明的水平推向了新的高度,对此马克思恩格斯在《共产党宣言》中描述道:"资产阶级在它的不到一百年的阶级统治中所创造的生产力,比过去一切世代创造的全部生产力还要多,还要大。"①但如果人的社会劳动一味地以人类自身的短期利益为中心,特别是以少数人的眼前利益为转移,对生态自然采取疯狂"征

---

① 《马克思恩格斯选集》第1卷,人民出版社2012年版,第405页。

服"和"掠夺"的态度,在生态自然面前为所欲为,那么就可能违背自然规律特别是转化循环的规律,导致"物质变换的断裂"。尽管在资本主义生产中,有时也在客观上实现了资源的转化循环,但这种情况是偶发的、有限的。恩格斯在《英国工人阶级状况》中指出:"在资产阶级看来,世界上没有一样东西不是为了金钱而存在的,连他们本身也不例外"①。马克思在《1857—1858 年经济学手稿》中评论说:"只有资本才创造出资产阶级社会,并创造出社会成员对自然界和社会联系本身的普遍占有。……只有在资本主义制度下自然界才真正是人的对象,真正是有用物;它不再被认为是自为的力量;而对自然界的独立规律的理论认识本身不过表现为狡猾,其目的是使自然界(不管是作为消费品,还是作为生产资料)服从于人的需要。"②从本质上看,资本主义制度是生产资料资本家私人占有的制度,其生产方式是为资产阶级榨取无产阶级劳动的剩余价值、积累资本、追逐利润最大化服务的,一切东西都被贬低为追求利润和增值资本的手段,甚至连人格也不例外。这就决定了它在生产过程中以资产阶级的经济利益为准绳,而生态自然只不过是其资本逻辑统摄之下攫取短期经济利益的"原料库"和"垃圾场",自然规律也不过是资本逻辑统摄之下的附属品。例如,"西班牙的种植场主曾在古巴焚烧山坡上的森林,以为木灰作为肥料足够最能赢利的咖啡树利用一个世代之久,至于后来热带的倾盆大雨竟冲毁毫无保护的沃土而只留下赤裸裸的岩石,这同他们又有什么相干呢?"③这样对待生态自然的结果,必然是劳动及其人化自然的"异化","在社会的以及由生活的自然规律所决定的物质变换的联系中造成一个无法弥补的裂缝"④,导致"物质变换的断裂",引发生态环境问题,遭到自然对人类的"报复"。恩格斯在《英国工人阶级状况》中以艾尔克河为例,具体、形象地描述了

---

①　《马克思恩格斯文集》第 1 卷,人民出版社 2009 年版,第 476 页。
②　《马克思恩格斯文集》第 8 卷,人民出版社 2009 年版,第 90—91 页。
③　《马克思恩格斯选集》第 3 卷,人民出版社 2012 年版,第 1001 页。
④　《马克思恩格斯文集》第 7 卷,人民出版社 2009 年版,第 919 页。

这种结果："这是一条狭窄的、黝黑的、发臭的小河,里面充满了污泥和废弃物,河水把这些东西冲积在右边的较平坦的河岸上。天气干燥的时候,这个岸上就留下一长串龌龊透顶的暗绿色的淤泥坑,臭气泡经常不断地从坑底冒上来,散布着臭气,甚至在高出水面四五十英尺的桥上也使人感到受不了。"①马克思在《资本论》中针对人们不断地把产出物从土地上拿走的后果进行了分析:"破坏着人和土地之间的物质变换,也就是使人以衣食形式消费掉的土地的组成部分不能回归土地,从而破坏土地持久肥力的永恒的自然条件。"②他还直截了当地说:土壤营养物质的消耗在城市表现为环境污染,"在利用这种排泄物方面,资本主义经济浪费很大"③。在资本主义生产方式下,"物质变换的断裂"是无法弥补的,"在各个资本家都是为了直接的利润而从事生产和交换的地方,他们首先考虑的只能是最近的最直接的结果"④。总之,资本主义制度是人和自然之间物质变换断裂的根本原因。

既然资本主义的不合理性会造成人和自然之间物质变换"无法弥补的断裂",而资本主义制度又不能从根本上解决生态问题,那么弥合人和自然之间物质变换的裂缝,解决生态环境问题的根本出路就在于釜底抽薪,"对我们的直到目前为止的生产方式,以及同这种生产方式一起对我们的现今的整个社会制度实行完全的变革"⑤,即消灭资本主义私有制、变革资本主义生产方式,最终实现共产主义。在共产主义社会,"代替那存在着阶级和阶级对立的资产阶级旧社会的,将是这样一个联合体,在那里,每个人的自由发展是一切人的自由发展的条件"⑥。因此,"社会化的人,联合起来的生产者,将合理地调节他们和自然之间的物质变换","靠消耗最小的力量,在最无愧于和最适合

---

① 《马克思恩格斯全集》第2卷,人民出版社1957年版,第331页。
② 《马克思恩格斯文集》第5卷,人民出版社2009年版,第579页。
③ 《马克思恩格斯文集》第7卷,人民出版社2009年版,第115页。
④ 《马克思恩格斯选集》第3卷,人民出版社2012年版,第1000页。
⑤ 《马克思恩格斯选集》第3卷,人民出版社2012年版,第1000页。
⑥ 《马克思恩格斯选集》第1卷,人民出版社2012年版,第422页。

于他们的人类本性的条件下来进行这种物质变换"①。总体来说，"这种共产主义，作为完成了的自然主义，等于人道主义，而作为完成了的人道主义，等于自然主义，它是人和自然界之间、人和人之间的矛盾的真正解决"②。在马克思恩格斯看来，生态问题的根本解决、物质变换的良性循环、人和自然的和谐共生，是与人和人的和谐、人自身的自由全面发展高度关联的，人和自然的生态和解、人和人的利益和解、人自身的自由全面发展是三位一体的，具有内在的统一性。共产主义社会作为人和自然、人和人、人自身高度和谐统一的理想社会，是人类追求的最终目标。社会主义是共产主义的第一阶段，中国特色社会主义的前进目标就是共产主义理想社会。马克思恩格斯在批判资本主义和展望共产主义的论述中所展现的生态思想，富有高屋建瓴的绿色发展思想意蕴，是中国马克思主义绿色发展观基本理论与方法又一重要思想源泉。将生态问题即人和自然物质变换异化状态的解决与和谐社会、人类命运共同体构建以及中国特色社会主义时代新人的塑造相结合，不仅是中国绿色发展的实践逻辑，而且是中国马克思主义绿色发展观之基本理论与方法研究的理论逻辑和学术理路。

第二节　马克思恩格斯生态价值观及其
绿色发展思想意蕴

生态价值观是关于生态自然对满足人类多方面需求的意义和人类对待生态自然的态度立场等方面的根本看法。价值观与世界观是紧密相关的，有什么样的世界观就会持什么样的价值观。在人与自然的关系上，有何种自然观也就会持何种价值观。在马克思恩格斯的著述中，尽管没有出现过"生态价

---

① 《马克思恩格斯文集》第 7 卷，人民出版社 2009 年版，第 928—929 页。
② 《马克思恩格斯文集》第 1 卷，人民出版社 2009 年版，第 185 页。

值观"这一字眼,但在他们的生态自然观中却包含了丰富的生态价值观思想,潜藏着绿色发展的意蕴,为我们构建中国马克思主义绿色发展观的价值论奠定了思想基础。前述已经表明,马克思恩格斯生态自然观的重要特征和高超之处在于,将生态自然以及人和自然关系的本质和规律放在与人和人的关系以及人自身的发展相结合的宽广视野来加以思考和阐发,这就决定了他们的生态价值观亦具有同样的特征。这成为构建中国马克思主义绿色发展价值论的源头活水。

一、生态自然对于人类的多重价值意义

确证了自然生态是人类产生和发展的前提,也即确认了自然生态对人生存与发展的价值意义。因此马克思恩格斯生态自然观中内在地包含了对生态自然价值意义的肯定。在马克思恩格斯那里,价值是反映主客体之间关系的概念,如果客体的属性和功能能够满足主体特定的需要,对特定的主体需要具有现实存在的效用意义,那么客体就作为主体的现实对象而对主体彰显出价值。马克思说:"'价值'这个普遍的概念是从人们对待满足他们需要的外界物的关系中产生的"①。在人类认识和实践活动中,作为客体的生态自然,其属性和功能是具体多样的,作为主体的人类,其生存与发展的需要也是具体多样的,生态自然具体多样的属性和功能可以满足人类生存与发展中具体多样的需要,从而彰显生态自然对人类的多重价值意义。

首先,生态自然对人的生命存在具有哺育价值。人类脱胎于生态自然且仰仗于生态自然而存续,人的生命的维系离不开生态自然的哺育。马克思指出:"个人的肉体组织以及由此产生的个人对其他自然的关系"是人与自然关系中"第一个需要确认的事实"②,"人靠自然界生活","人的直接的生活资

---

① 《马克思恩格斯全集》第19卷,人民出版社1963年版,第406页。
② 《马克思恩格斯选集》第1卷,人民出版社2012年版,第146页。

料"以及"人的生命活动的对象（材料）和工具"①，都要依靠生态自然来供给。人"是有肉体的、有自然力的、有生命的、现实的、感性的、对象性的存在物"，其自身生命的存续离不开生态自然这个"现实的、感性的对象"②。恩格斯则直截了当地说：人和它周围的外部自然界的"新陈代谢一停止，生命就随之停止"③。从人最基本的生存条件看，离开了大气圈中氧气、水圈中淡水、天空中阳光的供给，人的生命就完结了，更何况人的生活还有其他更多的需要呢。人作为"理性"的动物，必须珍惜生态自然对于人的生命的基本的"感性"价值。这是在当今绿色发展中必须牢记的。

第二，生态自然对人具有资源价值。对于人的需要来说，"自然界是个有缺陷的存在物"④，它往往不能直接作为人的生活资料，或者人直接摄取这些存在物来维系自身生命的存在，会影响人自身生命对这些存在物的利用效果，人与动物在这方面的区别就在于对生态自然存在物进行"向人生成"，享有属于人的衣食住行生活。同样，生态自然存在物也不能直接作为人的生产资料，人类产生之后，就一直致力于劳动生产工具的发展，放大自身的自然力以与自然界的自然力相抗衡，与此同时也一直拓展着劳动的对象，愈益广泛地发掘生态自然的资源价值。这就是说，生态自然存在物在人的劳动生产实践中成为人劳动的对象，向人生成为生活资料和生产资料，不断展现出其对人的资源价值。恩格斯指出："劳动和自然界在一起才是一切财富的源泉，自然界为劳动提供材料，劳动把材料转变为财富。"⑤生态自然存在物通过为劳动提供材料的方式展现其对人的资源价值。这种资源价值不仅可以展现为作为生产要素的经济价值，而且可以展现为作为自然科学对象的研究价值和作为欣赏对象

---

① 《马克思恩格斯文集》第1卷，人民出版社2009年版，第161页。
② 《马克思恩格斯文集》第1卷，人民出版社2009年版，第210页。
③ 《马克思恩格斯全集》第26卷，人民出版社2014年版，第747页。
④ 《马克思恩格斯文集》第1卷，人民出版社2009年版，第222页。
⑤ 《马克思恩格斯文集》第9卷，人民出版社2009年版，第550页。

的审美价值。前一种情况说明,生态自然存在物一旦进入社会生产过程,成为劳动生产实践的物质资料,就可以转变为人的物质生活资料和物质财富;后一种情况说明,生态自然存在物一经进入科学研究过程和艺术创作及欣赏过程,就可以转变为人的精神生活资料和精神财富。马克思指出:"植物、动物、石头、空气、光等等,一方面作为自然科学的对象,一方面作为艺术的对象,都是人的意识的一部分,是人的精神的无机界,是人必须事先进行加工以便享用和消化的精神食粮。"①因此,在人的生产劳动实践中,生态自然以其丰富的存在方式彰显着对人的多重价值意义以及人和自然之间的多重价值关系。

第三,生态自然对人的资源价值在商品经济阶段展现为商品的使用价值和交换价值。生态自然对人的资源价值即有用性具有本然性,从人产生之后就已经成为不争的事实。正是这种有用性,激发了人的采集、狩猎活动以及自然经济活动,保证了人在地球家园中的生存与发展。在商品经济阶段,生态自然是商品生产的物质前提,"没有自然界,没有感性的外部世界,工人什么也不能创造"②。生态自然物与劳动相结合才可能生产出商品。马克思在《资本论》中运用自己所创立的唯物史观考察资本主义商品经济,扬弃英国古典政治经济学中的劳动价值论,将"有用性"描述为"使用价值"。他明确指出:"物的有用性使物成为使用价值。但这种有用性不是悬在空中的。它决定于商品体的属性,离开了商品体就不存在。"③这就是说,商品具有可以使人类需要得到满足的特性就是使用价值。对于如何创造商品的使用价值,马克思指出:"商品不是只存在于想象之中的一般劳动时间的对象化(这种劳动时间本身只是和自身的质相分离的,仅仅在量上不同的劳动),而是一定的、自然规定的、在质上和其他劳动不同的劳动的一定结果"④。商品的使用价值是由人的

---

① 《马克思恩格斯文集》第1卷,人民出版社2009年版,第161页。
② 《马克思恩格斯文集》第1卷,人民出版社2009年版,第158页。
③ 《马克思恩格斯文集》第5卷,人民出版社2009年版,第48页。
④ 《马克思恩格斯全集》第30卷,人民出版社1995年版,第92页。

具体劳动创造的,就具体的有用的人类劳动这个属性来说,它生产使用价值。

人类通过具体劳动所创造的使用价值一开始只供自己消费,后来因为生产者自身所产出的劳动产品在满足自身某方面的消费需要上有剩余,但又不能满足自身多方面的消费需要,所以就在经济关系中交换不同的使用价值。这样,劳动产品就在生产者与消费者之间进行交换,赋予了商品的特性。商品是人类社会的生产力发展到一定阶段的产物,是用于交换的劳动产品,商品的出现预示着人类从自然经济阶段向商品经济阶段的过渡。马克思说:"劳动产品只是在它们的交换中,才取得一种社会等同的价值对象性。"①劳动产品想要成为商品,必须用于交换,在交换中,商品占有者"他愿意让渡他的商品来换取其使用价值为他所需要的商品"②。于此,商品交换者关心的是,他用自己的产品能换取多少别人的产品。例如,1件上衣能换取多少码麻布,1吨铁能换取多少盎司的黄金。这样商品就体现出它的交换价值。而一定数量的某种商品究竟能换取多少数量的其他商品,则取决于商品生产者凝结在其中的劳动量的多少。这就是说,商品的价值由人抽象劳动所创造,它在交换中体现为交换价值。两种具有不同使用价值的商品之所以能够交换,其根本原因是凝结在其中毫无差别的人类劳动。

将商品的使用价值和交换价值与劳动的关系综合起来,马克思明确指出:"生产交换价值的劳动是抽象一般的和相同的劳动,而生产使用价值的劳动是具体的和特殊的劳动。"③在商品经济阶段,生态自然对人的资源价值通过人的具体劳动和抽象劳动而展现为商品的使用价值和交换价值。

从本源上讲,人们进行商品生产的目的是创造商品的使用价值以满足自身的需要,但资本主义商品生产却主要是为了在市场交换中实现商品的交换价值,追求资本的利润最大化,满足资本家攫取剩余价值的欲望。这就决定了

---

① 《马克思恩格斯文集》第5卷,人民出版社2009年版,第90页。
② 《马克思恩格斯文集》第5卷,人民出版社2009年版,第104页。
③ 《马克思恩格斯全集》第31卷,人民出版社1998年版,第428页。

在资本主义生产体系中,主导着生态自然资源向商品使用价值转变的是商品交换价值的创造,相对于抽象劳动来说具体劳动也就处于从属地位。资本家为了在商品的交换价值中攫取最大化的利润和剩余价值,可以毫无顾忌地施行生态自然资源向商品使用价值的转变。因此,资本主义生产在本质上是反生态的。"耕作——如果自发地进行,而不是有意识地加以控制(他作为资产者当然想不到这一点)——会导致土地荒芜,像波斯、美索不达米亚等地以及希腊那样。"①资本主义商品生产的逐利本性有时会在客观上推动生态自然资源的循环利用,但资本家的利润动机最终会加剧生态环境的恶化。这是中国马克思主义绿色发展观基本理论研究和构建中必须加以注意的。

二、人类对于生态自然的应然价值取向

马克思恩格斯不仅在本然的意义上阐述了生态自然对于人类的资源价值,而且从应然的角度论述了人类对于生态自然的价值取向。

首先,人类应当尊重自然、善待自然。在生态自然资源使用价值的生产过程中,人类占据着生产劳动者的主体地位。恩格斯在批判自然主义的历史观时指出:"自然主义的历史观,如德雷帕和其他一些自然科学家或多或少持有的这种历史观是片面的,它认为只是自然界作用于人,只是自然条件到处决定人的历史发展,它忘记了人也反作用于自然界,改变自然界,为自己创造新的生存条件。"②从根本上说,人是唯一能够通过主观能动性而自觉自为地对生态自然施加影响和改造、对自身和自然的物质变换进行调整和控制、从而支配自然的生物。马克思恩格斯明确指出,随着时代的发展进步,人类的生产力即改造生态自然的能力也会不断提高。伴随生态自然的不断被改造,人类也不断收获越来越多的信心,并在特定的历史条件下变得目光短浅,开始肆意妄为,似乎自己就是万物的主宰,结果必然会导致生态自然对人的无情"报复"。

---

① 《马克思恩格斯文集》第10卷,人民出版社2009年版,第286页。
② 《马克思恩格斯文集》第9卷,人民出版社2009年版,第483—484页。

恩格斯举例说:"阿尔卑斯山的意大利人,当他们在山南坡把那些在山北坡得到精心保护的枞树林砍光用尽时,没有预料到,这样一来,他们就把本地区的高山畜牧业的根基毁掉了;他们更没有预料到,他们这样做,竟使山泉在一年中的大部分时间内枯竭了,同时在雨季又使更加凶猛的洪水倾泻到平原上。"①这是人不尊重自然、不善待自然所造成的恶果。因此,恩格斯警示说:"我们不要过分陶醉于我们人类对自然界的胜利。对于每一次这样的胜利,自然界都对我们进行报复。"②可见,人影响、改造、支配自然不能走极端,不能不计后果地肆意妄为,而应当是尊重自然、善待自然前提下的良性影响、合理改造和适当支配,决不能完全站在与自然界对立的方向上影响、改造和支配自然。基于此,恩格斯提出:"我们决不像征服者统治异族人那样支配自然界,决不像站在自然界之外的人似的去支配自然界——相反,我们连同我们的肉、血和头脑都是属于自然界和存在于自然界之中的;我们对自然界的整个支配作用,就在于我们比其他一切生物强,能够认识和正确运用自然规律。"③人类作为自然界的生成物依存于自然界,不可以因为自己具有改造自然的能力就藐视自然界,将自然界看作能够随意肆虐而不需要付出任何代价的殖民地。人类如果过度开发掠夺资源并达到超越自然自身调节与承受能力的程度,生态平衡将被打破,生态体系将会瓦解,那么此时,人类的生存必将无比艰难。因此,在这样的悲剧发生之前,人类应该正视自然生态问题,充分认识自然生态价值,正确运用自然生态规律,在发展自身的同时,有意识地去维护生态平衡,不能以牺牲和破坏自然环境为代价。唯有如此,人类才能长久不息地生存发展下去。

马克思在尊重自然、善待自然的价值取向上,强调应当重视"外部自然界的优先地位"在人与自然的关系中的重要性。针对费尔巴哈在看待人与自然

① 《马克思恩格斯文集》第9卷,人民出版社2009年版,第560页。
② 《马克思恩格斯文集》第9卷,人民出版社2009年版,第559—560页。
③ 《马克思恩格斯文集》第9卷,人民出版社2009年版,第560页。

关系上的孤立抽象观点,他鲜明地指出:"这种活动、这种连续不断的感性劳动和创造、这种生产,正是整个现存的感性世界的基础,它哪怕只中断一年,费尔巴哈就会看到,不仅在自然界将发生巨大的变化,而且整个人类世界以及他自己的直观能力,甚至他本身的存在也会很快就没有了。当然,在这种情况下,外部自然界的优先地位仍然会保持着。"[1]确证"外部自然界的优先地位",也就确证了社会存在决定社会意识的唯物主义基本原理,这是一个理论界早已形成共识的问题,在此不再赘述。与费尔巴哈以感性直观的方式理解外部自然界不同,马克思用实践生成的方式考察自然界,强调在发挥人的主观能动性的同时,必须承认"外部自然界的优先地位"。虽然马克思是为了证明物质第一性、意识第二性的唯物主义原理而提出了外部自然界的优先地位一说,但其中则透露着尊重自然、善待自然的生态智慧光芒。在他看来,自然界伴随人的实践活动而不断变化着,在不同的时期展示着不同的具体形态,但外部自然界的优先地位仍然保持着,应当予以尊重和善待。

从实践中人化自然的生成情况看,人类的实践产生着人化自然的结果,人化自然又重新融入自然,成为其组成部分,人类的实践活动就是这样一个循环往复并不断上升的过程。因此,对于尔后人们的活动而言,人化自然又会作为预先存在的外部自然界而出现,既作为物质要素和对象"铺垫"后续劳动体现其先在性,也作为客观物质前提"规约"着人类劳动实践体现其优先地位。马克思曾指出:"在实践上,人的普遍性正是表现为这样的普遍性,它把整个自然界——首先作为人的直接的生活资料,其次作为人的生命活动的对象(材料)和工具——变成人的无机的身体。"[2]在这里,自然界并不是脱离人类的纯粹的独立存在,而是既包括了最原始的自在自然部分,亦包括了因为人类活动而被改造的人化自然部分。因此,为了防止因为认识偏差而造成的遗漏,马克思采用"整个自然界"对其加以说明和强调。要将马克思主义自然观与一切

---

[1]　《马克思恩格斯选集》第 1 卷,人民出版社 2012 年版,第 157 页。
[2]　《马克思恩格斯文集》第 1 卷,人民出版社 2009 年版,第 55 页。

旧唯物主义自然观进行本质区别,就要注意到马克思始终承认并强调的人化自然优先的观点,这个观点的要义在于即使自然界已经烙上人类实践活动的印记,完成了向人的生成,变成人化的自然,也仍然会保持着外部自然界的优先地位。重视人化自然的优先地位,一方面拓展了人们尊重自然、善待自然的范围,提醒人们珍惜人化自然的成果;另一方面则突出了人化自然在人与自然关系中的重要性,提醒人们对于人"化"自然的过程应该慎重加以考虑,力求使这一过程符合生态自然规律,防止"人化"的自然发生"异化"而变成人的对立面。

综合起来看,在马克思那里,拥有优先地位的外部自然是自在自然和人化自然的结合,人们应当尊重和善待的是自在自然和人化自然复合而成的"整个自然界"。一方面,人显然是依赖于自然而存在的,这具体表现在自然具有先在性,且是自然产生并哺育了人类,人类不能离开自然而单独存在,承认并尊重"外部自然界的优先地位"是人类一切活动的物质前提。人们一旦打破和僭越"外部自然界的优先地位",就将遭到自然界的惩罚。资本主义孕育出来的一味逐利的资本家们对"外部自然界的优先地位"故意"漠视",对自然资源的掠夺式开发和过剩产品的抛丢性处理,就加剧了人与自然的对立冲突。另一方面,自然界的优先地位永远与人类相比较而存在,"被抽象地理解的、自为的、被确定为与人分隔开来的自然界,对人来说也是无"①。只有"通过工业——尽管以异化的形式——形成的自然界,是真正的、人本学的自然界"②。真正的、人本学的自然界,是人的本质力量对象化的结果,是通过人类实践活动而改造成就的自然界,离开了人类活动而空谈"外部自然界的优先地位"无任何意义与价值。因此,尊重自然界的"优先地位"决不意味着承认人是自然的奴隶,人具有主观能动性,人进行实践活动,人须尊重自然而不绝对受制于自然,否则,自然界的"优先地位"就成了一种盲目的必然性和最高的存在原

---

① 《马克思恩格斯文集》第1卷,人民出版社2009年版,第220页。
② 《马克思恩格斯文集》第1卷,人民出版社2009年版,第193页。

则,人只是臣服于自然的奴隶。中国马克思主义绿色发展观强调尊重自然、顺应自然、保护自然,其主旨是发挥人的主观能动性与正确运用生态自然规律相结合,创造更多的高质量绿色产品和生态产品来满足人民的美好生活需要和对优美生态环境的需要,在马克思这里可以找到其基本理论的依据。

其次,人类应当充分循环利用自然力。自然界本来就是不断转化循环的,在生态自然中,通过这种转化循环,物质能量得以高效利用,生物得以生息繁衍。人在劳动实践中通过对人和自然之间物质变换的调整和控制,在客观上延续着自然界所固有的转化循环。但在不同的历史时期,由于科学技术和生产力水平以及社会制度等诸多因素的影响,人对自然力循环利用的程度是不同的。资本主义是科学技术和生产力发展到一定阶段的产物,同时又在客观上推动着科学技术和生产力的发展。资本家为了减少生产原料和辅助材料的消耗量,缩短社会必要劳动时间,榨取更多的剩余价值,攫取更多的利润,需要依靠更先进的科学技术来发展生产力。其中,生产原料和辅助材料的消耗量减少了,流动资本的投入就减少了,可变资本的比重就提高了,利润率和剩余价值率也就提高了,而减少生产原料消耗量的途径主要在于对自然力的循环利用。因此,资本家为了得到更多的现实利益,就不得不依靠科学技术的进步来优化生产流程,促进自然力在企业自身和企业之间生产过程中的转化循环。一方面,他们在企业内部通过自然力的循环利用,"把生产排泄物减少到最低限度和把一切进入生产中去的原料和辅助材料的直接利用提高到最高限度"[①],实现生产废料产生的减量化,从而实现生产原料和辅助材料消耗的减量化,如通过蒸汽机中气缸与活塞的热能循环利用来减少生产过程中对煤的消耗。另一方面,在企业之间,他们致力生产排泄物和消费排泄物向生产原料的转化循环,实现生态自然资源的节约,如将铁屑这一机车制造厂的废料即生产排泄物用作制铁厂制成铁块的生产原料。马克思在《资本论》中还列举了

---

① 《马克思恩格斯文集》第7卷,人民出版社2009年版,第117页。

化学工业对其他工业的废料加以循环再利用的事例,他说:"化学工业提供了废物利用的最显著的例子。它不仅找到新的方法来利用本工业的废料,而且还利用其他各种各样工业的废料,例如,把以前几乎毫无用处的煤焦油转化为苯胺染料,茜红染料(茜素),近来甚至把它转化为药品。"①在这一过程中,此企业的废料成为彼企业的原料,在不同企业之间展开着物质能量的转化循环和节约利用。

生产原料和辅助材料取之于生态自然,它们在企业内部和企业之间的循环、利用,不仅延续了生态自然的转化循环,减少了流动资本的投入,而且有助于生态自然转化循环的保护,能够减少社会生产过程对生态自然过程的破坏,意味着经济循环与生态循环相互融合的必要性和现实可能性。

但是资本主义追求无限利润的本性,决定了它不可能自觉致力于自然力的循环利用。马克思说:"人们把生产过程和消费过程中的废料投回到再生产过程的循环中去,从而无须预先支出资本,就能创造新的资本材料。"②资本家之所以将科学技术成果应用于机器和化学工艺的改良,对自然力加以循环利用,主要是出于"无需预先支出资本"而获取最大化利润的动机。如果自然力的循环利用需要付出更多的资本投入而无利可图,那么资本家是决不会自觉主动地投入开发的;如果"排泄物"对生态环境的破坏暂时尚不影响私人资本的获利,那么资本家是决不会心甘情愿地投入治理的。因此,在资本主义制度及其生产方式下,自然力的循环利用,包括科学技术进步在机器和化学工艺改良上的应用,只是以利润最大化为前提的自发局部行为,而不是出于保护生态自然的自觉普遍行为。马克思指出:在总体上,现实的资本主义生产"破坏着人和土地之间的物质变换 …… 从而破坏土地持久肥力的永恒的自然条件。这样,它同时就破坏城市工人的身体健康和农村工人的精神生活"③,造

---

① 《马克思恩格斯文集》第7卷,人民出版社2009年版,第117页。
② 《马克思恩格斯文集》第5卷,人民出版社2009年版,第699页。
③ 《马克思恩格斯文集》第5卷,人民出版社2009年版,第579页。

成生态环境问题的凸显、人和自然之间物质能量转化循环的中断以及两者关系的恶性循环。

欲根本解决生态环境问题，消解人和自然之间的冲突，人类就应当自觉普遍地促进和依靠科学技术的进步，在企业内部、企业之间进而在经济活动与生态自然之间实现物质能量的良性循环，达成人类对自然力的充分循环利用。这在资本主义框架内是无法做到的，必须对资本主义制度及其生产方式进行"完全的变革"，以共产主义取代资本主义。这正是马克思生态价值思想最鲜明的特点，也是中国马克思主义绿色发展价值论必须贯穿的应然取向。

再次，人类应当合理适度消费。马克思恩格斯基于对生产与消费关系的辩证思考和对资本主义消费异化的分析批判，主张人类应当摈弃奢侈浪费的陋习，奉行合理适度消费的原则。

马克思认为，在社会再生产中，生产与消费是一个统一体。一方面，两者互为中介。马克思在《政治经济学批判》序言中指出："生产中介着消费，它创造出消费的材料，没有生产，消费就没有对象。但是消费也中介着生产，因为正是消费替产品创造了主体，产品对这个主体才是产品。"[1]生产创造出消费的对象材料即消费品，离开了生产的中介，就无所谓消费品，也就无所谓消费；消费替生产创出其产品的主体即消费主体，离开了消费的中介，就失去了生产的意义，也就失去了产品的现实性。另一方面，两者直接同一。马克思说："生产是消费；消费是生产。"[2]生产过程中包含了劳动者自身脑力和体力的消耗以及"生产资料的被使用、被消耗"[3]，而消费则因其"创造出新的生产的需要"而驱动着社会再生产，消费作为目的和动力因素包含于生产之中。

在马克思恩格斯那里，作为生产与消费统一体中的消费主要有两大类：一类是生产消费，另一类是生活消费。前者是指一个企业的产品进入另一个企

---

① 《马克思恩格斯文集》第8卷，人民出版社2009年版，第15页。
② 《马克思恩格斯文集》第8卷，人民出版社2009年版，第16页。
③ 《马克思恩格斯文集》第8卷，人民出版社2009年版，第14页。

业的生产过程,成为另一个企业的消费对象即生产原料和辅助材料;后者是指企业的产品进入人的生活领域,成为个人日常生活和社会生活的消费对象即消费品。前述生产排泄物和消费排泄物的循环利用对于协调人和自然的关系固然重要,但生产消费和生活消费的节约也不容忽视。作为生产消费对象的生产原料与辅助材料和作为生活消费对象的消费品,归根结底都源于生态自然,对它们的过度消费和奢侈浪费都是在暴殄天物,会导致对生态自然的过度开发以及人和自然关系的失调。因此,马克思强调"奢侈是自然必要性的对立面"①,恩格斯认为消费应当与人类本性的自然需求相符合。

　　资本主义私有制是奢侈浪费、消费异化的温床。资本主义追求无限利润的生产目的,造成其在社会再生产过程中"开辟了千百个突然致富的源泉",资本家为了获取最大的利润,营业上的挥霍成了习以为常的必要行为,奢侈也成了资本交际费用中司空见惯的科目,"资本家的挥霍仍然和积累一同增加"②。资本主义还"创立了一个享乐世界",资产阶级独享消费自由的特权,过着挥金如土、灯红酒绿、纸醉金迷的奢靡生活,而穷人则毫无消费自由可言,过着贫困的生活。资产阶级的奢靡生活意味着对生态自然资源的挥霍,穷人的贫困生活意味着对生态自然保护的无能为力,两者都反映了人和自然之间的失和,其实质都是人和自然关系的异化。在马克思看来,资本主义私有制导致劳动异化、分配异化、消费异化以及人和自然关系的异化,有悖于制度正义和社会正义。恩格斯同样从制度正义、社会正义的角度对资本主义异化现象进行了批判,指出:"社会应当考虑,靠它所支配的资料能够生产些什么,并根据生产力和广大消费者之间的这种关系来确定,应该把生产提高多少或缩减多少,应该允许生产或限制生产多少奢侈品。"③这里的"这种关系"直接是指人类消费能力与生产能力相协调的关系,间接是指人类消费能力与生态自然

---

① 《马克思恩格斯全集》第30卷,人民出版社1995年版,第525页。
② 《马克思恩格斯文集》第5卷,人民出版社2009年版,第685页。
③ 《马克思恩格斯文集》第1卷,人民出版社2009年版,第76页。

承载能力相协调的关系。只有对资本主义制度实行"完全的变革",使制度正义和社会正义成为价值取向,才能实现人类消费能力与生产能力以及生态自然承载能力的协调。

进而言之,人是有精神、讲文化的,人类的生产不仅包括物质产品的生产,而且包括精神文化产品的生产,同样,人类的消费也包括了物质产品的消费和精神文化产品的消费。因此,马克思恩格斯在倡导生产消费和生活消费的节约取向的同时,还提倡精神文化消费的合理取向,主张人类应当在物质产品的适度消费和精神文化产品的合理消费中来体现并提升自身的消费素质、消费观念和消费行为,丰富人的本质,实现人的全面发展。

可见,马克思恩格斯所主张的合理适度的消费价值取向有三个层面的意蕴:一是谋求人类消费能力与生产能力的协调,二是谋求人类消费能力与生态自然承载能力的协调,三是谋求人类的物质消费与精神文化消费的协调。这些思想展现了马克思恩格斯在生态价值观上的睿智,对于中国马克思主义绿色发展价值论的研究具有指导意义。

三、人全面自由发展的崇高价值理想

针对人与自然的异化状态以及造成这种异化状态的资本主义制度根源,马克思恩格斯扬弃了空想社会主义关于人的全面发展的设想和未来理想社会的设计,点明这种设想和设计在主体力量和正确途径等方面的缺失,明确提出其出路在于聚集无产阶级的现实力量,推翻资本主义制度,推动人的解放,奔向共产主义。马克思恩格斯宣布:"代替那存在着阶级和阶级对立的资产阶级旧社会的,将是这样一个联合体,在那里,每个人的自由发展是一切人的自由发展的条件。"①在他们那里,实现人真正意义上的全面而自由的发展是无产阶级和人类奋斗的崇高价值理想。

---

① 《马克思恩格斯选集》第1卷,人民出版社2012年版,第422页。

首先,自然彻底人道主义和人彻底自然主义是有机关联的崇高价值理想。在人类社会发展过程中,劳动既中介着人和自然的互动关系,又展现出人和人的生产关系,还展示着人自身的价值追求。人作为劳动者改造自然并参与社会实践,与诸多其他要素诸如劳动工具、生产技术共同作用。其中,由于劳动者具备制造、利用以及改进生产工具的能力,所以是最活跃且最能动的要素。马克思指出,人作为劳动者是生产力中最根本的要素,劳动者长期以来均为生产工具的掌握者与应用者,其水平的高低,即其价值理念、思维模式与文化水平,深深地影响着社会生产力的水平,并推动其变革。由此可见,无论社会形态如何变化,生产力中最根本的要素永远是作为劳动者的人,人对于社会生产的决定性作用不仅仅表现在其是劳动生产满足的对象,而更是劳动实践实施的主体。因此,关注人、尊重人的价值理念就成为马克思恩格斯生态价值理念的重要内容。进而言之,人的全面自由发展的基础在于自然生态系统的平衡。每一个自然物都是构成自然生态系统的要素,都具有特有的存在价值与意义,人自身的全面自由发展无权去剥夺和干涉其他自然物的存在和发展权利,否则必将影响到人本身的自由权利的发挥。同样,劳动关涉生产资料所有制的形式、人们在生产中的地位和相互关系、产品分配的形式等人与人之间的关系,这些关系决定着人的自由的发展和运用。人要想实现真正的自由解放,必须建立体现社会正义的制度。

如前所述,资本主义所遵循的"资本逻辑",决定了它必然导致劳动的异化、消费的异化、人和自然关系的异化,而在其框架内不可能从根本上消解"异化",需要采取"完全的变革"的方式,建立合理的社会制度以取代资本主义制度,最终实现共产主义。在这一过程中,制度正义、社会正义的进步,需要也推动着人的全面发展、自由发展,促进人在遵循自然规律的同时,实现自身的自由价值。到了共产主义社会,可以通过人并且为了人,积极扬弃私有财产即人的自我异化,从而让人的本质得以真正占有,"作为完成了的自然主义,等于人道主义,而作为完成了的人道主义,等于自然主义,它是人和自然界之间、人和人之间的矛盾的真正解决"①。这启示我们,在当代中国必须树立自然彻底人道主义和人道彻底自然主义的崇高价值理想,将绿色发展与社会主义和谐社会构建、社会主义时代新人培养相结合,秉持尊重自然、顺应自然、保护自然的价值理念,促进生态自然的平衡美丽,追求人在美好生态环境面前的幸福自由。

其次,人的全面自由发展具有历史必然性。马克思指出:"全部人类历史的第一个前提无疑是有生命的个人的存在"②,人类社会的发展过程归根结底是体现在人的发展方面,因为"历史不过是追求着自己目的的人的活动而已"③。人与人构成了社会,社会因为人而存在,人既是希求自身需要得到满足的主体,也是自然改造、社会变革使自身需要得以满足的主体,因此社会的发展是基于人的生存与发展而展开的,也就是说,社会的发展是人的自由价值实现的必然结果。同时,社会的发展又给人的发展提供社会环境条件和机会,决定着人的全面性和自由度。总的来说,社会发展的根本归宿和最终目的仍在于人本身的全面自由发展,人的全面自由发展是目的和手段的统一。

在人类发展的历史上,人的发展经历着不断克服"依赖关系"而彰显"自由个性"的辩证发展过程。马克思曾从自然经济、商品经济和产品经济三大社会形式演进的角度,刻画与之相适应的人的特征:"人的依赖关系(起初完全是自然发生的),是最初的社会形式,在这种形式下,人的生产能力只是在狭小的范围内和孤立的地点上发展着。以物的依赖性为基础的人的独立性,是第二大形式,在这种形式下,才形成普遍的社会物质变换、全面的关系、多方面的需要以及全面的能力的体系。建立在个人全面发展和他们共同的、社会的生产能力成为从属于他们的社会财富这一基础上的自由个性,是第三个阶

①　《马克思恩格斯文集》第1卷,人民出版社2009年版,第185页。
②　《马克思恩格斯选集》第1卷,人民出版社2012年版,第146页。
③　《马克思恩格斯文集》第1卷,人民出版社2009年版,第295页。

段。第二个阶段为第三个阶段创造条件。"①在第一阶段亦即自然经济阶段，生产力发展水平较低，人的生产能力囿于封闭或半封闭的族群范围和社会空间中，在生态自然面前往往俯首称臣，人之生存问题的解决完全依赖于人与人之间的通力合作，人的经济生活、政治生活和精神生活条件有限、贫乏和狭隘，其生命活动受到严重束缚，毫无自由可言。在第二阶段亦即商品经济阶段，生产力发展水平大为提高，人的生产能力逐渐形成全面的体系，人与生态自然之间的物质变换日渐普遍，人的社会关系日趋丰富，商品交换日益扩大，物的交换及货币关系逐渐替代了人的依赖关系，资本拜物教观念产生，人和人的关系逐渐依赖于"物"，个体逐渐走向独立探索状态。第三阶段亦即产品经济阶段，生产力高度发达，人与自然、人与人之间高度和谐，物质产品极大丰富，社会关系极大完善，人的精神境界极大提高，人本身在自然和社会中得到全面解放，个性得以充分的自由发展。人类由群体"依赖"发展到个体独立，接着又往"自由个性"迈进，既体现了也在一定程度上取决于人在生产实践中所产生的价值以及自由原则；就其现实性而言，则是由于人的主体能力不断增强造成的。每一种经济形态相较前一种形态更加优越的根本原因在于，其可以将人的主体能力更充分地解放和调度出来。在马克思那里，产品经济阶段就是共产主义社会，到那时"人终于成为自己的社会结合的主人，从而也就成为自然界的主人，成为自身的主人——自由的人"②。这表明，共产主义社会的实现就是"把人提高到人的高度"，使人真正成为"大写的人"，而共产主义社会本身就是马克思恩格斯共同描绘的"自由人联合体"社会。马克思恩格斯的崇高价值理想就是人的全面自由发展。

人的发展与社会发展有着高度关联性和历史一致性。社会主义是共产主义初级阶段，中国特色社会主义的伟大实践既造就着又依赖于与其相适应

---

① 《马克思恩格斯文集》第8卷，人民出版社2009年版，第52页。
② 《马克思恩格斯全集》第26卷，人民出版社2014年版，第453页。

的建设者。推而论之,当代中国的绿色发展既造就着又依赖于人的绿色发展:一方面,人对绿色福祉的向往以及绿色创造活动的展开不断积累着绿色发展以及社会经济发展的成果;另一方面,绿色发展以及政治建设、经济建设、社会建设、文化建设的成果又持续推动着人适应绿色发展需要的知识水平和实践能力的提高以及价值取向的臻善。中国社会经济绿色发展和人的绿色发展的协同,将促使人和自然日趋和谐,让人民享有更加美好的生活和绿色福祉,从而在实现人的社会价值的同时日益丰富地展现出"自由个性"。因此,习近平反复强调要坚守人民立场,共建美丽中国。这意味着,伴随新时代中国特色社会主义及绿色发展的推进,中国人民将逐步接近马克思恩格斯所描绘的人的全面自由发展的崇高价值理想,中国马克思主义绿色发展价值论必定要包含马克思恩格斯关于人的全面自由发展具有历史必然性思想的继承与发展。

第三节　马克思恩格斯生态观中的绿色发展方法论意蕴

自然观、价值观与方法论是统一的,有什么样的自然观、价值观,就有什么样的方法论。马克思恩格斯的生态自然观、生态价值观包蕴了他们的生态方法论。根据前述内容,我们可以体悟到马克思恩格斯在思考生态环境问题上的整体思维、辩证思维、底线思维、技术思维。这是学界研究中国马克思主义绿色发展方法论尚未关注而又必须关注的。

一、生态整体思维方法

整体性是马克思主义的一个重要思维特征,马克思恩格斯在思考生态环境时充分体现了这一点。他们善于从生态自然、人和自然以至人和社会、人自身的整体出发,在弄清各个组成部分及其相互之间的联系和作用的基础上,把握生态环境问题的本质及其解决办法。

首先，马克思恩格斯将生态自然视为一个相互作用、有机关联的整体。黑格尔也认为自然界是一个有机整体，他从发展的视野强调自然演化"各个阶段组成的体系"以及从一个阶段产生另一个阶段的必然性①，但在他那里这些都是"绝对观念"外化的产物，陷入"儿子生出母亲，精神产生自然界"的客观唯心主义。恩格斯撇开其客观唯心主义外壳，汲取其合理内核，明确指出："我们所接触到的整个自然界构成一个体系，即各种物体相联系的总体，而我们在这里所理解的物体，是指所有的物质存在，……只要认识到宇宙是一个体系，是各种物体相联系的总体，就不能不得出这个结论。"②具体到生态自然，其中各种事物也是相互依存、相互制约的，将树林砍光就会造成水土流失，会使沃土沦为不毛之地，恩格斯结合阿尔卑斯山的意大利人砍树行为所造成的严重后果对此进行了深刻论述。生态自然的各种物质及其能量形式是转化循环的，正是这种转化循环维系着生态自然运行的整体性。马克思对资本主义的批判，其中一个重要的维度就是指出它催生了生态自然"物质变换的断裂"，切断了自然资源再生产的基本进程。

其次，马克思恩格斯将人与自然视为一个相互作用、有机关联的整体。马克思恩格斯坚持从整体性上来把握人与自然的关系，坚决反对人与自然二元对立的观点。在他们看来，相互割裂的人与自然，不仅否定了二者之间紧密的交换循环关系，而且将二者的关系进行了根本对立。作为生态体系的两大组成部分，人与自然的主客体关系是自人类诞生以来就形成的，二者相辅相成，通过交互作用，形成永恒的依存关系。费尔巴哈在批判各种唯心主义自然观基础上所形成的唯物主义自然观，也将人和自然界作为研究对象，强调"观察

---

① 参见［德］黑格尔：《自然哲学》，梁志学、薛华译，商务印书馆 1980 年版，第 28 页。
② 《马克思恩格斯选集》第 3 卷，人民出版社 2012 年版，第 952 页。

自然,观察人"①,但他过于注重自然对人的作用,忽视人对自然的能动作用,只是从客体、直观的形式去理解人与自然的关系,没有从实践活动、主体方面去理解这种关系,而且他的唯物主义未能在历史领域贯彻下去,沦为"半截子"的唯物主义,仍陷于旧唯物主义的泥潭。"主体是人,客体是自然"②,这是马克思恩格斯在其论著中一直坚持的人与自然的关系原则,体现了马克思恩格斯对费尔巴哈唯物主义的批判和超越。由于主客体的对立统一,人类一旦离开了自然界就会失去存在、发展的物质基础,而自然一旦离开了人,孤立于主观世界之外,也会失去其存在的价值和意义。基于人类与自然紧密的多维联系,恩格斯也主张,人类改造和利用自然界,绝对不能像征服者统治其他民族一样肆无忌惮。尽管人类成为地球上最高等、享有主动权的生物,拥有支配和改造一切事物为自身所用的能力,也不能无休止地、不尊重自然自身客观规律地任凭自身意志进行改造和扩张,而应该在科学、合理的范围内维护好人与自然之间的关系,促使生态自然朝着更有利于人类生存与发展的方向发展。马克思恩格斯一贯主张人与生态自然具有平等的存在意义。从根本上来说,人是自然界长期发展的产物,和其他生命体、自然物一样,其产生和存续都是宇宙自然发展链条中的一个环节。因此,人、其他生命体和自然物相对于宇宙自然来说,其意义和价值应该是平等的。而这里所说的并不是绝对的平等,而是存在意义上的相对平等。"被抽象地理解的、自为的、被确定为与人分隔开来的自然界,对人来说也是无。"③生态自然因人而变得丰富多彩,如果缺少了人类,自然界虽然会继续存在,但会即刻失去其现在的运转机制,变得荒芜凄凉,也失去了其相对于人类来说的价值和意义。"人靠自然界生活"④,如果任

①　[德]路德维希·费尔巴哈:《费尔巴哈哲学著作选集》(上卷),荣震华、李金山译,三联书店1984年版,第115页。

②　《马克思恩格斯文集》第8卷,人民出版社2009年版,第9页。

③　《马克思恩格斯文集》第1卷,人民出版社2009年版,第220页。

④　《马克思恩格斯文集》第1卷,人民出版社2009年版,第161页。

凭物种灭绝,就会破坏自然原本完整的生物链条,造成生态紊乱甚或崩溃,危及人类存续。于此,马克思恩格斯将人与自然有机关联为统一整体,这种主张人与自然对立统一的整体论无疑超越了过往那种主张人与自然主客体对立的二元论。后来的生态学马克思主义者,有的认为马克思恩格斯的思想属于人类中心主义,有的则认为它属于自然中心主义,都是片面的理解和误读。

再次,马克思恩格斯将人与自然、人与人、人与自身三大关系作为一个整体进行考察。在马克思恩格斯那里,对人和自然之间关系的认识以及对生态环境问题的分析从来都不是孤立地进行,而是将之与人和人之间的关系、人自身的发展放在一起加以整体认识和综合分析。从前述可知,马克思恩格斯对资本主义的批判是全面的批判,包括了资本家榨取雇佣劳动者的剩余价值所造成的人和人的对立,"物质变换的断裂"的人和自然的对立,以及资本家奢靡生活和工人贫困生活的人自身的对立等诸方面的批判。马克思恩格斯继而从整体上思考,阐明生态环境问题、人与自然对立的根源不在于自然界,而在于社会和人自身的不合理关系,指出人类的未来出路在于通过对资本主义的"完全的变革",走向共产主义理想社会,真正实现人和自然、人和人、人自身三大关系的全面协调。从资本主义走向共产主义的过程是"人类与自然的和解以及人类本身的和解"①双重和解的过程,其中人类本身的和解既包括人与社会之间矛盾的解决,也包括人与自身矛盾的解决,从人的发展角度看,则是"人的物种提升"和"人的社会提升"②两次提升的过程。共产主义社会是人彻底自然主义、自然彻底人道主义、生产和交往高度发达、人的个性自由充分展现的"自由人联合体"社会。这意味着马克思恩格斯对于生态的考量是广义的,不仅包括本来意义上的自然生态,而且包括延展意义上的社会生态和人自身生态。人类的进步是自然生态、社会生态、人自身生态三者统一的整体进步。

---

① 《马克思恩格斯文集》第1卷,人民出版社2009年版,第63页。
② 恩格斯:《自然辩证法》,人民出版社2018年版,第23页。

综上所述,马克思恩格斯运用生态整体思维方法对生态自然系统、"人—自然"复合系统、"人—自然—社会"巨系统进行了层层递进的考察,为中国马克思主义绿色发展观奠定了方法论的基石。习近平所提出的山水林田湖草生命共同体、人与自然生命共同体以及人类命运共同体思想闪耀着生态方法论的睿智,是对马克思恩格斯生态整体思维方法的继承创新和当代发展。

二、生态辩证思维方法

辩证性是马克思恩格斯的又一重要思维特征,他们扬弃了黑格尔的唯心辩证法和费尔巴哈的形而上学唯物主义,创立了唯物辩证法,并将唯物辩证法运用于生态环境问题的研究,展现出生态辩证思维方法。

首先,马克思恩格斯善于全面地看待人对自然的改造活动。马克思恩格斯认为,人区别于动物的本质特征是劳动实践,人通过劳动实践,实现人与自然之间物质变换的调整和控制,促使生态自然物不断地"向人生成",变成"人化的自然",创造出能够满足人的需要的产品,在交换出现之后,产品变成商品。在马克思恩格斯生活的时代,资本主义在它不到一百年的发展中创造了"比过去一切世代创造的全部生产力还要多,还要大"①的生产力,这是资本主义历史进步性的体现,也是人改造自然的活动对于人类生存与发展的积极作用和正面效应,但它一味追求无限利润的"资本逻辑",却导致对自然的肆意掠夺和污染,引发在自身框架内无法根本解决的生态环境问题,这又是资本主义在处理人和自然关系上的致命缺陷,也是人改造自然的活动对于人类生存与发展的消极作用及负面效应。与此相联系,人对自然的改造活动是服务于人的利益需要的,存在着眼前利益与长远利益的问题。在这个问题上,马克思恩格斯显然采取了全面看待的辩证思维方法,他们列举了一系列事例提示人们要全面看待眼前利益与长远利益,不能因为少数人眼前利益而损害大家的

---

① 《马克思恩格斯选集》第1卷,人民出版社2012年版,第405页。

长远利益。但"在各个资本家都是为了直接的利润而从事生产和交换的地方,他们首先考虑的只能是最近的最直接的结果"①,而不会考虑长远的后果。比如,西班牙的种植场主就是如此,他们焚烧古巴山坡上的森林,制成木炭作为咖啡树的肥料以满足眼前的营利欲望,结果造成当地的山坡从郁郁葱葱的生态家园变成岩石赤裸的荒芜之地,在这些种植场主眼里,这样的后果与他们是互不相干的。在资本主义框架内,眼前利益和长远利益的关系是无法妥善处理的,资本家为追求眼前的利益最大化,不可能顾忌人改造自然的活动对大多数人长远利益的危害。这启示我们,必须全面看待人对自然的改造活动,既要看到其积极作用、正面效应,也要看到其消极作用、负面效应,既要考虑眼前利益,更要考虑长远利益,而且要通过对资本主义的"完全的变革",优化人的劳动实践,放大其积极作用、正面效应,消解其消极作用、负面效应,使人能够更好地生存与发展。当代中国的绿色发展必须依循事实上不仅依循而且发展了马克思恩格斯的这一生态方法论原则,习近平关于探索以生态优先、绿色发展为导向的高质量发展新路子,"绝不能以牺牲生态环境为代价换取经济的一时发展"②,要为人民群众谋求生态福祉,"为子孙后代留下天蓝、地绿、水清的生产生活环境"③等生态文明思想,蕴含着崭新的中国马克思主义绿色发展方法论。

其次,马克思恩格斯善于从发展上考察人与自然的关系。马克思恩格斯汲取当时自然科学研究的最新成果、黑格尔唯心辩证法和费尔巴哈唯物主义思想中的合理因素,形成唯物辩证的发展观和方法论。在他们的视野里,康德—拉普拉斯的星云假说,说明了在宇宙物质的吸引与排斥的运动转化推动下天体系统的演化发展;赖尔的地质渐变说,说明了在地球物质的运动转化推

---

① 《马克思恩格斯选集》第3卷,人民出版社2012年版,第1000页。

② 中共中央文献研究室:《习近平关于社会主义生态文明建设论述摘编》,中央文献出版社2017年版,第21页。

③ 中共中央文献研究室:《习近平关于社会主义生态文明建设论述摘编》,中央文献出版社2017年版,第20页。

动下地球地质构造的演化发展；达尔文的进化论，说明了在生存竞争与自然选择的作用下地球上生物的演化发展。因此，必须用发展的观点看待自然界，将自然界看作"过程的集合体"。正是宇宙自然特别是生态自然的演化发展最终孕育了人类，开启了人类社会的发展。人类社会的发展在生产力和生产关系、经济基础与上层建筑的矛盾运动中，展现为人与自然、人与人、人与自身三大关系的关联发展。在自然经济阶段，低下的生产力发展水平决定了人的实践活动"只是在狭窄的范围内和孤立的地点上"展开，基本上是靠"天"吃饭，人对生态自然的"破坏"范围有限，人和自然处于原始和谐状态，人与人的"依赖关系"占据绝对主导地位，个体生活贫乏，谈不上全面自由发展。随着生产力的发展，人通过劳动有了某些产品的"剩余"但又难以满足自身多样性的需要，因此产生了产品交换活动，逐步进入商品经济阶段。在这一阶段，以劳动为中介的人与自然之间的物质变换趋向普遍，以物为依赖的人与人的关系日趋丰富，"以物的依赖性为基础的人的独立性"得以发展，但资本家为了获取无限利润，毫无节制地虐待生态自然，榨取雇佣劳动者的剩余价值，造成人和自然的对立冲突以及资产阶级和无产阶级的对立冲突。通过对资本主义的"完全的变革"，生产力将得到彻底解放和高度发展，人类社会的发展最终走向产品经济阶段亦即共产主义理想社会，到那时，人们能够靠消耗最小的力量，来进行人和自然之间的物质变换，生态环境问题得到彻底解决，人与自然之间彻底和解，人同自然界完成了本质的统一，自然界真正复活①，同时形成"自由人联合体"，人与人、人与自身之间也彻底和解，人的个性得到全面自由发展。于此，马克思恩格斯揭示了人与自然之间从原始和谐到对立冲突再到彻底和解的否定之否定过程，以及这个过程与人和人、人与自身关系的有机关联，为我们提供了从事物的发展过程、内在否定性、发展趋势等维度把握人与自然关系历史辩证运动的思想方法，对于确立当代中国绿色发展的努力方向

---

① 参见《马克思恩格斯文集》第 1 卷，人民出版社 2009 年版，第 187 页。

具有方法上的根基性意义。

再次,马克思恩格斯善于从本质上把握生态环境问题。在马克思恩格斯那里,物质及其运动形式的转化循环是自然运动发展与人类实践活动应当遵循的一般规律。他们观察到资本主义在企业内部、部门内部以及企业之间、部门之间对自然物质及其运动形式的循环利用的情形,也观察到资本主义对自然资源的巨大浪费和对生态环境的肆意污染以及其所带来的生态环境问题。从形式逻辑的角度看,这似乎是一个悖论,是一种矛盾。马克思恩格斯以其高超的辩证思维能力,透过现象看本质,鞭辟入里分析出隐藏在这种矛盾现象背后的本质。资本家对"生产排泄物"的循环利用,是为了利用资源的二次价值,减少生产的二次投入,其本质在于获取更多的超额利润和剩余价值,只有在循环利用"生产排泄物"有利润可图的特定条件下,资本家才会去循环利用"生产排泄物"。同样,资本家虐待自然,造成生态环境问题,也是出于利润最大化的目的,如果废弃物的回收再利用不能带来更多的利润,难以获取更多的剩余价值,资本家是绝对不会去做的。因此,资本家循环利用资源也好,虐待自然也罢,在其本质上都是遵循"资本逻辑",都是为了利润和剩余价值的最大化,在"资本逻辑"的主导下,"可获得的利润成了唯一的动力"①,循环利用资源只是一种自发性的行为表现,而虐待自然则是一种司空见惯的现象。中国特色社会主义是以人民为中心的,当代中国绿色发展的目的在于谋求经济发展与生态环境保护的统一,解决人民群众关心的突出生态环境问题,让人民群众共享美好生活和优美生态环境。摈弃对经济利益的片面追求,把人民群众的生态福祉作为出发点和归宿点,正确把握和合理推进当代中国的绿色发展,是马克思恩格斯对中国马克思主义绿色发展方法论创新发展的重要启示。

马克思恩格斯生态环境思想还蕴含着生态底线思维方法。马克思指出,资本家作为"人格化的资本",只是把生态自然当作攫取超额利润的"生产资

---

① 《马克思恩格斯选集》第 3 卷,人民出版社 2012 年版,第 1000 页。

料"来看待,而不把生产劳动对生态自然的破坏放在心上,其结果必然导致劳动及其人化自然的"异化",并在人和自然之间"造成一个无法弥补的裂缝"。恩格斯面对生态自然对人的无情"报复",告诫人们决不可采取征服者统治异族人的方式支配自然界,也不能作为自然界的外在力量去支配自然界。这意味着人对生态自然的改造和利用应当控制在生态自然的承载能力之内,生态自然的承载能力是人改造和利用自然的底线。突破这一底线,人必将遭到生态自然的"报复",难以持续发展。从唯物辩证法"度"的角度看,生态底线思维也是一种生态辩证思维方法,"底线"就是决定事物性质的"度",一旦突破"度",事物的性质就随之发生变化。习近平继承和发展了马克思恩格斯的这一思维方法,多次阐述我国生态文明建设必须遵守生态保护红线、永久基本农田、城镇开发边界三条控制线,充分体现了中国马克思主义绿色发展观的底线思维方法。

三、生态技术思维方法

　　马克思恩格斯没有使用过生态技术的字眼,但在他们的生态观中贯穿着独特的"实践观点的思维方式",具有生态技术思维方法的意蕴。

　　技术作为人类改造自然的重要实践方式,是人与自然之间完成物质变换的中介。人作为自然之子,其生存与发展一刻也离不开与自然的物质交换;人作为万物之灵,又以自身超越生物本能的劳动实践与自然进行着物质交换。人类劳动实践内含着技术的因素,因而技术也就成了人与自然之间物质变换的中介。恩格斯指出:"一切差异都在中间阶段融合,一切对立都经过中间环节而互相转移"①。中间阶段作为事物发展的中介,能够将事物予以融合和协调。技术作为人与自然物质交换过程的中介,其对自然的认识程度和作用方向决定着人与自然关系的融合协调程度以及人对自然物质的循环利用程度。

---

　　① 《马克思恩格斯选集》第3卷,人民出版社2012年版,第909页。

马克思在《资本论》中提出,技术的发展与动植物器官的进化相类似,它通过工具制造和使用的不断拓展而延伸着人的身体,成为人的"活动的器官"①,中介着人在劳动实践中对自然物质利用能力的提升,这颇有仿生思维的意味。

科技的进步和机器的改良可以促进废料的循环利用。马克思指出,随着科技的进步,人们可以发现"废物的有用性质";通过机器的改良,能使废料"获得一种在新的生产中可以利用的形态"②,实现废料的循环利用。因此,科技的进步和机器的改良是"废料本身才重新成为贸易的对象,从而成为新的生产要素"③的重要前提,例如把铁屑制成铁块,把煤焦油转化为苯胺染料、茜红染料乃至药品。恩格斯也认为,科技的进步和机器的改良推动了废料的循环利用,例如"使用瓦斯照明",使用生铁制造生铁管等等。④

具体到对资本主义的分析,马克思认为资本主义的社会化生产为废物循环利用的规模效应提供了可能,同时私人占有生产资料的资本家追逐超额利润的本性也会刺激他们进行技术研发和改进,但资本家这种追逐超额利润的本性又决定了他们对废料的处理仅限于废料的有用性。只有在科学所发现的废料的有用性质能够给资本家带来现实利益,或者能够解决原料昂贵问题的情况下,资本家才会开发能够循环利用废料的新技术。这就是说,在资本主义私有制及其生产方式下,循环利用废料的技术改进是有限的,受到"超额利润"的严重束缚。要充分、全面地发展循环利用废料的技术,就必须完全变革资本主义社会制度,建立新的社会制度,构建以"生产资料的社会占有"为基础的生产关系,为技术的开发、改进及其在社会生产中的积极运用提供可靠保障,让人们成为自身的社会结合的主人,从而成为与自然界协调发展的主人。

在现在看来,循环利用废料的技术实际上即一种生态技术,也可称之为绿

---

① 《马克思恩格斯文集》第5卷,人民出版社2009年版,第209页。
② 《马克思恩格斯文集》第7卷,人民出版社2009年版,第115页。
③ 《马克思恩格斯文集》第7卷,人民出版社2009年版,第94页。
④ 参见《马克思恩格斯文集》第1卷,人民出版社2009年版,第103页。

色技术。中国特色社会主义为生态技术的发展提供了优越的制度保障,从人民的根本利益出发,致力于生态技术的全面开发和运用,加快绿色发展的步伐,推动我国走向社会主义生态文明新时代,建设人与自然和谐共生的现代化,在方法论意义上讲,意味着马克思恩格斯生态技术思维方法在当代中国的继承与发展,昭示出中国马克思主义绿色发展观的方法论特质。

综上所述,马克思恩格斯经典文本中具有丰富的生态自然观、价值观、方法论思想,构成为逻辑自洽、科学合理的生态观,内含高瞻远瞩、超越时代的绿色发展思想意蕴。可以说,中国马克思主义绿色发展观产生、形成、发展的过程乃是马克思恩格斯生态观中国化时代化的展开过程,表明马克思恩格斯的生态观及其绿色发展思想意蕴是中国马克思主义绿色发展观的思想理论基础。

第三章　中国马克思主义绿色发展观的
　　　　本土文化基因

中华传统文化源远流长、博大精深,在其悠久的历史发展中,"天人合一"始终作为重要的文化思想展现于世,集中映射出中华民族深刻而独特的生态智慧。早在先秦时期的《周易》中,就已经初步关涉到"天人合一"的命题,《郭店楚墓竹简·语丛一》有云:"《易》所以会天道人道也"①,就是说"天""人"之间的关系实为一内在关系,《易经》是一部会通"天道"与"人道"的书。这里固然有人向天问吉凶祸福的占卜神秘色彩,但其对天人关系问题的关涉却让后来儒家、道家、释家等思考不辍。中国的儒家、道家、释家在对天人关系问题的思考中,从不同角度提出了一系列"天人合一"的观点和主张,尤其是传统儒家在其发展过程中,整合道家与释家的思想观点,形成了传统新儒家,以及之后的现代新儒家,使中国传统"天人合一"思想宝库不断得到丰富,生态智慧得以集聚。由于历史的局限,中国传统"天人合一"思想难免掺杂着封建和唯心的糟粕,但其中所展现的朴素生态自然观、生态价值观、生态保护观、生态科学观、生态思维观等生态智慧则包含着绿色发展的思想基因,与中国马克思主义绿色发展观基本理论与方法有着本根性的血脉联系。习近平指出:

---

① 荆州市博物馆编:《郭店楚墓竹简》,文物出版社 1998 年版,第 194 页。

"优秀传统文化是一个国家、一个民族传承和发展的根本,如果丢掉了,就割断了精神命脉。"①研究中国马克思主义绿色发展观的基本理论与方法,必须熔铸传统,汲取和吸纳中国传统"天人合一"智慧中的绿色发展思想基因。

第一节　传统儒家的"天人合一"观及其绿色发展思想基因

中国传统儒家思想丰富多彩,"天人合一"观作为传统儒家代表性思想之一,在中国古代哲学的历史上占有重要地位。中国传统儒家"天人合一"观早期见之于孔子、孟子、荀子的阐述,后来经过汉代董仲舒的传承、魏晋南北朝以及唐代的延续而贯穿于中国传统文化之中。传统儒家以"人"及其社会关系为思考基点推及对"天"以及天人关系的探索,展现出处理天人关系的生态智慧,包含着绿色发展的思想基因。

一、《易经》"天人合一"观及其在《易传》中的展开

"天人合一"的思想源头可以追溯到《易经》。《易经》认为,人与人所生活其间的环境,特别是自然环境,应该有一个和谐统一的关系。

举两个例子:

《比》(卦八)

九五:"显比,干用三驱,失前禽,邑人不诫,吉。"

国王和他的侍卫们一道亲亲热热地去打猎,侍卫队从左右后三面把野兽赶到中央让国王猎射,留下前面一条路给野兽逃跑。在打猎的过程中,老百姓都毫不惊恐。这样,就一定吉利。因为这不仅说明统治者与侍卫以及他们与老百姓都有一个和谐的关系,而且也说明国王及其侍卫对野兽也并非赶尽杀

---

① 习近平:《在纪念孔子诞辰 2565 周年国际学术研讨会暨国际儒学联合会第五届会员大会开幕式上的讲话》,人民出版社 2014 年版,第 11 页。

绝。打猎主要是为了健身和练武。

《井》(卦四十八)

初六:"井泥不食……"

九二:"井谷射鲋,瓮敝漏。"

九三:"'井渫不食,为我心恻,可用汲'。王明,并受其福。"

六四:"井甃,无咎。"

九五:"井冽寒泉食。"

井污浊得像泥浆一样,无法饮用。

井坍塌成了积水的谷,长了鱼,但只是小鱼,并不能射了来吃。而水也不能喝了。原先还有小瓮装水,但瓮也破了,水漏光了。

新的统治者来了。他说:"井水太污浊,不能喝,要把它淘净,以便人们汲用。"这个头头是不错的,使大家都得到了好处。

井壁用砖头顺利地砌好了,井水变得洁净清凉,很好喝了,真不错。

这几卦串在一起,不仅说明治理政事的人应关心人民疾苦,也说明人们应该努力并善于处理好人与自然的关系,以求得人与自然的和谐。人保护好自然,使自然始终保持一种美好的状态,这样,人才可从自然那里得到持续的好处。

相传孔子对《易经》的论述进行了展开和阐发,成为通常所说的《易传》的重要内容。假使说,《易经》讲天人关系,讲天人合一,讲得还并不多、并不突出,那么,《易传》对此就讲得比较多、比较突出了。它以天喻人、以人喻天,讲天人相通、天人统一、天人和谐,把天与人合在一起来分析、来议论,来确定一种模式,建构一个系统,意味着"天人合一"思想基因扩散、繁殖的开启。

它认为,有天地才有生命,"天地之大德曰生"[1],而且整个伦理社会实际上都是从天地来的,"有天地然后有万物,有万物然后有男女,有男女然后有

---

[1] 宋祚胤注译:《周易》,岳麓书社2000年版,第345页。

夫妇,有夫妇然后有父子,有父子然后有君臣,有君臣然后有上下,有上下然后礼义有所错。"①

它认为,八卦就是古伏羲氏在"王天下"时,"仰则观象于天,俯则观法于地,观鸟兽之文与地之宜,近取诸身,远取诸物"而制作出来的。目的就在于用之"以通神明之德,以类万物之情"②。而且《易经》的全部结构与内容也都是从天地万物来的:"昔者圣人之作《易》也,幽赞于神明而生蓍,参天两地而倚数。观变于阴阳而立卦,发挥于刚柔而生爻,和顺于道德而理于义,穷理尽兴以至于命。"③

它认为,天道、地道、人道是一脉相通的:"天地养万物,圣人养贤以及万民……"④"天地感而万物化生,圣人感人心而天下和平。"⑤"昔者圣人之作易",就是"将以顺性命之理"的。"立天之道,曰阴与阳,立地之道,曰柔与刚,立人之道,曰仁与义。"⑥其所言之道的中心思想就是和而不同。虽然个体存在着诸多差异,但是合理地统一在一起就能成为一个和谐的整体。

尽管阴阳有别,刚柔相对,仁义有分,但却又相互统一,是"范围天地之化而不过,曲成万物而不遗"的。天与人又都并非一成不变,而是不断推陈出新的:"天行健,君子以自强不息","日新之谓盛德,生生之谓《易》。"⑦这表明,人类社会与自然界,都处于运动变化中,从一种和谐状态向另一个更高的和谐状态不断进发,呈现为动态的和谐。

《易传》在肯定了人道与天道相通的基础上,注意到了二者之间的相互影响和彼此作用。"言行,君子之所以动天地也"⑧,人可以通过自身的言行影响

---

① 宋祚胤注译:《周易》,岳麓书社2000年版,第397页。
② 宋祚胤注译:《周易》,岳麓书社2000年版,第346页。
③ 宋祚胤注译:《周易》,岳麓书社2000年版,第375页。
④ 宋祚胤注译:《周易》,岳麓书社2000年版,第134页。
⑤ 宋祚胤注译:《周易》,岳麓书社2000年版,第152页。
⑥ 宋祚胤注译:《周易》,岳麓书社2000年版,第376页。
⑦ 宋祚胤注译:《周易》,岳麓书社2000年版,第323页。
⑧ 宋祚胤注译:《周易》,岳麓书社2000年版,第326页。

天地,从而达到"与天地参"的境界。"夫大人者,与天地合其德,与日月合其明,与四时合其序,与鬼神合其吉凶,先天而天弗违,后天而奉天时。"①在《易传》那里,天道与人道的运动,都是由阳刚因素所主导的,而阴柔因素则是实现运动的基础。《易传》是十分重视这个主导因素的,因此代表阳刚的乾卦是首卦:"大哉乾元,万物资始,乃统天。"②"大哉乾乎,刚健中正,纯粹精也。"③代表阴柔的坤卦则次之,但也同样重要,在万事万物的发展运动中都需要"刚柔相摩,八卦相荡"④。

《易传》对变革思想也有所突出:"天地革而四时成,汤武革命,顺乎天而应乎人。革之时义大矣哉!"⑤天地的变革,促成春夏秋冬。社会的变革,促成文明的发展。因此,可以说,一切能使社会进步的革命都是顺乎天又应乎人的。自古以来,人类社会也只有不断发展变化,才能持久存在,才能不断进步。"神农氏没,黄帝、尧、舜氏作,通其变,使民不倦,神而化之,使民宜之。《易》,穷则变,变则通,通则久。是以'自天佑之,吉,无不利'。"⑥变由屈伸进行,也由屈伸实现。"往者屈也,来者信也,屈信相感而利生焉。尺蠖之屈,以求信也。龙蛇之蛰,以存身也。精义入神,以致用也。"⑦而万变不离其宗,其主旨都是达到一种动态下的和谐平衡:"乾道变化,各正性命,保合大和,乃利贞。"⑧

对于包括"经"与"传"在内的《易》的特点,郑玄的《易赞》说得好:"《易》一名而三义:易简,一也;变易,二也;不易,三也。"《易》用阴阳来概括一切,这的确够简明的了。《易》主张:"天行健,君子以自强不息",由阴阳演化成天地

---

①　宋祚胤注译:《周易》,岳麓书社 2000 年版,第 15 页。
②　宋祚胤注译:《周易》,岳麓书社 2000 年版,第 4 页。
③　宋祚胤注译:《周易》,岳麓书社 2000 年版,第 12 页。
④　宋祚胤注译:《周易》,岳麓书社 2000 年版,第 316 页。
⑤　宋祚胤注译:《周易》,岳麓书社 2000 年版,第 237 页。
⑥　宋祚胤注译:《周易》,岳麓书社 2000 年版,第 348 页。
⑦　宋祚胤注译:《周易》,岳麓书社 2000 年版,第 356 页。
⑧　宋祚胤注译:《周易》,岳麓书社 2000 年版,第 4 页。

万物,这的确够变化无穷的了。《易》所主张的又只不过是一切东西的相互关系须摆得适当,以追求一个整体和谐,这个根本观点又的确是够稳定不变的了。①

孔子对《易经》的解读及其对《易传》的贡献,既展现了他的洞见,也表明其"天人合一"观与《易经》的承续关系。《易经》是孔子"天人合一"观的思想源头。

二、孔孟"天人合一"之道及其演变

孔子作为儒家学派的创始人,在《论语》中对"天"进行了多样化的阐述。孔子从四个方面对天进行认知,分别是:意志、运命、自然、义理。孔子所理解的意志之天,相较于前人,更增添了其人性的色彩。"噫! 天丧予,天丧予"②"不怨天,不尤人,下学而上达,知我者其天乎"③。运命之天的观点与孔子的个人经历有关,他周游各国却不得志,加之受《易经》的影响,所以自然而然地向神学思想靠拢,将个人的命运与"天"相连。因此有了"死生有命,富贵在天""夫子圣者与? 何其多能也? 因天纵之将圣,又多能也"④等与个人命运有关的思想观点。孔子认为,"天"主导着自然万物的变化发展,形成自然规律,一旦逆"天"而行,便会"获罪于天,无所祷也"⑤。这里具有了生命的"天"就是极具创造力的自然,自然界不断演化生命的过程,就是"天道"。"天"不仅赋予了人类生命,更重要的是创造出人的德性。故人要通过"吾日三省吾身"的修炼方法和"以理节情"的途径,来做到"和而不同",并最终做到"从心

---

① 参见郭因、黄志斌等:《绿色文化与绿色美学通论》,安徽人民出版社 1995 年版,第 4—7 页。
② 陈晓芬译注:《论语》,中华书局 2016 年版,第 139 页。
③ 陈晓芬译注:《论语》,中华书局 2016 年版,第 197 页。
④ 陈晓芬译注:《论语》,中华书局 2016 年版,第 108 页。
⑤ 陈晓芬译注:《论语》,中华书局 2016 年版,第 29 页。

所欲不逾矩"①。

对于"人"与"天"的关系,孔子作了进一步深入思考。首先,人对于天具有依赖性,天赋予人以生命并给予庇佑,故而代表了人的血亲之"德",即规定了人的权利与义务;其次,天对于人具有支撑性,天对人的赋予不仅是生命,更重在德性,故而有德性的人能够表现出对天命的遵从,由此也就能保证其支撑与遵从的天人关系。因此,孔子的思想集中到对人的道德意识以及行为的探索上。孔子对于西周时期的众多思想进行了融会发展,将天道视为人存在的根本,通过"人"来实现"天"的意志,以求得二者的和谐统一。而关于单个的人如何通过修身以求达到与"天"的和谐统一的思想观点,就形成了孔子儒家学说中的核心思想——"仁"。"夫仁者,己欲立而立人,己欲达而达人"②,即仁爱之人,欲使自己站立得住,就要让别人站立得住,自己要发达,就得让别人发达。推广到自然万物,则要"乐山""乐水"③,"子钓而不纲,弋不射宿"④,即要热爱山水,爱及万物,取之有度、有时。这里,孔子对于人道观的理解突破了此前原始天命观的局限,展现了其"天人合一"观的思想内涵。

被熊十力看作演《易》之书的《中庸》,其根本观点与《易》是完全一致的,即都追求一种动态的和谐。例如《易传》的"自强不息""保合大和"与《中庸》的"至诚无息""致中和"就有着异曲同工之妙。《中庸》较之于《周易》最大的发展,就是用"道中庸"三个字点出如何去实现"大和""中和"。"中"是"不偏","庸"是"不易"。"中"是"正道","庸"是"定理"。"道",是说走这条路用这个理。《易传》认为发展变化要通过或屈或伸来进行,动态和谐要通过或屈或伸来实现。而《中庸》则认为一切发展变化都必须在当时是"不偏"的"正道","不易"的"定理"。"道中庸"而"致中和"的现代表述,就是选择最佳道

---

① 陈晓芬译注:《论语》,中华书局 2016 年版,第 12 页。
② 陈晓芬译注:《论语》,中华书局 2016 年版,第 75 页。
③ 陈晓芬译注:《论语》,中华书局 2016 年版,第 72 页。
④ 陈晓芬译注:《论语》,中华书局 2016 年版,第 88 页。

路和方法去实现最大限度的整体和谐。在人与自然的关系上,《中庸》基于"万物并育而不相害,道并行而不悖"的自然观,主张"赞天地之化育","与天地参",即自然万物竞相生长互不妨害,运行更替而互不冲突,人赞助天地化育为物,与天和地并存共生,认为"致中和,天地位焉,万物育焉",人们若达到了"中和"的境界,天地就各在其位,万物就生长繁育了,天人也就和谐了。

　　孟子作为继孔子之后传统儒家的重要代表,"天人合一"观在他那里得到进一步发展。孟子从天对人的成败以及对社会变迁的方方面面的影响来探索天人关系。在孟子看来,"天"主要是"命运之天"和"义理之天",人性与天性本质相通,是故可以"尽心、尽性、知天","万物皆备于我矣,反身而诚,乐莫大焉"①。"天"乃人德性之源、价值之本,而德性就是链接天与人、达到天人一体的坚实纽带。孟子同样相信天命,主张天命决定王权。"莫之为而为者,天也;莫之致而至者,命也"②,这里的天命,是一种不为人掌握的超自然力,有一种对客观必然规律性的认识,那就是"势"与"时"的范畴。如果不遵从"势"与"时"而强行为之,则是"非徒无益,而又害之"的。在孟子的思想中,"诚"是人精神境界的最高追求,"诚"是"天之道","人之道"则是"思诚"。"尽其心者,知其性也。知其性,则知天矣。存其心,养其性,所以事天也。"③想要尽心知性最终达到知天的境界的关键是"诚",因此,孟子一方面强调天的本源属性,只能被认识不能被左右,另一方面强调人性与天性的内在统一。可以看出,孟子的"天人合一"既带有神学色彩又蕴含着人与天的辩证关系。孟子还发展了孔子的"养心"思想,提出"养心莫善于寡欲"④,主张通过"反求诸己"⑤"反身而诚"⑥的内省方法和"寡欲"的节制手段,来培养和锻炼"至大至

①　《孟子·尽心章句上》,中华书局 2016 年版,第 290 页。
②　《孟子·万章章句上》,中华书局 2016 年版,第 220 页。
③　《孟子·尽心章句上》,中华书局 2016 年版,第 289 页。
④　《孟子·尽心章句下》,中华书局 2016 年版,第 339 页。
⑤　《孟子·离娄章句上》,中华书局 2016 年版,第 150 页。
⑥　《孟子·尽心章句上》,中华书局 2016 年版,第 290 页。

刚""配义与道"①的"浩然正气",化育"上下与天地同流"②的精神境界,以促进人性与天性的接合,"天道"与"人道"的沟通。

孟子还沿着孔子爱人及物的思路,主张"亲亲而仁民,仁民而爱物"③,倡导亲爱、仁爱百姓、爱惜万物。具体要"乐其有麋鹿鱼鳖","于禽兽""见其生不忍见其死","数罟不入洿池","斧斤以时入山林"④,如此保护自然万物,人们方可丰衣足食,天人合一也就有望在现实中落实了。

荀子对于"天"的理解有了重大突破,抛弃了"意志之天"的思想观点,认为"天"是一个存在于人类社会之外的物质世界,是自然之天、无意志的天,这就把对"天"的解读从唯心主义的牢笼中解救出来,置于唯物主义的视域之下。荀子认为自然万物各得其所,各有其位,相依共生,构成有机整体,"川渊深而鱼鳖归之","山林茂而禽兽归之"⑤,"树成荫,而众鸟息焉"⑥。并且荀子承认了自然变化的客观规律性:"天行有常,不为尧存,不为桀亡"⑦,"故明于天人之分,可谓至人矣"⑧。在此基础上荀子又提出"天人相分"的观点,以此主张人要尊重、把握客观规律。荀子认为,人只是自然界的一部分,也是大自然孕育出来的生命,人的实践活动本身就是自然规律的一种表现形式,人类利用自然万物来养育自己的行为称之为"天养"。但"天养"必须受自然制约,这就是"天政"。天的职责为:"不为而成,不求而得,夫是谓之天职",人的职责为:"天有其时,地有其财,人有其治"⑨。人只有按照客观规律施行"天政",才能实现"阴阳次序,风雨时至,嘉生繁祉,人民和利,物备而乐成"的天人合

---

① 《孟子·公孙丑章句上》,中华书局 2016 年版,第 59 页。
② 《孟子·尽心章句上》,中华书局 2016 年版,第 295 页。
③ 《孟子·尽心章句上》,中华书局 2016 年版,第 316 页。
④ 《孟子·梁惠王章句上》,中华书局 2016 年版,第 5 页。
⑤ 《荀子·致士》,中华书局 2015 年版,第 221 页。
⑥ 《荀子·劝学》,中华书局 2015 年版,第 4 页。
⑦ 《荀子·天论》,中华书局 2015 年版,第 265 页。
⑧ 《荀子·天论》,中华书局 2015 年版,第 265 页。
⑨ 《荀子·天论》,中华书局 2015 年版,第 266 页。

一状态。荀子的"天人相分"目的在于明确天、人各自的特点功能,以求更高效能地进行合一。所以他进一步提出了"制天命而用之"的观点,让人们在遵从自然的基础上,利用自然获得资源,达到与自然的和谐相处。而实现这一点的前提就是"知天",即认识、顺应自然规律,"以时顺修"①"节用裕民""节流开源"②;其次要"能参",在认识自然规律的基础上利用规律改造自然,凸显出人的主体作用。在对天人关系的探索上,荀子别具一格。一方面,在道家自然无为思想的影响下,他摒弃了儒家前人所持的天命观;另一方面,他又延续了儒家天道有为的思想,这就以儒家为主体,突破道家的消极桎梏,形成了新的自然主义天道观。荀子的天人合一思想有合有分,涵括了"天人相分"和"制天命而用之"两个层面,从万物起源说明"天"演化出人,人的本质具有天性,因此人应当顺应"天君""天官",与自然相契合;同时又主张人要以实际行动完成天职、实现价值。荀子的"制""用""使""化"强调了人的能动性,说明了天与人的辩证统一性。这显然不同于后来西方人的"天人二分"观念。

到了汉代的董仲舒,由于社会环境所致,阴阳五行学说盛行,他将"义理"之天推向了宗教神学的怀抱,认为天是人间的主宰。他从"人之人本于天"③出发,明确提出"天人之际,合而为一"的观点,即"天人感应"观点。他认为"人副天数","人生有喜怒哀乐之答,春秋冬夏之类也"④,人是天的派生,所以天与人结构相同,人的表现与自然季节变化规律相仿,故而可以"天人感应"。这种对于天人和谐的浅层次感悟和直觉认识,与原始神秘主义的神灵崇拜以及自然天道有所不同,它将自然规律、伦理原则和神秘权威合为一体,展现为理性与神秘主义的混合。这种有机式的感通关系,消除了天人之际的

---

①　《荀子·王制》,中华书局 2015 年版,第 130 页。

②　《荀子·富国》,中华书局 2015 年版,第 140、156 页。

③　曾振宇、傅永聚注:《春秋繁露新注·为人者天》,商务印书馆 2010 年版,第 223 页。

④　曾振宇、傅永聚注:《春秋繁露新注·为人者天》,商务印书馆 2010 年版,第 223 页。

间隔感,使得天人合一的情感状态弥漫于日常生活的各个角落。但是,董仲舒在阐述其"天人合一"思想时,又加上了君为臣纲、父为子纲、夫为妻纲等封建伦理道德内容,在孔孟伦理道德学说上烙下了人天生不平等的深深印记,使之蜕变为贵贱主从的人伦关系学说。这是一种带有浓厚政治伦理色彩的唯心主义的天人合一观点。

魏晋南北朝时期,由于政局动荡,国家分裂,为了寻求新的发展之路,思想家们重整儒家经学,重新审视其不可或缺的地位和作用,力图突破束缚,开辟一条兼收并蓄的发展道路。但是由于当时社会环境相对动乱,没有稳定的统治集团,统治者也是更换频频,对儒、道、佛的态度相差较大。为了适应这复杂的环境,当时的儒家学者们把经学带到了玄学的歧路,主张消极避世。佛教在南朝之后趋于膨胀,获得了统治者的大力支持,士大夫阶层沉浸于佛学典籍研习,使得佛教的影响力空前。传统儒学难以抗衡,儒学的地位被佛教逐渐取代。

再之后的唐朝,儒学发展受到了来自自身和外部的前所未有的挑战,陷入了发展的困境。特别是安史之乱导致的政治动荡使传统儒学陷入更加尴尬的境地,诸多学者开始寻求对策,试图打破僵硬的传统儒学模式,进行儒学的重构。但是显然陈旧的儒学体系已经难以在唐代社会重新确立地位,作为为统治者服务的政治学说也已经失去了现实意义。以异儒为发端的文人士大夫开始疑经、惑圣,对儒家思想重新修正、设释,尝试将儒学改头换面来提高竞争力,满足统治者的需要,但由于制约因素众多,最终未能完成蜕变,其本质并未改变,所处窘境也难有转变。但是无心插柳柳成荫,异儒思潮的出现促进了唐代思想的自由与解放,为思想的多元化发展创造了有利条件。其间刘禹锡比较独特,他继承了荀子的思想,认为,天、人、万物,其理是一贯的。"大凡入乎数者,由小而推大,必合;由人而推天,亦合。以理揆之,万物一贯也。"①天地

---

① 《刘禹锡集·天论》,上海人民出版社 1975 年版,第 55 页。

万物包括人类都由五行之气而生。山川五行之气,"浊为清母,重为轻始,两位既仪,还相为庸(用),嘘为雨露,噫为雷风,乘气而生,群分汇从,植类曰生,动类曰虫,倮虫之长(指人类),为智最大"①。"乘气而生"的万事万物,各有特性,互有优劣,既互相竞争,又互相利用,所以"万物之所以为无穷者,交相胜而已矣,还相用而已矣"②。

三、人文倾向性绿色发展思想基因

从总体上看,传统儒家思想带有人文主义色彩,强调人乃万物之灵,是应该重点关心的对象,主张人际伦理要优先于生态伦理,它对自然观的阐发呈现出一种"贵人贱物"的特征,而且传统儒家思想的主旨是服务于封建统治,不少代表人物对"天"的理解带有浓厚的唯心主义神秘色彩,但撇开其"贵人贱物"的倾向和唯心、封建的糟粕,则在对天人之间内在关系、人的生态价值取向、思维方式和修身要求上,显露出绿色发展的思想基因,对中国马克思主义绿色发展观之基本理论与方法的构建具有本根意义。

一是天人一体的生态自然观。孔子为了给人伦、人道、人性寻求本然依据而外推到天性、天道、天命,呈现出由人及天的人文思考。其中他所关涉的自然之天,实际上即自然万物及其发展变化之理,用今天的话来说,就是自然界及其所固有的规律,即使是他所说的运命之天和"畏天命"中的"天命",也有自然界不为人所见的规律的意指,违背自然规律就会"获罪于天",受到自然界的惩罚。而所谓的"天道"则表明,自然界的日月、星辰、四时、阴阳、风雨、万物等所有自然现象,都按照其自身固有的规律在运动变化着,并在其自身的发展中不断创造生命,展现"人道"。因此,人必须遵守自然规律,按季节变化合理安排生产活动,在"天人合一"中让天地万物更好地造福于人。孟子所说的"万物皆备于我",也含有自然万物是人的存在之本、价值之源的意思,他对

① 《刘禹锡集·天论》,上海人民出版社1975年版,第55页。
② 《刘禹锡集·天论》,上海人民出版社1975年版,第54页。

"尽心、知性、知天"的阐述则具有人与自然一体相连、彼此相通的意指。在荀子那里,"天"就是自然界,他的"天养"观点直接说明,人来自大自然的孕育,只是自然界的一部分,人要靠自然万物才能生存。其"天政"观点所强调的是"天养"的自然制约性,实际上即承认了自然界所固有的客观规律。而从"川渊深而鱼鳖归之""山林茂而禽兽归之"等说法,则可窥见其对自然界事物有机整体性的朴素认知。因此,所谓"制天命而用之",也就是要掌握和利用自然界的变化规律和自然界事物之间的有机关联性以造福于人的意思。董仲舒"人之(为)人本于天"观点,表明人由天所派生,天与人结构相同,人事与自然规律相似,拨开其"人副天数""天人感应"的唯心主义迷雾,它所揭示的则是人与自然之间的内在关系。刘禹锡的"万物一贯""交相胜""还相用",显然是对荀子思想的继承和发挥。这些思想观点承认自然界自身固有的规律性,指出人是自然界所派生并靠自然万物养育,其核心是强调人与自然的统一性,说明人与自然关系的内在性,可以视之为人与自然命运共同体及其和谐共生的朴素思想形态,包含着绿色发展的思想基因。人与自然本来就是命运共同体,需要人通过对自然规律的认识和运用,维护人与自然的和谐共生。

二是仁爱万物的自然价值观。传统儒家把宇宙看作是整体的存在,其中的各个部分都有着自身的本分与价值。"万物并育而不相害,道并行而不悖",天地人三才相通构成统贯的层次系统。天地的本分与价值就是天生地养、演化万物;万物的本分与价值则是尽性遂生、同存并育;人的使命除了五伦之道,还在于"赞天地之化育",助推万物生长。这里隐含了对自然内在价值的承认和论证,体认到天地自然的内在价值在于天道、天德,且具有生命意义和道德意义,说明人要尊重天地自然的内在价值,比现代环境伦理学所阐述的自然内在价值观点早了2000多年,同时也揭示了天地万物对人的效用价值,体认到天地万物对人的孕育、持存的作用,要求人"饮水思源",怀抱感恩之情,顺应自然万物的生长。因此,传统儒家的代表人物基于其"仁"的观念,劝导人们以仁爱之心善待万物,即在关爱人的基础上,将仁爱之德扩展到天地万物,调控自身的过度行为,敬爱自然界的一切生命,对万物尽道德责任。从人的生态价值取向角度看,孔子主张:"乐山""乐水""子钓而不纲,弋不射宿",孟子主张:"亲亲而仁民,仁民而爱物""上下与天地同流""数罟不入洿池""斧斤以时入山林",荀子提出要"以时顺修""节用裕民""节流开源",实现"阴阳次序,风雨时至,嘉生繁祉,人民和利,物备而乐成",都是很有生态智慧的。这些思想观点承认自然自身的价值及其对人的价值,倡导人对自然的尊重、顺应和爱护以及合理利用,强调"以时顺修"、用物适时有节,体现为一种仁爱万物的生态价值观,与中国马克思主义绿色发展观所主张的尊重自然、顺应自然、保护自然的价值取向和简约适度的消费方式血脉相通。习近平在阐述其绿色发展思想时高度重视对中华传统生态文化基因的传承与创新,"子钓而不纲,弋不射宿"等反映传统儒家生态价值观的经典名句被引用和阐发。在生态环境问题成为人民群众日益关注的突出问题的今天,对自然的尊重、顺应和保护乃是推进绿色发展从而利民惠民的必然选择。

三是寡欲养心的修身养性观。天人一体的体认和仁爱万物的行为与人自身的修为密切相关,人性与天性的结合和"人道"与"天道"的沟通内在地要求人自身修养达到较高的境界。因此,传统儒家在修身养性上的寡欲养心观,不仅是治国平天下的需要,也是天人合一的需要。孔孟所说的人自身"吾日三省吾身""反身而诚",养成"至大至刚""配义与道"的"浩然正气",固然是为爱人仁民、善治天下服务的,但推人及物,也关涉到天人一体、物我和合。这意味着,社会发展、人自身的发展与天人和合应当也必须协同并进,而人自身发展的至高境界就是寡欲养心。中国马克思主义绿色发展观将绿色发展与人的发展有机关联,强调要提升公民生态环境意识和能力,把绿色发展化为人民群众的自觉行动,倡导简约适度,反对奢侈浪费,体现出"寡欲养心""节用裕民""节流开源"等思想基因的意味,更重要的是凸显出了人民立场的高度、现实展开的广度和理论意指的深度,是在充分吸收传统儒家合理思想基因基础上的质的飞跃。

第二节 传统道家的"天人合一"观及其 绿色发展思想基因

中国传统道家"天人合一"观,直接关涉人与自然的关系,强调人与自然和谐相处。因为思想理念的不同,传统道家的天人合一思想与传统儒家有着很大的不同。传统儒家出于迎合统治阶级的需要,将人与人的关系摆在首要地位,而对人与自然关系的探索,则是人与人关系探索的必要外推。传统道家的探索基点就在于自然,重点就在于人与自然的关系,反映了农耕社会春生夏长、秋收冬藏,"天"的变化直接影响人生存状态的生产生活特征以及人对自然的崇拜和敬畏。其主要观点见之于老子、庄子等代表人物的著述中,同样包含着绿色发展的思想基因。

一、老庄"天人合一"观要义及其传续

老子和庄子作为传统道家学派的代表人物,他们的思想是传统道家"天人合一观"的集中体现。

在老子的《道德经》中,"道"是世间万物包括人类自身的最终根源,而"道"的最高境界又是"天人合一"。在他的思想中,"天"是自然之天,而"人"是自然的一部分,世间万物运行的规则是由天道出发,天道推到人道;反过来,人道效法天道,依归天道。即在天人关系中,天与人、天道与人道是相互联系、相互影响、相互作用的。

展开来说,老子的思想主要有以下几点:一是认为"道生一,一生二,二生三,三生万物。万物负阴而抱阳,冲气以为和。"[①]即"道"这个宇宙本体按照其本然规律产生"一"这个元气,元气产生阴阳"二"气,阴阳再产生是天地人"三"

---

① 老子:《道德经》第四十二章,中国文联出版社 2016 年版,第 135 页。

才以及万物,简言之就是宇宙自然分化产生万物,万物都包含阴阳二气,阴阳调和赋予万物生机,说明阴与阳(用现在的话讲就是矛盾双方)达到和谐,万物才得以生存和发展。这里的阴与阳与《易经》中的阴爻与阳爻一脉相通。二是认为宇宙之道"周行而不殆,可以为天地母"①,即宇宙自然(本体)独自周而复始地不停运行,可以看作天地万物的根本,表明天地万物因宇宙自然内在的循环流转而生息持存。三是主张"人法地,地法天,天法道,道法自然"②,即人、地、天、规律、本然依次遵守与顺应,表明了天、地、人三者之间的相互关联,体现了老子尊重自然、遵循自然规律,达到人与自然合而为一的理念。四是倡导"道常无为而无不为"③,即通过"无为"的方式达到"无不为"的结果,在天人关系上,人类顺应自然的无为而不妄作,最终会实现整体无不为的目标,使一切事物发生应有的变化发展,表明了"天人合一"思想中无为而治的理念。五是劝导人们"去甚、去奢、去泰"④,即凡事都不能走极端、追求奢侈、贪图安逸,任何人都应"少私寡欲""善利百物而不争"⑤,表达了他反对人类无休止地利用、剥夺自然资源、生活奢侈浪费,表明人类在与自然相处的过程中,要懂得把握一定的量和度,在行为上遵循适度原则。这里,老子关涉到了"天人合一"的本体论、方法论、价值论、生活方式论等诸多方面,形成较为系统的传统道家"天人合一"观。

由于当时老子的"天人合一"观是消极出世的,不符合春秋时期尤其是后来战国时期诸国争霸的政治追求,所以并没有得到更多关注。庄子因崇尚自由而厌恶仕途,隐居著书,成为老子思想的继承与发展者,后世将他与老子并称为"老庄"。

庄子在著作中主要是从"天"的视角阐述其"天人合一"观的。《庄子·秋水》云:"曰:'何谓天?何谓人?'北海若曰:'牛马四足,是谓天;落马首,穿牛

---

① 老子:《道德经》第二十五章,中国文联出版社 2016 年版,第 85 页。
② 老子:《道德经》第二十五章,中国文联出版社 2016 年版,第 85 页。
③ 老子:《道德经》第三十七章,中国文联出版社 2016 年版,第 118 页。
④ 老子:《道德经》第二十九章,中国文联出版社 2016 年版,第 98 页。
⑤ 老子:《道德经》第八章,中国文联出版社 2016 年版,第 26 页。

鼻,是谓人。故曰:无以人灭天,无以故灭命,无以得殉名。谨守而勿失,是谓反其真。'"他用文学化的生动语言表述了天和人的本质,牛马生有四足为自然,被人类禁锢为人为。这里所说的"天"指的是"自然状态",也即事物的本来面目,旨在告诫我们不应该为了获取自己的利益去禁锢和毁灭自然天性。《庄子·天地》云:"天地虽大,其化均也;万物虽多,其治一也;人卒虽众,其主君也。君原于德而成于天。"此文也对天的概念进行了探讨。人类用无为态度行事就是所谓的"天",进一步告诉我们事物是自然发展的,万物皆有规律,行事需要遵循自然法则,通过无为的方式治理天下、对待自然。在这篇著作中,庄子认为"天"指的是自然,也等同于"道",与老子思想中"天"就是自然,从属于"道"有着明显的差别。

庄子将"天"视为"道",也就是将"天"视为"天人合一"的最终根源,可以理解为将"天"作为人类行事依据的规律。他认为在处理人与自然关系时,人类应该尊重自然、顺应自然规律,不应该存在过多的人为行为。庄子的《齐物论》从对大自然的思索出发,比老子直接而简洁地指出:"天地与我并生,而万物与我为一"[1],即天地孕育万物和人,人就是天地的一分子,自然万物与人是不可分割的,这也是中国古典哲学体系的重要线索。由此可见,庄子"天人合一"思想并不是单纯的人与自然合一,而是在道的基础上亦即尊重自然、顺应自然规律的基础上,达到人与自然的合一。他认为,"古之明大道者,先明天而道德次之"[2],即人类要成为通晓大道理的圣人,必须先通晓自然规律再明了道德。将自然规律摆在首要地位,说明其在人类意识中的重要性,从而显示了人与自然之间相互依存的关系。具体到对自然事物的态度,它主张顺应事物的本性,减少人为的干涉与破坏,按照事物自身的生息规律予以善待,如养鸟应"以鸟养养鸟"而不能"以己养养鸟"[3],寓意只有尊重自然,按自然的本

---

① 《庄子·齐物论》,中华书局2015年版,第31页。
② 《庄子·天道》,中华书局2015年版,第208页。
③ 《庄子·至乐》,中华书局2015年版,第289页。

性和规律行事,才能保护自然、如愿以偿,而不尊重自然,违背自然本性和规律,必然导致对自然的伤害,结果与人的初衷适得其反,体现出庄子明确的生态保护观。

在生活和消费方式上,庄子继承老子"少私寡欲"的思想,主张"不以物错志"①"不以物害己"②"不以好恶内伤其身,常因自然而不益生"③,要人们追求一种自然恬淡的情趣和神清气朗的素质,与儒家所讲的"寡欲""养心"一脉相通。庄子还体认到自然之美,他在其《知北游》中说到"天地有大美而不言",即天地之间存在着很多难以用言语来表达的自然美景,说明人与自然之间还存在着审美关系,自然之美可以满足人的审美需要,升华人的生活品质,这是对老子"天人合一"观的发展。

老庄的弃官隐居尤其是其思想的无为出世倾向,决定了它难以得到统治者的重视和认同,影响了它的进一步发展,其"天人合一"观也趋于沉寂。西汉的黄老思想兴盛一时但也只是昙花一现。到了三国两晋南北朝时期,由于常年战争,战乱之地自然环境遭到严重破坏。人类由于自身生命和生存环境受到威胁,不得不考虑人与自然的关系问题,魏晋玄学应运而生。它以《周易》《老子》和《庄子》"三玄"为经典,以"天人之际"为中心课题,展开有无本末之辨、名教自然之辨和言意之辨,先后出现何晏、王弼"以无为本"的"贵无"本体论,郭象的"独化"论,裴頠的崇有论,阮籍、嵇康所主张的"越名教而任自然"等等,最终走向玄佛合流。这些思想观点大多流于玄虚晦涩,但它努力解读传统道家经典,并融入新的内涵,突出对自然的效仿和对自然规律的顺应,劝导人们"不滥于物"④,比较符合当时人的心理诉求和政治追求,同时使传统道家的"天人合一"观得以传续和光大。鉴于本课题的研究意指,对此我们不再详述。

---

① 《庄子·天地》,中华书局 2015 年版,第 178 页。
② 《庄子·秋水》,中华书局 2015 年版,第 262 页。
③ 《庄子·德充符》,中华书局 2015 年版,第 92 页。
④ 姜生、汤伟侠主编:《中国道教科学技术史》(汉魏两晋卷),科学出版社 2002 年版,第642 页。

二、顺应自然之绿色发展思想基因

老子的思想偏于玄奥的思辨,且受到农耕文明科技和生产力发展水平的制约,其科学性有失薄弱。庄子的思想大多以寓言的形式出现,其个别寓意一般,逻辑性有失严谨。老庄思想的传续者,主要是对其著述的解读,新的见解寥寥。但他们的"天人合一"观直面人与自然的关系并进行深入探索,以人法自然为思想核心,展现了诸如万物共生、转化循环、自然无为、生态保护、寡欲去奢、天地大美等以顺应自然为基调的观点和主张,含有丰富的绿色发展思想基因。

一是万物共生及其和谐思想。在老子那里,自然万物包括人具有同源性,都源生于"道"这个宇宙本体,而且万物得以持存和发展的内在根据是阴阳调和。这可视为人与自然命运与共、和谐共生的宇宙论、本体论解释,时间上的共生是空间上共生的有力支撑,既然人与自然是从宇宙分化出来的共生物,那么在现实世界中两者就理所当然地要维持这种共生关系,以求协同发展;既然阴阳调和赋予万物生机,那么人与自然就必须在和谐中共生。庄子的"天地与我并生,而万物与我为一"则进一步说明了人与自然的并生和统一关系。由此不难窥见传统道家"天人合一"观中的绿色发展思想基因。中国马克思主义绿色发展观的自然观要义就是:山水林田湖草沙以及人与自然是命运共同体,人与自然和谐共生。这显然是对上述传统道家思想基因的传承创新。

二是转化循环思想。"周行而不殆,可以为天地母",意即周流不息的转化循环是天地万物的根本,可以理解成转化循环是宇宙自然的运行规律。老子的这一思想带有思辨的色彩,缺少科学成果和生产实践的支撑,却不失为一种睿智的体悟。马克思恩格斯在总结近代自然科学和工业生产成果的基础上,论证了宇宙自然的转化循环规律,并提出人们在生产实践中要循环利用自然力。中国马克思主义绿色发展观把壮大循环经济、推行循环消费作为绿色发展的主线,继承与发展了马克思恩格斯关于循环利用自然力的主张,映现了老子的转化循环思想基因。

三是自然无为的生态保护思想。老子的"道常无为而无不为",是说人类应当顺应自然的无为而不妄作,以达到万物发生应有变化发展的"无不为",这样才能维持天人合一的状态。庄子"以鸟养养鸟"的故事,寓意人应当尊重和善待自然,顺应自然的本性和规律,实现自身愿望与生态保护的统一。魏晋玄学中的"宽以容物""不滥于物",也有类似生态保护的意思。中国马克思主义绿色发展观把生态环境保护放在突出位置,提升到功在当代、利在千秋的高度加以落实和推进,是对传统道家自然无为的生态保护思想基因的传承和能动化改造。

四是寡欲去奢思想。按照老子"少私寡欲""圣人去甚、去奢、去泰"的生活和消费理念,庄子也劝导人们"不以物错志",要"常因自然而不益生"。贪欲的膨胀、奢侈的生活不仅会浪费自然资源,伤害自然万物,而且会导致人为物役,心为身役,伤及人自身的身心健康,所以人在生活和消费上要去除奢侈浪费,讲究自然适度,追求神清气朗。中国马克思主义绿色发展观所倡导的绿色生活方式与此有着天然的血脉联系,其中的"简约适度"就是要"去奢",而"绿色低碳"则打上了当今社会的时代印记,反映了当代科学的独特要求。

五是天地大美思想。庄子的"天地有大美而不言",表达了他对自然之美的体悟、崇尚和惊叹。由于"天地与我并生",因而人对自然之美会偏爱有加,亦即人对自然有着天然的审美需要,对自然美景的享有不仅是人之美好生活的一部分,而且是人之生命活动的至高境界。中国马克思主义绿色发展观以美丽中国乃至美丽世界为发展愿景,提出还自然以和谐美丽,使自然美景永驻人间,让人民共享优美生态环境,传承和超越了庄子天地大美的思想基因。

六是师法自然方法意蕴。从自然、人两个方面将老子关于人对地、天、规律、本然依次遵守与顺应的思想予以简化概括,就是人对自然的遵守与顺应。若再从方法论的角度进行挖掘,其中则蕴含了师法自然的方法。自然万物在其漫长的演进过程中,形成了优异的结构与功能及其运行机理,积聚了奇妙的"生态智慧",人可以也需要拜自然为师,向自然学习,发展效法自然优异结构与功能及其运行机理的事物,绿色发展所采用的绿色设计方法、仿生技术方法乃至智慧网链方法就是当代科技条件下师法自然的方法。

第三节　传统释家的"天人合一"观及其
绿色发展思想基因

中国传统释家的"天人合一"观是中国天人合一传统哲学思想的观点之一。中国传统释家不像传统儒家、道家那样土生土长,而是源于由印度传入的佛学。古代印度地理条件的封闭性特征决定了印度文化一开始就偏向于对人自身的探索,而对人与自然关系的探索则是从人自身向自然界的延伸。中国释家在印度佛学本土化的过程中,尽管受到中国不同时期的政治、经济、文化的影响,但一直未改变印度佛学立足人自身的修养(成佛)而论及人与自然关系的特征,逐渐形成了一种融入中国社会的独特文化和哲学思想,其中"法界缘起""依正不二""众生平等"等基本思想,若摈弃其宗教唯心主义的糟粕,则可以汲取其绿色发展的思想基因。

一、传统释家"天人合一"观的传播与发展

东汉末年,大乘佛教中的般若学传到了中国,在此期间,玄学也逐渐产生。两者的理论核心都是"空"或"无",由此,玄学和佛学互相借助对方理论来阐述自己的学说,尤其是一些佛教学者用此迎合玄学,来推动佛教在中国的深入传播。由于佛教在人们看来是与《老子》相似的理论,都属于一种"玄妙"的思想,因而在早期的佛经翻译中,有些更是直接使用了道家著作中的语言,并随之出现了有关天人合一或梵我合一的理论。如东晋著名佛教学者僧肇所著《涅槃无名论》所写的:天女曰,"然则玄道在于妙悟,妙悟在于即真,即真即有

无齐观,齐观即彼己莫二,所以天地与我同根,万物与我一体"①。就是说如果要成佛就要妙悟玄理,有妙悟就能即真,而后就没有了对事物差别的对待,最后达到物我合一的境界。之后又写的:"然则物不异我,我不异物,物我玄会,归乎无极,进之弗先,退之弗后。"②其中"物我玄会"就是"物我合一""天人合一"的意思。僧肇还对佛教的最高境界涅槃作了新的解释,他认为:"古今通,始终同,穷本极末,莫之与二,浩然大均,乃曰涅槃。"③这是中国佛教学说第一次明确提出了"天人合一"观,也为之后的发展奠定了基础。

南北朝是佛教发展最为繁荣的时期之一。唐代著名诗人杜牧曾有名句:"南朝四百八十寺,多少楼台烟雨中",反映了南朝寺庙之多。此时,释家思想已经在中国传统哲学思想中占据了重要的位置,佛教中国化亦大大增强。由于我国寺庙及僧侣的不断增多,佛经的翻译和传播范围越来越广,人们对佛法的研究也日益深入,释家文化与中华传统文化更加融合,在对释家思想认识和理解不同的情况下就形成了许多不同的派别。同时期,天竺僧人菩提达摩来到中国传播大乘佛教和禅宗思想,使得中国最重要的释家宗派之一——禅宗出现了萌芽,极大地促进了禅宗思想的传播,对中国禅宗在隋唐时期的推广和繁荣起到了重要作用。

此时,佛教饮食上一个重要的变化,极大地影响了传统释家"天人合一"的思想。梁武帝萧衍对佛教极为推崇,笃信佛法,甚至先后四次舍身入寺。由于佛教的基本教义之一是"戒杀生",因此,他认为要想不杀生,最根本的做法就是禁止吃动物的肉。然后,他颁布诏令让僧侣一律不能食肉,并提倡百姓食素,中国佛教从此开始有了吃素的戒律。这种做法表达了释家"天人合一"思

---

① 《肇论·涅槃无名论》,见石峻、楼宇烈等编:《中国佛教思想资料选编》第一卷,中华书局1981年版,第162页。

② 《肇论·涅槃无名论》,见石峻、楼宇烈等编:《中国佛教思想资料选编》第一卷,中华书局1981年版,第166页。

③ 《肇论·涅槃无名论》,见石峻、楼宇烈等编:《中国佛教思想资料选编》第一卷,中华书局1981年版,第166页。

想的两种观点:其一是众生平等。戒杀生的终极原因莫过于万物的平等,既然动物与人一样拥有生命,那么它们也有同等的生存权利;同样,人和动物拥有平等的地位,人与动物相互依存、相互影响,人不是自然和动物的主宰,也就没有伤害动物的权利。其二是释家倡导慈悲为怀。任何生物最基本的需求就是生存,这也是自然界的根本法则,释家思想中却劝导人们在保护个体生命的同时,尽可能关怀、帮助和保护其他个体的生命,诚所谓"扫地不伤蝼蚁命,爱惜飞蛾纱罩灯",将自己的道德和责任由个人推广到人类社会、扩展到整个自然界。

南北朝时期,佛教宗派增多分化,其中有一支著名学派涅槃宗,是以研究、弘扬《大般涅槃经》而得名的。其中的代表人物竺道生,阐述并发扬了本派的中心教义"一切众生,悉有佛性"。他的涅槃佛性说认为,佛理存在和体现在一切事物当中,同样,每个人的身上也就体现着佛理,每个人都具有佛性,这是存在于人的先天本性之中的。所以,他提出了"人人皆可成佛"的口号,真正体现了释家思想中的"众生平等"。另一个理论顿悟成佛说则认为"至理"和"法身"是不可分割的,只有人和思想达到妙悟,物我合一、天人合一,才能最终成佛。

隋唐时期中国最重要的教派之一禅宗正式确立,禅宗的集大成者六祖慧能把佛教禅学的心性说传播和发展到了一个空前的高度,对传统释家"天人合一"观有了新的见解。在禅宗看来,人性就是佛性,人一旦觉悟,所存在的欲望就会消散,人的行为就成了本性的体现。所以,禅宗所谓的天人合一,就如同一头老牛饿了吃草、渴了喝水一样自然。当人类顺应自然,生活中的点点滴滴都能品悟出佛理。隋唐时期从统治阶级到学者名士都非常崇尚佛教,以研究佛理、结识名僧为荣。在统治阶级的支持下,此时兴建了许多在后世具有重要意义的佛寺,例如:佛教圣地五台山修建了华严寺,其本身的修建就体现了人与自然的和谐共生,而后的佛教传播更是发展弘扬了传统释家"天人合一"的思想。还有一方面的原因,唐代文学、艺术高度繁荣,尤其是学者、士大夫将释家思想融入诗文当中，"天人合一"的思想激发和促进了他们对文学、绘画的审美化创作。

二、传统释家"天人合一"观的基本思想

传统释家"天人合一"观在其发展过程中形成了复杂的思想内容，其中比较典型的包括"法界缘起""依正不二""众生平等"等方面。

"法界缘起"思想是华严宗的重要命题和基本教义。它是由唐代名僧法藏根据中华传统的天人合一思想、早期佛教哲学的基础缘起说和印度佛教哲学中所包含的思维模式相结合提出的。其基本观点是：首先，世界上的任何一种事物都处于全部事物所存在的整体当中，不可能独立存在；其次，所有存在于整体当中的事物相互联系、互为因果，一切依赖于因缘和合。《杂阿含经》中说："此有故彼有，此生故彼生……此无故彼无，此灭故彼灭。"①就是说宇宙中的一切事物都不是独自绝对存在的，而是只有将其置于整体的框架下，有多重条件和因素相互制约，才能确立它的存在。所以，因果关系具有客观性、普遍性和必然性。还有，"有因有缘集世间，有因有缘世间集；有因有缘灭世间。有因有缘世间灭。"②它指的是，世间万物因为因缘出现而产生，又因为因缘消失而消灭。这样，世间万物的关系从时间上看，是因果相续；从空间上看，是主从相加，而一切事物的实质也都不是它所呈现出现象的概念本身。法藏为了说明其中关系便以金狮子举例：一只金狮子，其中每一根狮毛都是狮子的一部分，无数的狮毛组成了狮子，但是狮毛只有在狮子身上才能得到体现。所以，部分只有在整体的相互联系中才能存在。同时，金狮子的眼睛、鼻子、嘴也都是狮子的一部分，对于狮子来说缺一不可，本质上没有区别；但是眼睛、鼻子、嘴，无论是从外形还是功能上都是有区别的。因此，部分和部分之间可以在整体中相互融合。然而，金狮子虽然由血肉、骨头、毛皮构成，血肉等部分却并不

① 中国佛教文化研究所点校：《杂阿含经》（上），宗教文化出版社 1999 年版，第 216 页。
② 中国佛教文化研究所点校：《杂阿含经》（上），宗教文化出版社 1999 年版，第 39 页。

是狮子,狮子本身是因缘和合而成。故而,整体不是部分的简单相加。

"依正不二"思想是释家对于主客观世界、人与自然关系的基本看法。"依正"是"依报"和"正报"的简称。"依谓依报,即世间国土也,为身所依,故为依报。正谓正报,即五阳身也,正由业力,感报此身,故名正报。"①依报是指身心之外的一切事物,也就是我们生存所依赖的社会、环境等;正报是指众生甚至神佛的身心,即生命的主体。"不二"的"二"是差别、差异,意为对立、矛盾。根据缘起说,首先,事物之间是不可分割、相互联系、相互依存的,具有普遍联系;其次,矛盾是对立统一的,在释家看来究其深层或本质而言是不存在矛盾或对立的。所以,这种没有主客体二元对立的现象和本质称为"不二"。"依正不二"的意思是,生命主体与其生存环境虽然有所区别,却不可分割、密切相关,并具有同一性,在普遍联系中不断运动。佛法中的"依报随着正报转",就是说人的思维和行动会影响周围的环境而最终影响到自身。因此,世间众生都是其生存环境的产物,是生命主体的正报和生存环境的依报之间相互联系、相互影响造成的结果。

"众生平等"思想是释家对待万物的基本主张。释家的缘起说认为,世间万事万物皆有因缘,世界上任何存在都是普遍联系的,都处于相互影响、相互作用、相互制约之中,事物的发生发展都依赖于其他事物,同时又会反过来作用于其他事物。推而论之,事物之间是没有绝对的因果之物,也就是说世界没有主宰物,亦即世间万物都是平等的,居于特殊地位的事物是没有的。所以,人与世界上其他事物的地位是平等的,人与人、人与自然、人与动物,都会相互依赖、相互作用、相互影响。《大般若波罗蜜多经卷》中说:"上从诸佛下至傍生。平等平等,无所分别。"②阐述了释家无论神佛还是凡人均为平等的观点。

---

① 永乐北藏整理委员会编:《大明三藏法数》卷二十一,《永乐北藏》第182册,线装书局2000年版,第261页。

② 唐三藏法师玄奘奉诏译:《大般若波罗蜜多经》第8册,卷529—600,法宝印经功德藏,第5541页。

而《涅槃经》写道："以佛性故等视众生无有差别。"①也就是说,一切众生皆有佛性,众生皆为平等,这就将平等的范围从人类扩大到了世间万物,这是从佛性的角度看待众生平等。从轮回的观点看,释家哲学相信众生都在经历六道轮回,经过生老病死,度过劫难。万事万物在轮回中每一世都可能处在不同的地位,成为不同的事物,施与或被施与恩惠。这是典型的宗教唯心主义,且有失极端,不过其平等对待众生的主张还是有一定价值的。

三、宗教迷信遮蔽的绿色发展思想基因

传统释家"天人合一"观在总体上的宗教迷信性质是毋庸讳言的,但拨开其宗教唯心主义的迷雾,遮蔽于其中的一些具体主张和观点与传统儒家和道家有相似之处,携有绿色发展的思想基因。

一是事物相互关联的系统整体思想。所谓"天地与我同根,万物与我一体""物不异我,我不异物,物我玄会",是说天人同根一体,在整体的缘起和内在关联中天人合一、物我会通。"此有故彼有,此生故彼生……此无故彼无,此灭故彼灭",是说宇宙中的一切事物并非独立自存,而是相互联系、互为因果。法藏所说的金狮子例子,说明事物的部分只有在整体的相互联系中才能存在,部分和部分相互融合构成整体,整体并非部分的简单相加而是对部分的超越。这与亚里士多德整体大于部分之和的思想不谋而合,与贝塔朗菲的一般系统论思想也有异曲同工之妙。中国马克思主义绿色发展观在自然观和方法论上强调自然界以及人与自然的有机整体性,提出要统筹山水林田湖草沙的系统治理,可视为对释家这一思想基因的辩证唯物主义的改造。

二是天人相互作用的生态循环意味。事物之间不仅相互关联,而且相互作用,人之生命主体与自然环境之间亦是如此。释家的"依正不二",是说包括人在内的生命主体与其生存环境之间虽有差别,却是相互作用的统一体。

---

① 宗文点校:《涅槃经》,宗教文化出版社 2011 年版,第 133 页。

就人而言,其思维和行动作用于周围的环境,环境则又作用于人而最终影响到自身,形成正报与依报的循环作用。事实上,自从人类作为一个物种诞生之后,人与自然环境通过物质、能量和信息交换的持续相互作用,构成了相对广义的生态系统,如果其中某个环节出现问题,就可能牵一发而动全身,引起一系列的后果。因此,人作为生态作用链条上的一个环节不是自然的主宰者,没有权利操控和虐待自然,人作用于自然环境,自然环境也反作用于人,人与自然相互作用的生态化循环不容忽视。人与自然之间的生态循环既是天人合一的标志,也是天人合一的条件。释家"依正不二"思想中所潜藏的人与自然生态循环意味可视为老子转化循环思想在人与自然相互作用上的具体深化,在中国马克思主义绿色发展观对循环发展和循环经济的阐述中不难究及释家这一思想基因的影响。

三是平等对待生命的环境保护取向。人自身的修行发展是释家的出发点,"一切众生,悉有佛性""上从诸佛,下至傍生,平等无所分别"代表了释家对人自身修行发展的属意,在释家一些代表人物看来,只要人一心积德行善,便"皆可成佛"。在此前提下,"三皈五戒"就是修行者必须遵守的基本规则。这固然是宗教唯心主义的说教,与科学的辩证唯物主义格格不入,必须予以批判和改造。但若对其中所潜藏的平等对待生命的思想进行透析,则具有环境保护的取向。"三皈五戒"的首戒就是"戒杀生"。众生缘起平等,人并非超然的主体存在,与其他生命地位平等,故人必须尊重、关爱、保护其他生命,而不能轻视、伤害、屠杀其他生命。唐朝时期,竹笋是非常珍贵的食物,价格十分昂贵,但是由于王公贵族每年春天都想尝鲜,于是大批的竹笋被采笋人挖出,成为盘中餐。他们吃下去的虽然只是竹笋,却间接毁掉了一片竹林,在释家看来,这是一种残忍的行为,违背了众生平等的原则。释家甚至还一度规定僧尼即使喝水也只能喝经过漉水囊过滤的水,以免将其中可能存在的微生物随水喝下而犯戒。除了不杀生之外,释家还主张对其他生物进行救助和保护,既救其死,又护其生。这些观点和主张与西方生态中心主义思想相类似,从人更好生存与发展角度看有失偏颇,在具体操作上也让人进退维谷。难道在老鼠成灾、蝗虫盈野、"新冠"肆虐的情况下,人也不能去灭鼠除蝗、杀死病毒吗? 但其中保护生态环境的取向是可取的。唐代诗人白居易以文学作品的形式展现了释家保护生态环境的取向:"谁道群生性命微,一般骨肉一般皮。劝君莫打枝头鸟,子在巢中望母归。"①习近平在其系列重要讲话中引用了这首诗后两句的意思,说明这一思想基因对当代中国生态文明、绿色发展的深刻警示和启迪。

第四节　传统新儒家的"天人合一"观及其绿色发展思想基因

随着时代的推进,传统儒家在与传统道家、释家的相互激荡中而兼收并蓄,在宋、明时期形成以儒家思想为主体、道家和释家思想为两翼的理论观点,被学界冠名为传统新儒家,其中儒、道、释三家的"天人合一"观也随之交相融合,呈现为一种综合形态,延续和壮大了中华传统文化中的绿色发展思想基因。

一、传统新儒家的兴起及其流变

传统儒家的思想,是儒学发展的根源。儒学发展至宋代,逐渐演变出传统新儒家,其中处于突出地位的是理学。理学的兴起与宋代政治、经济、文化等诸多因素密切相关。一是宋代的政治特点。宋王朝的建立,结束了残唐五代长期混乱的局面。长期的分裂局面造成了儒家传统伦理道德规范的摧残和破坏,不利于宋朝大一统的稳定和巩固。为了加强意识形态领域的政治性统治,宋朝开始尊崇儒家思想,提倡重整伦理纲常、道德明教,儒学道统自然成为其

---

① 谢雨庭编:《唐诗》,二十一世纪出版社 2010 年版,第 87 页。

承续的目标和对象。二是宋代经济及科技文化的发展。宋朝统一之后,农业生产快速恢复,农业生产技术与效率不断改进,手工业也相应迅速成长,优化了儒学研究与发展的经济基础。与此相伴随,科技领域取得重要进展,活字印刷、指南针、火药等重要发明举世瞩目,天文、历法及数学等科学文化更是进步显著,这为理学的哲学构建提供了前所未有的科技文化基础,说明宋明理学的兴起也是宋代科技文化发展的必然结果。

北宋是理学发展的初期,出现了著名的理学家周敦颐、程颢、程颐等人;南宋则以朱熹为代表,他将理学发展到一个高峰,奠定了理学的崇高地位。后世将他们的思想融合在一起,称为"程朱理学"。

程颢、程颐是同胞兄弟,被称为"二程",他们的著作由后人合编在一起,称为《二程全书》。他们思想的一个重要内容就是"存天理,去人欲",鼓吹"下顺乎上,阴顺乎阳",把统治者维护其统治的"三纲五常"视为"天理",是最高的"善行",为封建等级制度辩护;而把人所谓的"七情六欲"与其绝对地对立起来,要彻底地去除。

朱熹是南宋时期理学最著名的代表,他的著作被后人合编在一起,称为《朱子全书》,他的语录被人编为《朱子语类》。在朱熹的思想中,"理"是最高范畴。理与天联系在一起,因此也叫"天理"。这些理存在于天地万物之先,是宇宙的本源、万物的主宰,也是一切社会伦理、道德规范的源泉。朱熹还把理引申到封建伦理道德之中,大肆宣扬"三纲五常"是天理,要求人们作为基本规范去遵守,主张:"未有君臣,已先有君臣之理,未有父子,已先有父子之理。"①朱熹认为人性本善,是天理在人身上的表现,具体表现为仁、义、礼、智等。但大多数人的人性中有恶的成分,这是人的欲望所导致的。而要除去人性中的恶,就要穷尽天理,除去欲望。这迎合了封建统治的需要,其《四书章句集注》在科举考试中成了标准答案。士人为了获得功名,只能死记硬背,不

---

① (宋)黎靖德编:《朱子语类》卷九十五,中华书局1986年版,第2436页。

能发挥,以致这种文化专制禁锢了人们的思想,出现了万马齐喑的可悲局面。

随着明代资本主义的萌芽和发展,一些开明的封建知识分子要求对儒学进行推陈出新。于是明末清初就出现了一批要求改革时弊的知识分子,其代表人物有顾炎武、黄宗羲、王夫之等。他们要求学以致用,通过考察古代典籍,利用汉代的古文经学的方法,重新解释儒家经书,附上民主理想,因此兴起了考据学。但由于清政府实行文化专制,考据学走向了反面。随后一批知识分子提出"经世致用"主张,即把学术研究与解决社会问题结合起来。其中著名的代表有龚自珍、魏源等人,他们通过对典籍的解释来批判时政。但一些官僚既羡慕西方的"长技",又抱着封建的反动统治不放,提出"中体西用"主张,极力维护理学所宣扬的以纲常礼教为主要内容的统治思想,这是不可能挽救封建制度危机的。因此,以康有为为代表的资产阶级维新派登上历史舞台,他们利用儒学今文经学派的思想方法和思想材料,托古改制,成为清末今文经学派的领袖。

二、对传统道家、释家"天人合一"观的吸收

冯友兰先生把宋明时期的道学家称为"新儒家",指出:"儒家和道家是中国思想的两个主流","它们是彼此不同的两极,但又是同一轴杆的两极",而新儒家"试图使儒家更加接近道家"。① 宋代新儒家中二程和张载都认同"天地万物一体"是"天人合一"思想的最高境界。

程颢、程颐"理学"的形成和发展与道家"天人合一"思想密不可分。二程在理解儒家"天人合一"思想时,意识到儒家对自然的重视度不够;同时,批判了道家消极出世、忽视社会责任的思想,将儒家的伦理道德理念加入其中。由此,二程将道家关于"道"的理念和儒家积极入世的思想相结合,吸收了道家"天人合一"的思想,倾向于伦理道德方面。

---

① 参见冯友兰:《中国哲学简史》,北京大学出版社 1996 年版,第 17—27 页。

二程认为，"道之外无物，物之外无道，是天地之间无适而非道也。"①即天与人本身是一个共同体，万物也都脱离不了"道"，人类在物质活动和精神活动过程中要遵循"道"。庄子主张"去知与故，循天之理"②，指出"理"应该作为万物遵循的标准。二程关于"天理"的理念包括万物是普遍联系的，天理决定了它们之间的关系，吸取和发展了老庄"道"的思想，将天理作为理学的理论基础。

张载是中国哲学史上提出"天人合一"这个术语的第一人，他提出"儒者则因明致诚，因诚致明，故天人合一，致学而可以成圣，得天而未始遗人"③，为后世研究"天人合一"命题的人提供了极大的帮助。张载的气本论主张"以气合天人"，倾向于对客观外物的构建。他认为，天地万物与人类本质没有差别，应处于同一地位，没有高低贵贱之分，所以张载所主张的"天人合一"是人自身甚至人类社会的最高目标，吸收了道家思想中人是自然界一部分的理念，但同时强调人自身的重要性，要通过人类自己达到天人合一，延续了荀子等传统儒家"天人相分"的思想。

张载提出："天地生万物，所受虽不同，皆无须臾之不感，所谓性即天道也。"④"性者万物之一源，非有我之得私也。"⑤他对天人关系的认识基本与老庄的观点相一致。"天体物不遗，犹仁体事无不在也。'礼仪三百，威仪三千'无一物而非仁也。"⑥他的观点继承了道家天人关系的学说，但也同时将人的本性归结于儒家的"仁"，这是一种积极的观点。

"陆王心学"作为宋代新儒家的一派，还吸收了传统释家的"天人合一"观。它认为，内心即理，理在心中，只要认真反思、内省，就能明白"天理"，所

---

① 朱熹、吕祖谦撰，严佐之导读：《朱子近思录》，上海古籍出版社 2020 年版，第 120 页。
② 《庄子·刻意》，中华书局 2015 年版，第 247 页。
③ 张载著，章锡琛点校：《张载集》，中华书局 1978 年版，第 65 页。
④ 张载著，章锡琛点校：《张载集》，中华书局 1978 年版，第 63 页。
⑤ 张载著，章锡琛点校：《张载集》，中华书局 1978 年版，第 21 页。
⑥ 张载著，章锡琛点校：《张载集》，中华书局 1978 年版，第 13 页。

以"人性"要符合"天性"。这种人性论、心性论,使释家思想中的佛性与人性、心性相结合,使佛教中的人性和心性逐渐本体化、儒学化,是一种人与道德、天理的和谐。传统新儒家中的性善论与佛教中的佛性说也是极其相似的,传统新儒家中的性善论继承了孟子的性善论,但与之不同的是,以往无论是孟子的性善论还是荀子的性恶论,都仅仅是针对人类而言的,并不包括动物等其他生命,然而传统新儒家却突破了这一限制,认为世间万物的本性都是善的。南宋张栻在《存斋记》中写道:"太极动而二气形,二气形而万物化生,人与物俱本乎此者也。原物之始,亦岂有不善者哉!其善者,天地之性也。而孟子道性善,独归之人者何哉?"①他认为,万物的化生都是平等的,人、动物、草木乃至天地万物的本性都是善的。这与涅槃宗中竺道生阐述的"一切众生,悉有佛性"的理论是相似的。他同样认为佛性存在于万物的先天本性之中,所以才提出了"人人皆可成佛"的思想。性善的普遍性和佛性的普遍性,是儒学和释家思想理论相互借鉴、相互影响的结果,都表达和体现了我国传统天人合一的思想。

从传统新儒家的"天人合一"观总的发展脉络来看,主要还是对传统儒家"天人合一"观的延续和提升。传统新儒家继承发展了传统儒家对天人关系的理解,论证人与天的本质相同,但是天乃人之本源。但他们并不仅仅在天人关系层面探索天人合一的合理性内涵,自周敦颐的《太极图说》开始更在本体论的层面解释人类社会运动发展,使他们的天人合一观向哲学领域靠拢。朱熹发挥了周敦颐对宇宙起源的解释,将"理"视为宇宙之本,认为自然万物和人的"性"是"理"所赋予的,"人物皆禀天地之理以为性"②。张载则认为万物由气所凝,"由太虚有天之名。合虚与气,有性之名;合性与知,由心之名"③,人的本性就是气的本性,而气则是天无形精神的物质实体。

传统新儒家比传统儒家进步之处,是将《周易》的以生释天进行理性以及

---

① 张栻:《张栻集》第 2 册,岳麓书社 2010 年版,第 591 页。
② 《朱子语类汇校》卷四,上海古籍出版社 2014 年版,第 70 页。
③ 方克立、李兰芝:《中国哲学名著》,南开大学出版社 1996 年版,第 335 页。

现实性分析,从而有所超越形成以生释仁思想,从"生"意义上对"仁"加以论证。周敦颐言道:"天以阳生万物,以阴成万物。生,仁也。"①程颐言道:"其生之德,是为仁也。"②朱熹则称自己"只是从生意上说仁","仁者,天地生物之心"③。宋明理学家把"仁"视作自然本体,又将"仁"理解为"生","生"有生命、生育、生长、生生、生机等多种含义,可以作唯物的解释,也可作唯心的解读,还可侧重不同的学科层次说解。程颢所云:"生生之谓易,是天之所以为道也。天只是以生为道,继此生理者即是善也"④,侧重于从"生"理讲伦理。朱熹所云:"天地别无勾当,只以生物为心。……人若爱惜物命,也是替天行道的善事"⑤,则侧重于"生"的伦理学和哲学内涵。宋明理学家将"仁"赋予人类和自然,并与"生"紧紧相连,凸显其生命意义。"仁"是天与人共通的根本与同源德性,"生"则是宇宙间最根本的法则,亦是道德的至善。人之仁就是将其身心融于天,合乎天道生生之规律;道德至善就是追求与大德合一,仁爱宇宙万物和所有生命。换言之,对万物和生命的珍爱就是遵循天道生生的规律,也是"仁""善"内涵的体现。

传统新儒家的"天人合一"观,在承续传统儒家对待自然的积极入世的道德理念基础上,吸收了传统道家和传统释家关于天人关系的认识,同时批判了它们对社会责任漠视等消极出世的思想,并注重本体论的探究,将本体论与价值论更为紧密地融会贯通,形成了以儒家思想为主干、儒道释合流的哲学层面的"天人合一"观。

三、基于宇宙本体论的生态伦理观构建

传统新儒家不仅与传统儒家一脉相承,而且对传统道家和释家思想兼收

---

① 北京大学哲学系中国哲学教研室:《中国哲学史》,北京大学出版社 2001 年版,第349 页。
② 程颐、程颢:《二程集》,中华书局 1981 年版,第 1174 页。
③ 黎靖德编:《朱子语类》卷五,中华书局 1986 年版,第 85 页。
④ 程颢、程颐:《河南程氏遗书》第 1 册,中华书局 1981 年版,第 29 页。
⑤ 黎靖德编:《朱子语类汇校》卷一,上海古籍出版社 2014 年版,第 5 页。

并蓄,这就决定了前文所析儒道释各家的绿色发展基因在传统新儒家"天人合一"观中的存在,这里不再重复。

需要强调的是,建立在宇宙本体论基础上的生态伦理观集中体现了传统新儒家在"天人合一"观上的创新与发展,包含着绿色发展的思想基因。理学、气学、心学等传统新儒家各流派,或重"理",或重"气",或重"性心""良知"等等,但都认为人与自然具有共同的本源,在本质上是不可分割的一个有机整体,相互依存,共生共荣。而且"物无孤立之理",天地万物不是孤立存在,而是与其他事物相互联系的。"人物之生,同得天地之理以为性",天道与人道是一致的,人类价值与自然价值是统一的,万物因人的存在而彰显生机活力,人因万物的生生不息而成就自己。因此,"仁者,天地生物之心","人若爱惜物命,也是替天行道的善事",去除其唯心主义的杂质,其意是要人承担起使整个生态系统和谐的伦理责任,将仁爱之心扩展到天地万物,将"民胞物与"融入天人合一的最高境界。虽然传统新儒家,依然秉承了"贵人贱物"的思想,但人也受到制约。人"贵"在是道德主体,能施"仁"于万物。传统新儒家对于天人关系的探索,基础是天与人的内在统一,强调人在实现人与自然和谐共生动态平衡过程中的作用。

传统新儒家天人合一的生态伦理观对中国马克思主义绿色发展观基础理论的构建具有思想启迪意义。绿色发展的认识前提是充分而深刻地把握自然界的内在本性和规律,价值取向是生态伦理规范,传统新儒家"天人合一"观在宇宙本体论与生态价值观上的逻辑内在关联,启示我们要构建自然观与价值观相统一的绿色发展基本理论,即在构建绿色发展自然观的基础上,构建绿色发展价值观,将本然的绿色生态的本质和规律转化为应然的绿色伦理规范。这样人们依照绿色伦理规范行事,发挥其道德主体的作用,实际上即顺应了自然的内在本性,遵循了自然的固有规律,从而促使人与自然和谐共生。进而言之,绿色发展需要人们普遍增强保护自然的道德意识,传统新儒家的生态伦理观强调的是一种与自然相契合的精神境界的追求,并将这种追求看作实现天人合一的主体条件。这启示我们,绿色发展观基本理论的构建不能停留于绿色伦理规范的厘定,更重要的是通过各种教育路径将绿色伦理规范从外在的约束因素转变为人们的内在自觉,让人们发自内心地履行环境道德责任和义务,为推进绿色发展方式与生活方式而奉献自己的智慧和汗水。诚然,在当前绿色发展仍存在诸多障碍因素的情况下,绿色发展行为的普遍化,只靠绿色伦理规范和道德自觉是不够的,还必须加强制度的激励与约束,实行最严格的生态环境保护制度和最严密的法治,做到德治和法治的互促与协同。

第五节　现代新儒家的"天人合一"观及其绿色发展思想基因

从"五四"新文化运动开始,一部分知识分子坚信中国传统文化的现代价值,反对全盘西化思潮,赋予儒、释、道三家思想以新的诠释及应用,力图重新确立儒家思想的主导地位,并在此基础上贯通中西,肯定中国传统文化也可发展出民主与科学等现代思想,构建起一种"继往开来"式的思想体系,以谋求中国文化和社会现代化的现实出路,形成了现代新儒家这一学术思想流派。他们延续龚自珍、魏源等人的"中体西用"主张,奉行文化保守主义,过分强调儒学思想道德的作用,甚至主张用思想道德解释历史、建设现代化,陷入了历史唯心主义;在对于现代化道路的把握上,或多或少地偏向了儒家资本主义,与中国特色社会主义道路的正确选择大相径庭。但他们反对全盘西化,强调文化交融,重视人文主义,特别是他们在阐发中国传统"天人合一"思想上所表现出的独特睿智对绿色发展具有思想基因价值,需要我们加以科学对待,可以合理吸收。

一、现代新儒家对儒学的返本开新

现代新儒家的思想纲领是"返本开新"。"返本"即返传统儒学(包括传统儒家和传统新儒家)之本,"开新"即开科学民主之新。"返本开新"就是以传统儒学思想的真切把握为根本,同时发展现代社会非常需要的科学和民主精神。其意旨在于实现中华文化在兼容中的复兴,促进中国社会的现代化以及"天人之际"的和谐。

传统儒家之"本"是传统儒家的基本义理和基本精神及天人观。从鸦片战争开始,西方列强用坚船利炮对中国进行侵犯和掠夺,随之"西方文化"也输入中国,使中华民族和传统文化陷入危机之中。现代新儒家就是在此时代背景下登上思想舞台的。现代新儒家首先关注的是文化问题,通过探讨中国文化与西方文化、传统与现代等一系列问题,寻找中国文化与现代化的出路和发展方向。他们通过对中西文化的比较,都认为中国传统文化有其强大的生命力和感染性,理应成为中华人民的自豪,需要加以延续、发展与复兴。但在对传统儒学基本义理和精神及天人观的理解上,现代新儒家的代表人物们的视角和侧重点不尽相同。梁漱溟主要强调直觉的层面,认为儒家理想的人生态度就是完全排除后天理智,回归于本然至善的直觉状态;冯友兰则更强调理智的层面,认为只有达到理智的"觉解"功夫,才能实现对宇宙大全、"天人之际"的认识,进而达到"与宇宙大全浑然为一""人与天地参"的"天地境界";熊十力的有关思想与梁漱溟更接近,只是他更强调后天的修养功夫,更突出儒家积极入世的道德观和天人观。20世纪50年代后的新儒家则把心性之学视为儒家思想的核心和精髓,如牟宗三、唐君毅、徐复观、张君劢等。在他们看来,要重新弘扬中华民族文化,最重要的是重建儒家道统,大力发扬儒家"内圣"之学,恢复先秦儒家和宋明儒家关于人自身、人与人、人与自然关系的"形上智慧"。

中国文化具有兼收并蓄、融贯外来文化的传统,这已被印度佛教文化在中国的本土化及其在传统新儒家中的融入所证明。面对西方文化的传入,现代新儒家采取了不忘本来、吸收外来的态度,在主张复兴儒学的前提下,积极迎接西方文化的挑战,选择了吸收西方传入的科学和民主精神,重建儒学文化理论体系。关于科学、民主与儒家文化的关系,现代新儒家强调"新外王开出论",认为科学与民主是我们的历史文化中所缺少的成分,却是整个民族走向现代化、走向未来所必需的,是传统儒学的"修齐治平"的"内圣外王"之道在现代社会必须开出的"新外王",而且从传统儒学中也可以发展出民主与科学的"新外王"。因此,吸收西方的民主与科学不可以采取外在的"添加法",而必须经过我们民族文化的内在融摄,变成中国现代文化的有机组成部分,从而帮助中国走向国泰民安、天人和谐的现代社会,并对人类作出未来可期的贡献。

二、现代新儒家"天人合一"的代表性观点

现代新儒家历经几代的发展,其代表人物众多,论及人与自然、人与人以及人自身和谐关系的观点纷呈,在此我们只是紧扣"天人合一"观主题择其要者予以分述。

梁漱溟是现代新儒家第一代代表人物,他在其《人生与人心》《东西文化及其哲学》等著作中,基于对中国传统文化的深入研究,明确提出人对物、人对人、人对自身的问题是人生要解决好的三大问题。对于人对物的关系问题,他援引恩格斯"劳动在从猿到人转变过程中的作用"的思想,引申论述了人与自然相互间的影响关系以及整个人类从古至今的演化史。他说:"凡现在之人类和现在之自然,要同为其相关不离递衍下来的历史成果,犹然为一事而非二"①,这就站在发展的角度上去看待人类以及自然历史的相互影响演进。同时他受到柏格森生命哲学的影响,将"生命"作为宇宙的本体,赋予传统儒学以宇宙本体论的理解,认为传统儒学的根本学问是赞同"宇宙之生"的,宇宙不是某种僵死的、固定的东西,而是生机勃勃的,这样的宇宙是"万有相通,人生息于自然界中,浑乎其不可分"②。这就意味着,人要顺着自然道理和自己

---

① 梁漱溟:《人心与人生》,学林出版社 1984 年版,第 92 页。
② 梁漱溟:《人心与人生》,学林出版社 1984 年版,第 93 页。

的自然身心去生活,一切言行都应该是由自然的仁爱之心流露出来,由对生命精神的体会,从自身直觉体悟人生道理并且达到乐天知命的人生追求。一味强调直觉而冷漠理智从方法论上看固然有失偏颇,连他自己也意识到需要理智的回归:"意识无形而有用"①。人脱演于自然界,当然就是自然界的一部分,而人与自然又有所对立,这就是人类意识的原因。意识可以帮助人类在认识自然的过程中,分别计较乎对象,明辨事物的本质。但他也注重生活的活泼、愉快、流畅,强调宇宙的生生不已,人与自然、人与宇宙的高度一致,则是可取的。梁漱溟自己也总结:"在改造自然的同时,恰亦发展了人类自己"②。这在人与自然的交互影响上,说明人对自然的从属关系,从而揭示了天人合一对人类自身发展的重要性。梁漱溟认为,人的变化发展与自然的变化发展今后方且未已,是一个永恒运动着的过程,二者都是宇宙大生命在不断进行着的一件事,而并非分而为之的两件事。后来方东美提出"根据中国哲学,整个宇宙乃由一以贯之的生命之流所旁通统贯""而人则是这历程中参赞化育的共同创造者",显然是梁漱溟"宇宙之生"观点的延续。③

熊十力也是现代新儒家第一代代表人物,他曾将《中庸》视为演《易》之书。他的"天人合一"观主要体现在其"天人不二"的人生观上。他所谓的"体""心体""性体",就是人与自然万物的本源,某种程度上也可理解为是德性的本源。熊十力有言:"克就吾人而言,天者,乃吾人之真性,不是超越吾人而独在也。故天人本来是一。"④从这里可以看出,熊十力对于"天人合一"的态度是十分明显的,认为人的生存离不开天,与天作为统一体而存在是人的本质特性。

现代新儒家的另一位代表人物冯友兰更为看重传统儒学对"天人之际"

---

① 梁漱溟:《人心与人生》,学林出版社 1984 年版,第 94 页。
② 梁漱溟:《人心与人生》,学林出版社 1984 年版,第 97 页。
③ 参见黄克剑、钟小霖编:《方东美集》,群言出版社 1993 年版,第 161—163 页。
④ 参见黄克剑、王欣、万承厚编:《熊十力集》,群言出版社 1993 年版,第 106—107 页。

的探索。他说："人类的生活，无论是精神的或物质的，都是和'天人之际'有关系的，所以中国哲学认为'天人之际'是哲学的主要对象。"①他认为，世界上大部分的不顺利和痛苦，大多来源于人们没有清晰地认识到天与人的本质，从而把"天"和"人"对立割裂开来。因此，在处理人与自然和人与社会的关系时，人们要做的、最重要的，就是真正地把"天"和"人"统一起来。有鉴于此，他提倡并践行正确的生活方式，认为正确的生活方式可以指导人生，求得人生的幸福圆满。正确生活方式的确立又有赖于人的理性作用。在冯友兰看来，理性就是人对于生活的"觉解"，"觉解"帮助人们不再被动地适应生活，而是积极主动地创造人生，对于宇宙人生的觉解能够促进人们更好地理解人生的意义和价值，从而实现更高尚的人生追求，跨上更高的人生台阶。尽管人们在同一个世界生活，人人都面临生老病死，但是对于宇宙人生的"觉解"是各有不同的，这也是人生境界各有不同的原因。他认为世界上没有两种完全相同的人生境界，对人生境界的区别只能是舍小异而取大同，划分为自然境界、功利境界、道德境界和天地境界四种类型。其中"天地境界"即"与宇宙大全浑然为一""人与天地参"的天人和谐境界，人一旦达到"天地境界"就能透析宇宙，拥有对宇宙与人生的终极觉解，从而选择正确的生活方式，享有幸福人生。因此，"天地境界"可以使人的生活获得最大的意义和最高价值。那种为了一时一己私利而去一心钻营之人，是不可能真正觉解宇宙人生、享有幸福人生的。天人和谐的"天地境界"是冯友兰"天人合一"观的主要体现。

现代新儒家的代表人物钱穆比较直接而系统地论述了"天人合一"观。相较于其他学者，他更为关注中华传统文化中的"天人合一"观，认为："天与人的问题，是中国思想史上一绝大的问题。我们值得时时注意到。"②在他看来，中华传统文化中关于天与人的看法，一个重要思想就是肯定"道"的自然性和必然性。"人性禀赋于天"，故在人性之中包含了天的东西；"天赋此性于

---

① 冯友兰：《三松堂全集》第 1 卷，河南人民出版社 2001 年版，第 201 页。
② 钱穆：《中国思想通俗讲话》，三联书店 2002 年版，第 21 页。

人"，所以在天之外又别有了人之"性"的东西。包括人在内的生物之"性"乃天之所赋，在"性"之上还有一个"道"，既为天道亦为人道，"由性展演，乃是自然天道。由心展演，乃有文化人道"①。文化上的人道与自然中的天道合二为一，便是"天人合一"。所以欲求"天人合一"，人就得"后天而奉天时"，性道合一，率性行道。这里的"道"蕴含了自然及其必然性规律，率性行道就是要遵循自然规律行事，如此人便可获得绝大自由。钱穆还以中华传统文化的"气论"为基础，吸纳西方进化论的思想，提出"有机"生命观。他说："气即有生命性。其言宇宙亦然。天地万物全体中一气运行，即属有机的，即具生命性。"②于此，他将生命泛化到整个宇宙的观点值得商榷，但强调自然的"有机"整体性和统一性，则是值得肯定的。

　　人欲做到率性行道，按自然规律行事，维护好"有机"生命，有赖于人之修养。在钱穆看来，人之修养的至高境界就是《中庸》所说的"赞天地之化育"，而且是应该的，因为"天地有一项工作，就是化育万物。人类便是万物中之一。中国人认为人不只是被化育，也该能帮助天地来化育"③。人作为宇宙自然"被化"之物，应该以主体的身份，帮助宇宙自然化育万物。人达到这一境界尽管难度大但也是可能的，它需要人们在"尽己之性"上主动努力。"所以我们要说，由尽己之性来尽人之性，由尽人之性再来尽物之性，如此以赞天地之化育。"④这也就达到了将人生融入大自然的"天人合一"状态。而"尽己之性"又必须建立在充分理解宇宙自然生、化过程与规律的基础之上，为了能"尽己之性"，人们首先要去观宇宙自然之化、之生，认真体会并认知天地生生之德。从逻辑上概括，钱穆所主张的是：人们以对宇宙自然之生生化育过程与规律的体认为基础，努力做到"尽己之性"，从而达到参赞化育、人生融入大自

---

① 钱穆：《世界局势与中国文化》，九州出版社 2011 年版，第 83 页。
② 钱穆：《晚学盲言》(上)，广西师范大学出版社 2004 年版，第 279 页。
③ 钱穆：《中华文化十二讲》，九州出版社 2011 年版，第 99 页。
④ 钱穆：《中国文化丛谈》，九州出版社 2011 年版，第 113 页。

然的"天人合一"境界。因此,参赞化育、"天人合一"是合情理、合规律的。

把握自然规律以达参赞化育、天人合一关涉到人文与科学的关系。钱穆认为,人类文化不能再按西方天人二分的路数行进。他说:"西方人喜欢把'天'与'人'离开分别来讲。换句话说,他们是离开了人来讲天。这一观念的发展,在今天,科学愈发达,愈易显出它对人类生存的不良影响。"①在天人二分观念的误导下,西方近代科学变成了战胜自然、征服自然的一种极不自然的手段,这会危及人类的生存与发展,或许会把人类带入灭绝之死路。从人文演进上看,"人生也就是自然,把物质建设来征服自然,同时不免就征服了人生。使人透不过气,回不转身来。"因此,相对于天人合一的境界,天人二分的文化,"天趣已灭,生意已绝,那一种的文化,就快要堕落。"②那么,人类文化的出路或人文演进的趋向何在? 钱穆先生的主张是"天人合一"观下的回归自然。他不赞成道家的那种返璞归真的消极回归,而主张含有儒家主动精神的积极回归,达到人类的价值取向契合自然的演进路向的"还归于天"的最高点。他说:"儒家则谓人类文化虽似违离自然而展出,但实质上则是由人文逆转而还归于天,始是人类文化自然展出之最高点。"③这样就使得文化与自然交融,人道与天道汇通。从科学价值取向上看,西方把科学作为战胜自然、征服自然的工具,似乎科学能解决世俗人生的一切问题,陷入"唯科学"的误区。钱穆申辩说:"今谓征服自然,战胜自然,乃有人生之前途。则人生本出自然,亦即自然。战胜征服自然,人生岂不亦将被征服而败下阵来。"④人生本来就是自然生生化育的产物,你却去征服自然而打败自然,岂不是在愚蠢地自残,在打败人自身而毁灭人类。而且"当知个人小生命,终不得与大群乃至宇宙之大生命争"⑤,在宇宙自然的历史长河中,以人之小生命与宇宙大生命斗争,试图

---

① 钱穆:《世界局势与中国文化》,九州出版社 2011 年版,第 360 页。
② 钱穆:《中国文化精神》,东大图书公司 1984 年版,第 199 页。
③ 钱穆:《世界局势与中国文化》,九州出版社 2011 年版,第 81 页。
④ 钱穆:《晚学盲言》(上),广西师范大学出版社 2004 年版,第 333 页。
⑤ 钱穆:《晚学盲言》(上),广西师范大学出版社 2004 年版,第 333 页。

"征服"宇宙大生命,能取得最终胜利吗;即便胜了,也是毁地球而毁人类,实际上即是败。科学固然可以给人类提供物质上的种种方法、技术、利用,从而在世俗人生方面发挥重要作用,但必须以人文演进的"还归于天"的趋向为价值取向,在科学与人文的统一中实现现代的"天人合一"。"中国人言,言教不如身教,而气象大自然之教,则更深厚,更不可测。"①大自然深不可测,人须在对自然本性和规律的科学认知的基础上,向大自然学习,理解大自然本身之"身教"。所以,我们要以科学与人文的最佳衔接方式去迎接和拥抱"经科学洗礼"的文明"归趋",走向天人合一的未来生态文明。于此,钱穆既试图给中国文化和现代化指明出路,又有志于将中国文化的"天人合一"观奉献于世界。

三、融摄西方文化的绿色发展思想基因

现代新儒家在"返本"的努力中,对中国儒学中"天人合一"观进行了深入挖掘,而此前的传统新儒家业已是儒、道、释的合流,因此他们的这种挖掘实际上关涉儒道释各家"天人合一"观的挖掘,他们在"天人合一"观上的绿色发展思想基因也就或多或少包含了前文所阐释的传统儒家、传统道家、传统释家以及传统新儒家"天人合一"观中的绿色发展思想基因,我们在此就不再赘述。但他们在对"天人合一"观进行"返本"与"开新"的结合探索中所包含的科学与人文相结合的绿色发展思想基因需要我们加以发掘。

一是将人与自然的关系、人与人的关系、人自身的发展作贯通研究。现代新儒家在中西文化的比较中,以中国文化融摄西方文化,概括出人生要解决好的人对物、人对人、人对自身三大基本问题,从"宇宙之生"演绎出"天人不二"直至人生的"天地境界",主张科学与人文的结合。绿色发展的核心是要追求人与自然的和谐共生,但它与社会的和谐、人自身的绿色素养是分不开的,如

---

① 钱穆:《晚学盲言》(上),广西师范大学出版社 2004 年版,第 96 页。

果没有社会的和谐稳定,如何去汇聚绿色发展的磅礴力量;同样,人的绿色素养低下,沉湎于功利之争、奢侈人生,又如何属意人与自然的和谐共生。绿色发展的目标归宿是人民共建共享美丽中国,如果社会不和谐,何谈"共建共享";如果人们不具备绿色素养,哪有能力和情趣去"共建共享"。马克思恩格斯一直将人与自然的关系、人与人(社会)的关系以及人自身的发展有机关联,作为统一的整体加以研究,当代中国的绿色发展一直坚持将之与和谐社会建设、人的全面发展相统一,就是这个道理。当然,现代新儒家对马克思主义缺少深入研究,不可能完全用马克思主义立场观点方法分析"三大基本问题",只是从宇宙、社会、人生的相通方面来说明"三大基本问题"的一体性。但它启示我们在中国马克思主义绿色发展观之基本理论与方法的构建中,不能孤立地看待人与自然的关系,而要在"三大基本问题"的相互联系中增加研究高度与深度。

二是对"人文演进"走向"还归于天"的规律性意识。按照现代新儒家特别是钱穆的"天人合一"观,"人性禀赋于天","天赋此性于人",展演出自然天道和文化人道,因此"人文演进"要体认自然之道,进而参赞化育、"还归于天",即在充分理解宇宙自然生生化育过程与规律的基础上,帮助宇宙自然化育万物,与自然合而为一,达到人类的价值取向契合宇宙自然的本性和演进路向。以此为比照,西方战胜自然、征服自然的天人二分文化,则是一种"天趣已灭,生意已绝"的文化,人类征服自然的最终结果则是对自己的征服乃至毁灭,实为最大的失败。因此,"人文演进"的出路在于"还归于天",走向天人合一的未来生态文明。这里的意涵是,人类天人合一的农耕文明在经由天人二分的工业文明的洗礼之后,将要踏上生态文明之路。于此,他们缺失了对工业文明反生态性的资本主义原因分析,从现代新儒家总体倾向儒家资本主义道路的立场看,他们也不可能自觉运用历史唯物主义的方法去批判资本主义制度和生产方式在本质上的反生态性,他们只是在文化史自身的单一比较考察中意识到了"人文演进"从农耕文明到工业文明再走向生态文明的规律性轨迹。马克思恩格斯早就在对资本主义的逐利性导致人与自然对立冲突的批判中，得出人与自然和解的人类文明出路，并指出这要以对资本主义的"完全变革"为前提，而且人与自然的和解和人与人的和解必须协同推进。中国当代的绿色发展就是在中国特色社会主义制度下走天人和解的生态文明之路，现代新儒家的"人文演进"归趋的思想基因将得到延续和壮大，我们将不再臆想征服自然、战胜自然、恣意妄为，而是努力"归还于天"，尊重自然、顺应自然、保护自然，帮助自然生态的自我修复，"实现生产系统和生活系统循环链接"①，并将生产与生活循环纳入生态自然的循环。

三是将科学的技术化运用纳入天人合一的价值取向。科学是现代新儒家所要开出的重要"新外王"，意即现代的"修齐治平"离不开科学的作用。就此而言，那些怀抱"科学救国"之志者的考量是不无道理的。按照钱穆的观点，为能"参赞化育""还归于天"，必须体认宇宙自然的过程、本性和规律，而科学正可为人们提供宇宙自然的认知，但西方近代科学在天人二分文化的挟持下却沦为征服自然的工具。人对科学的滥用，结果便"显出它对人类生存的不良影响"，用恩格斯的话说，就是导致人对自然的报复。因此，钱穆意要将科学落在"自然与生命"的演进上，纳入"天人合一"观的价值取向。这里的潜台词是，科学本身无所谓善恶，但对它的技术化运用却如同双刃剑，既可以沦为征服自然的工具，危及人类自身生存展演，也可以促进参赞化育，使人类更好生存与发展，关键在于科学的技术化运用是否具有生态取向，以生态臻善为取向的科学运用契合生态自然的本性和演进路向，其主旨在于向大自然学习而非与大自然对抗，因而符合天人合一的价值归趋。用现在的话说，科学运用以生态臻善为取向，就是要发展绿色科技。绿色科技是绿色发展的必要支撑，依靠绿色科技节约自然资源、减少污染物排放，是绿色发展的必然选择。这显示出钱穆关于科学与人文有机衔接思想对绿色发展的基因价值。

———————————

① 习近平：《论坚持人与自然和谐共生》，中央文献出版社 2022 年版，第 16 页。

综上所述,中华传统"天人合一"观包含有朴素生态自然观、生态价值观、生态保护观、生态科学观、生态思维观等思想智慧,中国马克思主义绿色发展观的产生、形成、发展体现了这种"精神命脉"的传承和发展,表明中华传统"天人合一"智慧是中国马克思主义绿色发展观的本土文化基因。

第四章 中国马克思主义绿色发展观的国外借鉴成分

世界历史表明,西方发达国家相对于发展中国家较早地开启了工业化的进程,而且发达国家都是资本主义国家,其在工业化进程中由于受到"资本逻辑"的驱使,一味追求资本的增值和利润的最大化,对生态自然进行掠夺式开发,在带来物质财富迅速增长的同时,造成生态环境问题日趋严峻,环境公害事件屡见不鲜,这使它们先行感受到生态危机的压力。因此,发达国家中的一些有识之士开始了对生态环境问题的深入反思,以及对发展的本质、目的、模式和趋向等根本性问题的理性思考,产生了丰富的生态环境思想和一系列发展观,成为影响深远的社会思潮。中国特色哲学社会科学的构建,不仅要不忘本来,熔铸传统,而且要吸收外来,借鉴国外。生态学马克思主义、环境伦理学和新型发展观构成了国外生态思潮的主要方面,其观点和主张固然有偏颇甚至错误之处,但也不乏真知灼见,这些真知灼见富含绿色发展的思想成分,在中国马克思主义绿色发展观的基本理论与方法的构建中具有借鉴意义。

第一节 生态学马克思主义及其绿色发展思想成分

20世纪60、70年代,西方发达资本主义国家和地区相继爆发了严重的环境污染和生态破坏事件,唤醒了人们的生态意识和绿色情怀,形式多样的生态运动和绿色思潮应运而生,其中生态学马克思主义如雨后春笋,致力于现代生态学同马克思主义相对接的理论研究以及生态运动与社会主义运动相结合的实践探索。正是由于它这种将现代生态学同马克思主义相对接以及生态运动与社会主义运动相结合的特质,因而有不少学者将之划归为"红绿"理论范畴。生态学马克思主义是一个理论谱系,其理论核心在于围绕"人与自然关系"的自然观阐释。结合现有的研究,就经典马克思主义是否含有生态内容和自然观的价值倾向的争论,可以将生态学马克思主义大致划分为两种流派:一种流派的主要代表人物是威廉·莱斯、詹姆斯·奥康纳和泰德·本顿,他们认为传统马克思主义缺失基于生态学的自然观阐释,主张坚持生态中心主义的立场,立足生态学重构历史唯物主义,借技术、社会和制度变革重塑未来;另一流派的主要代表人物有戴维·佩珀、瑞纳·格伦德曼和约翰·贝拉米·福斯特,他们认为马克思主义本身就彰显着生态世界观,主张坚持人类中心主义的立场,重新认识马克思主义生态思想,以此构建生态社会主义社会,实现生态合理性与社会正义性的统一。学术界对生态学马克思主义的介绍和研究业已倾注了大量心血,鉴于本课题的研究内容,我们无意也不必对生态学马克思主义理论谱系进行系统探究,而是通过对上述生态学马克思主义代表性学者观点的深度解读和比较分析,特别是对他们关于"人与自然关系"思考的直接或者间接阐释,力求对现象性的东西进行还原性考察,由直观表象的浅议转变为触及本质的深描,从而更加真实地总结生态学马克思主义自然观的特征及其在技术观、价值观和绿色方案设计上的延伸,解析其绿色发展思想成分。

一、对"自然"概念的多维诠释

综观生态学马克思主义自然观,其中贯穿着对自然概念的历史性、生态性和社会性的诠释,体现了对自然认识的历史逻辑和理论逻辑。

一是对"自然"概念的历史性诠释。对"自然"概念的理解,看似简单,实则复杂。维基百科通俗地将自然定义为自然界的现象以及所有普遍意义上的生命,但"自然"概念在现实生活和不同学科中的使用,常常是混乱和不确定的。生态学马克思主义的创建人威廉·莱斯曾指出:"在马克思所有时期的著作中,自然概念都是最重要的范畴之一。经过劳动形成的人与自然的相互作用对于马克思来说是认识历史的关键。"①因此,从历史的角度考察"自然"概念的演变过程及阶段特征,有助于对人与自然关系的理性把握。

詹姆斯·奥康纳从《韦伯斯特新世界词典》中四种"自然"定义的分析出发,阐述了"自然"概念由静态物质性的界定拓展到动态过程性的释义,由整体性解读走向碎片化阐释,最后又部分回归原始状态的历史特征。同时,他指出:"要想理解我们关于自然的概念,就必须了解资本主义的诞生过程。"②伴随西方资本主义的产生和发展,自然概念的"有机整体"内涵被代之以"事物之堆积"的含义,"自然"成为像机械一样可以被拆分和组合的东西,"自然"与"文化"以及"自然"与"历史"等被当成了对立的概念,导致"外在自然与人化自然被严格地区分开来"③。在资本主义条件下,对"自然"的理解割裂了物质存在和人类文化之间的联系,导致自然在观念领域的二元化、碎片化乃至分裂,这种转变与资本主义一味征服自然、追逐剩余价值的生产方式和制度是相关联的。因此,在自然异化的现实面前,詹姆斯·奥康纳对近代机械自然观的批判,意味着人类社会的发展决定了对自然概念的诠释需要走向"有机整体"的历史性复归。

二是对自然概念的生态性诠释。在论及自然概念的生态性时,生态学马克思主义不同流派及其学者表现出对马克思主义自然概念生态意义的不同理解。詹姆斯·奥康纳作为生态原旨主义者,在考察自然概念历史性复归趋势

---

① ［加］威廉·莱斯:《自然的控制》,岳长龄等译,重庆出版社1993年版,第74页。
② ［美］詹姆斯·奥康纳:《自然的理由——生态学马克思主义研究》,唐正东、臧佩洪译,南京大学出版社2003年版,第33页。
③ ［美］詹姆斯·奥康纳:《自然的理由——生态学马克思主义研究》,唐正东、臧佩洪译,南京大学出版社2003年版,第36页。

的基础上,主要从历史唯物主义缺乏生态学的考量出发,否定马克思主义自然概念的生态性。他认为,"历史唯物主义事实上只给自然系统保留了极少的理论空间,而把主要的内容放在了人类系统上面"①,但自然界本身的自主性运动是一种既是开发人类活动的基础又会对人类发展的力量形成限制,并且自然的发展仍是以自身为终极目的。故此,"历史唯物主义理论的确需要将自己的内涵向外扩展到物质自然界之中去,因为,自然界,不管是'第一'自然还是'第二'自然的历史,都将对人类历史产生影响"②。另外,詹姆斯·奥康纳还认为,自然概念应该涵括"条件"和"环境",须将其视作人类生存与发展的前提而存在的必需之物,他通过论证生产力与生产关系的自然特征,举例说明了自然条件对人类生产方式的重要性,强调从"自然维度"修正传统历史唯物主义。由此可见,詹姆斯·奥康纳一方面认为历史唯物主义缺乏生态性诘难,另一方面则强调"自然"的自主性特征和主体性价值。事实上,历史唯物主义不仅蕴含了对"自然"价值的尊重,而且指出了生态问题的解决须对资本主义生产方式进行"完全变革",于此,詹姆斯·奥康纳误读了历史唯物主义。不过,他对自然概念生态性的强调是具有积极意义和启迪作用的。

同为生态中心论代表的学者泰德·本顿则将历史唯物主义误读为"生产力主义"的世界观,并认为以此为指导的现实必然面临严重的生态环境危机。他通过对自然概念的分层理解来打破外在自然与人化自然分割的思维逻辑,提及"自然有时指我们周围可观察到的世界",这是一种表层的自然,可以被人们改造;"但自然同样指实在的更深层次"③,譬如说人们难以观察和改造的自然法则和机制,只能通过理性思索加以认知、在实践层面遵循运用。分层式理解的本质是把"自然"视为整体性的概念,说明人的活动或者人类文化的影

---

① [美]詹姆斯·奥康纳:《自然的理由——生态学马克思主义研究》,唐正东、臧佩洪译,南京大学出版社2003年版,第7页。

② [美]詹姆斯·奥康纳:《自然的理由——生态学马克思主义研究》,唐正东、臧佩洪译,南京大学出版社2003年版,第9页。

③ 倪瑞华:《英国生态学马克思主义研究》,人民出版社2011年版,第90页。

响都应放在"自然"的框架内,替代了传统的人与自然二元分割思维,具有明显的生态意识和绿色内涵。

综合起来看,詹姆斯·奥康纳和泰德·本顿都试图重建绿色的马克思主义来应对当代的生态问题,但泰德·本顿主张建立绿色的历史唯物主义的过程则更加有失偏颇,特别是他认为马克思在批判马尔萨斯时否认了自然的极限,并忽视了劳动过程中自然条件的重要性,过分强调了人类有意识改造自然的能力。这种观点显露出"否定人的主动性,完全回归自然"的极端生态中心论倾向,缺乏生态与人类发展协调共进的全局性意识,貌似符合马克思主义的批判精神和方法论,实则陷入不明就里的偏误。

明确拒斥生态中心论的戴维·佩珀,在对待马克思主义自然概念的态度上与詹姆斯·奥康纳和泰德·本顿形成鲜明对照,他认为马克思的自然概念尽管与培根和黑格尔的思想具有继承关系,但马克思将自然放在与社会的辩证关系中予以看待和思考,由此突破了人与自然的二元论局限,并强调了"自然界具有优先地位"的观点,彰显出其对生态保护的价值。与戴维·佩珀的观点接近,格伦德曼认为,历史唯物主义的分析框架能够服务于现代的生态环境问题,他批评了本顿的只看到自然要素而忽视其他要素的简单还原主义错误,把自然极限看成是可变的和相对的,带有明显生态的人类中心主义倾向。约翰·贝拉米·福斯特则更为坚定地坚持在马克思主义分析框架下探讨人类所面临的生态问题,他通过对17世纪到19世纪唯物主义和科学发展背景下有关自然的新观点的梳理分析,在阐释马克思和达尔文唯物主义与自然内在关联的基础上,构建了马克思"自然"的概念,强调了"自然"概念的物理性、本原性和优先性,进而证明了马克思主义自然观的生态性。可见,在对"自然"概念的诠释上,戴维·佩珀、瑞纳·格伦德曼和约翰·贝拉米·福斯特不同于詹姆斯·奥康纳和泰德·本顿对马克思主义"自然"概念的理解,他们在历史唯物主义生态维度的考量和马克思主义理论框架中,挖掘"自然"概念的生态性内涵及其价值。

三是对自然概念的社会性诠释。詹姆斯·奥康纳出于他所认为的历史唯物主义在理论和生产层面都忽视了"自然"价值的观点，尽管承认"马克思主义理论虽然成功地论证了在不同的生产方式中，自然界遭遇着不同的社会性建构"①，但又说"生态学马克思主义的历史观致力于探寻一种能将文化和自然的主题与传统马克思主义的劳动或物质生产的范畴融合在一起的方法论模式"②。这一方面强调了自然的"社会性"内涵，具有一定的合理性；另一方面又试图论证"历史唯物主义的确没有一种（或只在很弱的意义上具有）研究劳动过程中的生态和自然界之自主过程（或'自然系统'）的自然理论"③，再次陷入对历史唯物主义的误读。历史唯物主义贯穿着马克思主义辩证地看待自然与社会的关系的基本思想，其中所表明的借助生产力的发展和技术的使用来分析解决现实生态问题的主张和思路，仍然具有理论价值和实践意义；历史唯物主义关于自然的社会性的思想，实质上涵括了物质生产的范畴以及文化和自然的主题，对生态保护具有重要价值。

戴维·佩珀立足马克思主义理论框架，不仅承认马克思主义自然概念的生态性，而且认为研究马克思主义自然概念应从多维视角探究其同时蕴含的社会性。他指出："马克思认为，自然是一个社会的概念：尽管曾经存在一个'客观的'自然，但它现在已被它自身的一个方面——人类社会所重塑和重释。"④这一论述否认了将自然仅仅当作经济原料或者物品源泉或者生态系统的观点，将自然概念从物质领域延伸至社会层面，具有丰富的现实意义。格伦德曼十分认同戴维·佩珀的主张，这从他对施密特观点的评述中可见一斑：

---

① ［美］詹姆斯·奥康纳：《自然的理由——生态学马克思主义研究》，唐正东、臧佩洪译，南京大学出版社2003年版，第7页。

② ［美］詹姆斯·奥康纳：《自然的理由——生态学马克思主义研究》，唐正东、臧佩洪译，南京大学出版社2003年版，第59页。

③ ［美］詹姆斯·奥康纳：《自然的理由——生态学马克思主义研究》，唐正东、臧佩洪译，南京大学出版社2003年版，第62—63页。

④ ［英］戴维·佩珀：《生态社会主义：从深生态学到社会正义》，刘颖译，山东大学出版社2012年版，第130页。

"施密特认为马克思运用了双重自然概念,一方面,对马克思来说,自然是所有现存的现实的整体,包括人类和外部自然,即宇宙;另一方面,自然是进入人类实践领域,仅仅是当他们改造自然时才形成他们与自然的关系。"①宇宙自然属于第一自然,进入人类实践领域的自然属于第二自然。他们都认可,随着人类越来越多地改造自然,第一自然也就越来越多地向第二自然转变。在资本主义社会中,人类活动所及的第一自然的所有东西都被商品化了,它的使用价值被交换价值所覆盖,因而已变成第二自然。这就是说,今天人类活动所及的自然界就是被改造过的"第二自然",换言之,在人类实践领域,自然自身是由社会产生的,自然概念具有突出的社会性内涵。

正如前文所述,戴维·佩珀和瑞纳·格伦德曼坚信马克思主义是历史辩证地对待"自然的极限",反对泰德·本顿等学者简单地将生态危机的根源归结于自然的极限,强调不能忽视社会、技术等要素的综合作用。持相同立场的约翰·贝拉米·福斯特坚信马克思并不认为自然资源是取之不尽的,只是表明自然的极限是个社会化的话题。于此,他们从对自然极限的理解视角,论证了马克思主义自然概念的社会性。同时,马克思主义自然概念的社会性并不否认其生态性,正如约翰·贝拉米·福斯特所言,马克思主义的历史唯物主义是建立在其自然观的基础上,并没有忽视自然在本体论意义上的先在性,尽管历史唯物主义的关注点从自然转向历史,但在马克思主义整体框架中,自然是人类存在和发展的前提,自然和社会共同构成了包含人类生产在内的自然历史。

二、对"控制自然"的生态解读

生态学马克思主义在考察自然概念的基础上,针对"控制自然"的观念展开探讨,并对其进行重新界定,指出其积极意义。

---

① Reiner Grundmann: *Marxism and Ecology*, Oxford University Press, 1991, p.93.

一是对"控制自然"的历史解读。当人们开始思考人类作为自然物种的一员,与自然界存在血肉联系时,就会拷问其他自然体是否和人类具有同等的地位和价值、人类是否应对其他自然物种的生存承担责任?换言之,如何看待人与自然的关系一直是生态思潮研究的热点。约翰·贝拉米·福斯特曾指出,在当代绿色理论倾向中,"'支配自然'的思想被认为是一种朴素易懂的人类中心主义的观点,这种观点具有机械论的特征,它可能遭到浪漫主义、社会有机论、生机论以及后现代主义观点的反对。"①威廉·莱斯和格伦德曼都曾指出,"控制自然"和"支配自然"这两个概念具有可替代性,在他们的研究领域里,"控制"和"支配"被当作同义词使用,意指熟练掌握并加以统治。于是,生态学马克思主义基于自然的本原性和社会性的逻辑前提,就如何理解"控制自然"展开了不同的研究。

通过梳理"控制自然"观念的历史演变,威廉·莱斯倾注了较多心血对"控制自然"进行历史解读。他研究指出,人类早期"控制自然"观念的重要根源是宗教思想从自然中抽离出类似于"上帝"的神来统治宇宙万物的观念;近代以来控制自然的观念则源于科学技术的发展,以及文艺复兴时期的各种自然巫术理论以及哲学讨论的推动,特别是弗朗西斯·培根通过使人们相信知识是改变人与自然关系的力量,巩固了控制自然的观念。随着17世纪哲学、科学、技术和工业的发展,控制自然的观念已经具备权威性和稳定性,科学技术的迅速发展及应用,促使人们发现了控制自然的方式和工具,并确信人的能力能够凌驾于自然力量之上,西方发达资本主义国家运用科技实现现代化和工业化的过程则使控制自然的观念愈发强化。随着"控制自然"对自然统治、主宰和征服的一面被不断放大,特别是在现代的生态安全和环境危机日益严重的情况下,人们开始关注到控制自然观念下人与自然关系的异化,以及由此带来的破坏,并试图修复观念上的错误。

---

① [美]约翰·贝拉米·福斯特:《马克思的生态学:唯物主义与自然》,刘仁胜、肖峰译,高等教育出版社2006年版,第13页。

二是对"控制自然"的重新界定。主张生态中心主义的泰德·本顿认为，"支配自然"是人与自然对立的二元思维的产物，自然在"主客二分法"中被贬低，人类自然而然地统治和支配着客观对象。基于此，他又一次陷入对马克思主义的误读，批判马克思在劳动过程研究中所主张的"生产主义"和"普罗米修斯主义"，即通过工业和技术控制自然的态度，强调"支配自然"的观念必须用"适应自然"的观念加以取代。[①] 他认为，"支配自然"观念是对自然概念的错误理解，人们无法完全认识深层次自然的过程和规律，控制或者支配自然只是人类狂妄的表现，因此我们要谨慎对待自然，发展"适应"自然的技术。威廉·莱斯对待支配或控制自然的观念的立场相似，他在对马克斯·舍勒的"控制学"、胡塞尔现象学中的二分自然和马克斯·霍克海默尔等人的社会批判理论进行剖析的基础上，深入探讨了控制自然的观念同科学、技术和社会之间的关系，赋予"控制自然"观念以新的解释，主张从伦理或者道德的进步而不是科学和技术的革新方面来重新解释控制自然的观念，认为"控制"的对象应该是人与自然的关系而不是自然本身，它的任务是负责任地使用科学和技术的力量，并发展培养和稳固这种能力的社会制度。总之，泰德·本顿和威廉·莱斯都认为控制或支配自然的观念是现代生态危机的思想根源，相比之下，威廉·莱斯较为温和，主张通过重新解释"控制自然"的观念，以实现人与自然的双重解放，泰德·本顿较为激进，不仅要求替换"控制自然"的观念，而且在其中裹挟着对马克思主义的误读性批判，但二者的本质都是主张用生态思维来重新界定"控制自然"的观念，调适人类对待自然的态度。

三是对"控制自然"积极意义的认识。主张人类中心主义的瑞纳·格伦德曼继承了威廉·莱斯针对"控制自然"观念历史根源的分析，但反对上述生态学马克思主义学者将观念看作是生态危机的根源，认为他们错误地理解了"支配自然"的含义。他指出："就像我们无法想象一位娴熟的演奏者会用铁

---

① 参见 Ted.Benton："Marxism and Natural Limits：An Ecological Critique and Reconstruction"，New Left Review，No.178，1989，p.69。

锤来演奏乐器(小提琴)一样,对自然的支配也不意味着可以用野蛮的方式对待自然"①,因此支配并不意味着征服和破坏。另外他指出,尽管"马克思明显具有一种人类中心主义的世界观"(这也是对马克思思想的一种误判),主张"支配自然",但他"没想给人探索自然设置什么道德障碍"②,马克思主义的理性赋予了"支配自然"积极的意义。基于此,瑞纳·格伦德曼从"人类既在自然中生存又要与自然抗争"的生存状态、掌握自然规律下有意识地控制、生态危机根源是资本主义生产方式及其发展逻辑、支配自然同人类解放的密切关系等四个方面,阐述了在现实意义上继续使用"支配自然"概念的合理性。戴维·佩珀也非常赞同格伦德曼的主张,将马克思的"支配"理解为人类对他们与自然关系的集体有意识的控制。③ 结合马克思主义理论关于自然与社会辩证关系的观点,他进一步论证了人类中心主义的合法性,认为通过将人的主观能动性与尊重自然的客观规律在实践中结合,可以合理地支配自然。约翰·贝拉米·福斯特也认为:"人类'支配自然'的观念,虽然具有人类中心主义的倾向,但并不必然是指对自然或者自然规律的极端漠视。"④他直接表示,依据马克思的思想,人类的物质实践活动可以改变人与自然的关系,也可以克服人与自然关系的异化,从而使人与自然的关系和谐发展。总之,后期的生态学马克思主义学者将马克思归属于非生态中心论者,但反对人们将生态危机的原因直接归结为"支配自然"的观念,坚持马克思的"支配"观念是解决生态问题的起点,强调在马克思主义的立场上,"支配自然"观念对人类社会的进步具有积极意义。

---

① Reiner Grundmann:"The Ecological challenge to Marxism",New Left Review,No.187,1991,p.111.

② Reiner Grundmann:*Marxism and Ecology*,Oxford University Press,1991,p.11.

③ 参见[英]戴维·佩珀:《生态社会主义:从深生态学到社会正义》,刘颖译,山东大学出版社 2012 年版,第 270 页。

④ [美]约翰·贝拉米·福斯特:《马克思的生态学:唯物主义与自然》,刘仁胜等译,高等教育出版社 2006 年版,第 14 页。

三、误判与构建交织中的绿色发展思想成分

由以上分析可知,生态学马克思主义对经典马克思主义的解读存在不同程度的误判,往往基于自己的主张先入为主,片面地将经典马克思主义归之于人类中心主义或生态中心主义,缺少对经典马克思主义自然观和历史观的整体把握。但其中通过对"自然"和"控制自然"内涵的探讨而突出人与自然和谐发展的主张,并在此基础上批判资本主义的反生态性、论证马克思主义的生态性,勾勒生态社会主义的绿色蓝图,则直接展现了其绿色发展的思想成分。

一是其生态思想的凸显。生态学马克思主义针对人类面临的生态问题,从生态学的视角,对自然概念以及"控制自然"的观念展开批判性解读,将"人与自然关系"的研究从物理层面拓展到文化、社会和价值层面,力图弘扬和重塑马克思主义自然观和历史唯物主义。尽管生态学马克思主义学者们持有不同的立场,关于马克思主义自然观和历史唯物主义生态意蕴的解读存在差异,但他们的观点都聚焦在对资本主义条件下自然概念局限性以及资本主义制度反生态性的批判,均关涉生态自然在理论和实践上的双重价值的强调,主张基于马克思对自然的辩证理解来论证历史唯物主义的生态意蕴,突出历史唯物主义的生态维度,在试图重塑马克思主义生态性的同时,凸显了其自身的生态思想。

与上述相联系,在对自然概念的社会性和有关"自然的极限"争论的阐述中,生态学马克思主义都强调了自然同人类社会的不可分割性,特别是自然对于人的制约性以及自然与文化、社会之间的历史联系,而且瑞纳·格伦德曼和戴维·佩珀都认为,生态危机本来就是基于人的社会需要的价值判断,这决定了生态危机的应对过程不应该也不可能放弃和排斥"人的尺度",而须在坚持自然的本原性和优先性的同时,回归到马克思主义中"物的尺度"与"人的尺度"相统一的基点上,由此形成的生态学马克思主义的自然概念,含有"人与自然一体性"的绿色发展思想成分。约翰·贝拉米·福斯特更

是认为:"人类的未来取决于我们的社会运动和环境运动的性质,最终取决于我们重塑人类历史、彻底改造我们的社会生产关系以及与生态环境关系的意愿。"①

在如何处理人与自然的关系问题上,尽管生态学马克思主义学者对"控制或支配自然"观念持有不同的态度,但无论是威廉·莱斯和泰德·本顿的批判和摒弃,还是瑞纳·格伦德曼、戴维·佩珀和约翰·贝拉米·福斯特的支持和继续使用,他们都试图寻求一种生态的方式来正确地理解人类对待自然的态度:一是主张赋予自然和人同等的地位,控制或者支配的对象应是人与自然关系,在对自然负责的基础上,有意识地发展"适应"自然的技术,形成有利于协调人与自然关系的社会制度和文化观念;二是主张在马克思主义理论基础上,合理使用"支配自然"的观念,给人类创造现实利益,促进人类的解放。于此,生态学马克思主义关于"人与自然关系"的阐述体现了自然的优先性和人的主体性的统一,揭示了"控制或支配自然"观念的生态价值,与马克思主义自然观中蕴含的绿色发展思想具有内在的一致性。

二是其绿色方案的设计。有别于传统的绿色思潮,生态学马克思主义不仅从不同的立场和视角明晰了"人与自然关系"的生态价值定位,还在此基础上提出了一套较为完整的解决方案,以摆脱生态危机,保证人与自然的和谐发展。其显著特征是基于马克思历史唯物主义的理论解读,"通过分析当代西方生态危机产生的社会制度根源,力图整合西方其他绿色政治思潮的理论主张,提出了以社会结构变革和环境道德价值观建构为主要内容的生态政治战略,形成了以实现社会正义和人的自由全面发展为核心的生态社会主义理想。"②具体包括:(1)建构绿色的辩证生态价值观,例如威廉·莱斯通过重新

---

① John Bellamy Foster: *The Vulnerable Planet: A Short Economic History of the Environment*, New York: Monthly Review Press, 1999, p.149.

② 王雨辰:《生态政治哲学何以可能? ——论西方生态学马克思主义的生态政治哲学》,《哲学研究》2007 年第 11 期。

解释"控制自然"观念的内涵,主张实现人与自然的双重解放;约翰·贝拉米·福斯特强调,"应该以人尤其是穷人为本",其中蕴含着将生态正义纳入社会正义的价值诉求,符合转型期社会发展的价值目标;(2)推动生态的社会制度变革,詹姆斯·奥康纳和约翰·贝拉米·福斯特等人基于对资本主义制度反生态性的揭露,提出通过社会制度因素的嵌入来理解和解决人与自然之间矛盾的思路,勾勒了生态社会主义的绿色蓝图,尤其是戴维·佩珀在马克思主义框架内,提出了一套详细的绿色政治战略,深度体现了生态学马克思主义自然观的绿色思想成分,在他看来,"马克思主义对于生态社会主义犹如一支'解毒剂',它将为消除那些将可能导致断送其事业的理论上的模糊性、不连贯性、自相矛盾、枯燥无味等毒素提供一个矫正方法。"①尽管学者们对绿色方案的具体安排各有千秋,有的还带有乌托邦性质的幻想,但主张从生态政治层面寻求解决生态困境之道,试图通过社会关系的合理化构建来实现人与自然关系的合理化,对解决全球范围内的生态危机和生态安全问题的探讨,有着重要的理论价值,同时对实践层面的治理思维和模式的建构有着重要的启示作用,其中包含了绿色发展的思想成分。

总之,作为西方马克思主义的流派之一,生态学马克思主义存在对经典马克思主义自然观和历史观的误判,但它在理论上突出"人与自然关系"的自然观阐释,将"人与自然关系"的研究从物理层面延伸至文化、社会和价值层面,强调自然概念的历史性、生态性和社会性内涵,对"控制自然"观念予以生态解读,并试图从重塑马克思主义理论体系的生态性、回归"物的尺度"与"人的尺度"相统一的马克思思想、确立生态伦理的价值观和构建"生态社会主义"的绿色设想这四个方面构建和谐统一、共生共进的"人与自然的关系",在误判和构建的交织中彰显有丰富而深刻的绿色发展思想成分。

---

①　David Pepper:*Eco-socialism:from deep ecology to social justice*,London and New York:Routledge,1993,p.93.

第二节　西方环境伦理及其绿色发展思想成分

如前文所述,伴随着 20 世纪前期西方工业化的快速发展,由严重的环境污染所导致的全球性生态危机日益凸显。此时,哲学的社会批判功能及时对生态危机作出了深刻反思,不仅追问了为什么会产生生态危机,而且深刻反思了人与自然的关系,认为正是以人类利益为中心的功利性追求导致现代社会片面追求经济发展而忽视了对自然价值的尊重和保护,造成了现代性的生态危机。面对着现代社会的生态危机,起初人们并没有直接从哲学高度去思考,而是从地球资源的有限性、技术的使用、人口指数增长等形而下的器物层面去寻求原因。例如,开启现代环境保护运动序幕的《寂静的春天》,直接描述了DDT 等杀虫剂的使用造成其他生物的灭亡和环境危害。美国生物学家保罗·埃里希就把环境问题归因为人口数量的过快增长。著名的罗马俱乐部报告《增长的极限》立足于资源的有限性,指出我们过快的工业化打破了资源的承载力。尽管表面上看,这些对生态危机的归因没有涉及哲学形而上的追问,但为哲学对这一问题的探究出场提供了广泛而雄厚的理论与现实基础。在此背景下,第一次环境问题的哲学会议于 1971 年在美国乔治亚大学隆重登场,"这次会议的文集《哲学与环境危机》成为了'发展一种环境伦理的哲学序幕'。"①自此,哲学家们开始深入思考生态危机的深层根源,反思传统的人与自然关系,试图将非人类自然物纳入道德共同体的范围,展开着环境伦理学这一新的伦理学学科的内容。

一、对环境保护的价值依据追问

作为环境问题的哲学反思,现代西方环境伦理学把对生态危机根源的

---

① 余谋昌、王耀先:《环境伦理学》,高等教育出版社 2004 年版,第 29 页。

探究从形而下的具体器物层面引向人们思想深处的价值观层面,展开诸如人与自然的关系、自然的内在价值等环境保护价值依据问题的追问。结果是突破传统伦理思想的诸多理论主张犹如雨后春笋,现代人类中心主义与非人类中心主义两大环境伦理学流派分别面世。保护环境的价值根据主要集中在我们为什么要保护环境,以及保护什么环境两个方面。概而言之,现代人类中心主义环境伦理主张为了人类利益而保护环境,故而被不少学者称之为"浅绿";非人类中心主义环境伦理主张为了环境本身而非人类的利益去保护环境,故而被不少学者称之为"深绿"。在狭义上,现代西方环境伦理主要是指"深绿"的非人类中心主义环境伦理,具体包括动物解放/权利论、生物中心主义、生态中心主义等理论流派,可以将它们归纳为两种,即个体主义环境伦理和整体主义环境伦理,它们的分野在于所侧重的道德关怀对象不同。

个体主义环境伦理强调生命个体的环境保护价值。围绕为什么保护环境以及保护什么环境这一要旨,澳大利亚著名伦理学家彼得·辛格从功利主义伦理学出发,认为动物也有感受痛苦、体验快乐的能力,我们对于利益的计算,应该把动物的这些痛苦和快乐纳入其中,因而他提出在道德关怀资格上有感觉能力的动物和人类是同等的。美国环境伦理学家汤姆·雷根,遵循义务论传统,从天赋人权逻辑出发,认为动物和人一样是生活的主体,在天赋价值上动物和人毫无二致,因而其权利同样不能被无故侵犯。辛格和雷根,各自从不同的角度为保护环境物中的部分动物提供了伦理根据。另一位学者玛丽·沃伦则将辛格和雷根的观点予以综合,认为:"动物感受痛苦的能力给予了它们一种权利,即不把痛苦故意无谓地加诸在它们身上的权利"[1],意即动物因其具有感受能力而应享有道德关怀的权利。动物解放/权利论对传统伦理学以人为中心的道德眷顾加以突破,将道德关怀的边界拓展到人之外的动物,遵循

---

[1]　Warren M，*The rights of nonhuman word*.In：Elliot R，Gare A.ed.Environmental philosophy.St. Lucia：The University of Queensland Press.1983,pp.109-131.

这个逻辑,哲学家们很自然地会进一步深入思考,寻求保护自然的更加普遍的价值根据。

以罗宾·阿特菲尔德、保尔·泰勒、阿尔伯特·施韦泽为代表的生物中心主义者把道德关怀的对象扩展到了所有生命,认为生命就是目的中心,生命本身就具备获得道德地位的充分理由。阿特菲尔德也从功利主义出发,认为道德与利益相关,所有生物都拥有自身的利益,都可以被增进或受到伤害,一个道德良善的行为应该是爱护并有助于生物实现自己的利益。生物体拥有的自身利益决定了它们获得道德关怀的资格,在道德关怀上应当有它们的一席之地。和阿特菲尔德相同,保尔·泰勒也认为有生命的物体都拥有自己的利益,但他从道义论出发,认为生物个体之利益的拥有决定着其天赋价值的拥有,而其天赋价值的拥有又决定着其道德关怀资格的具备,因此所有生命个体都值得尊重,尊重自然生命是终极性的道德态度,人们必须对生物体的价值以及和人的关系进行重新审视,对生物中心主义世界观予以合理确证。

不难发现,在阐释为什么保护环境及保护什么环境这一环境伦理宗旨时,动物解放/权利论和生物中心主义的共同之处在于从非人类生物个体的角度阐释环境保护的价值根据,重点从这些个体自身的价值要求,说明为何保护环境。

整体主义环境伦理则强调生态整体的环境保护价值。利奥波德、罗尔斯顿、阿伦·奈斯等生态中心主义者,更加重视生态系统整体的价值,强调生态整体的道德地位,为保护自然提供更加合理的价值根据。

利奥波德认为,地球是由土壤、水、岩石、矿山、动植物乃至空气等等构成的一个有机整体,这个整体不是僵死的,而是有生命和活力的。这种有生命的存在理当有资格成为道德关怀的对象。人与地球上的其他存在物同属于大地共同体,作为共同体的成员,人与其他存在物及其整体之间存有一种伦理关系,而非纯粹工具性的使用关系。他说:"我们践踏土地,是因为我们把它看成是一种属于我们的物品。当我们把土地看成是一个我们隶属于它的共同体时,我们可能就会带着热爱和尊敬来使用它。"①很明显,利奥波德借助于道德情感(属于同一的共同体)以及地球生命体(生命就意味着被尊重)两个逻辑起点进行理论阐释,试图对保护环境、爱护自然的价值合理性加以充分论证。

沿着利奥波德的思路,另一位美国著名环境伦理学家罗尔斯顿直接探究了自然的内在价值,明确指出正是因为自然有超越于传统工具价值的内在价值,展示着自身的善,这就决定了伦理关系在作为人类的我们和自然之间的应然性。既然自然价值是其自身的善的展示,那么其道德关怀资格的获得就理所当然,而人作为有责任能力的主体就有维护这个价值的义务,从而对自然给以保护。出于这一考量,罗尔斯顿宣称:"环境伦理学将把实然的描述(他们是从科学、形而上学以及关于现实的或潜在的内在价值的判断中推导出来的)和关于应然的规范(人类行为的对和错)结合起来"②,力图以自然价值论为依据,建构其整体主义的环境伦理学。

以阿伦·奈斯为代表的深层生态学,在保护环境的哲学根据上所持的观点与利奥波德、罗尔斯顿基本一致,也认为自然具有内在价值、大地及人与自然构成生命共同体。基于此,深层生态学提出两条最高规范——自我实现和生物圈平等,用以进一步解释我们为什么保护环境以及怎么样保护环境。由于我们和自然物同在一个生命共同体内,因而自我价值的实现内在地要求我们把非人类的自然物与自我生命最大限度地融合,消除我和其他自然物的隔离,使人自身成为与自然融为一体的"大我"。在这个过程中,必须承认所有生物在价值上是平等的,不分高低贵贱,都有自身的内在价值,并且都有追求自我实现的权利。据此,深层生态学还归纳了八条基本纲领,以期指导人们保

---

① ［美］奥尔多·利奥波德:《沙乡年鉴》,侯文蕙译,吉林人民出版社1997年版,"序"第6页。

② ［美］霍尔姆斯·罗尔斯顿:《环境伦理学:大自然的价值以及人对大自然的义务》,杨通进译,中国社会科学出版社2000年版,"序言"第2页。

护自然环境的实践活动。①

自然何以具有内在价值？对此深层生态学遵循义务论的绝对命令，将所有存在物的价值和权利归之于天赋，认为和人有权成为人一样，"河流有权成为河流（或像河流那样活动）、高山有权成为高山，狼有权成为狼。"②这种"天赋"论与罗尔斯顿的自然价值论大不相同，与雷根的观点则颇为相似。

从利奥波德的大地伦理学，到罗尔斯顿的自然价值论，再到以奈斯为代表的深层生态学，都在哲学层面反思了传统的以人为中心的人与自然的关系，提出人与自然之间的道德应然，将生态整体纳入道德关怀的怀抱，试图建立一种突破人类中心的新的人地关系，为保护环境提供尽可能完备的价值合理性根据。

二、环境保护伦理原则与道德规范

从上述西方环境伦理对环境保护价值依据的探讨中我们可以发现，西方环境伦理的一个核心原则是，承认非人类自然物的内在价值。作为道德关怀对象拓展的第一步，动物解放/权利论者虽没有明确提出动物的内在价

---

① 深层生态学提出的八条基本纲领是：（1）人类与非人类在地球上的生存与繁荣具有自身内在的固有的价值。非人类的价值并不取决于它们对于满足人类期望的有用性。（2）生命形式的丰富性和多样性是具有价值的，并有助于人们认识它们的价值。（3）人们除非为了满足生死攸关的需要，否则无权减弱这种生命的丰富性和多样性。（4）人类生活和文化的繁荣是与随之而来人类人口的减少相一致的。非人类生活的繁荣要求这种减少。（5）目前人类对非人类世界的干涉是过分的，并且这种过度干涉的情形正在迅速恶化。（6）因此，政策必须改变。这些政策影响基本的经济、技术和意识形态的结构。事情变化的结果，将与现在的情形有深刻的区别。（7）这种观念的变化主要在于对"生活质量"（富于内在价值情形）的赞赏，而不是坚持追求一种不断提高着的更高要求的生活标准。人们将认识到"大"（big）与"棒"（great）的巨大差别。（8）同意上述观点的人们有责任直接或间接地去努力完成这个根本性的转变。参见 Devall，Bill & Sessions，George.Deep Ecology：Living as if Nature Mattered，Salt Lake City：Peregrine Smith Books，1985. See Pojman，Louis P.（ed.）Environmental Ethics，Readings in Theory and Application，Boston：1998，p.147.

② ［美］罗德里克·弗雷泽·纳什：《大自然的权利：环境伦理学史》，杨通进译，青岛出版社 2005 年版，第 171 页。

值,但其从感受能力(动物解放论)、生命主体(动物权利论)角度,赋予动物直接的道德关怀资格。正是基于这种理由,爱护动物、保护动物,也就成为动物解放/权利论要求人类遵循的基本道德规范。① 为求人与动物利益冲突的化解,动物解放论者将作为种际正义的二维平等主义设定成环境保护的原则和规范,动物权利论者提出了"伤害少数原理和境况较差者优先"两个原则。而生物中心主义和生态中心主义则从非人类自然物的内在价值出发,对保护环境的伦理原则和道德规范予以设定,不过两者的侧重点有所不同。

生物中心主义侧重于生命个体环境保护伦理原则和道德规范的设定。在生物中心主义看来,生命存在本身就是其目的所在,彰显着其自身的价值。施韦泽提出,无论何种生命,都蕴含着一种神圣和伟大,面对生命,我们唯有敬畏。生命本身即是最高的善,为此,他给出了敬畏生命的伦理原则,也即判断一个行为应当与否的原则:"善的本质是:保持生命,促进生命,使生命达到其最高度的发展;恶的本质是:毁灭生命,损害生命,阻碍生命的发展。"②这一原则包含三层意思:其一,在起码要求上,应保护生命的存在,而不致生命的毁灭;其二,在积极意义上,要促进生命的成长与繁衍,而不能损害生命的成长与繁衍;其三,在最高层面上,要促进生命获得高度繁荣,而不能阻碍生命的丰富与发展。

基于敬畏生命的伦理原则,施韦泽提出,担负起对所有生命的道德责任对于人类来说义不容辞,要"尽我们所能,在各种场合为所有的生命谋福利"③。这样,施韦泽就设定了一个基本的道德规范,即保护、促进、完善所有的生命,

① 参见 VanDeVeer D:*Interspecific justice*,In·Donald VanDeVeer,Christine Pierce:the Environmental ethics and policy book,Wadsworth Publishing Company,1994,pp.179-198。

② [德]阿尔伯特·施韦泽:《敬畏生命》,陈泽环译,上海社会科学出版社 1992 年版,第92页。

③ [美]罗德里克·弗雷泽·纳什:《大自然的权利:环境伦理学史》,杨通进译,青岛出版社 2005 年版,第71页。

奉行"爱、奉献、同情、同乐和共同追求"德行。当作为人类的我们为了自己的生存而不得不伤害其他生命的时候，我们必须怀着愧疚和自责，并更加努力地保护、爱护其他生命。

在另一位生物中心主义者泰勒那里，一切生命个体都有其固有价值。他说："一个实体有固有价值就是作出了两个道德判断：这个实体应该受到道德关怀和道德考虑，也即是说它应被视为道德对象；所有的道德代理人都有义务把它当作一个自在的目的，去增进或保护它的好。"①作为职业的伦理学家，泰勒提出了一整套行为规范体系，提炼出带有一定乌托邦色彩的四条基本原则：

第一，不伤害原则。要求人们不对任何一个拥有自身善的自然实体造成无辜伤害，包括："不杀害生物、不毁灭物种种群和生物共同体，以及避免任何严重损害生物、物种种群和生物共同体的善的行为。"②

第二，不干涉原则。要求人们不对自然生态系统进行操纵、控制和改变，对其发生的一切不得妄加干预。"这个规则包含两种消极的义务，一种要求我们不要限制个体生物的自由；另一种要求我们不仅要对个体生物，还要对整个生态系统和生物共同体采取'不干涉'的政策。"③

第三，忠诚原则。要求人们维护野生动物对我们的期望，不去欺骗和误导它们以及破坏它们对我们的信任。"忠诚原则的基本道德要求是我们始终忠诚于动物对我们的信任。"④

第四，补偿正义原则。要求人们对受到伤害的生命个体及其种群作出补偿，以恢复正义的平衡。"要为自己的这种行为负责就是要承认由于自己的

① Paul Taylor：*Respect for Nature：A Theory of Environment Ethics*，Princeton University Press，1986，p.75.

② ［美］泰勒：《尊重自然：一种环境伦理学理论》，雷毅等译，首都师范大学出版社2010年版，第110页。

③ ［美］泰勒：《尊重自然：一种环境伦理学理论》，雷毅等译，首都师范大学出版社2010年版，第111页。

④ ［美］泰勒：《尊重自然：一种环境伦理学理论》，雷毅等译，首都师范大学出版社2010年版，第111页。

错误行为给自己带来的特殊义务。这种义务要求他以补偿或赔偿的方式为这个道德主体作出补偿。这是他恢复义务规则被打破之前自己和道德主体之间曾有的那种正义平衡的途径。"①

生态中心主义在环境保护伦理原则和道德规范设定上着眼点是生态整体。生态中心主义也承认自然物的内在价值,但与生物中心主义形成鲜明对照的是,它不是着眼于生命个体的内在价值,侧重对生命个体的道德关怀,而是着眼于自然整体的内在价值,聚焦对自然整体的道德关怀。

从自然整体内在价值出发,利奥波德将"生态学上的事实判断和伦理学上的价值判断相结合"②,把大地共同体的完整、稳定和美丽看作善的最高体现,阐释其大地伦理学。他所出版的代表作《沙乡年鉴》,贯穿着维护大地共同体的整体主义伦理原则:任何一种行为,只有当它"有助于保护生物共同体的和谐、稳定和美丽的时候,它就是正确的,当它走向反面时,就是错误的"③。"和谐"意味着共同体各个成员之间的互相适应和有序,"稳定"意味着共同体成员的完好无缺和整体的结构完善,"美丽"则是共同体本身的和谐、稳定之蓬勃生机和审美价值的彰显。而要贯彻这一原则,就得站在自然界的立场,"像一座山一样思考",通过相应道德规范的建立,借助公众舆论对私利加以限制,"简言之,保持生态系统的和谐稳定,保持生物物种的多样性、保持土地完整无损的行为就是合乎大地伦理规范的行为。"④

如果说利奥波德大地伦理是建立在承认自然内在价值基础之上,那么罗尔斯顿就直接以自己的哲学专业知识去阐明自然的内在价值,从而建立起完

---

① Paul.Taylor:Respect for Nature:A Theory of Environment Ethics,Princeton University Press,1986,pp.174-175.

② [美]戴斯·贾丁斯:《环境伦理学:环境哲学导论》,林官民等译,北京大学出版社2002年版,第215页。

③ [美]奥尔多·利奥波德:《沙乡年鉴》,侯文蕙译,吉林人民出版社1997年版,第213页。

④ 雷毅:《生态伦理学》,陕西人民教育出版社2000年版,第137页。

整的环境伦理学体系。在环境伦理原则上，他明确提出要"遵循自然"，并阐述了遵循自然意义的七个维度①，特别强调了"在这种价值论的意义上，我们应该遵循自然，使自然的价值成为我们的目标之一"②。进而在基本道德规范上，他从自然的内在价值引导出人对大自然的四条应尽义务：（1）保存自然价值，肯定自然生态；（2）尊重生命，顺从自然；（3）保护濒危物种，避免物种灭绝；（4）延续生态系统的稳定、完整和完美。

以奈斯为代表的深层生态学非常赞同利奥波德的大地共同体伦理，承认自然的内在价值，明确提出"自我实现"生态大我和"生物圈平等"两个最高原则。为实现这两个原则，必须遵循一系列基本的道德规范，诸如禁止对自然的征服和掠夺，保持最大的生物多样性和自我决定，力求对地球和其他物种的最小影响，促进普遍的共生等等。③

综上可以发现：尽管西方非人类中心主义环境伦理学的不同理论流派，由于其理论出发点不同，因而有各自不同的伦理原则和道德规范，但他们都把爱护自然、保护环境、寻求人与自然的和谐共生作为目标指向。

在广义上，现代西方环境伦理除了"深绿"的非人类中心主义环境伦理之外，还有"红绿"的生态学马克思主义/生态社会主义环境伦理、"浅绿"的现代人类中心主义（弱人类中心主义）/国际社会新型发展观等。"红绿"将生态学与马克思主义、社会主义相对接，主张通过对资本主义的变革以求生态环境问题的解决，这在本章第一节已经进行了阐释；"浅绿"强调人类作为能动主体为求自身利益而对自然进行顺应自然规律的智慧改造，我们将放在本章第三

---

① 遵循自然的准则由霍尔姆斯·罗尔斯顿在其著作《哲学走向荒野》中提出，包括：（1）在绝对的意义上遵循自然；（2）在人为的意义上遵循自然；（3）在相对的意义上遵循自然；（4）在自动平衡的意义上遵循自然；（5）在道德效仿的意义上遵循自然；（6）在价值论的意义上遵循自然；（7）在接受自然指导的意义上遵循自然。

② ［美］霍尔姆斯·罗尔斯顿：《哲学走向荒野》，刘耳、叶平译，吉林人民出版社2000年版，第39—79页。

③ 参见 Naess A.*The Deep Ecological Movement：Some Philosophical Aspect*s，In：Sessions G.Deep Ecology For The 21ⁿ Century.Boston：Shambhala Publications Inc.1995. pp.64-83。

节择要论述,在此不再重复。

三、偏向伦理道德的绿色发展思想成分

现代西方环境伦理思想的出场,既有伦理学理论的历史逻辑,更有因应时代发展现实问题的实践逻辑。非人类中心主义环境伦理学者,正是洞察到现实环境问题的愈益严峻,认识到传统人类中心主义环境伦理难以实现环境问题的根本解决,才有突破传统进行道德革命的新思想的提出与建立。它将一切存在物都具有内在价值作为生态伦理道德立论的基础,受到学术界的质疑:将自然事物所具有的内在属性当成了这些事物的内在价值,从而推论出非人类生物乃至存在物享有与人类平等的道德权利,是人应当给予道德关怀的对象,存在张冠李戴、主观武断的偏误;在对非人类生物道德主体化的同时降格人的主体地位,将人看作与非人类生物同等的平凡物种,而又要求人作为自觉自为的行为主体独自承担不平凡的道德责任,陷入伦理道德逻辑的悖论。这说明非人类中心主义环境伦理学者在理论上不够完备、在思想上也有过激,存在明显的伦理道德偏向,但它在对保护环境及为什么保护环境这一宗旨上的探讨,无疑给我们当代社会的发展提供了良好的理论启发和实践导引,在伦理上涵映有较为丰富的绿色发展思想成分,可以归纳为以下三个方面:

一是其在经济伦理上的绿色发展思想成分。工业化以来的经济发展遵循大量生产、大量消费的资本逻辑,一方面不断满足人类的物质贪欲,另一方面又不断制造市场需求。生产的目的是围绕市场,单纯满足经济数量、速度的增加,远远超越人类的有效需求;无限生产、贪图消费所致的环境污染和生态破坏远远超出自然的承载力。自然,仅仅被人类当作各种资源的提供者而任意挥霍、压榨,丝毫没有施以道德的关怀和伦理审视。西方环境伦理思想启发我们,必须摒弃传统的以挥霍、压榨自然为主的经济发展方式,尊重和顺应自然,保护和关怀自然,与自然和谐相处、协同进化。

尊重和顺应自然的环境伦理观念含有树立绿色发展理念的期许。尊重和

顺应自然体现的是人类对自然的应有态度,建立在承认自然内在价值这一现代环境伦理核心原则基础之上。遵循这一原则、体现这一态度,我们首先必须克服经济至上、利益至上的传统发展观,树立绿色发展理念,追求生态文明。

保护和关怀自然的环境伦理原则含有走绿色发展之路的要求。保护和关怀自然是在实践层面规范我们人类的行为,要求我们在发展生产时不仅不能破坏自然、污染环境,还要主动去保护自然、增益自然。因此,我们必须纠正大量生产、大量消费的传统工业化发展模式,坚持低碳发展、循环发展,走既要金山银山又要绿水青山、绿水青山就是金山银山的绿色发展之路。

与自然和谐相处、协同进化环境伦理主张含有以绿色价值观考量发展方式和目标的意指。现代环境伦理思想的积极原则并不是要求我们放弃发展、放弃人类对利益的追求,而是要求我们与自然和谐相处、协同进化。绿色发展不仅切合了这一原则要求,而且进一步彰显了这一原则。因此,我们的现代化是人与自然和谐共生的现代化,我们的发展目标不是仅仅满足人类利益的追求,而是经济发展、生态良好、人与自然协同进化。

二是其在价值目标上的绿色发展思想成分。西方环境伦理思想主张自然中心、生物圈平等,虽有生态乌托邦之嫌,但其要求我们超越传统人类中心主义,克服自私的利己主义逻辑,并非没有现实意义。去伪存真,我们可以看到,其大地共同体的思想、尊重自然的态度、自我实现的原则,含有价值目标上的绿色发展思想成分。

大地共同体思想的提出者利奥波德,将包括人在内的地球万物看作是相互关联的有机整体,因而将之纳入道德关怀的怀抱。这种整体性的思维方式及其对地球生命共同体的认定,也是当代社会绿色发展的价值旨趣。习近平将山水林田湖草沙视为一个生命共同体,并考虑到人类与这个共同体的天然联系,将人与自然也视为生命共同体,可谓是大地共同体思想的发展与升华。人类与其他非人类存在物,都是这个共同体中的普通成员,任何凌驾、控制自然的思想都是对共同体的伤害与背离。人类有责任也有义务建设美丽地球、维护好地球生命共同体的完整与美丽。就此而言,绿色发展就是依循共同体的法则,在谋求人类自身福利的同时,不得以损害共同体本身及其成员的利益为代价,追求人与自然和谐共生、协同进化。

生物中心主义者泰勒,将人看作是地球生物共同体的成员,认为在地球系统构成的要素意义上,人类与其他物种毫无二致,因此尊重自然是人应当持有的终极性道德态度。人类行为的正当性来源于是否体现这一终极性的道德态度,人类经济行为的合理性来源于是否遵从这一道德态度并践行相应的生态价值观。绿色发展所秉承的理论根基是马克思恩格斯的生态观,马克思恩格斯的生态观包含了尊重、顺应、保护自然的道德态度。绿色发展所追求的是以对自然的尊重、顺应、保护为根本态度,通过相应的正当行为践行,实现地球美丽、人与自然和谐程度不断提高的价值目标。就此而言,泰勒所强调的尊重自然这一道德态度含有绿色发展价值目标的思想成分。

深层生态学者奈斯,高扬生态大我旗帜,视人类利益与自然生态利益为整体,强调所有的自然物都具有内在价值,人类的价值追求应该符合整个生态系统的价值,主张生命的丰富性和多样性,寻求恰当的技术与非主宰的科学。对此,王正平认为,这"不仅能从思想上影响人们的行为选择,而且能推动社会经济、政治、文化、生活方式的积极变革,促进人与自然的协调和可持续发展"[1]。这一评价是有道理的,既然自然物具有内在价值,那么人就要与自然万物为友,主动与大自然和谐相处,在生活方式上,则有劝导人们以更加丰富的精神生活替代过度的物质欲望、践行绿色消费的意味。恰当的技术即要求技术的生态化,非主宰的科学即要求科学应用对自然具有正面效应,按照王正平的说法就是"把是否有利于自然资源节约、利用和再生,是否有利于生态环境的稳定与完善,作为衡量科技成败得失的一把基本尺度"[2],这与传统发展观中利用技术控制自然的主张大不相同,含有发展绿色科技的意味。概括起

---

① 王正平:《环境哲学:环境伦理的跨学科研究》,上海人民出版社 2004 年版,第 250 页。
② 王正平:《环境哲学:环境伦理的跨学科研究》,上海人民出版社 2004 年版,第 253 页。

来,奈斯的观点和主张立足生态大我,意涵通过绿色发展方式与生活方式以及绿色技术创新以与自然和谐相处,含有绿色发展价值目标的思想成分。

三是其在价值规范上的绿色发展思想成分。环境伦理的要旨在于通过认知自然价值,重新确立人与自然之间的道德关系。这不仅要将环境伦理内化为人的价值信念,成为正确处理人与自然之间关系的动机,而且要在外化过程中使环境伦理成为人的行为规则,彰显其对人在涉及自然行为上的规范制约。布朗说:"假如没有一个环境伦理来保护社会的生物基础,那么,文明就会崩溃。"①诚然,布朗的这一说法在强调环境伦理的价值规范作用上无可厚非,若考虑到环境法治的重要规范作用,这一说法就言过其实了。

西方环境伦理思潮虽在非人类中心主义立场上显得过于激进,但其揭示的一些环境价值理念可为化解生态风险、促进人与自然和谐发展提供合理的规范。事实上,这些价值观念已经广泛渗透到世界各国的环境决策、环境教育和环境保护实践中,也为我国的生态文明建设和绿色发展所借鉴和参考。

动物解放/权利论力主将道德关怀的资格和权利扩展到动物,尽管不同学者在理论阐释上有分歧,但最终目的都是要求我们能爱护动物,最大限度地保护动物,这已经成为当代社会发展普遍遵守的基本道德规范,也是绿色发展所要遵守的道德规范。

生物中心主义主张所有生命平等,固然有生态乌托邦之嫌,但其尊重生命的价值取向,可以作为道德规范,约束肆意危害生命的行为。像泰勒更是直接提出了"不伤害、不干涉、忠诚、补偿正义"四条保护生命的具体道德规范,为人们正确处理与其他生命的关系提供了有益借鉴。施韦泽的敬畏生命伦理,强调生命的神圣与伟大,其要旨在于建立一种人与其他生命的和谐、互助秩序,将人对自然的工具性利用关系上升为有教养的精神关系,从而遏制人单纯物质欲望的膨胀及其对生态环境的破坏。这不仅与中华传统仁爱万物、民胞

---

① [美]莱斯特·R.布朗:《建设一个持续发展的社会》,祝友三译,科学技术文献出版社1984年版,第281页。

物与思想相契合,亦在当今绿色发展的精神追求中得到体现。如果能克服其原则的绝对性,通过正确的教育引导,敬畏生命可以成为一个很好的道德规范,促成全社会形成关心、爱护生命的共识,促进人们养成践行绿色消费、崇尚节俭的习惯,从而在社会风尚和道德上有力支撑绿色发展价值目标的实现。

生态中心主义代表人物罗尔斯顿认为,自然是工具价值和内在价值的复合体,并以此为依据,推导出人类具有保存自然价值、善待自然万物的责任和义务。不仅如此,按照王正平的概括,罗尔斯顿还认为:"保存自然价值、保护环境、关心其他存在物,是人自我确证、自我完善的一种方式,是人的一种有价值、有尊严的存在方式。"[1]这就将人类保护环境的责任和义务进一步上升到人类德性和境界的高度,力图填平事实与价值的鸿沟,建立义务论与德性论相统一的环境伦理体系。尽管对于自然内在价值的观点学界尚有争议,但要求人类自身提升保护环境的德性和境界是没有错的,也是当今绿色发展所倡导的。更为难得的是,他对环境伦理的实践问题有清晰的认识,认为"除非人们能时时遵循大自然,否则他们将失去大自然的许多精妙绝伦的价值。他们将无法知晓自己是谁,身在何方"[2],主张将环境伦理渗透到政府的政治决策和企业经营决策中,转化为强制性的法律规范和个人的信念和品格。这一思想和主张在当今时代应当实际上已经体现在绿色发展的实践举措之中。在宏观层面,将保护自然价值的理念转化为法律和制度等强制性规范,发挥好伦理和法律两个方面的作用;在中观层面,将保护自然价值的理念渗透到企业的具体经营决策中,转化为企业的经营伦理,规范制约企业的经济行为;在微观层面,将保护自然价值的理念与个人的生活方式相结合,通过广泛的宣传教育,引导民众养成绿色道德信念和行为自觉。

深层生态学也非常关注环境保护的实践问题,主张形成深层的自然价值

---

① 王正平:《环境哲学:环境伦理的跨学科研究》,上海人民出版社2004年版,第222页。

② Holmes, Rolston, III. *Environmental Ethics: Values in and Duties to the Natural*. Philadelphia: Temple University Press.1988, p.333.

观,推行顺应自然的资源管理策略,既要发动民众从基层做起,又要着眼于全球环境保护,重视国际合作,倡导国际的生态正义。这些主张也包含了当今绿色发展道德规范的思想成分,具有重要的参考价值。

最后必须指出的是,作为现代西方环境伦理主要流派的非人类中心主义,尽管其中含有较为丰富的绿色发展思想成分,为中国马克思主义绿色发展观之基本理论与方法的研究提供了有益的借鉴,但非人类中心主义过分强调了人类利益与保护自然两者的对立以及自然的作用力量和中心地位,忽视基于实践的两者辩证统一以及人的能动作用和制度变革进步的保障作用,以致分别受到"浅绿""红绿"等学术流派的质疑。事实上,抽去人类利益和制度进步去保护自然,不仅会陷入价值空场,而且会沦为虚妄幻想。马克思说得好:"作为完成了的自然主义,等于人道主义,而作为完成了的人道主义,等于自然主义"[①]。中国马克思主义绿色发展观作为马克思主义生态观的继承与发展,所强调的是在实践基础上的人的价值和自然价值、人类利益与保护环境的辩证统一,以及在坚持和完善社会主义生态文明制度体系中保障人与自然的和谐共生、协同进化。

第三节　国际社会新型发展观及其绿色发展思想成分

面对日益严峻的社会和生态环境问题,不仅国外学界对协调人与自然的关系展开学理研究,提出诸多富有启迪意义的生态环境思想,而且国际社会也倍加关注,反思经济增长与社会发展以及生态环境的关系,先后形成了综合发展观、佩鲁的新发展观以及可持续发展观等区别于传统发展观的新型发展观,这些理论反映了时代需求的变化和对经济、社会、自然与人之间的辩证关系认

---

① 《马克思恩格斯文集》第 1 卷,人民出版社 2009 年版,第 185 页。

识的不断深化。由于这些理论在总体上强调人类作为能动主体为求自身利益而对自然进行顺应自然规律的智慧改造,因而在学界大多把它划归到"浅绿"理论的范畴。国际社会新型发展观中虽没有明确提出过绿色发展的概念,但细究其理论观念却凝结有绿色发展的思想成分。这些思想成分中的合理内核经由我国可持续发展战略的吸收借鉴和科学发展观的深化拓展,彰显出对中国马克思主义绿色发展观的基本理论与方法的借鉴作用。

一、国际社会新型发展观对传统发展观的扬弃

传统发展观盛行于第二次世界大战结束到 20 世纪 60 年代中后期,这种发展观迫切地想要解决战后各国的经济发展问题。第二次世界大战后,欧洲大陆一片狼藉,英法等老牌资本主义国家的实力被严重削弱,统治世界 300 多年的欧洲中心地位开始向美洲地区转移。美国为维持霸主地位,对抗以苏联为首的社会主义阵营,先后实施"马歇尔计划"和"道奇计划"等资本战略投入,谋求资本主义经济的高速增长。与此同时,亚非拉等地区第三世界国家也陆续实现民族独立、国家统一,它们迫切地希望通过快速发展经济来带动社会进步,促进整个国家的发展,真正改变经济落后、生产力低下的状况,摆脱西方发达国家的支配和压迫,走独立自主的发展道路。正是在这样一种社会背景之下,全世界掀起了一场以追求经济发展为目标的运动,经济发展成了全世界各国普遍认同的价值准则。

传统发展观延续了工业化以来的发展观念,用公式来概括就是"发展＝经济增长＝工业化"。这种发展观将发展的首要标志定位于经济增长,同时将经济增长的衡量尺度局限于国内生产总值的增长,进而将一个国家或地区经济活动的中心内容锁定于工业化及其追赶战略。① 显然它未将"发展"和"经济增长"进行概念的区分,实际上是将发展与经济增长相等同,忽略经济增长的

---

① 参见罗浩波:《社会文明学导论》,浙江大学出版社 2008 年版,第 17 页。

社会代价和环境代价以及穷人的福祉,换句话说,就是将发展简化为社会物质财富在数量上的扩张和对感官物欲的满足,主张片面的单纯经济增长,"见物不见人"。

对于发达国家而言,奉行传统发展观虽然意在经济的稳定增长和优势的保持,谋取资本的国际扩张和增值,实现利益的最大化,但是,却带来了有财富而不能惠及大众的现象,以及生态环境的恶化和环境公害事件的爆发。对于发展中国家而言,推行传统发展观旨在解决经济贫穷落后的问题以及如何实现现代化的问题,大多数发展中国家都在沿袭发达国家的老路,以工业化为发展的中心内容,以经济总量和国民生产总值为发展目标,把发展局限于经济领域,忽视经济与其他领域的协同发展,认为只要经济增长其他一切社会问题都可以迎刃而解。结果事与愿违,这些国家虽然达到了经济增长的目的,其中一些国家甚至创造了其历史上前所未有的经济增长奇迹,但是随之而来的却是经济结构畸形、贫困化加剧、失业率上升、收入分配不公、贫富差距拉大、社会动荡、腐败滋生、环境污染、生态破坏等诸多严重的社会问题,与发达国家之间的差距不仅没有缩小反而日益增大。百姓生活困苦,各种社会问题频发,发展中国家普遍出现了"有增长无发展"或"没有发展的经济增长"的僵局,这种僵局反过来阻滞着经济的持续增长。这意味着在传统发展观中埋下了否定其自身的种子,呼唤新型发展观的诞生。

第三次科学技术革命是变革传统发展观的重要推动力量。20世纪中叶,在人类社会的历史上发生了第三次科学技术革命,其一系列技术创新使社会生产力发生了根本性的变革,将人类发展带进了高新技术时代。原子能、半导体、电子计算机、空间技术和生物工程等新型产业部门的迅猛发展,对传统产业结构产生了强大冲击。钢铁等重工业比重相对下降,第三产业和新兴高科技产业比重不断上升。生产力决定发展观念的理论是马克思主义的一个基本理论,在众多引起发展观念变革的因素中,生产力是最终的决定力量。马克思早就指出:"物质生活的生产方式制约着整个社会生活、政治生活和精神生活的过程。不是人们的意识决定人们的存在,相反,是人们的社会存在决定人们的意识。"①经济基础决定上层建筑,发展观念作为上层建筑的重要组成部分是由社会的经济基础决定的,并随着社会经济的发展而不断进步。高新技术的产业化和传统产业的高新技术化,带来了生产力的变革和经济的高速增长,这在客观上要求发展观念也随之发生变革。马克思进而言之:"社会的物质生产力发展到一定阶段,便同它们一直在其中运动的现存生产关系或财产关系(这只是生产关系的法律用语)发生矛盾。于是这些关系便由生产力的发展形式变成生产力的桎梏。那时社会革命的时代就到来了。随着经济基础的变更,全部庞大的上层建筑也或快或慢地发生变革。"②高新技术的广泛应用,展现出其对经济、社会和生态自然的作用力量的不断增强,就效果而言,这种作用力量的增强具有两面性,一方面它推动着生产效率的迅速提高和社会物质生产与生活方式的现代化;另一方面它会因其对经济、社会、生态自然作用方向的失调而产生更大的负面效应。在资本主义条件下,资本的私人占有和对无限利润的追求意味着高新技术对经济、社会作用方向的失调,会造成更多的贫富两极分化及社会矛盾,对生态自然的无视则意味着高新技术对生态自然作用方向的失调,会导致更严重的生态环境问题及人的生存质量危机。人们需要依据现实社会的变化,特别是要针对亟须解决的贫富悬殊、环境恶化等突出问题,更新发展观念,调适发展观念对经济基础的反作用,凸显高新技术在社会生产与生活中的正面效应,消解其负面效应,以求经济、社会、生态的可持续发展和生活质量的真正提高。因此,国际社会开始对传统发展观及其实践中的问题展开反思和变革,新型发展观应运而生。国际社会新型发展观在承认传统发展观具有一定合理性的同时,抛弃其单纯追求经济增长的片面观点,主张发展的综合性、人本性和可持续性,展示出对传统发展观的扬弃。

---

① 《马克思恩格斯文集》第 2 卷,人民出版社 2009 年版,第 591 页。
② 《马克思恩格斯文集》第 2 卷,人民出版社 2009 年版,第 591—592 页。

二、国际社会新型发展观的历史演进

新型发展观作为国际社会典型发展新观念的理论集合,经历了从社会综合发展观到佩鲁的新发展观再到可持续发展观的演进过程。

首先正式出场的是社会综合发展观。传统发展观在发展实践中日益暴露的弊端和产生的危害,引发了人们对它的重新审视。依据追求单纯经济增长的传统发展观行事,许多发达国家和发展中国家并没有实现预期的经济目标,反而出现了严重的分配不均、政治动荡、发展不平衡等社会问题。加之20世纪60年代末,国际经济秩序和政治关系发生了重大变化,美国、苏联两大阵营激烈对抗,民族解放运动风起云涌,第三世界国家逐渐登上了世界的舞台但实力不强,联合国所倡导的"第一个发展十年计划(1960—1970)"惨遭失败,人们开始认识到单纯的经济增长并不能带来社会进步,仅在经济领域内进行研究远远不能反映和解决一个国家在发展过程中出现的纷繁复杂问题,于是关于发展是社会各要素综合治理的认知观点逐渐展露在国际社会面前。

社会综合发展观可以用"发展＝经济增长＋社会变革"的公式来概括表示,它以其理论上时新的优越性对传统发展观进行了有力的批判,反对传统发展观所崇尚的"发展就是经济增长"的基础理念,力图把发展同增长作出明确区分。1965年,著名经济学家汉斯·辛格提出,发展和增长是两个不同的问题,人们应该更加重视社会发展的各个方面。他指出:"不发达国家存在的问题不仅仅是增长的问题,还有发展问题。发展是增长加变化,而变化不单在经济上,而且还在社会和文化上,不单在数量上,而且还在质量上……其主要概念就是人民生活的改善。"[①]经济发展的目标不能只注重单纯的经济增长,还应该包括政治体制的进步、社会状况的改善、人类生活水平的提高等因素,应该更多地强调经济增长所带来的质的变化,否则这种发展本身最终也会宣告

①　[德]汉斯·辛格:《社会发展:最主要的增长部门》,《国际发展评论》1965年第3期。

失败。

20世纪70年代,对发展的研究视角开始转向贫困和社会发展不平等问题。英国著名经济学教授达德利·西尔斯在《发展的意义》一文中指出:"对一个国家的发展所提出的问题是:贫困发生了什么变化? 失业发生了什么变化? 不平等发生了什么变化? 如果这三方面都从原来的高水平上下降了,对这个国家来说,这无疑是处于发展时期。如果这些中心问题的一个或两个方面的情况越来越糟,特别是如果这三个方面的情况越来越糟,即使人均收入增加一倍,把它叫做'发展'也是不可思议的。"①西尔斯认为,衡量一个国家是否发展不应该仅仅看经济总量的增加和人均国民生产总值的提高,还必须将社会各方面的发展情况纳入衡量发展的标准体系之中。"增长本身是不够的,事实上也许对社会有害:一个国家除非在经济增长之外,在不平等、失业和贫困方面趋于减少,否则不可能享有'发展'。"②发展的目标就应该包括缓解和消除社会矛盾,如果发展无视社会中存在的种种问题,不能促进社会进步,不能提高人民的生活水平,那么这样的发展也是毫无意义的。瑞典经济学家冈纳·缪尔达尔在《亚洲的戏剧:对一些国家贫困问题的研究》一书中提到,"发展意味着从不发达中解脱出来,消除贫困的过程"和"整个体系的向上运动"。③ 这实质上指出了发展不仅仅是发达国家追逐的目标,同样是发展中国家摆脱贫困、实现现代化的过程。缪尔达尔认为,发展不只是国民生产总值的增长,还包括整个经济、政治、社会、文化发展过程的上升运动,并要求应当在发展中国家实行社会改革的政策主张。

1970年10月,第二十五届联合国大会制订了"第二个发展十年计划(1970—1980)",该计划与"第一个发展十年计划(1960—1970)"相比较,改变

① [英]达德利·西尔斯:《发展的意义》,《国际发展评论》1969年第12期。
② [英]达德利·西尔斯:《发展的意义》,《国际发展评论》1969年第12期。
③ [瑞典]冈纳·缪尔达尔:《亚洲的戏剧:对一些国家贫困问题的研究》,谭力文、张卫东译,北京经济学院出版社1992年版,第305页。

了单纯把经济总量和国民生产总值的增长作为衡量发展的唯一指标的做法，提出了发展的最终目的是对国民收入和社会财富进行更加公平合理的分配，进而能够促进社会公正，保障国民收入平衡，提高社会生产效率和实际就业水平，从更大程度上来保证收入均衡，改善教育、卫生、医疗、住房、社会福利设施以及环境保护。可以看出，联合国在制订第二个发展十年计划时，已经将社会制度、结构、福利等因素与经济增长置于同等重要的地位来进行考量。很多国家在制订本国发展计划时，也不再像过去那样只是单纯制订"国民经济发展计划"，而是制定更加全面的"社会经济发展计划"，用社会整体发展指标替代过去单一的经济评价指标。由此可见，发展的观念已经冲出了经济领域的桎梏，人们已经认识到发展应是经济增长和社会多方面变革的共同作用的结果，是经济增长和社会变革的统一。20世纪80年代，美国经济学家迈克尔·P. 托达罗在《经济发展与第三世界》一书中指出："发展不纯粹是一个经济现象。从最终意义上说，发展不仅仅包括人民生活的物质和经济方面，还包括其他更广的方面。因此，应该把发展看为包括整个经济和社会体制的重组和重整在内的多维过程。"[1]他认为，发展除了将收入与经济增长纳入考量范围之内，还应当将社会结构、社会制度、社会管理乃至人们生活习惯等方面的基本变化也包含在内。

综上观点，我们不难看出社会综合发展观在理念上是一种以经济增长为基础的各个要素相互协调、综合上升的社会多维变革发展观，它不仅肯定了经济增长所起的基础性作用，而且更加强调发展的质的变化，即通过整个社会结构的变革来摒弃经济增长过程中所产生的种种社会弊端，使得经济和社会能够协调发展。这种发展观的本质特征表现为：一是对发展作出了社会性定位，具有明显的社会化倾向。立足于从社会领域所包含的各个要素来界定发展的内涵，意识到社会结构的变革对发展具有重大意义。二是发展理念内深层蕴

---

① 迈克尔·P.托达罗：《经济发展与第三世界》，印金强、赵荣美等译，中国经济出版社1992年版，第50页。

含的主题是将发展社会化,同时不再将人简单地看作在经济发展过程中的"经济人",而是把人当作社会存在物,关注其在社会存在形式上的发展与变革。因此,社会综合发展观所秉持的将发展视为经济增长和社会变革的辩证统一过程,是达到经济、政治、文化、人这些社会结构要素和谐平衡发展的过程。可以说,综合发展不是将这些因素简单罗列,而是建立在整体至上、追求经济与社会协调发展的一种新的理念。

社会综合发展观是在反思传统发展观的基础上最先提出的理论,意在尽可能弥补传统发展观的缺失,力图区分发展与增长的本质不同,认识到仅仅在经济领域取得进展并不能解决一个国家在发展过程中出现的众多问题,指出发展是建立在经济增长基础之上的全社会各要素综合协同的过程,强调社会发展与经济发展的均衡性。这大大拓展了发展的内容,有助于打破"有增长无发展"的僵局。但是,这种发展观没有摆脱"西方中心论"的束缚,仍然将西方发达国家的发展模式视为"圣经",忽视了发展中国家的基本国情和特点,结果导致发展中国家依附发达国家的程度日益加深。

第二个亮相国际社会的是佩鲁的"新发展观"。在西方现代化发展进程中,存在着"见物不见人"的普遍问题。20世纪70年代末,人们把发展的视角由"物"转向了"人",开始认识到本应由人作为主导的现代化发展变成了单纯追逐物质增长的过程,人的主导作用被异化。面对这一问题,西方不少经济学家和社会学家开始思考审视新的发展理念,他们认为发展不仅仅是经济的增长,社会的全面进步,更重要的是人的全面发展。法国现代著名经济学家弗朗索瓦·佩鲁便是其中的一位代表性人物,他批评了以往发展观中存在的狭隘性和局限性,阐述了"以人为中心","整体的、综合的、内生的发展"以及"以文化为尺度"等理论观点,成为其新发展观的理论支撑。

联合国教科文组织1979年8月在厄瓜多尔首都基多召开了以"研究综合发展观"为主题的专家会议。会后,佩鲁受到大会委托,开始了发展问题的研究,于1983年出版了学界公认为具有发展新理念的《新发展观》一书。该书阐述了人在发展中的作用和地位,对发展问题的研究进一步超越了经济学的范畴。佩鲁严厉批评了高扬市场而低看人的偏向,他写道:"市场是为人而设的,而不是相反;工业属于世界,而不是世界属于工业;如果资源的分配和劳动产品要有一个合法的基础的话,即便是在经济学方面,它也应依据人为中心的战略。"①在佩鲁的思想中,经济增长不仅仅是完全依靠市场的自主发展,人的能动性才是发展的主要动力,人在经济活动中发挥着至关重要的作用,同时经济增长的目的在于满足人的各种需求。由此他在经济学之中融入具有能动性的"人",指出:"这里,人不是作为市场的奴隶和被迫接受现行价格体系的生产者和消费者,而是有能力通过精心规划和组织为改变其环境这一目的而从事各种活动的真正的人及其群体。"②而且发展的动力、目的和归宿都是"为一切人的发展和人的全面发展"③,"产品总额的增长,如果使自然资源的状况恶化甚至毁灭自然资源的话,就会造成竭泽而渔的结果"④,是不利于人的发展的。人在佩鲁的"新发展观"中占据着极其重要的地位,他始终认为发展应当与作为社会主体和社会行为者的人有着密切的联系。佩鲁一再强调:"必须牢牢记住,个人的发展、个人的自由,是所有发展形式的主要动力之一。这种个人的发展和自由能够在每个人所赞成的和在其各种活动中所感受到的各种价值范围内充分实现他们的潜力。"⑤这表明了他在发展观上的主体中心论及其对客体中心论的扬弃。人本身所具有的主观能动性是社会前行的不竭动力源泉,"丰富的人力储备要求有各种将来开发利用这些储备的理论阐释,这就是新发展的内在含义"⑥。他还将历史、现在和未来串联起来进一步说明这一观点:"要对世界历史的各种事实和现在的世界状况作出清楚的分析,看来无

① [法]弗朗索瓦·佩鲁:《新发展观》,张宁、丰子义译,华夏出版社1987年版,第92页。
② [法]弗朗索瓦·佩鲁:《新发展观》,张宁、丰子义译,华夏出版社1987年版,第9页。
③ [法]弗朗索瓦·佩鲁:《新发展观》,张宁、丰子义译,华夏出版社1987年版,第11页。
④ [法]弗朗索瓦·佩鲁:《新发展观》,张宁、丰子义译,华夏出版社1987年版,第9页。
⑤ [法]弗朗索瓦·佩鲁:《新发展观》,张宁、丰子义译,华夏出版社1987年版,第175页。
⑥ [法]弗朗索瓦·佩鲁:《新发展观》,张宁、丰子义译,华夏出版社1987年版,第4页。

论如何需要从人的角度指出一条可以接受的一般研究路线,并指出每个人以及整个人类多方面的、全方面的发展方向。"①佩鲁将人从各种社会关系中单独抽离出来并放在发展的关键位置,将发展理解为以人为中心的经济增长和社会变革共同作用的整体性过程,这种"人本"的发展观念改变了西方现代化过程中的"物本"现象,强烈冲击了传统的发展理论,指出了西方经济发展的方向。

佩鲁在坚持"以人为中心"的发展基调下,从发展维度的横向、纵向、中心三个方面阐述了"整体的、综合的、内生的"新发展观。他说:"所谓的'整体的'是指这样一种观点,它的各种具体分析之外,不仅考虑人类整体的各个方面,而且在其内在的关系中考虑必须承认的各个方面的不一致性。'内生的'是指组成选择的方程系统的各种变量,它是同表示数据并可进行不同逻辑处理的外生变量相对的。'综合的'发展可以指一定数量的地域的一体化,也可以指各个部门、地域和社会阶级之间得到加强的内聚力。"②在佩鲁看来,"整体的"发展是指从纵向的视角考察社会发展,社会是由诸多子系统构成的有机整体,社会的发展不是独立要素之间的简单相加,而是社会内部各个子系统之间相互协调、相互促进的优化组合的过程。"综合的"发展则是指从横向上把发展问题理解为先满足人的发展需求、再展现个人能力、最终实现完整人性这一系列个人发展的综合过程。所以说,一方的发展不应该以另一方的牺牲为代价,在以人的全面发展为前提下,发展是经济、政治、社会综合全面的过程。"内生的"发展是指发展模式上的创新独立,发展中国家不能盲目地照搬西方国家的发展模式,而是应该立足于本国的国情,正确开发和利用本国内生性资源促进发展,注重独立自主、自力更生,同时兼顾国际合作,这与综合发展观将西方发达国家的发展模式视为"圣经"的立场相比,无疑是一种进步。

---

① [法]弗朗索瓦·佩鲁:《新发展观》,张宁、丰子义译,华夏出版社1987年版,第175页。

② [法]弗朗索瓦·佩鲁:《新发展观》,张宁、丰子义译,华夏出版社1987年版,第2—3页。

在佩鲁的新发展观中,实现人的全面发展是经济增长的价值前提,发挥文化价值则是经济增长过程中必须遵循的一项准则。在佩鲁看来,经济现象、经济制度和经济发展都对文化价值具有依赖性。他说:"经济体系总是沉浸于文化环境的汪洋大海之中,在这种文化环境里,每个人都遵守自己所属群体的规则、习俗和行为模式,尽管未必完全为这些东西所决定。"①佩鲁认为文化是经济增长和社会进步的重要变量,将经济置于文化范围内仔细考量,是其对文化价值的独到见解,但是在处理经济与文化的关系上,佩鲁忽视了经济在社会发展中的基础性地位,片面地夸大了文化的作用。他还说:"各种文化价值'在经济增长中起着根本性的作用',经济增长不过是手段而已。"②"在文化因素起着决定作用的不断变化的环境中,各种经济与社会角色到处都会无能为力。"③"这完全说明,在财产所有权、契约关系、企业组织、对雇佣劳动者的保护等方面,经济同样服从于文化价值。"④事实上,文化在本质上属于社会意识形态的范畴,是由社会存在决定的,文化固然对经济发展具有反作用,佩鲁撇开社会存在的决定作用而一味强调文化的作用,就沦为了唯心主义的文化决定论。

佩鲁的新发展观并不是发展观研究领域的另辟蹊径,而是针对发展问题继综合发展观之后所作出的更加深入广阔的理论阐释,其内容用公式来表示就是"发展＝经济+社会+人"。它强调以人为中心,突出人在社会发展过程中的主体地位,注重人与经济、社会、文化的和谐发展,克服了以往发展观中存在的"以物为中心"和"见物不见人"的局限,体现了发展观在演变过程中的巨大历史变革,是对发展目标和发展主体的不断丰富和强化,标志着国际社会开始审视和反思自身的发展及其理论观念的误区,将发展研究的范围进一步扩大,

---

① [法]弗朗索瓦·佩鲁:《新发展观》,张宁、丰子义译,华夏出版社1987年版,第19页。
② [法]弗朗索瓦·佩鲁:《新发展观》,张宁、丰子义译,华夏出版社1987年版,第15页。
③ [法]弗朗索瓦·佩鲁:《新发展观》,张宁、丰子义译,华夏出版社1987年版,第168页。
④ [法]弗朗索瓦·佩鲁:《新发展观》,张宁、丰子义译,华夏出版社1987年版,第166页。

对之后的发展理论产生了深远的影响。但是在佩鲁对"人本"的理解和阐述中,"人"只是从各种社会关系中抽离出来的抽象的个人,并且将文化的作用过度夸大到决定经济的地步,这显然带有浓厚的唯心主义的抽象人本论和文化决定论的色彩,是佩鲁新发展观中的败笔。

第三个走上国际社会舞台的是可持续发展观。第二次世界大战后,西方发达国家通过大量资金和技术投入,使经济迅速复苏并大幅增长,迎来了"发展"的所谓黄金时代。与此同时,西方发达国家所取得的经济成就吸引了发展中国家的目光,欧美国家所倡导的发展理念被发展中国家奉为圭臬,以为欧美国家发展的模式是放之四海而皆准的标准模式,于是发展中国家纷纷模仿西方工业化的做法,走上了先污染后治理的黑色发展道路。这虽然短时间内使这些国家的经济总量取得明显的增长,但是随之而来的全球范围内的生态恶化、环境破坏、资源能源危机等一系列问题反过来又制约了发展的进程,这再次引起有识之士的反思。西方学者开始重新思考经济发展与生态环境之间的关系,认为二者不是取此舍彼而应是相互依存、相辅相成的关系。在此背景下,可持续发展观脱颖而出,它的诞生标志着现代化发展理论的重大突破。

可持续发展观的形成展现为一个过程。这个过程大致经历了"审视表象""重视研究""探索深化"三个阶段。第一阶段以1962年美国海洋生物学家蕾切尔·卡逊的科普著作《寂静的春天》为代表。该书描写了因过度使用化学农药而导致的环境污染、生态破坏,最终给全人类带来严重灾难的景象,深刻揭示了环境污染的成因及其危害。作者在书中描绘了一幅人类将会失去春天的可怕场景,在全球范围内引起了巨大的轰动,由此也引发了人类的深思,唤醒了人类对生态环境和自然资源的关注。第二阶段以1972年美国学者巴巴拉·沃德等人所著《只有一个地球》和罗马俱乐部成员丹尼斯·梅多斯等人所发表的研究报告《增长的极限》为代表。他们从全球的视野展现了对人类生存与环境的认识和忧虑,认识到了自然资源和环境在人类发展过程中的重要作用,警醒人们重视资源环境对经济增长的制约作用,并对传统经济增长论展开了尖锐的批判,致力于寻找新的发展理念和新的发展路子。① 第三阶段以 1987 年世界环境与发展委员会(WCED)《我们共同的未来》研究报告的发表为标志,宣告了可持续发展观的正式问世。这份报告由布伦特兰夫人主持,历时 4 年的研究和论证,充分地吸取、借鉴、拓展和深化了此前各国学者对环境问题研究所取得的理论成果,确立了可持续发展(Sustainable Development)的概念:"可持续发展是既满足当代人的需要,又不对后代人满足其需求的能力构成危害的发展"②,其本质要义是"促进人类之间以及人类与自然之间的和谐"③。报告全文分为"共同的问题""共同的挑战""共同的努力"三篇,列举了人类面临的一系列全球重大经济、社会和环境问题,以可持续发展概念为基础,从保护环境资源、满足当代和后代的需求出发,提出了一系列可行性政策目标与行动计划,奠定了全新的可持续发展观。

可持续发展观超越地域、历史以及文化的局限来看待发展问题,将自然环境纳入人类生存和社会发展的基本变量之中,从经济、社会、生态、人诸层面阐释了可持续性和发展有机结合的主张。主要包括:(1)生态环境可持续。人类的生存和发展离不开生态环境,它不仅是人类活动的空间载体,而且是人类生产生活的资源所在和废物去处。可持续发展观秉持发展应与生态环境协调共生的基调,认为人类只有将自身活动限于生态环境的承载力之内,才能实现可持续发展。"环境保护是可持续发展思想所固有的特征,它集中解决环境问题的根源而不是症状"④。生态环境的可持续是经济、社会可持续的基本前提,离开了生态环境的可持续,经济和社会的可持续就没有保障。它是以全新

---

① 参见孙育红、张志勇:《绿色技术创新论》,中国环境出版社 2017 年版,第 27 页。

② 世界环境与发展委员会:《我们共同的未来》,王之佳、柯金良译,吉林人民出版社 1997 年版,第 52 页。

③ 世界环境与发展委员会:《我们共同的未来》,王之佳、柯金良译,吉林人民出版社 1997 年版,第 80 页。

④ 世界环境与发展委员会:《我们共同的未来》,王之佳、柯金良译,吉林人民出版社 1997 年版,第 49 页。

的姿态反对人与自然的对立,提倡人类发展应保持在自然生态系统良性循环的基础之上来确定自身的活动。(2)经济可持续。物质生产过程中必然会产生一定的物质消耗从而引起环境污染,在生态基础上发展经济,这才是可持续发展的核心。在可持续发展观中,经济的可持续实质上就是一种生态经济观,是建立在生态与经济相协调的基础之上的一种新的理性经济。"经济增长总是会带来环境破坏的危险性,因为经济增长造成对环境资源的压力的增加。但是以可持续发展思想作为指导的政策,要求决策者必须在制定政策时确保经济增长绝对建立在它的生态基础上,确保这些基础受到保护和发展,以使它可以支持长期的增长。"①"国际经济必须加速世界性的增长,同时要兼顾环境的承受能力。"②《我们共同的未来》报告中确立的可持续发展战略思想,以两个关键部分为基础:一是人类的共同需求,既是指当代人的需求也是指后代人的需求;既是指经济的需求也是指非经济的需求如资源、环境等等。二是环境限度,发展要以自然环境承载能力为限度,地球上的面积和空间是有限的,因而它所能提供的能源和资源也是有限的。人类活动必须在地球的可承受范围之内,如果人类社会经济活动对自然产生的危害超出环境承载的极限,让自然系统无法完成自我修复,长此以往就会造成生态系统与社会系统的失衡,进而导致人类社会发展进程的滞缓甚至是停止。这两个关键点的核心问题,就是人与自然关系的协调发展,环境与经济的和谐共存,坚持生态经济发展,注重经济增长质的改变,从而实现经济可持续性发展。(3)社会可持续。可持续发展观中对社会可持续的表述,实际上就是"以人为本位"社会发展观的延续和升华,人作为生产生活过程的主体,既是可持续发展的目的所指,又是可持续发展的动力所在。社会可持续发展强调满足人类的基本需求,主张公平合

---

① 世界环境与发展委员会:《我们共同的未来》,王之佳、柯金良译,吉林人民出版社1997年版,第49页。

② 世界环境与发展委员会:《我们共同的未来》,王之佳、柯金良译,吉林人民出版社1997年版,第111页。

理分配,注重代际平衡和代内平衡,既要满足当代人的发展需求又要兼顾后代人的基本需求,使人、经济、社会、自然保持协调关系和良性循环,实现社会利益眼前与长远的辩证统一,只有坚持这种统一,社会发展才能可持续。进而言之,生态、经济、社会三者是不可分割的有机整体,因此可持续发展观主张生态可持续、经济可持续以及社会可持续的有机统一,人类在前进过程中不仅要追求经济效益,还要兼顾社会公平、人的全面发展以及生态和谐。

《我们共同的未来》中所展现的可持续发展观因其理论上的合理性和解决生态环境问题的针对性而很快得到了国际社会的高度认同。1992 年,在巴西"联合国环境与发展大会"上出台了《21 世纪议程》《里约热内卢环境与发展宣言》等五个重要文件,深刻阐释了环境保护和发展之间相互依存、休戚与共的内在联系,并且开启了可持续发展由理论转为战略行动的征程,成为人类变革传统发展方式、实施可持续发展的转折点。此后,可持续发展观在实践中得到进一步发展,愈益成为世界各国的普遍遵循。

可持续发展观是由人类生存的自然环境入手,吁求人们正视经济、自然环境与人的和谐共生关系,极大地改变了人们对发展的认识,不再像传统发展观那样将经济增长看作是发展的唯一标准,而将发展的目标由经济增长拓展到经济、社会、生态及人的可持续发展,更加注重经济、社会、文化、环境以及人类发展的可持续性。可持续发展观深入关注人类生存发展时间的持久性和空间的延续性,它不仅超越了综合发展观"发展=经济增长+社会变革"的二维阐述,而且超越了佩鲁新发展观"发展=经济增长+社会变革+人"的三维理解,以生态环境作为发展的大前提,形成"发展=自然+经济+社会+人"的四维观念,同时将时间维度引入发展概念之中,体现了新型发展观的演进成果和对传统发展观的全面扬弃,切合发展的时代诉求,因此它在全球范围内引起共鸣,成为国际社会的普遍共识。但它与综合发展观、佩鲁的新发展观一样,染有浓厚的西方色彩,没有从社会制度、生产方式等更深层次揭示生态危机产生的现实根源,看不到资本主义私有制及其逐利本性是生态环境问题产生的根本原因,因此找不到解决生态环境问题的根本出路。这是国际社会新型发展观的共同缺陷。

从综合发展观到佩鲁新发展观再到可持续发展观的演进,在不同侧面呈现出发展理论的层层递进。发展由单纯注重经济增长到关注社会综合发展,由注重"物本"到坚持"以人为本",由寻求社会矛盾的解决途径到探索社会经济建设与生态环境保护矛盾以及代际发展问题的解决之道,这一步步的理论深化,都是对传统发展观作出的反思和扬弃,也体现了在不同时期从不同角度对发展问题的接续思考与进步。

三、缺失对资本主义制度批判的绿色发展思想成分

由上述可知,国际社会新型发展观的根本缺陷在于缺失对资本主义制度及其生产方式反生态性的深层次批判,未找出解决生态环境问题、以求人类"共同未来"的根本之道。不过它作为反思和扬弃传统发展观、回应时代发展诉求、解决时代发展问题的理论凝结,包含一系列颇有见地的思想观念,关涉人与自然、人与人、人自身绿色发展的诸多思想成分,为中国马克思主义绿色发展观的形成与成熟提供了有益启迪和借鉴。

一是综合发展的观念。国际社会新型发展观扬弃传统发展观所倡导的"发展就是经济增长"的观念,反对将经济增长视为发展唯一目的的主张。综合发展观认为:发展不仅在于数量上的增长,而且在于质量上的提升;不仅是经济上的增长,而且是社会和文化上的进步。一味追求经济增长,不求社会和文化的进步,会导致贫困、失业、不平等问题愈发严重;即使经济增长了,而贫困、失业、不平等问题得不到缓解,也不能称之为发展。发展与增长是两个不同的概念,发展不是单一的经济增长或社会物质财富在数量上的简单相加,而是以经济增长为基础的社会各个要素相互协调的综合上升运动。这些思想观点不仅启示国际社会将"综合发展"进一步拓展到人的发展和生态环境的保护,而且对当代中国的绿色发展具有启示意义。绿色发展固然不是单纯的经

济增长,追求单纯的经济增长不仅不能实现绿色发展,而且会引发生态危机,这已被历史所证明。但绿色发展也不能抛弃经济增长,经济增长所产生的物质力量是推动社会一切因素发展以及绿色发展的基本前提,没有经济力量作为支撑,任何其他的发展都如同无源之水、无本之木。就社会而言,如果人贫困交加,连生存问题都难以解决,何谈属意绿色发展。因此,绿色发展需要经济增长,特别是经济的高质量发展及其与社会因素的综合发展作为条件支撑。当代中国绿色发展的推进与经济、社会的综合发展是相伴而行的,新时代中国的绿色发展作为生态文明建设之道,必须也能够与经济的高质量发展、共同富裕、社会建设等有机结合,实现综合发展。

二是以人为中心的观念。国际社会新型发展观针对传统发展观"以物为中心"和"见物不见人"的弊端,突出人在社会发展过程中的主体地位,提出了以人为中心的观点。佩鲁认为,不管是在纵向上由诸多子系统构成的社会系统"整体性"发展,还是在横向上各个部门、地域和社会人群之间的"综合性"发展,以至立足于本国国情,独立自主地探寻适合本国发展道路的"内生性"发展,其动力、目的和归宿都是"为一切人的发展和人的全面发展",都要坚持以人为中心,而这一切又离不开文化价值的作用。可持续发展观将生态环境和时间因素引入发展之中,将人进一步展开为当代人与后代人,显露出环境公正、代内公正、代际公正的伦理文化思想。人与自然是一个有机的整体,因此为了人的更好生存与发展,就必须公正对待生态自然,保护生态环境,而不能以牺牲环境来换取一时的经济增长。"满足当代人的需要",是要满足所有当代人的需要,而不是牺牲穷国只满足富国,牺牲穷人只满足富人。"不对后代人满足其需求的能力构成危害"是从人类的长远利益考虑,主张当代人应对子孙后代负责,不能因后代人无法表达意愿而剥夺后代人生存与发展的条件。这在中国马克思主义绿色发展观中得到合理吸收和创新性发展。当代中国的绿色发展就是要"以人民为中心",突出人民群众的主体地位,满足人民群众的生态需求;就是要着力于经济建设和生态环境保护的高度统一,实现绿水青山与金山银山的良性循环;就是要提供最公平的良好生态环境,让人民群众共享绿色福祉;就是要放眼未来,为子孙后代留下永续发展的"绿色银行"。

三是"经济—生态—社会"整体可持续发展的观念。可持续发展涉及到自然、环境、社会、经济、科技、政治等诸多方面,概括起来,其理论内容主要包括经济、生态、社会的可持续发展,并以环境公正、代内公正、代际公正的价值取向相贯穿。经济可持续发展不排斥经济增长,但更注重依靠科技和管理创新来提升质量、增进效益、节省资源、友善环境,变革非生态的生产和消费模式,推进清洁生产和合理消费。生态可持续发展是要在促进社会经济发展的同时保护生物多样性和生态完整性,减少环境破坏,促进生态修复,将人类的发展控制在地球承载力之内。社会可持续发展是要以改善人类生存质量、实现人类社会进步为目的,努力摆脱贫困,推动社会向人们公平享有教育、医疗卫生和生态福利的方向前进,同时有利于子孙后代的发展。

上述三个方面理当协调推进而忌相互割裂。漠视生态保护和社会进步,一味以求经济发展,结果将会是竭泽而渔、人为物役;缺乏经济保障和社会目的,孤立企求生态保护,结果将如同空中造楼、无的放矢;放松经济发展和生态保护,单纯求取社会进步,结果必然是缘木求鱼、竹篮打水。总之,经济可持续是应有要求,生态可持续是自然基础,社会可持续是目的旨归,可持续发展所追求的是"经济—自然—社会"复合系统的协调持续发展。中国共产党人汲取可持续发展观的合理内核,依据我国国情和中国特色社会主义的制度优势,在1995年党的十五大上正式将可持续发展确立为国家战略。2005年党的十六届五中全会提出要建设资源节约型和环境友好型社会,将可持续发展战略引向深入。科学发展观是可持续发展观中国化的进一步升华,其中所述全面协调可持续的基本要求与可持续发展观有着直接的关联,而关于以人为本核心立场以及统筹兼顾根本方法的具体阐释则超越了国际社会的新型发展观,展现了发展在依靠力量、目标追求上的人民性和统筹解决现实问题的科学性。

绿色发展观因应新时代人民群众愈益强烈的盼环保、求生态的诉求,立足马克思主义生态自然观、价值观和方法论的继承与发展,在科学发展观的基础之上,突出"人与自然是生命共同体""绿水青山就是金山银山""良好生态环境是最普惠的民生福祉""共建美丽中国和美好地球家园"等理论创新,在绿色发展的实践部署中贯穿历史思维、战略思维、辩证思维、系统思维、创新思维、法治思维、底线思维等方法的运用,不仅体现了对"生态—经济—社会"整体可持续发展观中绿色发展思想成分的合理汲取,而且在人与自然和谐共生的理论依据、实践路径、价值旨归和思维方法上与时俱进,形成了中国马克思主义绿色发展理论与方法体系。

综上所述,国外生态思潮在反思生态环境问题的产生原因,思考发展的本质、目的、模式和趋向的过程中,试图重塑马克思主义理论体系的生态性,勾画生态社会主义的绿色蓝图,建立环境保护伦理原则与道德规范,主张社会综合发展、以人为中心的发展和可持续发展,尽管存在诸多偏颇甚至错误,但也内含丰富的绿色发展思想成分,对中国马克思主义绿色发展观现实形态的形成和学术形态的构建均具有借鉴意义。

第五章　中国马克思主义绿色
发展范畴论

绿色发展理念作为一种新发展理念,是习近平新时代中国特色社会主义思想的重要组成部分,是中国马克思主义绿色发展观走向成熟的标志。它内在地要求学术界的理性自觉,从学理上递进回答绿色、天人关系、绿色发展的本质是什么的基本问题,阐释与绿色发展密切相关的基本范畴,揭示生态绿色、天人关系、绿色发展的本质,从而奠定中国马克思主义绿色发展观基本理论研究的逻辑基础,为绿色发展提供实践准则和努力方向。范畴不一定成双配对,它可以各自分别从不同层面反映事物的本质,在特定的问题论域内贯通形成范畴体系。本章将在前述研究的基础上,吸纳当代生态科学等学科最新成果,因应中国马克思主义绿色发展观特别是其自然观、经济观的学理阐释,沿着对生态绿色、天人关系、绿色发展本质的递进追问,尝试构建中国马克思主义绿色发展观的范畴链条,丰富和创新绿色发展基本理论的范畴体系。

第一节　反映绿色本质的范畴

习近平指出,绿色是大自然的底色。顾名思义,绿色发展就是以大自然为底色的发展。从学术化探究的角度看,绿色是绿色发展的逻辑前置,欲正确把握绿色发展的理论意涵,首先要厘清绿色的本质。生态系统是与人类直接相关的大自然,其主色调为绿色,就此而言,绿色就成了生态系统的代名词,绿色的本质亦即生态系统的本质。当代生态学成果证明,生态系统在存在状态上是具有多样结构和旺盛功能的有机整体,在演变机制上是生物与环境的协同变化,在价值趋向上是朝着更加完善、更为有序、更有利于自身存续的方向演进。因此,绿色的本质可以用生生、协变、臻善三个基本范畴加以反映。

一、生生:生态绿色存在状态的本性

"生生"回答了"绿色"存在状态的本性问题。前一个生即生长、生育之意,是动词;后一个生即生命之意,是名词。"生生"反映了生态系统因其要素的有机关联而生机不断涌现、活力不断迸发的存在状态。

从结构基础看,在生态系统中"生生"的存在状态是多种要素的有机关联。

自然科学的进步特别是生态科学的发展为此学理阐释提供了丰富的科学基础。生态系统(Ecosystem)的概念出现于 1935 年,它的提出者是英国生态学家 A.G.坦斯勒。在他看来,在一定的时空中的生命有机复合体(即生物群落)与其环境因子复合体所形成的自然系统整体,就是生态系统,其中生命复合体通过与环境因子复合体的物质循环、能量流动和信息传递过程而得以存续。生态系统大小有别、类型各异,小如一珠水体、一洼水塘、一片草丛等,大如河流、湖泊、海洋、森林、草原、山脉等,展现为生态系统的不同层次和类型。大的生态系统内含许多小的生态系统,地球生物圈包含了地球上一切生命有机复合体及其生存环境因子复合体,是由不同层次和类型的生态系统所组成的超级生态系统。质言之,在特定时空中生命系统和环境系统组合形成的生态系统,是占据一定时空的自然界客观存在的多样实体。

生命系统包含生产者、消费者、分解者三个亚系统。这里的生产者是指绿色植物、光合细菌和化能合成细菌,它们通过光合作用,把日光辐射能变成化学能积聚于所合成的有机物中,给其他生物乃至人类提供生存必需品,因而又称为自养生物,它构成生态系统的初级生产力。消费者则是指以上述生产者为直接或间接食物的草食、肉食和杂食动物,它们必须通过消耗其他生物来维持自我存活,因而称之为异养生物。分解者是指将动植物机体及其排泄物等复杂的化合物分解成简单无机物的细菌、真菌和其他部分微生物,也是异养生物,它们所分解出的无机物在生态系统具有还原性质,故又称之为还原者。消费者和还原者利用初级生产产物构建自身的过程,形成生态系统的次级生产力。从生物之间的食物关系考察,生产者所固定的能量和物质通过一系列取食和被食的链条传递,与各级消费者乃至还原者形成捕食食物链、腐食食物链(碎食食物链)和寄生食物链。环境系统或称自然环境,包括能源(主要指太阳能)、光照、温度、风等气候因子,土壤、岩石、水等基质、介质以及各种无机元素因子等。这些物质是生物系统尤其是绿色植物进行生命活动所必需的自然条件。

　　生态系统之中,各要素之间不是孤立存在和杂乱无章的,而是彼此有机关联的。首先,其不同要素之间存在着一定的数量比,互相合理搭配,构成恰当比例。生态系统中最典型、最基本的比例是食物链能量利用的比例。1942年,美国的 R.L.林德曼(R.L.Lindeman)发现,能量在食物链传递过程中,各级有机体都要消耗掉一部分,通常只有 1/10 的能量传递到后一级生物,他把这一种能量的关系称为"十分之一定律"。组成食物链的各级动植物由此而排成数量及重量的金字塔,其中任何一级数量及重量的波动,都会通过生态系统的反馈调控作用而得以平复。第二,生态系统的不同要素在空间配置、排列顺序、物能利用上各得其所,生物群落都占有特定的生态位,并在特定生态位中以其独特的方式获得生存、生长、繁殖所需的物质和能量,展开其生息繁衍。第三,生态系统的不同要素相互依赖、相互补充、相互竞争、相互成就,在协同运动中维系整体结构的稳定。生物多样性是维持生态系统稳定性的前提。生物多样性内含着生态系统的多层次性,这些层次之间层层相包,便形成生态系统的层次结构。生物多样性越丰富,所包含的物种关联性就越紧密,生态系统的层次结构就越稳定。1955年,马克阿瑟(MacArthur)首次对生态系统中物种多样性与稳定性之间的相关性进行了探索和说明。他认为,物种的多少以及物种间相互作用的大小影响着这些物种所在生态系统的稳定性,其中物种的多少对生态系统的稳定性的影响是主要的,而物种间相互作用的影响则是补充性的。几乎同时,英国著名动物生态学家艾奥登(Elton)也提出:在相对简单的植物或动物群落,其要素类型和获取营养物质的途径较少,种群的波动易于造成毁灭性的影响,因而难以抵御群落环境因子的变故和外来物种的侵入;而相对复杂的植物或动物群落,其要素增多,相互作用的层次增加,系统内外的干扰,在复杂的生态网络中经过多层次的反馈调控之后,作用力降低,最终对系统造成的损害将微乎其微。例如,辽东半岛和胶东半岛曾一度松干蚧活动猖獗,引起赤松林、油松林树木大面积死亡,损失严重;而在同一地区的天然针阔叶混交林中松林却生长旺盛。之所以如此,关键在于油松林、赤松林属单种松林,生物结构单纯,肉食性昆虫很少,松干蚧几乎没有天敌,一旦生态环境对它有利就大肆繁殖,加上没有阔叶林隔断,它可以顺利蔓延和发展,造成灾难性后果。而在针阔叶混交林中,阔叶林可以为松干蚧的天敌异色瓢虫、捕虫花蝽等提供食物和隐蔽场所,又可隔断害虫的传播,从而提高了其稳定性。而且,生物多样性在维持生态系统稳定性的同时还使生态系统中的一切事物都有去向,彰显出充分的"经济性","由一种有机物所排泄出来的被当做废物的那种东西都会被另一种有机物当做食物而吸收"[1]。因此,生物多样性的"多"不是多余,而恰恰是"节约"。

概括起来,生态系统中多样要素的有机关联主要体现为这些要素的比例恰当、各得其所、协同运动。生态系统借此而整体平衡有序,生命体借此而世代生息繁衍,从而生机勃发、飞绿滴翠。

从功能作用看,"生生"的存在状态是生态系统所展现出的生机活力。

---

[1] 〔美〕巴里·康芒纳:《封闭的循环:自然、人和技术》,侯文蕙等译,吉林人民出版社1997年版,第30—31页。

生态系统自身的整体存续充溢着旺盛的生机活力。绿色植物、光合细菌以及化能合成细菌利用太阳能,将二氧化碳和水转化成有机物以维系自己的生命,并为所有动物以及我们人类提供生命原汁这一生态表现,显现着永不衰竭的生命活力。动植物在衰老死亡之后,被还原者分解为简单物质返归于环境,再从环境中产生出新的生命,将死亡变成"生命的转换站"这一生态作用,也洋溢着新陈代谢的生命绵延。生命的存续还使得诸如太阳辐射、大气、水、气候、温度等无生命的生态因子也汇入了不息的生命循环之流当中,仿佛这些无机的生态因子也拥有了生命气息,使得整个生态系统生机勃勃。人们在审视、欣赏禾苗茂盛的农田、郁郁葱葱的森林等生态景观时,使他们产生强烈心理感受的首先是这些景观所展现的生机活力。

生态系统的生物、非生物要素婀娜多姿、富有活力。动、植物的婀娜多姿、富有活力往往是生存竞争、自然选择的结果。例如鹤,长脚细嘴、雪白羽毛,外观超凡脱俗,被誉为"仙鹤",唐朝诗人元稹在《和乐天感鹤》中赞道:"我有所爱鹤,毛羽霜雪妍,秋霄一滴露,闻声林外天。"而实际上,鹤的这种特征是鹤对平原水际或沼泽地带觅食的适应以及交配期配偶竞争选择的结果。名山秀水的婀娜多姿、富有活力一般取决于其本身的自然属性。泰山如坐,主峰高耸,形体厚重;华山如立,山脊高窄,四壁陡峭;衡山如飞,云雾缭绕,形似大鸟;恒山如行,绵延不绝,逶迤起伏;嵩山如卧,没有高峰,形如眠龙。它们与人之间的自然关系一旦建立,便可以给人以生命气息、活力之感受。与此类似,秀水也由于其婀娜多姿、富有活力而使人赏心悦目。诚如车尔尼雪夫斯基所说的:"辽阔的、一平如镜的、宁静的水在我们心里产生宏伟的形象。奔腾的瀑布,它的气势是令人震惊的,它的奇怪突出的形相也是令人神往的。水,还由于它的灿烂的透明,它的淡青色的光辉而令人迷恋;水把周围的一切如画地反映出来,把这一切屈曲地摇曳着,我们看到水是第一流写生画家。"①

---

① 〔俄〕尼古拉·车尔尼雪夫斯基:《车尔尼雪夫斯基论文学》中卷,辛未艾译,上海译文出版社 1979 年版,第 103 页。

生态系统中的事物不仅婀娜多姿,而且色彩斑斓。蓝天白云,青山碧水,绿叶红花,⋯⋯看江上,"一道残阳铺水中,半江瑟瑟半江红"①,"日出江花红胜火,春来江水绿如蓝"②;望田园,"梅子金黄杏子肥,麦花雪白菜花稀。日长篱落无人过,惟有蜻蜓蛱蝶飞"③;赏山景,"千佛山上,梵宇僧楼,与那苍松翠柏,高下相间,红的火红,白的雪白,青的靛青,绿的碧绿,更有那一株半株的丹枫夹在里面,仿佛宋人赵千里的一幅大画,做了一架数十里长的屏风"④;观森林,知更鸟的红胸,蝴蝶的斑斓,果树的苔绿,野花的多彩,溪流的水花,雨水的折射,大气的漫射,山石的反射,天空的白云或雾气的朦胧,交织成迷人的七彩画面,展现出以绿为底色的生态活力。马克思说:"色彩的感觉是一般美感中最大众化的形式。"⑤对人而言,生态系统的旺盛活力通过以绿为底色的绚丽景象而映入眼帘,生命的搏动,自然的生机跃然脑中,既赏心悦目,也可以在精神的升华中趋向绿色和谐的形上境界。

但人对以绿为底色的生机活力的反映,往往不是纯感性的活动,在大多数情况下都有知识经验的介入和其他认识能力的参与。如果主体因其知识经验的介入、记忆和想象的参与而产生关于绿色的联想感受,那么这种感性直观中的"绿色"就是联觉性的了。在人的各种感觉中,色觉的联觉效应最为凸显,它所兼有的冷暖觉、离合感等等已为心理学所确证。红、橙、黄等颜色往往使人联想到太阳和烈火,具有热情奔放、刺激感强的特点,使人产生温暖感,故称暖色;青、蓝、紫等颜色往往使人联想到碧空和寒水,具有安静、稳重、凉爽的特点,使人产生寒冷感,故称为冷色。暖色有离心扩张、逼近观众的感觉,冷色有向心收缩、离开观众向后退缩的感觉。绿色作为蓝色和黄色等量调和而产生

---

① 邓绍基、周秀才、侯光复主编:《中国古代十大诗人精品全集》,大连出版社1997年版,第190页。

② 陈冲敏选注:《唐宋词一百五十首》,天津大学出版社2009年版,第13页。

③ 高克勤编选,曹明纲注评:《宋诗三百首》,上海古籍出版社2000年版,第231页。

④ 刘鹗:《老残游记》,古籍出版社2005年版,第10页。

⑤ 《马克思恩格斯全集》第31卷,人民出版社1998年版,第549页。

的中性色调,在人的联觉中,冷与暖达成和谐,离与合两极相通,退与进获得统一,对蓝和黄暂时被束缚起来的潜在活动性的宁静感受油然而生。[1] 联觉性的"绿色"既表现出高度的宁静与和谐,又展示着旺盛的活力。

而且,人们都"生活在来自过去的事物之中"[2],故主体在反映客体时难免要受到文化传统、民族习惯、思维方式的影响。如果因为文化传统、民族习惯、思维方式的介入而产生关于"绿色"的文化感受,那么人对"绿色"的认知就具有了象征意义。黄河流域的黄土高原哺育了中华儿女,孕育了中华文化。这种文化的积淀造成了中国人对黄色的崇尚,从轩辕黄帝到后世皇帝(皇黄同音通假),从黄冠黄袍到琉璃黄瓦,都充分说明了这一点。蔚蓝色的爱琴海滨保障了古希腊人的繁衍生息,成为西方文化的发祥地。蓝海再加上阳光特别是朝霞、晚霞的照射,便折射出紫外线,形成大海深处的紫色。因此,蓝与紫是西方人特别尊崇的两种色调,如在罗马帝国,皇帝的专用服色就是紫色的。概言之,在中国人看来,黄色象征着威严和尊贵,体现了黄土文明恋土情结的特质;而在西方人眼里,蓝色象征着神圣和高贵,展示了蓝海文明亲水情结的偏好。绿色乃蓝色与黄色的调和,故在人的文化认知中,"绿色"便象征着蓝海文明与黄土文明的相容互补,象征着在水与土互渗结合中化育出的生命的绵延不息。[3] 于此,生态系统所展现出的生机活力在人对"绿色"的文化认知中得以升华,成为"绿色"之"生生"本质的文化映射。

生态系统的生物、非生物要素不仅有色,而且有声。流水淙淙,虫鸣啾啾,鸟啼唧唧,蝈蝈吟唱,燕子呢喃,虎啸猿啼,风起松涛,雨打芭蕉,飞瀑飒飒,……这些自然之韵构成和美的声响,通过生命的咏唱展现出生态的生机活

---

[1] 　参见[俄]瓦西里·康定斯基:《论艺术的精神》,吕澎译,上海人民美术出版社2014年版,第45—49页。

[2] 　[美]E.希尔斯:《论传统》,傅铿、吕乐译,上海人民出版社1991年版,第45页。

[3] 　参见黄志斌:《"绿色"辨义:从感性直观到知性分析再到理性综合》,《科学技术与辩证法》2003年第3期。

力。诚所谓："非必丝与竹，山水有清音。"①难怪在我国许多名山秀水都建有"听泉亭""松涛亭"等。"高歌谁和余，空谷清音起。非鬼亦非仙，一曲桃花水。"②天籁和韵，生机盎然，令人陶醉。

将上述关于生态系统及其要素的功能作用综合起来，"生生"所反映的就是生态系统自身及其在人的认识中所展示的生机活力，它构成"绿色"之本质的重要方面。

进一步考察生态系统的要素活力与整体活力的关系，系统整体活力旺盛内在地包含了要素活力的适度显现和要素功能的高度耦合。其中，要素的活力是前提，生态系统要素毫无生机固然不行，生态系统要素活力显现不足或过度也不行，"不足"与"过度"都会成为生态系统整体活力的障碍。要素功能的耦合是关键，它由生态系统要素的关联程度所决定，关联程度越高，功能耦合就越紧密，生态系统整体合力就越旺盛，生物之间的功能耦合主要以食物链为载体。整体活力是归宿，"生生"功能作用的显现以整体活力的质和量为标志。西方深层生态学的代表人物奈斯曾提出："最大化的自我实现意味着所有生命的最大的展现"③，而非某个物种的过盛，也非人对他物的绝对主宰。"人获得了解放，除了个人的意志没有任何其他标准"④，这既是近代西方文明及其所派生的"自我实现"理念的进步所在，也是它的误区所在。肯定个体或要素活力的现实性是有进步意义的，整体活力正是个体活力适度显现的结果，那种扼杀个体或要素活力的整体实质上是没有生机的虚幻整体。但把个人意志作为唯一标准，内在着个人主义、自我中心主义的价值取向，显然会使人误入歧途，去片面追求个体或要素活力的旺盛，结果在个体或要素之间产生严重

---

① 辛志贤、韩兆琦等编注：《汉魏南北朝诗选注》，北京出版社 1981 年版，第 238 页。

② 邓绍基、周秀才、侯光复主编：《中国古代十大词人精品全集》，大连出版社 1998 年版，第99 页。

③ 徐嵩龄主编：《环境伦理学进展：评论与阐释》，社会科学文献出版社 1999 年版，第85 页。

④ [德]汉斯·萨克塞：《生态哲学》，文韬、佩云译，东方出版社 1991 年版，第 142 页。

内耗,最终导致整体活力下降。这就是说,个体或要素"生生"的现实性和合理性须在整体的"生生"中确定。

从时间特征看,"生生"的存在状态是生命体、生态系统的创进不已。现代新儒家的代表人物方东美认为:"根据中国哲学,整个宇宙乃由一以贯之的生命之流所旁通统贯。"①宇宙间充满了生命的"发育创造","而人则是这历程中参赞化育的共同创造者。"②在这里,将普遍生命视为宇宙本体显然是一种"生命本体论",不尽合理,但认为生命内在着否定当下存在状态的创造性冲动,并可通过这种创造不断演进,又是有可取之处的。"生生"之"绿色"绝不是甫现即逝,而是物质、能量和信息在不断地分合转化中化育生命、螺旋上升。生命体、生态系统本来就是现实存在与演化发展的统一体,"创进不已"既是生命体、生态系统存在状态的特征,也是其演化发展的特征。③

有机关联、活力旺盛、创进不已乃"生生"在结构基础、功能作用、时间特征诸方面的具体展开,映现出以绿为底色的生态系统的本质,亦即"绿色"在存在状态上的本质。绿色发展必须符合"绿色"的存在本质的规定性,将有机关联、活力旺盛、创进不已作为本然依据。

二、协变:生态绿色演变机制的实质

协变回答了"绿色"演变机制的实质问题。协变即生命体、生态系统与其环境的协同演变。"绿色"既是生命体、生态系统适应环境的结果,也是其适应能力的表征。不管是一棵树木还是一片森林,只要它飞绿滴翠,就说明它适应了所在地方的环境,亦即其自身具有适应该地环境的能力;相反,如果它凋零枯萎,就说明它不适应该地的环境,抑或其自身不具有适应该地环境的能

---

① 黄克剑、钟小霖编:《方东美集》,群言出版社1993年版,第161页。

② 黄克剑、钟小霖编:《方东美集》,群言出版社1993年版,第163页。

③ 参见黄志斌:《"绿色"辨义:从感性直观到知性分析再到理性综合》,《科学技术与辩证法》2003年第3期。

力。绿色生命体、生态系统的生长与发展必定伴随着它与环境的协同演变。

从机体自我生长看,绿色生命体、生态系统乃是一个自足的机体。自足就是动态平衡,作为生命力体现的机体自我生长能力的实现,就是生命体、生态系统之动态的平衡,生命力的客观现实性决定了绿色生命体、生态系统自足的可能性,环境的资源供给保障了这种可能性向现实性的转化。就生命体而言,其基因型的存在是其表现型的密码和图纸,这种密码和图纸按照其"翻译"机制在环境的物能供给和自然选择中不断丰富表现型的内容,逐步展开生命的历程,形成并维系着自身的动态平衡,直至走向衰亡其自身的动态平衡才被打破,但生命的世代繁衍则使其动态平衡在生物物种中持续不断。就生态系统而言,其动态平衡主要通过处于特定环境的生物之间的竞争与合作得以展现。生态系统中一起演化着的不同生物,往往都存在着以竞争求生存的关系。但这种竞争乃是合作中的竞争,具有广泛的合作背景,而且物种之间的竞争通常导致的不是灭绝而是多样性。在植物界中,并不是单一的优势物种展现生长和发展,而是众多生命体同存共生,高大的乔木下也生长着矮小的灌木或更矮小的草本植物,它们和谐地共处,分享着环境提供的自然资源。在动物界中,不同物种也展示出相互依存、相互制约、互利共生且与环境和谐的关系。多样的生命体之间的竞争与合作及其与环境的协同,形成了生态系统精致的食物链耦合。就此而言,生态系统的动态平衡往往是竞争的结果,同时又包含着竞争,如果人为地排斥竞争,最终将导致生态系统动态平衡的破坏。如 1907 年美国开巴高原 70 万亩范围内,生活着 4000 只鹿,也有山狮和狼等捕食者存在。后来人们为保护鹿群而捕杀山狮和狼。1924 年,山狮与狼被赶尽杀绝,鹿群繁殖到 100 000 只,当地食物无法供应,鹿群过度采食植物,两个冬春后鹿群便减少到 60 000 只,1939 年减少到 10 000 只,后来过了很多年这片草原都没有恢复元气。

从机体变化条件看,绿色生命体、生态系统的自足是不断与环境系统交换物质、能量和信息的开放性自足。时之交替,月之盈虚,周而复始,运转不息,它们各有其位，各当其时，和谐有序，常常阴阳有次序，风雨按时降，诚所谓"阴阳序次，风雨时至"①。正是由于宇宙环境这种普遍的和谐有序，才化育出绿色生命体、生态系统，使之各遂其生，各得其所。"和，故百物不失"②，"万物各得其和以生，各得其养以成。"③绿色生命体、生态系统都是开放的系统，与其环境都具有十分密切的联系。这种联系主要表现为："系统的环境要素及其本质属性的集合，它们不是系统的一部分，但是，其中任何一个的变化都会成为原因或造成系统状态的变化。"④一般而言，若环境要素的变化导致其与机体之间物质、能量、信息的交换不畅，或不能满足机体对有序结构、有效能量、有用信息的需要，生命体、生态系统的生机就会遭到扼杀；相反，若环境要素的变化能够维持甚至更好地实现其与机体之间物质、能量、信息的交换，满足机体对有序结构、有效能量、有用信息的需要，适宜于其中机体的持存与发展，生命体、生态系统的功能就会得到最好的发挥，呈现出勃勃生机，有时甚至会使生命体、生态系统在功能表现的优化中调适结构，提高生命体、生态系统自身的协同程度。即环境与生命体、生态系统的协同程度愈高，生命体、生态系统自身的协同程度也就愈高；生命体、生态系统的协同程度愈高，就愈呈现出勃勃生机。还有，若生命体、生态系统自身结构的变化在先，且能够适应环境要素的变化，与环境之间的物质、能量、信息交换有序高效，也可达成生命体、生态系统与环境之间的协同变化，从而展现生命体、生态系统开放的自足。

从机体演变发展看，生命力由于绿色生命体内在的遗传与变异的矛盾运动以及要素之间的健康互动，则进一步体现为生命自我否定即演变发展的自足。这种演变发展的自足也是开放的自足，它须在与环境的切合中获得现实性。绿色生命体、生态系统若不能从环境中获得有序结构、有效能量、有用信

---

① 上海师范学院古籍整理组校点：《国语》，上海古籍出版社1978年版，第128页。

② 王文锦译注：《大学中庸译注》，中华书局2008年版，第99页。

③ 《荀子·天论》，中华书局2015年版，第266页。

④ ［苏］B.Г.阿法纳西耶夫：《系统与社会》，贾泽林、苏国勋等译，知识出版社1988年版，第160页。

息,通过内化机制转变成机体的组成部分,使机体对环境表现出高度的适应性,其结果必定是"绿色"的褪去,何言生命体、生态系统的发展和创进不已。协同演变发展并非一定同步,可能是环境先行演变,生命体、生态系统嗣后发生适应性演进;也可能生命体、生态系统自身的创进在先,环境演变随后。不管谁先谁后,两者的协同演变发展都建立在相互之间物质、能量、信息的畅通交换的基础之上,换言之,生命体、生态系统能够甚至更好地吸收转化环境中的有序结构、有效能量和有用信息,乃是生命体、生态系统与环境协同演变发展的前提和标志。这样的协变显然是生命体、生态系统自身诸要素与特定环境诸要素作特殊耦合的结果,因此协变之"绿色"总是具体的。

机体的自足、开放的自足、发展的自足乃"协变"即协同演变在机体自我生长、前提条件、演变发展诸方面的具体展开,反映了以绿为底色的生态系统演变的本质,亦即"绿色"在演变机制上的本质。绿色发展必须符合"绿色"的演变本质的规定性,以机体的自足、开放的自足、发展的自足为本然依据。

三、臻善:生态绿色价值趋向的本象

臻善回答了"绿色"价值趋向的本象问题。"绿色"是生命体生机勃勃、活力旺盛的标识。"绿色"生命体不仅护卫着自己的身体,增加着自己的同类,而且蕴含着使自己的"种族"更加完善的演化趋向。因此,"绿色"生命体既从工具利用的角度来评判其他生命体和地球资源,也从内在的角度来评价其他生命形式的完善性,既受到环境和其他生命体的选择,也选择环境和其他生命体,从而"创进不已",在显现自然价值的同时创生新的自然价值,使自然价值朝递增的方向演进。

把"绿色"生命体放到生态系统中,可以更清楚地看到也更容易说明向上的价值趋向。生态系统不仅维持着其中各物种的存续、促进各物种生命形式的完善,而且蕴含着产生新的物种种类并使新、老物种和睦相处的趋向。因此,"绿色"的生态系统是一个不断演进着的网状组织,其中各物种

互为目的与工具,内在价值与工具价值彼此交织与互动,形成为一个功能整体。在这个功能整体中,"内在价值恰似波动中的粒子,而工具价值亦如由粒子组成的波动"①,内在价值与工具价值融合为充满创造性的"系统价值",使得自己朝着更加多样、和谐、复杂、美丽的方向演进,实现着自然价值的递增。

现代科学认为,地球形成之后,最初是没有生命形态的,只是到了大约38亿年前,才由地球的化学动力机制孕育出了最简单、最原始的生命——无核生物。原始生命历经10多亿年的漫长进化,又创生出能够进行光合作用的蓝绿藻和细菌,逐渐给大气充氧,使游离氧大量积累,为更为复杂的生命形态的诞生和发展创造了条件。而被生命改变了的新的宏观环境又推动着生命物种的微观进化,一旦微观进化产生出更新的物种之后,不断演化出来的物种之间便建立起一种复杂的关系,并共同改变着原有的环境。于是,生命与环境就在宏观与微观的交互作用、相互促进中协同进化、创进不已。这种富有创造性的协同进化,最终化育出了今天的生态系统。生命在进化过程中的创造性是不容否定的,如果把生物物种的进化仅仅当成消极地适应环境,被动地接受自然界筛选的结果,那么,地球上的生命和环境绝不可能演进到现在这样的美丽境界。

生命、生态系统价值增值的进化成果得以维系、积累的客观依据,在于自然系统层次结合度的递减原理。美国系统论专家E.拉兹洛曾在总结最新科学成果的基础上揭示了这一原理:"当我们从初级组织层次的微观系统走向较高组织层次的宏观系统,我们就是从被强有力地、牢固地结合在一起的系统走向具有较微弱和较灵活的结合能量的系统。"②这就是说,在一个个层次结构中,随着层次由低到高的推进,呈现出系统结合度的递减趋势。具体体现

---

①　徐嵩龄主编:《环境伦理学进展》,社会科学文献出版社1999年版,第55页。

②　[美]E.拉兹洛:《进化——广义综合理论》,闵家胤译,社会科学文献出版社1988年版,第32页。

为:从将夸克结合为基本粒子的超强作用、将质子和中子结合为原子核的强相互作用,到将原子核与电子结合为原子的电磁相互作用、将有机小分子结合为生命大分子的肽键及氢键,再到细胞器之间、细胞之间、组织之间、机体系统之间的结合,以至于生物群落和生态系统的维持,其自然力量依次弱化。这就决定了在自然界中,即便高层系统解体,作为其"零部件"的低层系统也可相对稳定,从而在条件具备时这些"零部件"又结合成或纳入新的高层系统,如动物尸体腐烂降解成相对稳定的小分子和元素,即可成为植物合成有机大分子的原料,植物中的有机物则又成为动物的养料,并沿着食物链向高端传递,维系和积累着生命、生态系统价值增值的进化成果。

具有创造性的人是自然生命与生态长期价值创造的最高成就。人的主体性特质,使价值尤其是内在价值从潜在转变为现实;人的社会性特质,使自然价值的递增突变为社会价值的创造。但现实的社会价值的创造仍须以潜在的自然价值为条件,人类更好地生存与发展的环境基础在于自然价值的增值。故对人类而言,其"系统价值"乃是自然价值与社会价值的统一,若在创造社会价值的同时严重破坏了自然价值,则这种创造在总体上就不是"善"的创造,而可能是"恶"的创造。"绿色"的价值趋向应当是自然价值与社会价值的协同增值,诚所谓"天地与我并生,而万物与我为一"①。进而言之,人既是创造主体、责任主体,也是享用主体,社会价值的最终实现必须落实到人的具体幸福体验上,而且要趋向于使越来越多的人享有更高品质的幸福体验,臻于至善,否则就不是"绿色"的价值趋向,而是价值的异化。

臻善刻画了"绿色"的价值本质及其内在趋向。绿色发展必须符合"绿色"的价值本质的规定性,以自然价值与社会价值的协同增值为取向。

"生生""协变"主要是从存在状态与演变机制层面对"绿色"本质的"事实"性陈述,"臻善"则主要是从价值趋向的视角对"绿色"本质的"价值"性陈

---

① 《庄子·齐物论》,中华书局2015年版,第31页。

述,"生生—协变—臻善"乃是关于"绿色"本质的事实陈述与价值陈述相统一的"思维中的具体"①。对"绿色"本质的理性把握,不仅奠定了中国马克思主义绿色发展观基本范畴的逻辑起点,埋下了后续理论展开的本体性"种子",而且有助于"绿色"在不同实践领域及相关学科中有针对性的理解和应用,彰显"绿色"意蕴的世界观与方法论魅力。

第二节　反映天人关系的范畴

自人类诞生之后,就不可避免地面临千千万万的问题,其中关涉人类生存与发展的基本问题乃是人与自然的关系即天人关系问题。习近平指出,人与自然是命运共同体。这赋予了我们在学理上阐明这种天人关系之本质意涵、探究反映天人关系之范畴的学术使命。人作为万物之灵实际上也一直在以动物所不具备的劳动特质与自然进行物质、能量和信息的交换,续写着与自然的共处与和达。因此,天人关系的本质可以用劳动、共处、和达三个基本范畴加以反映。绿色发展的要旨是人与自然的和谐共生,其现实展开不仅要符合绿色生命体、生态系统的本质规定,而且更重要的是归依天人关系的本质,有利于人类更好地生存与发展。对反映天人关系本质的范畴予以阐释,在绿色发展范畴的学理探讨中是不可或缺的内容,是学术界深入研究中国马克思主义绿色发展观基本理论的重要课题。

一、劳动:天人之间物质变换的中介特质

人起源于自然但又高于自然,人直接起源于猿但又超越了猿。这高出之处和超越之点就在于人会劳动。劳动是人区别于其他动物的特质,是人之本质力量的体现。人为了自身生存和发展的需要,发明了能放大自身身体力量

---

① 参见黄志斌:《"绿色"辨义:从感性直观到知性分析再到理性综合》,《科学技术与辩证法》2003 年第 3 期。

的工具,并以工具为"中介"与大自然发生对象性关系。人类在劳动中将自身的本质力量凝结于自然对象之中,使天然自然人工化,变成劳动产品而加入人工自然。劳动产品及其所形成的人工自然不仅在人类物质生活中具有使用价值,而且在人类精神生活中产生审美效应。因此,人作为劳动者通过劳动工具作用于劳动对象,努力将单纯的天然自然变成更好地满足人生存与发展需要的人工自然与天人自然的复合体。

劳动不仅体现了人区别于其他动物的本质,而且在"物质变换"上反映了天人关系即人与自然关系的本质。用"物质变换"来定义"劳动",最早是马克思在《资本论》中提出的。马克思写道:"劳动首先是人和自然之间的过程,是人以自身的活动来中介、调整和控制人和自然之间的物质变换的过程。"①尽管马克思还曾提出过其他有关劳动的定义,但他首要体现的仍是劳动的物质属性,这种物质属性决定了劳动在人与自然关系中所处的基础地位,是实现二者之间物质变换的过程。并且这种过程是由人所主导和完成的,因此人理所当然地需要也可以对自身的劳动活动负责,调整和控制其中人与自然之间的"物质变换"。进而言之,这种"物质变换"所造成的生态后果,也是由人的劳动所引起的,其可控节点亦在于劳动。人要么对自身的劳动加以协调,保持从自然索取与对自然给予的平衡,从而维护生态的平衡;要么在这种平衡被人打破之后,通过自身劳动的优化来弥补。总之,劳动是人为了调整和控制天人之间物质变换而进行的活动。

这样的活动当然带有经过思考的、有计划的、向着一定的和事先知道的目标前进的特征,不然就谈不上对天人之间物质变换的调整和控制,只能像猿类那样,为获取食物而不断迁移和不停争斗。这样的活动必须具有"普遍性"的品格,即要有意识地按照自然规律来进行,不然也谈不上对天人之间物质变换的调整和控制,而只能像动物那样,按照它所属的那个物种的尺度和需要来塑

①　《马克思恩格斯文集》第5卷,人民出版社2009年版,第207—208页。

造物体。这样的活动必须集群进行,即要在社会群体的组织形式下进行,不然也谈不上对天人之间物质变换的调整和控制,因为单个人的"自然力"是对抗不了大自然的威力的。质言之,劳动具有目的性、能动性和社会性,因此恩格斯认为,人是劳动的动物。

劳动的目的性、能动性的内在根据是人的意识。意识作为高度完善、高度有序的特殊物质——人脑的机能,作为人所特有的对现实世界的反映,是以思维为核心,以感知、记忆、想象、情绪(感)、意志为要素的主观系统。有了它,人才能在展开活动之前将活动的结果预先以观念的形式存在于头脑中,所以"最蹩脚的建筑师从一开始就比最灵巧的蜜蜂高明的地方,是他在用蜂蜡建筑蜂房以前,已经在自己的头脑中把它建成了"①,否则就构不成劳动。有了它,人就可由表及里、由此及彼,把握自然的法则,从而用自然力来驾驭自然力,所以人能够运用自然规律来塑造物体,满足自身生存与发展的需要,从必然王国走向自由王国,否则,就不能够叫作劳动。质言之,劳动包含了也依赖于人的意识活动,故古希腊哲学家柏拉图说,人是理性的动物。

劳动和意识都与语言紧密相关。劳动的社会性需要有一根纽带行使交流信息、沟通感情的职能,从而将群体成员联合为一个整体。这根纽带就是语言,而且主要是符号语言。唯有它,才能适应社会劳动信息和感情交流的多样性和抽象性。意识特别是思维内容的概括性和继承性需要有一种抽象的形式来行使载体的职能。这种形式也是语言,而且主要是符号语言。借助它,人就有可能突破具体事物的感性羁绊,揭示隐藏于其中的内在性质和关系,推动人类认识从感性跃升到理性,并在人我之间、当代人与后代人之间进行认识的传递,使人类超越生物的遗传,实现文化的传承。质言之,"语言是一种实践的、既为别人存在因而也为我自身而存在的、现实的意识"②,故德国哲学家恩斯特·卡西尔说,人是符号的动物。

---

① 《马克思恩格斯文集》第5卷,人民出版社2009年版,第208页。
② 《马克思恩格斯选集》第1卷,人民出版社2012年版,第161页。

可见,从逻辑角度分析,劳动作为人的本质,通过人改造自然的对象化活动,展开天人之间物质变换的调整和控制,因此也就反映了天人关系的基本方面亦即天人关系的本质,它内在地包含了意识和语言,既说明对劳动范畴的把握不可或缺的其与意识和语言的内在关联,同时也说明天人之间物质变换的调整和控制离不开人与人之间关系的调整和控制。从历史的角度考察,劳动与意识、语言本来就是相伴而生、协同发展、受制于人与人之间的关系的。

首先是三者发生的同时性。劳动与意识、语言的胚胎形式是类人猿的前劳动、前意识、前语言。研究表明,猿类已经初步具有了制造简单工具的能力,能直接用生理器官对"工具"进行一定的加工,并利用这种"工具"作用于自然物,以获取生存资源,这可称为"前劳动"。猿类也有了初级思维的萌芽,能够将外界事件和动作程序内化为简单的主观经验,这可称为"前意识"。猿类还掌握了手势语,能凭借它将情绪性的(不是命题性的)主观经验传递给同类,这可称为"前语言"。在特定的地球环境条件下,随着类人猿生存方式的改变,涵容前意识、前语言的前劳动作为人类本质、天人关系本质的胚胎,在内在的相互作用中,便发育成形,脱胎而出。

第二是三者发展的同步性。人类进化与生物进化的内容有天壤之别,但进化的方式却无本质不同,他们所采取的都是全息进化的方式。生物物种和人类各自的特质要素往往交相制约,互为条件,一进俱进。劳动与意识、语言的进化就是如此,它们在社会发展的特定阶段,其状态和水平都是相互对应、相得益彰的。如在农耕文明时代,人的劳动主要是针对土地、使用农具的低水准农业生产劳动,靠天吃饭,与此相应的是人的意识水平低下,对自然规律及其相互间的关系认识甚少,对自然现象怀有敬畏之情,同时"道法自然""以时顺修""天人感应"等词语应运而生。在工业文明时代,人的劳动逐步过渡到利用各种自然资源的机器化乃至电气化、自动化生产劳动,人在改造自然的社会劳动中采取"掠夺"行动,与此相应的是人的意识水平提高,对自然规律认识增多,但对自然规律间的联系认识不清,对自然怀有征服主宰欲,同时"征服自然""主宰自然""战胜自然"等词语广为流传。在生态文明时代,人的劳动愈益普遍地展现为提高自然资源利用率、有益生态环境大保护、倡行生态工艺与农艺的生态化生产劳动,人在改造自然的社会劳动中注重人与自然的和谐相处,与此相应的是人的意识水平特别是生态意识水平普遍较高,对自然规律、生态规律、社会规律及其相互间的联系的认识深刻、重视有加,对自然怀有家园感,同时人与自然"和谐相处""协调发展""和谐共生"等词语普遍流行。

第三是三者取向的社会制约性。人的劳动的社会性,不仅决定了其内含的意识和语言的社会性,而且决定了三者取向的社会制约性。各种社会因素特别是社会制度及其生产方式所织就的人与人之间的关系,会影响劳动对人与自然之间物质变换的调整和控制的取向以及人的意识和语言的取向。如在资本主义制度及其生产方式中,资本家和工人的关系是剥削与被剥削的关系,资本家所追求的是榨取工人劳动的剩余价值,这就决定了它不可能以生态平衡、人民幸福为取向来调整和控制人与自然之间的物质变换,其意识取向主要是资本逻辑而非生态逻辑,其语言取向主要是"征服自然""主宰自然"而非人与自然的"协调发展""和谐共生",结果必然会产生人与自然的对立。马克思在《资本论》中,就通过阐释资本主义生产方式的弊端,揭示了人与自然之间的物质变换必然会产生一个"无法弥补的裂缝"①。他写道,在乡村,人们不断从土地上拿走产出物,"破坏着人和土地之间的物质变换,也就是使人以衣食形式消费的土地的组成部分不能回到土地,从而破坏土地持久肥力的永恒的自然条件"②。在城市,土壤产出物的消耗造成了环境污染,"在利用这种排泄物方面,资本主义经济浪费很大;例如,在伦敦450万人的粪便,就没有什么好的处理方法,只好花很多钱来污染泰晤士河"③。在资本主义制度及其生产方式下,由于工业资本的逐利性和全球扩张,这样的"裂缝"不仅无法弥补,而且

①《马克思恩格斯文集》第7卷,人民出版社2009年版,第919页。
②《马克思恩格斯文集》第5卷,人民出版社2009年版,第579页。
③《马克思恩格斯文集》第7卷,人民出版社2009年版,第115页。

会不断扩大。若要从根本上弥补这种"裂缝",实现"物质变换"的生态化,解决好生态环境问题,就必须对资本主义制度及其生产方式进行根本变革,用优越的社会制度及其生产方式取而代之。因此,马克思对取代资本主义制度的优越社会制度作了这样的描述:"社会化的人,联合起来的生产者,将合理地调节他们和自然之间的物质变换,把它置于他们的共同控制之下,而不让它作为一种盲目的力量来统治自己"[①]。中国马克思主义绿色发展观及其实践不仅证明了马克思主义生态思想的真理性,而且赋予了马克思主义生态思想以中国特色和时代特征,习近平生态文明思想及其在当代中国的实践则是中国马克思主义绿色发展观的最新理论成果和实践推进。其中,"绿色发展方式与生活方式"的有力推行,"绿水青山就是金山银山"理念的落地生根,"以人民为中心"的贯通展开等等,既展现出新时代中国人民在劳动及其所包含的意识和语言上的特质,也体现了中国特色社会主义制度及其生产方式在调整和控制人与自然之间物质变换上的优越性。

劳动展开过程中的"物质变换"必定伴随着"能量转换"。物质是能量的载体,凡物质皆具有能量,是故劳动在引起天人之间"物质变换"的同时,也就引发能量的转换。人对能量的利用方式和转化效率往往反映了其劳动的发展水平和社会的发展程度。在农耕文明时代,农业生产劳动依靠的是人力和畜力,再就是自然赋予的太阳能,人对能量的利用方式是简单、直接地利用少量的再生能源,总体利用率低下。进入工业文明时代,劳动工具逐步机械化、电气化、自动化,人类劳动的触角随之逐渐延伸到各种非再生能源,能量的转换呈现出多样化和普遍化的趋向,但此间盛行的主要是线性生产模式,加之资本主义逐利本性的影响,难以自觉追求和根本实行能源的高效低耗。发展到生态文明时代,互联网、物联网、智能技术等融汇到生产劳动的各环节和诸方面,循环生产模式日趋成熟、不断拓展,再生能源再度回归人们的视野,太阳能、风

---

① 《马克思恩格斯文集》第 7 卷,人民出版社 2009 年版,第 928 页。

能、潮汐能、地热能等开发利用的范围日益广泛、效率日渐提高,对非再生能源的替代步伐逐渐加快,这些不仅创新了人对能源的利用方式,而且在总体上提高着能源的利用率。

劳动展开过程中的"物质变换"还伴随着"信息交换"。物质不仅是能量的载体,而且是信息的载体,凡物质皆携有信息,是故劳动在引起天人之间"物质变换"的同时,也就发生信息的交换。"信息"是一个颇有争议的话题,有人做过详细统计,关于信息的定义多达70余种。控制论的奠基人维纳曾给信息下过一个带有哲学意味的定义:"信息这个名称的内容就是我们对外界进行调节并使我们的调节为外界所了解时而与外界交换来的东西。"① 就天人关系而言,信息就是人与自然之间交换的内容。在劳动中,人作为信源,可发出主观设定的目的性信息,并通过生理器官、生产工具等信道,将之输入作为信宿的自然对象,以改变自然对象的结构和性能,这是人对自然的作用。同时,劳动对象也可作为信源发出关于其本质和规律的自然信息,作用于人的感官,进而输入人的主观世界,转化为人的观念信息,这是自然对人的作用。可见,天人作用实质上就是天人之间的信息交换。人之目的性信息的对象化,必然导致天然自然的人工化;劳动对象之自然信息的主体化,则会推动人类知识的转化。于是,劳动所规定的天人之间的信息交换就成为人类物质文明、精神文明的原点;信息作为劳动中天人交换的内容也就成为人类文明舞台上的主角。它在天人之间的交换状况决定着人类的境遇。如果交换的信息特别是人的目的性信息符合自然生态的本性,人与自然就能和谐相处;相反,如果它有悖于自然生态的本性,自然就会报复人类,人类的生存与发展则会受到威胁。在农耕文明时代,人在劳动中敬畏自然、感恩自然,对象化到自然事物的信息主要是有关农产品及其生产环节的目的性信息,接收并主体化的主要是有关动植物繁衍生息、发育生长的规律性信息,这样的信息交换尽管总体上面窄量

---

① ［美］N.维纳:《人有人的用处——控制论和社会》,陈步译,商务印书馆2009年版,第3页。

小，但它符合自然生态的本性，因此，天人之间在总体上是和谐相处的。进入工业文明时代，人在劳动中主要将制造各种工业产品及其生产环节的目的性信息对象化到自然事物之中，除了融有大量的力学、物理、化学等规律性信息外，还包含了人对自然的征服主宰欲望和急功近利偏向，这样的信息交换尽管创造了前所未有的人工产品，却消耗了大量自然资源，造成了严重的环境污染，产生了诸多迥异于自然事物既有结构且自然界无法降解的人工"异物"，有悖于自然生态的本性，结果在取得对自然"胜利"的同时却屡遭自然的"报复"，因此，天人之间在总体上是对立冲突的。发展到生态文明时代，人在劳动中则愈益广泛地将绿色产品、生态产品及其生产环节的目的性信息对象化到自然事物之中，突出生态规律性信息的认知和运用，讲究人与自然的循环相济，因此，人与自然的和谐共生也就可期可待了。

概括起来，在蕴含关系上，劳动范畴是蕴含意识和语言的，或者说劳动范畴是将意识和语言作为要素包含于其中的，人通过劳动改变着天人关系，演绎着人类文明史。因此，恩格斯强调劳动是人类本质的集中体现，并认为"劳动创造了人"，相比之下柏拉图将人界定为理性的动物，恩斯特·卡西尔将人界定为符号的动物，就有失偏颇了。在外延划分上，劳动可区分为生态劳动和非生态劳动。从上述内容可以归纳出，生态劳动是人在宜人劳动环境中，运用生态工艺和农艺，生产绿色产品和生态产品的过程，其核心在于对生态本性和规律的遵依，要旨在于天人和谐相处，涵涉劳动者、劳动工具、劳动对象特别是劳动产品的生态化，需要适切理念、先进制度等做保障。在历史演进上，农耕文明时代的劳动尽管总体水平低下，但符合生态本性，暗合生态规律，结果维护了天人之间的原始和谐，因此可以说是一种低级的生态劳动；工业文明时代的劳动相对于农耕文明时代总体科技含量增加，对自然调整和控制的力度加大，但有悖于生态本性，忽视生态规律，结果导致了天人之间的对立冲突，因此可认为是一种非生态劳动；生态文明时代的劳动固然要以生态劳动的高度发展为方向，它是对工业文明时代非生态劳动的否定和农耕文明时代低级生态劳动的否定之否定。就此而言,"低级生态劳动—非生态劳动—高级生态劳动"构成人类劳动类型发展的螺旋式上升,展现了天人关系历史发展的辩证过程。新时代中国的绿色发展,以生态文明和美丽中国为努力方向,依托优越的中国特色社会主义制度及其生产方式,突出人民主体地位和生态福祉,"要提供更多优质生态产品以满足人民日益增长的优美生态环境需要"①,内在的要求事实上也正展现了生态劳动的魅力。

二、共处:天人之间并存不悖的共时性质

万物皆有时,时来不可失,人面临的首要问题是生存问题。孔子云:"己欲立而立人"②,意即要使自己站得住、立于世,就得让他人站得住、立于世,学会与他人共处。推而论之,共处是指事物之间的各得其所、共存相依。人与自然的共处在"生存"层面上反映了人与自然之间并存不悖的共时空间展现关系。

从自然观视角考察,空间上并存的事物恰恰是时间上演进分化的结果。宇宙自然经过亿万年的演进逐步形成了浩瀚星空,产生了地球,继而化育出生命。对于任何生命而言,生存都是第一位的。生命体在生息、繁衍和进化过程中固然"交相胜",充满着竞争,但"还相用",它们各自占据特定的生态位,与生态环境因子以及其他生命体并存于生态系统之中,呈现出"万物一贯"的景象。生命并存的形式丰富多样,既有诸如麻雀与海豚、蒲公英与水葫芦等毫无瓜葛的并存,又有诸如蚁群、蜂群、狼群、狮群等种群内部的共存,也有"禾谷类植物—昆虫—青蛙—蛇""树叶碎片及小藻类—虾(蟹)—鱼—食鱼鸟类""哺乳类—跳蚤—原生动物—细菌—过滤性病毒"等食物链上的依存,还有像海葵与小丑鱼、真菌与绿藻、鳄鱼与水石鸻等那样天衣无缝的共生,诚所谓

---

① 习近平:《决胜全面建成小康社会　夺取新时代中国特色社会主义伟大胜利——在中国共产党第十九次全国代表大会上的报告》,人民出版社2017年版,第50页。

② 陈晓芬译注:《论语·雍也》,中华书局2016年版,第75页。

"万物各得其和以生,各得其养以成"[①]。人与自然是命运共同体,自然的演进最终孕育出人类,在自然进化史的意义上,人类虽然位于生物进化谱系的顶端,但也只是一个新的物种而已,在其存在方式上延续生命的并存本性,与其他物种以及环境因子共处于地球生态系统这个统一体中,各得其所,各遂其生。首先,人的身体内部延续了先期产生的其他地球生命的并存本性,如人的肠道里就存在着无数的细菌,其主要功能是分解消化道内的物质,如果没有它们,人体就无法将进入肠道的碳水化合物分解成可以吸收和转化的各种酸性物质,以获取更多的营养和热量,而肠道里的细菌则通过人体获得稳定的食物供应。第二,人在与外部生命之间的关系上延续了生命与其外部生命之间的并存本性,如人与动植物的共生。第三,人与人之间延续了类似生物种群的并存本性,以聚族群居的方式生存,彰显出人的社会性。另一方面,人类的存续必须以生态系统中自然事物本然的并存为条件。尽管目前许多物种的灭绝似乎未影响人类的生存[②],但人的因素所造成的物种灭绝已呈现加速趋势,若不予遏止,长此以往人类在地球上就会成为孤家寡人。科学家指出,地球上没有人,其他物种可以继续在地球上生存;但要是没有植物,没有昆虫,没有飞禽走兽,人类至多只能存活几个月。即使不从人的利益考虑,人类也要尊重其他物种的生存,何况"人类属于地球,而不是地球属于人类"呢。损害其他物种的生存,就是威胁人类自身的生存。试想,把所有的野牛都杀光,所有的野马都驯化,草丛灌木消失了,空中的雄鹰不见了,那将是一种什么样的景象? 这一切,只意味着人类丰富生活的结束和苟延残喘的开始。

马克思主义认为,人起源于自然,但又与自然有本质的区别,人的本质集

---

① 《荀子·天论》,中华书局 2015 年版,第 266 页。
② 事实上,不仅物种灭绝会造成食物链的肢解,引起生态系统的退化,从而恶化人的生存境遇,而且某一物种种群数量的锐减也影响着人的生存状态。例如,据科学观测,地球上的野生蜜蜂正大量消失,这不仅导致我们吃到的野生蜂蜜急剧减少,而且造成花果的天然授粉率大为降低,人们不得不花费更多的人工成本,喷洒更多的人工激素来提高花果的授粉率,而这又会使花果品质显著下降。

中体现在劳动上。劳动作为人调整和控制天人之间物质变换的活动,内在地包含了劳动者、劳动工具、劳动对象,三者构成劳动展开的必要条件。其中,劳动者是劳动得以展开的人方面的要素,劳动工具、劳动对象是劳动得以展开的自然方面的要素,这在逻辑上说明,人与自然在劳动中的基本关系是共处的关系。自人类诞生之后,劳动就成为社会经济活动的基本内容和人类存续的重要方式,这历史地证明人与自然一直共处于劳动这个统一体中。

人从事劳动本来是为了调整和控制天人之间的物质变换,消解自然对人的不利影响,改善自身的生存境遇,但人的劳动若过度消耗自然资源和破坏生态平衡,则会导致劳动对象的消减和劣化,加深人与自然之间的裂痕。如前所述,在人类社会的不同发展阶段,劳动者的水平和技能、劳动工具的发展程度、劳动对象的范围和层次不同,劳动对天人之间物质变换调整控制的力度、取向和后果也就不同,这就决定了人与自然之间共处状况的不同。在古代农耕社会,劳动者的总体水平低下,所掌握的技能主要是农艺与手工,所使用的劳动工具主要是简陋的农具与匠具,所面向的劳动对象主要是宜耕的土地与少量的矿物,因此劳动对天人之间物质变换调整控制的力度微小,难以驾驭自然的桀骜不驯,只能在自然面前俯首称臣,但结果上却是生态系统在总体上的依然故我,未造成天人关系的人为破坏,人与自然之间展现为一种原始和谐的共处状态。进入近现代工业社会,机械化、自动化劳动工具相继问世和发展,劳动者掌握了机器设备的使用技能,劳动对象逐步扩展、不断深入各种生态自然物的内部结构,因此劳动对天人之间物质变换调整控制的力度日益加大,对自然的"征服"取向愈演愈烈,在自然面前常常肆意妄为,结果生态系统在总体上日渐衰退,自然对人的"报复"日趋强烈,天人关系遭到日益严重的人为破坏,人与自然之间原始和谐的共处状态被蒙上彼此伤害的阴影,蜕变为冲突频发的脆弱共处状态。在走向生态文明的当代社会,劳动者所要掌握的主要是生态工艺与农艺,所要使用的劳动工具主要是清洁生产设备,注重劳动对象向劳动产品转化的生态性,因此劳动对天人之间物质变换调整控制的力度大小主要以生态规律为依据和尺度,重视生态系统的修复和保护,结果必然是天人之间彼此伤害的阴影趋于消解,人与自然之间的共处状态更为和谐,从而展现出对近现代工业社会人与自然之间冲突频发的脆弱共处状态的辩证否定,以及向古代农耕社会人与自然之间的和谐共处状态的螺旋复归。

人类是命运共同体。人作为社会性的存在,不仅与自然共处,而且与他人、与社会、与其他文明共处。事实上,人我之间、人与社会之间、人与其他文明之间,都通过各种形式而共处并生,始终在共处中展开生产与生活。人若割断与他人、社会、他文明的共处关系,也就失去了存在的社会根基。人欲维持自身的生存,就要让他人、社会、他文明生存。如果人唯我独尊,唯我独立,强加于人,搞霸权主义、霸凌主义、单边主义,想以对他人、他国、他文明的生存威胁来换取自己的生存与成功,来证明和实现自我力量,最终结果必然适得其反,恶化自己的生存状态。

人与人的共处是有原则的。《中庸》有云:"和而不流"。"流",是对缺乏原则性的一种形象表述,就像水一样漫流,随势而下,没有定准;"不流",就是强调不能"随波逐流",不能"随俗从流",更不能"同流合污"。"和而不流",是指善于与他人相处但又不随波逐流,按照做人的原则办事。国家与国家之间的共处也是如此,不能委曲求全,而要按照平等互利的基本原则行事。习近平针对当今世界百年未有之大变局,面对挑战层出不穷、风险日益增多的境遇,继承和发展马克思的共同体思想,创新转化中国传统和而不流观念中的合理因素,创造性地提出"打造人类命运共同体"的倡议,强调平等互利基础上的同舟共济,坚决与霸权主义、霸凌主义、单边主义作斗争,将中国马克思主义"和平共处""和平与发展""构建和谐世界"的外交思想推向新境界,诠释了人类共处的当代取向和平等原则,彰显了天人共处与人类共处的内在统一性。

三、和达:天人之间协同发展的历时本色

人也罢,生态系统以及其中的其他物种也罢,不仅有保有自身的生存问

题,而且有完善自身的发展趋向。他(它)们在生存获得保障的基础上,还会求取自身的繁荣发展,而且发展往往是生存的保障,没有发展就会出现生存危机。孔子云:"己欲达而达人"①,意思是说,自己想要通达进取,就要帮助别人通达进取,其中的"达"的意思即通达、进达、腾达;在现代汉语中,由"达"构成的重要词语有发达、兴旺发达,发达又可以演绎为发展、进化,讲某种事物兴旺发达了也就是讲这种事物发展了、进化了;而"和"在中华传统文化和现代汉语中一般可作为和谐的简称,主要意思是协调、协同。将"和"与"达"的意思综合起来,和达就是指不同事物在相互支持中所展现的时间维度上的共趋发达,协同发展。推而论之,人与自然的和达就是指两者在"发展"层面上相互促进的历时互动关系。习近平所说的"人与自然和谐共生"就是两者在共处的基础上的和达。从语义上分析,"生"即生命、生存、活力旺盛、生机勃发,"和谐共生"也就是人与自然生存与共、发展相谐。如果说人与自然的共处主要意指两者共时生存的并行不悖,那么和达主要反映的就是两者历时发展的耦合协同。"人与自然和谐共生"在共时和历时"双重"维度上综合反映了人与自然关系的本质。

现代系统科学表明:一切系统得以形成和发展都离不开系统要素之间、要素与系统之间、系统与环境之间的相互作用和彼此协同。人类是宇宙自然长期演化的结果,两者具有宇宙共同的物质基础和某些共同的自然发展规律(如系统进化的自组织机制)。正是这些共同的物质基础和规律决定了人与自然在特定的条件下能够共趋发达、协同发展。而且,人与自然在特定的时空构成要素与要素、要素与系统、系统与环境的关系,一刻不停地进行着物质、能量和信息的交换。人与自然这种以物质、能量和信息交换为纽带的相互作用、循坏反馈和彼此协同的关系,内蕴着两者和达的可能性。实际上,当代世界特别是中国强力展开的种种缓解生态危机、促进生态恢复、改善生态环境的行

---

① 陈晓芬译注:《论语·雍也》,中华书局 2016 年版,第 75 页。

动,则从一个侧面证明了,人们只要取向正确、决策科学、措施得力、实施到位,就能够将人与自然和达的可能性转变为现实性。

和达是共处的必然延伸,人与自然的共处必然要求人与自然的和达。尽管生物进化展示出自低级而高级、从简单到复杂、由种类少至种类多的总趋势,但从现实生态自然的整体形态看,却呈现为低等与高等同在、简单与复杂并存的空间共同体,都内在搏动着完善自身的发展趋向。人在生态系统中与其他生物物种一样,占据一定的生态位,欲求自身更好的发展,就得维护自然以及其他生物物种的发展,因为自然以及其他物种的发展会给人类的发展提供更为有力的支持。在处理人与家养的畜禽、种植的作物的关系上也是如此。人驯养畜禽、种植作物,是为了满足人的需要,但若只是一味从它们身上获取来满足自己的需要,而不给它们以食物、肥料、健康和安全等方面的保障,那么它们就难以有效地成为我们的产品和真正服务于人的需要,展现它们对人的价值。人只有对它们的生命予以尊重、保护和培养,才能从它们的生命中获得我们需要的价值物。如只有让牛吃草,牛才能为我们打谷;只有喂给马儿上好的草料,马儿才能应扬鞭而奋蹄。另外,由于特殊的社会发展方式而获得对生态系统强大影响力的人类,并不满足于仅仅在生态系统中生存,还要凭借自己的力量改造生态系统,消解不利于人的自然因素,放大有利于人的自然因素,从而不断提高自身的生存质量。因此,人与自然和达的主导方面是人而不是大自然,和达是自然过程的方向性和人类活动目的性的统一。

人的行为具有外部性,而且这种外部性有正、负之分。从人对自然行为的正外部性角度考察,人的发达可以为自然的发达创造条件,同时又以自然的发达为条件,这就构成了人与自然之间和达的循环。就人的个体层面而言,如果人自身发展水平提高了,具有适应绿色发展需要的知识水平、实践能力和价值取向,其行为就会促进生态系统的保护、修复以及其中生命的繁荣发展,而生态系统的生机勃发以及其中生命的繁荣发展,又会让人享有优美生态环境,身心健康发展,从而形成个人与自然之间的和达循环。就人的社会层面而言,社会经济、生态文化、生态文明制度体系的发达，意味着保护与修复生态系统的经济实力、文化氛围、科技水平和制度条件的强化，就会推动更多绿色经济和环保事业的投入，促进绿水青山的保有和展拓，而绿水青山又会吸引投资、聚集人气、拉升旅游，创造更多的社会财富，收获更大的金山银山，从而形成社会与自然的和达循环。人与自然之间的和达循环是一种良性循环，是人与自然和谐共生的努力方向和至高境界。

从人对自然行为的负外部性角度考察，人谋求自身发达的行为需要消耗自然资源的有序结构和有效能量，会使自然生态系统付出"代价"。人对自然行为的负外部性决定了人在谋求自身发达的行为中付出自然生态系统"代价"的客观实在性。另外，系统的进化与退化是相互包含的，系统整体的进化往往包含了局部的退化，系统整体的退化也往往包含了局部的进化；进化与退化是同存共生的，一个系统的进化往往以环境或别的系统的退化为代价，或者说一个系统的退化往往为另一系统的进化创造了条件。因此，就系统进化与退化的关系而论，人类的发达不可避免地要从生态系统中汲取有序结构和有效能量，这会引起生态系统的退化，付出生态环境的代价。但这并不是说，人类可以理所当然地虐待自然、戕杀动物、毁坏植被，相反说明人类在谋求自身发达的过程中要合理发挥人的主观能动性，优选优化对生态系统的作用，压低对自然有序结构和有效能量的消耗，将生态环境的代价降低到最低限度。而且，"植物是生态系统的初级生产者，深刻影响着地球的生态环境"[1]，这也要求人类保护好自然，保护好动植物，尤其是要努力使地球植被得以进化、兴旺发达，以通过其光合作用补充社会发展、人类进化所造成的有序物质和有效能量的消耗，抵偿生态环境所付出的代价，消解生态系统的退化，最好能使光合作用所合成的有序结构与有效能量与人的消耗相比有所盈余，从而保证人的发达与自然特别是生态系统的发达协同一致。这就是说，和达不排斥"代

---

[1]　中共中央文献研究室：《习近平关于社会主义生态文明建设论述摘编》，中央文献出版社2017年版，第145页。

价",但要求控制"代价"。一方面要尽可能地减少"代价",以最小的"代价"换取最大的发达;另一方面要尽可能地化解"代价",使"代价"得到彻底补偿,从而实现人与自然的整体动态和达。就人类历史进行考察,在古代农耕社会,科技和生产力水平低下,人类为求自身发达所消耗的自然的有序结构和有效能量在总体上小于地球植被光合作用的合成,人与自然在总体上也就处于低水平的和达状态。在近现代工业社会,与科技和生产力的不断提高以及征服自然的日益狂热相伴随,人类在谋求自身发达的过程中所消耗的自然有序结构和有效能量日益飙升,并且滥垦滥伐,肆意破坏地球植被,自然的有序结构和有效能量的合成不升反降,结果当然是"入不敷出",人类社会发展与生态系统活力的反差日益扩大,人与自然的和达也就谈不上了。进入走向生态文明的当代社会,人类正努力通过科技和生产力的智能化和绿色生态化高度发展,以及地球植被的保护和修复,平衡自然有序结构和有效能量的消耗与合成,日益彰显出人与自然的和达的可能性和现实性。特别是进入新时代的中国,坚定认识到"生态环境保护是功在当代、利在千秋的大事","建设生态文明是关系人民福祉、关系民族未来的大计"①,"气候变化关乎全人类的生存和发展"②,正大力推动形成绿色发展方式和生活方式,有效实施植树造林绿化、生物多样性保护和生态修复等工程,聚力共建美丽中国,并"积极参与国际合作,携手共建生态良好的地球美丽家园"③,展示了中国马克思主义绿色发展观的风采,将人与自然和达的内在要求转化为贴近人民的理论与实践,这无疑会绘就人与自然和达的绚丽景象和灿烂未来。

在人类社会中,人和自然的关系与人和人的关系是紧密相连、不可割裂

---

① 中共中央文献研究室:《习近平关于社会主义生态文明建设论述摘编》,中央文献出版社 2017 年版,第 7 页。

② 中共中央文献研究室:《习近平关于社会主义生态文明建设论述摘编》,中央文献出版社 2017 年版,第 143 页。

③ 中共中央文献研究室:《习近平关于社会主义生态文明建设论述摘编》,中央文献出版社 2017 年版,第 125 页。

的。因此，人与自然的和达就内在地要求人与人的和达。从理论上分析，任何人的发达都离不开社会的发达、群体的发达、他人的发达，孤立的发达是不存在的。以牺牲社会、群体、他人的发达来谋求自身的发达，虽暂时有可能侥幸得手，但从长远来看，终将遭到"报应"，危及人类自身的发达。危害社会、蛀蚀群体、算计他人，不让社会、群体、他人发达，实际上即恶化了自身谋求发达的外部环境，自身也就难以真正发达，甚至众叛亲离，抑郁终了，因此这样的发达犹如自掘坟墓。尽管目前人与人所处的社会发展有先后，制度有差别，贫富有悬殊，文明的特征、风格、信仰也相去甚远，有理由事实上也都在寻求各自的发达之路，但大家既然同处在"地球村"这一"宇宙飞船"之中，而且在同一国家内和群体中生存，就得遵守和达规则，与社会、群体、他人在和谐共处中共同发达，努力实现和达的循环。

　　人与人和达循环的基本原则是有关各方的平等互利。发达国家过去都有过侵略、剥削殖民地和讹诈战争赔款的不光彩历史，把自己的发达建立在延误别人发达的基础上，这显然不符合平等互利的基本原则，不可能形成和达的循环。在"全球化"之势不可阻挡的今天，发达国家应以和达规范为指引，帮助不发达国家走向发达，与此同时加快自己的发达，正如邓小平同志所分析的那样，"南方"国家不发展，"北方"国家就难以进一步发展。假如发达国家现在还是以牺牲不发达国家的发展来奢求自己的发展，一味地固守"冷战思维""零和博弈"，那么冲突就会加剧，积怨就会加深，战争就会爆发，"地球村"就会动荡，"宇宙飞船"就会倾覆，如此发达国家还能独善其身、顺利发展吗？同理，如果在一个国家内、在一个群体中，以牺牲他人的发展来博得自己的发展，那么人与人之间的矛盾就会激化，社会就会出现动乱，"发达者"也就不会有安定有序、持续发达的社会条件。战争和社会动乱不仅给人造成灾难，而且会给自然带来破坏，使人与自然的共处大打折扣，把特定时空中人与自然的和达化为乌有。因此，要维护和构建人与自然命运共同体，实现人与自然和谐共生、和达循环，拥抱中国和世界的清洁美丽，在我国国内就要以人民为中心，践行社会主义核心价值观,构建社会主义和谐社会;在整个世界就要按照平等互利原则,打造和平发展、合作共赢的人类命运共同体,推动整个世界走向持久和平、普遍安全、共同繁荣、开放包容。同时,人与自然命运共同体的构建,既在人与自然层面展现了社会主义和谐社会和人类命运共同体构建的题中之义,又为社会主义和谐社会和人类命运共同体的整体推进筑牢物质基础、注入前行动力。将天人和达与人类和达相统一,是中国马克思主义绿色发展观的独特内涵和优越性所在,体现了马克思主义的一贯立场和博大胸怀。

劳动从物质变换层面反映了天人关系的本质,共处从共时生存层面反映了天人关系的本质,和达从历时发展层面反映了天人关系的本质,三者层层推进,形成对天人关系本质的综合反映。

第三节　绿色发展及其同体化范畴[①]

前述反映生态绿色的范畴和反映天人关系的范畴为绿色发展范畴的学理阐释奠定了基础,同时亦逻辑地要求对绿色发展的本质予以直接阐释。显而易见,绿色发展是中国马克思主义绿色发展观这一命题表述的关键词,故此它是一个核心范畴。而对其本质的揭示又与绿色资产、绿色福利直接关联,三者都是以绿色生态为本体所展现出来的当代发展意指的不同侧面,它们血脉相连、一体三面、交相映涵,具有本体关联的不可分割性,说明绿色资产、绿色福利是绿色发展的同体化范畴。邓小平关于绿化祖国、造福后代,经济发展必须与人口、资源、环境相协调的思想,江泽民关于实施可持续发展的理念和战略举措,胡锦涛的科学发展观与推进绿色发展、建设生态文明的思想,习近平的绿水青山就是金山银山、良好生态环境是最普惠的民生福祉等生态文明思想,是马克思主义生态思想中国化的一个个里程碑,标志着中国马克思主义绿色

---

① 参见黄志斌等:《绿色发展理论基本概念及其相互关系辨析》,《自然辩证法研究》2015年第8期。

发展观的形成与发展,同时内在地要求学界展示绿色发展范畴研究的自觉。遗憾的是,学界迄今对绿色发展、绿色资产及绿色福利等绿色发展理论基本范畴尤其是三者之间的关系尚缺乏清晰、深刻的阐释,有碍中国马克思主义绿色发展观基本理论的深入研究及其实践的合理推进。本部分意即阐明绿色发展、绿色资产、绿色福利的范畴,并厘清三者的相互关系。

一、绿色发展

"绿色发展"这一术语的使用开始于 1987 年联合国环境与发展委员会发表的《我们共同的未来》研究报告。该报告的主要内容贯穿着可持续发展的思想,其中将绿色发展作为一个房地产发展的概念提出,它要求房地产开发必须考虑环境响应性、资源效率以及社区和文化敏感性三个方面的因素,即必须认真考虑房地产发展对社会和环境产生的影响。其中,环境响应性是指尊重自然的内在规定,最大限度地减少其对生态系统的损害;资源效率是指要减少资源使用、节能和保护环境;而社区和文化敏感性是承认每个社区拥有独特的文化价值,在房地产开发过程中要认真考虑这一因素,与可持续性明显的太阳能比较起来,"就地取材"远远没有太阳能板显得更为"绿色"[①]。2002 年,联合国开发计划署(United Nations Development Program, UNDP)提出,让绿色发展成为一种选择,"绿色发展"概念被拓展为一种新的发展模式而加以使用。2012 年,世界银行(World Bank)进一步界定绿色发展的概念,提出绿色发展就是"经济高质量增长,实现生产过程高效清洁和弹性化,使污染和环境损害最小化,以化解环境风险"[②]。随着国际社会对全球气候变化的关注,绿色发展逐步成为新的发展共识,并成为世界性的潮流和趋势。综合国外相关文献,绿色发展的内涵主要包括三个方面:一是强调经济系统、社会系统与自然系统

---

① 维基百科 https://en.wikipedia.org/wiki/Green_development。

② World Bank: Inclusive Green Growth: the Pathway to Sustainable Development, The World Bank, Washington D.C., 2012, p.171.

的共生性(Symbiosis),非常接近中国的"天人合一"思想;二是倡导以绿色科技、绿色能源和绿色资本带动低资源消耗、低污染排放的绿色经济增长模式;三是在全球治理上提出"共同但有区别的责任"这一基本原则,主张发达国家承担更多的绿色发展责任。学界普遍认为,绿色发展既是对传统工业化模式的根本性变革,也是对可持续发展理念的超越,它扬弃了人类中心主义的发展观,为人类发展史开创了物质文明和生态文明的和谐发展道路。

与绿色发展范畴同气连枝的是绿色增长。在维基百科中,"绿色增长"是一个用于描述以可持续方式使用自然资源的经济增长之路的术语。"绿色增长"一词可以追溯到 1989 年科尔比(Michael E.Cloby)提交世界银行的战略规划《发展中环境管理范式的演变》。[①] 随后在 20 世纪 90 年代,著名学者巴恩斯(P.Barnes)也提到可持续的绿色增长(continuous green growth)[②],但一直未受到重视。2005 年,由于亚太地区经济的快速发展给环境带来了巨大的压力,区域可持续发展面临挑战,亚洲及太平洋地区经济与社会委员会(Economic and Social Commission for Asia and the Pacific,ESCAP)提出要转变经济增长方式,追求"绿色增长"模式,同年,"绿色增长"概念被正式提出。2009 年,经济合作与发展组织(Organization for Economic Cooperation and Development,OECD)也开始关注"绿色增长",将绿色增长定义为"在防止代价昂贵的环境破坏、气候变化、生物多样化丧失和以不可持续的方式使用自然资源的同时,追求经济增长和发展"[③],并于 2011 年将绿色增长的定义修订为"在确保自然资产能继续提供人类福祉所需的资源和环境服务的同时,促进经济增长和发展"[④]。2012 年,联合国召开的"里约+20"可持续发展大会将"绿色

---

① 参见 Colby M E:The Evolution of Paradigms of Environmental Management in Development,Strategic Planning and Review Department,The World Bank,1989,p.10。

② 参见 Barnes P:Herbage Yields and Quality in Four Woody Forage Plants in A Subhumid Environment in Ghana,Agroforestry Systems,1998,Volume 42,No.1,pp.25-32。

③ 参见 OECD:Declaration on Green Growth,OECD Meeting of the Council,Paris,2009a。

④ 参见 OECD:Towards Green Growth,OECD Meeting of the Council,Paris,2011a。

增长"列为关键主题,提出要以经济范式改革为基础来推进绿色增长,这促使绿色增长在各国政治、经济和环境政策改进中得以渗入。① 有些学者甚至认为绿色增长是继农业革命、工业革命和IT产业革命之后的第四次浪潮。综合国外相关文献,绿色增长在内涵上一是指经济活动所呈现的低能耗、低物耗、低排放特征显著,能够实现经济增长与物能高消耗、废物高污染的脱钩;二是指当代人和后代人的资源消耗冲突不断缓解,社会绿色财富存量得以增加,人们的绿色福利持续提升;三是指通过绿色技术创新和制度创新,推动自然资本消耗的降低和人力资本效率的提高,进而达成实体资本生产率的提升。

可见,在国外研究文献中,绿色发展范畴更具有包容性,关涉社会系统、经济系统和自然系统三者之间的共生性和环境治理的全球性,而绿色增长范畴则是绿色发展范畴的核心和基础内涵,主要强调经济增长和评估自然资产对于人类福祉的贡献,但两者都聚焦于对传统工业经济增长理念的超越。就此而言,绿色发展范畴相对于绿色增长范畴具有更为基本和广泛的意义,是绿色发展理论中的核心范畴。

我国学术界对绿色发展范畴的研究晚于国外。2004年,侯伟丽从经济视角对绿色发展予以定义,认为绿色发展的本质是基于资源环境承载潜力,依靠高新技术,更多地以人造资本代替环境和自然资本,从而提高生产效率,推动经济增长逐步向低消耗、低排放的方向转变。② 随着人们对人与资源环境之间关系研究的深入,鉴于这种关系与人和人、人和社会关系的内在关联性,绿色发展的内涵和外延也相应变化,一些学者将绿色发展范畴的内容拓展到经济之外的更广泛领域。如李佐军就认为,绿色发展作为传统发展方式的辩证否定,是由人与自然尖锐对立以及经济、社会、生态相互割裂的发展形态,向人

---

① 参见诸大建:《从"里约+20"看绿色经济新理念和新趋势》,《中国人口资源与环境》2012年第9期。

② 参见侯伟丽:《21世纪中国绿色发展问题研究》,《南都学坛》2004年第3期。

与自然和谐共生以及经济、社会、生态协调共进的发展形态的转变。① 这一见解不仅丰富了绿色发展的内涵,突出了人与自然的和谐共生,而且将社会进步也涵括于绿色发展的范畴。蒋南平的观点与李佐军相似,他也认为:"绿色发展应建立在'资源能源合理利用,经济社会适度发展,损耗补偿互相平衡,人与自然和谐相处'的基础上。"②

学者们还立足绿色发展范畴与可持续发展的关系展开研究。杨多贵基于对全球气候变暖、世界金融危机、国内环境破坏和转方式调结构这四重挑战的分析,认为绿色发展是借助科技进步和绿色变革,应对现实挑战的可持续发展。③ 李晓西等人则认为,可持续发展是引导绿色发展的一种理念,基于绿色经济的绿色发展有助于推动可持续发展理念向现实的转化。④ 王玲玲等人对绿色发展的界定是:根据生态环境容量和资源承载能力,实施自然环境保护以实现可持续发展的新型发展模式,涵括环境、经济、政治、文化诸多方面的绿色前行。⑤ 以上几位学者都将绿色发展理解为实现可持续发展的一种途径或模式。还有学者将绿色发展看作是可持续发展的重要组成部分,如刘燕华就持这种观点,认为绿色发展是当代推动可持续发展过程不可或缺的部分。⑥

科学发展观提出后,学界即开始关注绿色发展范畴与科学发展观的关系。张哲强直截了当地提出,绿色发展是在传统发展基础上的一种模式创新,是科学发展观的重要组成部分。⑦ 赵建军则表明了绿色发展范畴与可持续发展、科学发展观等多个理念之间的内在关联:"绿色发展既要改善能源资源的利

① 参见李佐军:《中国绿色转型发展报告》,中共中央党校出版社 2012 年版,第 1—2 页。
② 蒋南平:《中国经济绿色发展的若干问题》,《当代经济研究》2013 年第 2 期。
③ 参见杨多贵、高飞鹏:《"绿色发展"道路的理论解析》,《科学管理研究》2006 年第 5 期。
④ 参见李晓西、胡必亮等:《中国:绿色经济与可持续发展》,人民出版社 2012 年版,第 10—12 页。
⑤ 参见王玲玲、张艳国:《"绿色发展"内涵探微》,《社会主义研究》2012 年第 5 期。
⑥ 参见刘燕华:《关于绿色经济和绿色发展若干问题的战略思考》,《中国科技奖励》2010 年第 12 期。
⑦ 参见张哲强:《绿色经济与绿色发展》,中国金融出版社 2012 年版,第 19 页。

用方式,又要保护和恢复自然生态系统与生态过程,实现人与自然的和谐共处。绿色发展与科学发展观、可持续发展、生态文明、低碳经济辩证统一";"绿色发展是指资源节约型、环境友好型的以人为本的可持续发展,强调经济发展、社会进步和生态建设的统一与协调。"①胡鞍钢对绿色发展予以系统分析,认为绿色发展是经济、社会、生态一体化,追求人与自然、人与人和谐的新型发展道路,它在本质上就是科学发展观,两者一脉相承。② 以上学者在当时语境下关涉绿色发展范畴的见解各有独到之处,但对绿色发展与科学发展观两者辩证统一的认识则是一致的。

综上所述,不同学者对绿色发展范畴的研究视角和侧重点不尽相同,因而所提出的观点难免有差异。若对这些观点的核心内容予以综合概括,便可形成以下关于绿色发展范畴新的界定,即:绿色发展是基于国土资源承载力与生态环境容量的约束条件,通过"绿色化""生态化"实践,推动人与自然日趋和谐、绿色资产不断增值、人的绿色福利不断提升,实现经济、社会、生态协调发展的过程。其中,国土资源承载力与生态环境容量是绿色发展的客观基础,"绿色化""生态化"实践是解决绿色发展所面临的现实问题的途径,人与自然日趋和谐、绿色资产不断增值是绿色发展在手段论意义上的目标亦即直接目标,人的绿色福利不断提升是绿色发展在价值论意义上的目标亦即归宿目标,经济、社会、生态协调发展则是绿色发展在"经济—社会—生态"复合系统上的结果展现。

进而言之,绿色发展与可持续发展是一脉相承的,两者的实质都在于选择一种变革传统发展模式的创新型发展模式。两者之间也存在区别,主要表现在两个方面:一是对生态环境的认识有所不同,可持续发展是一种着眼于长远利益和代际公平、以生态环境保护为基础的发展模式;绿色发展则在强调生态环境保护的同时,将生态环境因素作为发展的内在因素引入发展的模式体系。

---

① 赵建军、杨发庭:《推进中国绿色发展的必要性及路径》,《城市》2011 年第 11 期。
② 参见胡鞍钢:《中国:创新绿色发展》,中国人民大学出版社 2012 年版,第 33 页。

二是对生态环境的实践取向有所不同:可持续发展要求当代人的生产实践对生态环境资源的消耗不对后代人满足需要的能力造成危害,留给后代人足够的生态环境资源;绿色发展则要求当代人在生产实践中通过更多的绿色投入,谋求生态盈余,给后代人创造更多的绿色资产。因此,绿色发展又是可持续发展在理论和实践上的深化。

绿色发展与科学发展观具有内在的统一性。胡锦涛指出:"坚持科学发展观,贯彻节约资源和保护环境的基本国策,把人与自然和谐发展作为重要理念,促进经济发展与人口资源环境相协调。"①习近平进一步指出:"绿色发展和可持续发展的核心就是科学发展……科学发展,就是实现以人为本、全面协调可持续发展……"②科学发展观将协同推进人与自然的和谐发展提升到国家战略的高度③,这也正是绿色发展的基本要求所在;科学发展观追求以人为本,绿色发展也追求以人为本,习近平的新表述是以人民为中心,绿色发展与科学发展观在核心立场上具有内在的一致性。另一方面,绿色发展突出人与自然和谐程度的提高、绿色资产的增值,是科学发展观中关于人与自然关系思想的升华,与科学发展观形成整体与部分的关系;绿色发展将以人为本具体展开为提升人民群众的绿色福利,即更好地满足人民群众的生态需求,于此绿色发展凸显为科学发展观核心立场的具体深化。④ 需要说明的是,这里的以人民为中心所讲求的人民群众的绿色福利与生态绿色的本性具有同一性,体现了人的福利提升与自然生态保育在社会实践中的耦合,因此它超越了以人的利益为本位而罔顾自然的人类中心主义。

---

① 中共中央文献研究室:《科学发展观重要论述摘编》,中央文献出版社2008年版,第43页。

② 习近平:《携手推进亚洲绿色发展和可持续发展》,《光明日报》2010年4月11日。

③ 参见科学发展观丛书编委会:《科学发展观丛书:统筹人与自然和谐发展》,党建读物出版社2012年版,第75页。

④ 参见黄志斌等:《绿色发展理论基本概念及其相互关系辨析》,《自然辩证法研究》2015年第8期。

二、绿色资产

绿色发展内在地包含绿色资产的增值,绿色资产增值是绿色发展的直接目标,因此对绿色发展范畴的界定逻辑地要求进一步明晰绿色资产的范畴。国外关涉绿色资产范畴的直接研究较少,主要是把绿色资产与"绿色资本"或环境保护放在一起研究,例如皮埃尔·安德烈在他2013年出版的《绿色资本:增长的新视角》中,把推动世界经济增长且属于全人类可持续发展的资本称为绿色资本,并把这种增长定义为"绿色增长",还有就是多米尼克·霍格、伊吉奥吉夫等人2016年发表的《绿色债券融资对资源节约型投资的潜力研究》,将绿色资产和绿色债券融资相关联,把绿色债券视为基于绿色资产项目发行、吸引新投资者的一种手段。

国内与绿色资产范畴相关的论著相对较多,根据对已有文献的分析,学界关于绿色资产范畴的研究主要有以下两种路径:

第一种路径是把环境问题与会计理论结合起来,从绿色会计的角度对绿色资产进行定义,如刘琨等人认为:"绿色资产是指特定个体从已经发生的事项取得或加以控制,能以货币计量、预期可能带来未来经济利益的绿色资源。"与此相关联,他们还认为界定环境资源是否为绿色资产有以下三个标准,即:绿色资源未来效用的可能性,绿色资源计量的可靠性,以及绿色资产这一"特定财产"对于人类的共同性。[1] 还有学者对绿色资产的特征进行了论述,如王建明从生态资源维度说明了绿色资产的三个特征,即:绿色资产在开发利用上的不可恢复性,生态平衡机制对绿色资产变化的制约性,以及绿色资产的稀缺性。[2] 以上对绿色资产的理解,一是从经济学角度,强调绿色资产给人们带来的经济利益;二是从微观的角度,突出绿色资产是会计核算的主要内容。在当今绿色发展的背景下,绿色资产的内涵与外延在不断地延伸,表现为

---

① 参见刘琨、白英防:《绿色资产和绿色费用的确认与计量》,《绿色财会》2006年第2期。
② 参见王建明:《企业绿色会计理论与实践研究》,南京农业大学2005年版,第39—40页。

从经济领域扩展到社会领域和生态环境领域,从微观领域扩展到宏观领域,这就需要我们对绿色资产进行重新定义。

第二种路径是通过对绿色财富的内涵分析来理解绿色资产的范畴。有学者提出:"绿色财富是对环境友好的财富,是以保护人类健康繁衍为宗旨,实现经济、环境、社会和谐发展的物质财富、自然财富、精神财富、创造财富的总称。"①该定义强调了绿色财富涵括经济、环境、社会等领域以及类型的多样性。黎祖交认为绿色财富是:"以资源安全、生态安全、环境安全和社会安全为前提的,有利于人类健康繁衍,有利于人与自然、人与社会、人与人和谐共处,有利于经济社会可持续发展和人的全面发展的财富。"②这一概念注重绿色财富的安全性问题,以及对人类的发展和人与自然和谐所起的作用。胡鞍钢在《中国:创新绿色发展》中提出:"绿色财富是指在自然系统中,与人类生产生活密切相关的部分,包括阳光、空气、山河、矿藏、动物等物质和生命财富。相比经济福利,绿色财富是一种看不见、未被统计或未被价值化的生态财富,却是日益稀缺、更加珍贵的人类生存、生产、生活的物质基础,同样也是人类整体财富的一部分。"③这个定义侧重于各种生态要素的配置并且强调了绿色财富的稀缺性。传统经济学认为,资产在内涵上是指能够带给人们预期经济收益的财富,在外延上包括有形或无形两种形态。财富和资产之间的关系是:财富无所不在,有形或无形的财富可以通过契约的方式变成属于我们的资产。鉴于经济与社会、生态的有机关联,由上可以推论,绿色资产乃是可以给人们带来预期经济、社会、生态收益的契约化的绿色财富。

将上述观点予以归纳总结,可以给绿色资产下这样的定义:绿色资产是能够促进人与自然、人与社会、人与人和谐共处,保障经济、生态、社会安全,有利

---

① 《绿色财富理念挑战传统经济学 绿色财富论坛将在京举行》,《中国环境报》2005年11月17日。

② 黎祖交:《让绿色财富成为全社会共同追求》,《绿色中国》2011年第1期。

③ 参见胡鞍钢:《中国:创新绿色发展》,中国人民大学出版社2012年版,第52页。

于人更好地生存与发展的各类优质资产。具体来说,绿色资产的存在本身就起到对生态自然环境的保护作用,绿色资产的合理规划与利用,能够实现生态盈余,促进人与自然的和谐关系,在保育自然生态内在价值的同时为经济、生态、社会安全提供保障;绿色资产丰富多彩,既可以是有形的物质资产、自然资产,也可以是无形的精神资产、创造资产,具体展现为绿色经济资产、绿色文化资产、绿色社会资产、绿色生态资产;绿色资产的总量及其类型随着时间的推移、因应人的活动与生态自然环境演变的双重作用而产生变化,绿色发展保障着人的活动与生态演进的切合,推动着绿色资产的增值,而日益增加的绿色资产则能更多惠及社会成员乃至全人类的福祉和利益,在这个意义上,绿色资产可以说是社会成员乃至全人类所共有的,它是社会成员乃至全人类的公益性资产。这样的绿色资产是人对自然向善"再生产"的结果,体现了人与自然的本质统一,超越了非人类中心主义对自然本身内在价值和权利的单向度强调。

从经济学角度看,绿色资产是绿色发展的基础。经济的发展就是追求生产的不断扩大和以此来满足人们需要的能力的不断增强,而生产扩大的主要原因就是投入生产的资本的不断发展及其使用效率的不断提高,资本对经济发展起到基础性作用。与此相联系,绿色发展的实践展开离不开绿色资产的投入,通过投资绿色资产,可以获得更多的绿色资产的回报,从而给绿色发展奠定更为厚实的基础。进而言之,既有绿色资产是开启绿色发展的优质资源,绿色发展的实践展开引发绿色资产在量和质上的双重增值,而绿色资产的增值又成为进一步推进绿色发展的基础,由此形成绿色资产与绿色发展的循环共进,其中绿色资产在绿色发展中发挥着基础作用。

三、绿色福利

绿色资产增值是绿色发展的直接目标,但不是归宿目标,绿色发展的核心立场是以人民为中心,要提供更多优质绿色产品和生态产品以满足人民日益增长的绿色需要,其归宿目标是人的绿色福利的不断提升,因此绿色福利范畴的界定对于理解绿色发展的范畴不可或缺。当代社会,生态环境破坏所带来的问题越来越突出,不仅破坏了人与自然的和谐关系,而且影响了人类的生活质量与福利水平。20 世纪 70 年代初期,绿色运动在西方发达国家应运而生。绿色运动又叫生态运动或者环境保护运动,它彻底改变了传统的福利概念,逐步形成了绿色福利思想体系,基于生态质量的生态需要的满足已经成为当代福利的核心观念。于是,怎样准确把握人与自然的关系,转变"单调式生产"思想,实现社会公众绿色福利的最优化便成为世界各国政策议程的核心课题。

目前国内一些学者在界定绿色福利范畴时使用的是生态福利的术语。樊雅丽主张在社会政策的研究中引入生态福利的概念,并认为生态福利的本质与福利的本质要求具有一致性,生态福利的价值归宿是提高全体社会公众的幸福指数。① 樊雅丽的观点强调生态福利的目标在于追求人的生活质量的改善。张军认为:"福利与生态环境之间的关系实质是精神福利与物质福利的关系,是现实福利与未来福利的关系,是工业文明式福利与后工业社会式福利的关系,是人与自然的关系,是社会与环境的关系,是个人幸福与福利状况的大问题。"②此种观点强调了福利与生态环境之间的关系,生态福利的要点是"人—自然—社会"的和谐关系。张云飞提出:"自然生态环境因素是影响和制约人类日常需要和幸福安康的重要因子,我们将之称为生态福利。为了保证生态福利的实现,社会建设必须要有自己的生态方向。……要将人与自然的和谐作为社会建设的基本方向。"③此种观点强调了人与自然和谐在社会建设中的重要性,以及其对生态福利实现的根本性作用。胡鞍钢在《中国:创新绿色发展》一书中使用了绿色福利的名词,明确定义为:"绿色福利是在人类绿色发展模式下,人类的健康水平、安全状态、生活质量得以不断提高的发

---

① 参见樊雅丽:《生态福利的引入与社会化——一个社会政策的研究视角》,《河北学刊》2009 年第 6 期。

② 张军:《生态福利观念的兴起与医疗保障模式的转型》,《生态经济》2009 年第 1 期。

③ 张云飞:《试论社会建设的生态方向》,《北京行政学院学报》2010 年第 4 期。

展。"与此相联系,他还将绿色福利的涵盖梳理为人的安全发展、健康发展、全面发展三个方面。胡鞍钢明确给出了绿色福利的概念界定,强调了绿色福利的根本即是追求人的安全、健康和全面发展。

　　总的来说,绿色福利作为一种新的福利形态,倡导对人与自然关系进行重构,反对人类中心主义和传统的掠夺性的征服自然的发展方式。绿色福利观念的兴起标志着对人与自然的关系、社会与环境的关系的重新定位和反思,凸显了社会经济发展的归宿目标。绿色福利的本质在于:通过绿色发展模式下所增值的绿色资产,持续推进人与自然、社会与环境的和谐,不断提高生态环境的质量,从而让社会成员获得生态需要的递进满足,享有安全、健康、全面发展的愉悦和幸福。①

　　绿色福利的本质彰显了其与绿色资产、绿色发展的关系。首先,绿色福利的载体是绿色资产。在传统的经济理论中,社会福利大小与社会资产的多少并没有必然的联系,社会资产的衡量指标中,没有提及生态环境因素,某些社会资产的增加并不一定会给人们的生活质量带来提高,有时候甚至会适得其反,对人们生活质量产生负面影响。而在绿色发展理论中,则高度重视生态环境因素,强调绿色资产的增值。绿色资产能够在现在或未来提供有利于人与自然、人与社会、人与人和谐共处,提高人类的安全状态、健康水平以及物质生活与精神生活质量的服务流或产品流,因而是绿色福利的载体。绿色资产的增值将带来绿色福利的不断提升,具体表现在以下三个方面:一是绿色生活资料以及生产资料的增加,对于提升人类经济、健康与安全等方面的福利起着重要的载体作用;二是更加良好的水体环境、大气环境、土壤环境等,有助于提高人类的生存与发展质量;三是为人类提供优美的景观等文化产品和服务,能够陶冶情操、增进人们的美好感受和体验。其次,绿色福利是绿色发展的归宿。社会经济发展的归宿在于人的发展,绿色发展的推进、绿色资产的增殖最终必

---

　　① 参见黄志斌等:《绿色发展理论基本概念及其相互关系辨析》,《自然辩证法研究》2015年第 8 期。

须落实到人的生命感受;通过绿色发展求得绿色资产的增值是一种"外化"或对象化的过程,绿色资产作为绿色福利的载体,使人产生美好的感受和体验是一种"内化"或主体化的过程;若所增值的绿色资产不能落实到人的生命感受,不能变成绿色福利,那就是只有"外化"、缺少"内化"的半截子的过程,因而也就是毫无意义的过程。就此而言,绿色资产的增值只是绿色发展的直接目标和过渡到绿色福利的中介,其归宿目标是绿色福利的不断提升。

绿色福利切合了人民群众越来越强烈的盼环保、求生态的需要,将给绿色发展注入强大的动力,倒逼、推进绿色发展的实践展开,从而促进绿色资产的增值。在盼温饱、求生存阶段,发展的目标主要追求经济增长和经济福利的最大化。在盼环保、求生态阶段,发展的目标归宿不再是单纯追求经济增长和经济福利的最大化,而是基于绿色发展和绿色资产增值的绿色福利的最大化,具体主要包括三个方面:一是注重经济增长的质量和自然成本的降低。绿色发展不是经济不增长,而是因应绿色福利的诉求,讲究其量的增长和质的提高相统一,注重产业结构的升级、经济发展方式的转变和绿色产品的丰富,并在经济发展的同时最大限度地降低自然成本,使经济系统在去除自然成本后的收益最大化。二是着力自然生态资本的积累。自然生态资本包括生态环境和生态资源,在绿色发展模式下,生态环境持续改善,生态资源高效利用,表现为自然的生态盈余,即生态资源损耗速度低于其修复速度。三是彰显绿色福利的最大化。通过利益整合机制及相关政策法规的建立健全和有效运行,让上述发展成果所汇集、增值的绿色资产惠及民生福祉,从而彰显全体社会成员绿色福利的最大化。同时注重社会的公平发展,促使过去所呈现的不公平的社会发展现象在绿色发展中不断得到改善,最终实现同代人及不同代际人之间的公平发展,谱写生态公平和生态正义的新篇章。

总之,绿色发展作为人与自然日趋和谐、绿色资产不断增值、人的绿色福利不断提升的过程,与绿色资产、绿色福利属于同体化的范畴,三者构成不可分割的有机整体。绿色发展的直接目标是绿色资产的增值,归宿目标是社会成员绿色福利的普遍提升,而绿色福利的提升又会给绿色发展的延拓以及绿色资产的增值提供方向和动力。离开了绿色资产的基础支撑,绿色发展将如同水中捞月;没有绿色福利最大化这一目标,绿色发展将失去前进方向和价值归宿;缺少绿色发展这一主题,绿色资产就无法增值,绿色福利也就无法提升。围绕着绿色发展这一主题,以绿色资产为基础和载体,实现绿色福利的不断提升和最大化目标,共同构成一个具有活力的整体系统。从现实的维度看,这个系统是开放的,通过物质、能量、信息流动与外部世界保持着紧密的联系,一方面它对外部世界起着巨大的正外部性的作用,另一方面也受到外部世界的巨大影响。从理论的维度概括,绿色发展、绿色资产、绿色福利从不同侧面映现了"人—自然"这一生命共同体和谐共生的本质,表明人与自然在本质上的同一性,无所谓中心与边缘之分,这是对人类中心主义和非人类中心主义的双重超越。厘清绿色发展范畴及其与绿色资产、绿色福利范畴的同体化关系,不仅可以深化和丰富中国马克思主义绿色发展观基本理论的学理阐释,而且可以廓清绿色发展的实践理据,有利于推进我国社会经济的绿色发展。

第六章 中国马克思主义 绿色发展规律论

习近平在党的十九大报告中指出："人类只有遵循自然规律才能有效防止在开发利用自然上走弯路，人类对大自然的伤害最终会伤及人类自身，这是无法抗拒的规律。"①绿色发展之所以是"绿色"的，其要义就是发展不仅要符合绿色生态的辩证本性，而且要依循生态系统的规律，推动形成绿色社会生产方式和生活方式。生态系统是多样的要素结构组合而成的复杂整体，它的存续与演替根源于其物质、能量、信息循环再生的本质性联系，循环再生支撑生态系统多样性的整体统一，推动着生态系统可预测的演替。② 而生态系统的平衡则根源于其内在反馈调控的本质性联系，反馈调控衍生为生态系统的自我修复，维系着生态系统的动态平衡。循环再生、反馈调控显露出生态系统的本质性联系，是绿色发展所要遵循的生态系统基本规律。"人因自然而生，人与自然是一种共生关系。"③人类欲求更好的生存与发展，必须扬弃人类伤害自然、自然报复人类的天人冲突状态，向天人和解复归。天人和解作为人与自

---

① 习近平：《决胜全面建成小康社会　夺取新时代中国特色社会主义伟大胜利——在中国共产党第十九次全国代表大会上的报告》，人民出版社 2017 年版，第 50 页。
② 参见钱俊生、余谋昌：《生态哲学》，中共中央党校出版社 2004 年版，第 2 页。
③ 《习近平谈治国理政》第二卷，外文出版社 2017 年版，第 394 页。

然关系演变的基本趋势,是绿色发展所要切合和顺应的社会发展规律。概言之,循环再生规律、反馈调控规律、天人和解规律是绿色发展遵依和体用的基本规律,也是中国马克思主义绿色发展观的基本理论意蕴。从学理上阐释这三个基本规律,是构建中国马克思主义绿色发展观基本理论的题中之义。

第一节　循环再生规律

循环再生就是生态系统中某些物质形态和能量形式的重复出现和周期性变化。老子有云:"周行而不殆,可以为天下母。"①其意是说,周流不息的循环再生,可视为天下万物的根本,彰显了中国传统文化关涉绿色发展规律的思想基因。循环再生规律是生态系统赖以持续运行与演替的基本规律,它作为宇宙自然永恒循环运动普遍规律在生态系统的展开,规定并提示了绿色发展的本然依据。

一、生态循环再生及其量变与质变②

恩格斯指出:"整个自然界被证明是在永恒的流动和循环中运动着。"③生态系统是自然界的演化产物及其有机组成部分,固然也处于永恒的流动和往复的循环之中,展现为各种物质、能量以及信息的相联互动和彼此转化,形成了"物质循环—能量循环—信息循环"的复合运行过程,绵延着生态系统的旺盛活力和蓬勃生机。

物质循环是生态系统的基础性循环。物质循环的运行路径是:作为生态环境因子的简单无机物通过生物生产者的光合作用而合成有机物,再由生物

---

①　老子:《道德经》第二十五章,中国文联出版社 2016 年版,第 85 页。

②　参见黄志斌等:《超循环:生态文明建设的本然依据、应然规范和实然途径》,《哲学动态》2014 年第 1 期。

③　《马克思恩格斯选集》第 3 卷,人民出版社 2012 年版,第 856 页。

消费者的内在化学转化变成为复杂有机物,最终则通过生物分解者的还原而回复简单无机物,返回生态环境。具体而言,构成生物体的碳、氢、氧、氮、磷等基本元素,来源于生态环境,它们往往以无机物的形式存在于大气、水体、土壤之中;处于特定生态位的植物和特定低等菌类吸收、利用这些物质,通过光合作用将之转化为有机形式,成为植物体和菌体的有机组成部分;动物摄食植物体和菌体,又将之转化成复杂有机物,成为动物体的有机组成部分,并沿着食物链不断传递。由此构成从"物质元素—植物—动物"的生态系统生产消费链。与此同时,生态系统生产消费链中产生的动植物残体及动物的排泄物则通过生物分解者转化为无机形式,归还于生态环境,再次可能成为植物和特定低等菌类重新利用的对象。这样,生态系统就展开为"生产—消费—复原—生产"的循环再生过程,用社会生产的话语表述,就是"原料—产品—废料—原料"的生产循环过程。在这个循环过程中,物质不断变化着其表现形式,原料或产品或废料不断变换着其定性称谓,绝对的产品、废料或原料在物质循环中是不存在的,以产品或废料的形式存在于生态系统某一运动环节的物质,在下一运动环节则可能成为原料。物质循环过程中的每一环节都显现着其对生态系统物质循环再生的贡献,每个环节中原料转化为产品、废料转而为原料的比重大小,以及诸环节之间转换的顺畅程度,都与生命能否健康生息繁衍、生态系统能否正常循环运行息息相关。

物质循环遵循物质不灭原理。生态系统内物质的持续不断运动和循环交互转化,彰显了形态迥异的具体物质的生态价值,显现为一种高效低耗的物质生产与再生过程。在这一过程中变中有常,物质形态千变万化,但其总量始终守恒。

生态系统中的物质循环与能量流动是紧密关联、一体运行的。太阳能是生态系统的重要能量来源,它一旦通过绿色植物和特定低等菌类的光合作用而被凝结到含能有机物之中,便开始了沿着食物链在生态系统里的流动之旅。这种能量流动绝不是单纯的存在,它总是与生物维持生命所需要的基本营养元素的物质流动相伴随。物质流动是能量流动的载体，它运载着能量沿食物链逐级流转；能量流动是物质流动的动力，它驱动着物质的分合和转化。物质流动和能量流动作为生态系统中同时展开的两个过程，彼此关联、相互促进，决定着生态系统的生机与活力。生态系统中存在两种能量流动形式：其一是单向流动，即部分能量在转化过程中耗散为热，散发到生态环境内外，无法再通过生物的摄取而回归生态循环；其二是循环流动，即部分能量依托物质流动沿食物链转化传递，伴随着生态系统的循环运行。

生态系统的能量循环不仅遵循热力学第一定律（能量转化与守恒原理）和第二定律（孤立系统的熵增原理）①等一般自然规律，而且还显露出生态系统特有的"十分之一定律"。美国生态学家 R.L.林德曼等人研究发现，生态食物链中前一级生物体的能量通常只有 1/10 转化到后一级生物体，其余的能量则被前一级生物体的呼吸、排泄、活动等所消耗，结果食物链上的各级生物体呈现为能量分布的"金字塔"。随着从自养生物到各级异养生物直至最后消费者的营养级递进，食物链各级生物能量按 1/10 的转化率依次递减，其中自养生物位于"金字塔"的底层，各级异养生物构成不同层次的塔体，最后消费者位居"金字塔"的顶端。

微生物流动是物质和能量流动在微生态层面的特殊存在方式。绝大部分动植物都不是单纯的生命存在，经过长期演化，它们成了微生物的宿主。凭借食物链或其他媒介的传递，这些微生物便会在动植物之中流动，形成菌流和病毒流。正常微生物群组分沿着食物链从生物金字塔底层经由塔体逐级传递到塔顶，再从塔顶经特殊媒介下沉到塔底，这种双向的流动便构成微生物在生态系统中的循环过程。自然形成的微生物循环对生态系统具有负反馈调节的功

---

① 在热力学中，熵是系统混乱程度的量度，孤立系统的熵总是增加的，趋向于热力学平衡态，生命体和生态系统内部的熵也是增加的，但生命体和生态系统的开放性可以消解其熵的增加。事实上，现实的生命体和生态系统通过从外部环境摄取有序物质和有效能量负熵流，抵消了自身内部的熵增加，维系甚或勃发着自身的生机活力，展现出自身的生息绵延。

能,是维系生态系统自稳的重要机制。① 但人若肆意改变微生物的流动则可能会产生破坏作用,甚至危及人类生命,这从新型冠状病毒对人类的危害可见一斑。敬畏生命不能忽略对微生物自然宿主的敬畏。

生态循环除了物质和能量循环之外,还包含了信息循环。在生态系统中,生物之间以及生物与环境之间的信息传递随时存在、随处可见。这些生物信息的传递展现为信源向信宿传输和信宿向信源反馈的交互过程,由此形成生态系统的信息循环。通过信息循环,生物种群内部、种群之间以及其与环境之间便可发生特定的互动,在往复的反馈联系中实现生物行为和生态功能的调节控制,彰显出生物种群和生态系统的自组织能力。

信息循环遵循"差势"原理。类似于水通过"水道"从高处向低处流动的道理,信息的自然传递都是通过特定的信道从高信息态传向低信息态。因此在生物种群与生态环境的信源和信宿之间不仅要有彼此相通的信道,而且还须有信息之量的差值和质的变化,即"信息差势"。"信息差势"的大小决定着信息传递的强度,从而影响信息循环的过程,"信息差势"越大,信道中的信息传递强度就越高,信息循环过程就越快捷。

宏生态与微生态诸层面物质循环、能量循环、信息循环的复合,形成生态自然循环再生的整体过程,彰显出生态自然循环再生的基本规律。

生态循环再生过程伴随着量变与质变的转化。就生态系统要素而言,水、冰、水蒸气的物态变化,物种的遗传、变异与进化,无不展现着从量变到质变的过程;从局部生态系统而言,食物链的变化及其所引起的系统变化如湿地、天然林的兴衰,也是一个从量变到质变的转化过程;就整个生态系统而言,生物从低级到高级、从简单到复杂的演进,以及在近现代的整体退化,更是演绎着质量互变的故事。不管是生态系统要素,还是局部生态系统,乃至整个生态系统,都普遍存在保持其质的规定性的度(临界点或阈限),生态循环一旦突破

---

① 参见赵发清、马海燕等:《生态系统中的菌流》,《中国微生态学杂志》1995年第4期。

这个临界点或阈限,它们就会发生质变,转变为新的状态,并开始新的量变,接续量变与质变的循环往复。

二、生态循环再生的多样性与复合性

生态物质循环再生具有多样性。生态系统中包含多样的物质元素和化合物,它们在循环的行列中展示出生态物质循环再生的多样性。碳、氢、氧及其化合物水、二氧化碳作为生态系统中常见的物质元素和无机化合物,它们的分合转化构成了生态系统的碳循环、氢循环、氧循环和水循环;它们与有机小分子乃至有机大分子的转化链条维系着生命与生态的绵延和生机;它们在连续性的量变与连续性中断的质变中展示着生命与生态的新陈代谢和循环再生。氮、磷的运动转化亦是如此,固氮与脱氮、固磷与脱磷的往复运动构成了周而复始的氮循环和磷循环,关联着氨基酸、蛋白质、糖类等物质的合成与分解,链接着生命与生态的生生不已。有机大分子分合、菌循环、食物链循环则是生态物质循环的高级层次,它们直接展示和承载着生命与生态的物质再生。

能量循环再生的多样性与生态物质循环再生的多样性一体两面。在生态系统中,从元素、无机小分子到有机小分子、有机大分子乃至生命体,凡物质皆有能量,凡能量均有物质载体,不存在无能量的物质,也不存在无物质载体的能量。因此生态能量循环再生与生态物质循环再生总是相伴而行的,于是上述生态物质循环再生的多样性,就是能量循环再生物质载体的多样性,或者说,生态物质循环再生的多样性决定着能量循环再生的多样性。与之相关联,生态系统的能量表现形式有物质元素能,各种无机、有机分子的化合能与分解能,生命机体的生物能,以及生态运动中所耗散的热能(这种能量属于单向流动的能量形式,不能被生物体再度摄取转化),它们互相循环转化以物质为载体,又转而为物质循环转化提供动力,构成生态循环能量形式的多样性。

生态系统中的信息循环也是多样的。迁徙候鸟在夜间确定方位时与天空星座的信息交换,鳗鱼、鲑鱼等选择方向和路线时与洋流所形成的地电流的信息往复,某些金丝桃属植物所分泌的令误食动物致盲或致死的海棠素的信息传递,金钱豹用尿液划出自己的领域范围以此来警告同类,蝙蝠通过发出声波对目标进行"回声定位"以取食与飞行,以及蜜蜂发现蜜源时翩翩起舞引来同伴的信息交互,如此等等,透露出生态系统中信息循环的千差万别、丰富多样。它们各得其所、各显其能,保障占据特定生态位的生命体的生息。

生态系统循环再生不仅具有多样性而且具有复合性。多样的生态循环不是孤立的存在,它们之间或相互包含,或交相叠加,或互为条件,或起讫相连,形成有机关联的过程复合体,共同化育生命的搏动,勃发生态的多彩。一般而言,高层次的生态循环包含着低层次的生态循环,如生命体的生态循环之于物质元素的生态循环;同一层次之间的生态循环往往交相叠加或互为条件,如水循环之于二氧化碳循环、捕食者之于被捕食者、物质循环之于能量循环和信息循环;各个层次生态循环自身则可能起讫相连,如特定物质元素、物种的周而复始。从进化史的角度考察,生态循环复合体经历了从简单到复杂、从低级到高级的演进过程。

三、循环再生过程的普遍性与特殊性

当代科学与哲学告诉我们,宇宙自然大到总星系小到基本粒子都是在永恒的流动和循环中运动着,循环再生是宇宙自然演变的普遍性规律。宇宙自然经过长期的演化,孕育了银河系、太阳系和地球,地球约在40亿年前诞生了生命,从此生态系统逐步发展起来,并作为宇宙自然的有机部分存在于其中,开启其独特的循环再生过程及演化史。因此,生态系统的循环再生与宇宙自然的循环再生构成了特殊与普遍的关系。尽管生态循环再生因为生命的搏动而有其特殊的内容,但它在本质上与宇宙自然的循环再生具有承接性和一致性。

生态系统中生命体从简单到复杂、从低级到高级的进化最终产生了宇宙自然最美丽的"花朵"——人类。劳动创造了人,同时人类为求自身的生存与

发展,开启了以劳动为基础的社会生产活动。但在工业社会,受科学技术发展、生产力水平及传统发展思维定式等诸多因素的限制,人类劳动及社会生产活动并未虑及更没有体用生态循环再生的自然法则,在一味索取自然资源、创造人工产品的同时,向自然排放大量废物,造成"物质变换的断裂"以及能量、信息流转的"沉寂"。一方面,生产过程自身展现为"原料—产品—废料"的线性链条,令物质能量无法通过生产链实现资源的循环再生、充分利用,信息也不能畅通;另一方面,生产过程中的"废料"直接污染环境,人工产品报废后也常常沦为污染物,而且"废料"和报废产品中仍存有的可以进一步利用的有序物质、有效能量和有用信息,既不能重新纳入生产过程形成生产循环,也不能被生物降解利用形成生态循环,造成人类生存与发展的境遇每况愈下。习近平指出:"人与自然是一种共生关系,对自然的伤害最终会伤及人类自身。"①社会生产过程与自然生态过程的分异中断了自然的定向发展,蜕变为反生态的异化力量,结果必然会反噬人类。人类发展与自然两者间的冲突的症结在于社会生产过程背离了循环再生的自然法则。人类欲解开这一症结,以求自身更好的生存与发展,就得摈弃传统的生产方式,实行绿色发展。就此而言,绿色发展亦即循环发展,其要旨在于在既有生产过程"原料—产品—废料"的线性链条的末端补上使废料转变为原料的链接,将生产过程改进为"原料—产品—废料—原料"的闭合循环链条,通过变废为宝促使物质能量信息的综合再生,同时将绿色设计纳入产品的整个生命周期内,重视产品的绿色生态属性,保障其报废后要么在生产过程中回收利用,进入新的生产循环,要么能被生态系统降解利用,回归生态系统的循环。于此,生产循环就成为生态循环的特殊环节而包蕴在生态循环之中,既展现出生产循环对生态循环再生规律的遵依,又凸显出绿色发展之循环再生的特殊性。

人类生产的目的和动力均在于消费,生产与消费自古以来就是一对"孪

---

① 《习近平谈治国理政》第二卷,外文出版社 2017 年版,第 394 页。

生兄弟"。广义理解,消费包括生产性消费与生活性消费。生产性消费包蕴于生产过程之中,既往生产过程中"物质变换的断裂"以及能量、信息流转的"沉寂"意味着与之关联的生产性消费中物质能量信息也不能循环再生。生活性消费作为生产过程的服务指向,所产生的废弃物在既往运行模式中与生产"废料"的处置相同,变成倾泻到大自然而又难以纳入自然生态循环的外在之物。加之炫富、攀比、从众等不合理消费心理的膨胀,生活中的物质资源和能源资源的消耗以及生活废弃物对生态环境的破坏越来越大。这内在地要求推动人类消费方式的绿色变革,从既往"生产—消费—废弃物"的线性消费模式转向"生产—消费—复原"的循环消费模式,倡行健康文明的循环消费理念,追求科学适度的消费结构,壮大绿色产品消费市场,注重消费废弃物的回收处置、再资源化。绿色发展不仅内含生产循环,而且内含消费循环,消费循环与生产循环的耦合构成绿色发展的要义。

从宇宙自然的循环再生到生态系统的循环再生再到绿色发展中的循环再生乃是一个从普遍到特殊的展开过程,其中伴随着从宇宙物质到自然生命体再到人类社会的演进之变,但循环再生规律则贯穿始终,是变中的不变法则。只不过在宇宙自然和生态系统中,循环再生规律是自在地发生作用,而在绿色发展中,循环再生规律需要社会的人去自觉认识、遵循和运用。这从另一角度彰显了绿色发展之循环再生规律的特殊性,就此而言,绿色发展的循环再生规律意即绿色发展要延展宇宙自然、生态系统的循环再生,展开切合自然生态循环再生规律的持续发展。

第二节　反馈调控规律

生态系统的本质性联系不仅体现在其持续运行、绵延演替的过程展开上,而且存在于其动态平衡、自我修复的机制作用中。反馈调控规律是生态系统赖以维系平衡和自我修复的基本规律,它从作用机制层面规定并提示了绿色发展的本然依据。

一、生态反馈调控与生态矛盾的解决

生态系统中的物质和能量、信息的循环再生,离不开各个环节内部、不同环节之间存在的永续运作的反馈调控机制。调控是调节和控制的简称,就生态系统而言,就是其中生物系统内部的自我调节和环境系统对生物系统的外部控制。生物系统的自我调节是指生物系统通过自身形态结构、行为方式等诸多改变来适应环境改变的作用,事实上,这一过程的展开在改变生物系统自身状态的同时也改变着其生存环境,趋向两者的协调变化;环境系统的外部控制是指环境因子对生物生息繁衍的制约作用。调节和控制是就生态系统中生物与环境信息不同的输入端而论的,体现了生物系统与环境系统的相互作用。要想实现有效、及时的调控,离不开即时、准确的反馈的发生。反馈是指系统输出所产生的结果被返送到输入端,从而对系统的运行和再输出予以矫正以维护系统稳定的过程,也就是控制的效果回报。调控的依据是反馈的信息,二者反馈的信息又是上一次调控矫正后的结果,表明生态系统中生物的内部调节是以环境变化为依据,而环境变化在某种程度上也是生物内部调节结果的体现。

生态反馈调控决定着生态矛盾的解决,或者说,生态矛盾的解决须依靠生态调控机制。矛盾具有普遍性,它无处不在、无时不有,生态系统亦是如此。从其层次性角度考察,同种生物之间存在矛盾,如狮群的首领之争、领地之争,同种生物种群稳定性的离异波动;异种生物之间存在矛盾,如捕食者与被食者生存的冲突;生物与环境之间也存在矛盾,生物的存在需要不断消耗环境的有序结构和有效能量,而环境的系统稳定性则要以维系自身结构的有序性和能量的有效性为前提。如此等等生态矛盾的解决均须仰仗生态反馈调控机制的作用。狮群的首领之争、领地之争通过成年雄狮之间信息警示、生死搏斗的反馈调控而趋于平复;同种生物种群数量的离异波动通过种群密度调节而趋于稳定,即在生物种群活动的空间内,生物个体的数量不是一直呈指数上升的。因为当增长到一定数量或达到一定密度后,就会引起环境负荷量的透支。这反馈于生物种群,就会出现死亡多而生殖少的状况,形成生物种群自我稀疏的调节机制,控制自身种群数量使之与环境负荷量相适应。因此,在自然状态下,生物种群尽管自发地发生由少到多、再由多到少的离异波动,但总能维持数量的区间稳定性,而它们与环境的物质供需关系,也相应地出现"紧缺—平衡—过剩—再平衡"的变化。捕食者与被食者生存的冲突通过食物链的反馈调控而消长平衡,例如:在森林生态系统中,食叶昆虫增多,会危害森林的生长,而食虫鸟类会由于食物丰富而大量增加,食虫鸟类的增加又会抑制食叶昆虫的增长,从而使三者此消彼长、达成平衡,展现对立面的相互依赖与贯通;同样,角马、斑马等食草动物群的过于庞大,会造成草料供不应求,使草资源锐减,导致水土流失加剧,但捕食者的猎杀则会控制其种群规模,食草动物、草资源及猎杀者三者相互抑制彼此的增长有利于维护生态环境的稳定及有序。生物与环境之间的矛盾,通过消耗量与供给量的反馈调控而得以解决。如上所述,生物数量的膨胀会造成环境负荷量透支,出现环境有序结构和有效能量的供给紧缺,这种情况反馈到生物,促使其自我稀疏,加之天敌的制约控制,其数量便会减少;但若生物数量过于减少,又会出现环境供给的过剩,此时生物又会因食物丰富而兴盛,在特定生态空间达成相对稳定,保持生物与环境之间物质能量输入与输出的平衡。在生态系统层面,生命体的新陈代谢也会产生"废物",若任由其累积乃至泛滥,则可能因其毒性而伤及生命体自身,因此,生命健康与"废物"毒性就成为自然生态循环中的一种矛盾。但事实上在生态循环过程中是无所谓"废物"这种东西的,因为在自然条件下,这些"废物"可以通过各种介质物理的、化学的、生物的反馈调控作用使其累积量和毒性降低乃至化解。这就是生态系统的自净作用,其关键就在于通过生态反馈调控即时解决了生命健康与废物毒性的矛盾。

以上反馈调控主要是负反馈调控,通常以达成生态平衡的形式解决矛盾。

此外生态系统中还有正反馈调控。生物的遗传与变异是生态系统中的根本矛盾,变异意味着产生新物种的可能,若其在环境的变化中显现出更好的适应性,就会在自然选择中获得胜利,淘汰旧物种,以优胜劣汰的形式解决矛盾,实现物种的演进。深入作用机制进行透视,则是新物种在特定环境下的自我增值,亦即新物种的正反馈调控所致。

二、反馈调控的目的性与复杂性

反馈调控机制特别是负反馈调控机制,促使生态循环再生过程中生态矛盾以生态平衡的形式加以解决,维护生物对环境的适应性以及生态系统的稳定性。这也就是说,反馈调控机制是有目的的。现代科学揭示了世界不同类型的内在目的性。控制论创始人维纳等人所著《行为、目的和目的论》一书把目的性分为三个层次:最高层次是人的目的性,它是人类为满足自身需要而展开的计划性追求和自觉性行为;次之是其他生物的目的性,它是生物有机体生息繁衍中对外部环境的一种本能适应性;最后是无机自然界的目的性,它是无机系统维系或趋向某种稳定状态而与外部环境保持协调的自然特性。将第二、三层次的目的性加以综合概括,可以看出生态系统的目的性就是趋向一种适应性、一种协调平衡,即稳定性。只不过这一目的的达成对动物和植物而言是一种本能的反馈调控,对生态无机因子而言是一种自然相互作用的反馈调控,对生态系统而言是生物本能与无机因子相交织的反馈调控。尽管方式途径不同,但目的是一样的,都是趋向于一种稳定性,因此可以说,稳定性就是生态系统反馈调控的目的性。

稳定性是生态系统循环再生过程中的相对静止,是生态系统保持其质的规定性的重要条件。一般而言,如果事物是倏忽即逝的,任何稳定性也没有,那它就不会有与其他事物相区别的质的规定性,事物也就变成了不可捉摸的东西。生态系统的存在也是如此。如果生态系统没有稳定性,生物与环境及相互之间总是瞬息万变,那就不会有物种的存在,生态系统也就变得神秘而不可思议。但是,生态系统的稳定性并不是理所当然的,而是有条件的。生态系统具有开放和耗散结构的特征,这种特性决定了生态系统只有在从外部输入有序结构、有效能量的负熵流,等于乃至大于系统内无序结构、无效能量的熵产生的情况下,才有可能维持结构的稳定性。

生态系统是一个开放的系统。自养生物,如绿色植物和一些低等菌类,通过光合作用吸收太阳能,提供生态系统的一切能源,同时又通过蒸发、呼吸、微生物分解等多种方式向外界输出物能。而物能在生态系统中的分布是不均匀的,具有热力学意义上的非平衡性的特征。另外,生态系统中生物之间、生物与环境之间有着源源不断的物能流、信息流,不断地和外界进行物质和能量的交换。物质和能量从系统外部输入系统中的时候,通过食物结构构成的营养结构在系统内部定向而有序地传输、转化。其中,一部分在系统内部累积结合成新的结构及其自由能,而其余部分则以热的形式耗散于外。生态系统中这一过程的持续进行,一方面借要素之间非线性相互作用而生发出新秩序和新质,另一方面也会因内外因素的复杂影响而出现随机扰动即涨落,诸如生物变异、数量波动、分布改变等。开放性、非平衡性、非线性相互作用、涨落彰显出生态系统的耗散结构特征。

作为耗散结构的生态系统,其要素之间的非线性相互作用扮演着反馈调控的主角,因而生态系统的运动变化需用非线性方程来描述,这种方程具有初值的敏感性,小的输入可能产生大的结果,蝴蝶效应可作为其最为典型的生态例证。① 非线性方程存在多种解,其中有的解可能是稳定的,有的解可能是不稳定的,因而生态系统的演化、发展可能出现不同的结果。另一方面,涨落在不同条件下有着不同的前途。从热力学角度看,在平衡态的孤立系统中,涨落只是作为短暂的随机微扰而归于平复;在近平衡态的孤立系统中,涨落导致系

① 蝴蝶效应的本义是指一只南美洲热带雨林中的蝴蝶不经意间扇动几下翅膀可能引起两周后的一次龙卷风。寓意是指自然界的误差会以指数形式增长,一个微小的误差可能通过不断推移造成巨大的后果。

统趋向于无序;而在远离平衡态的开放系统中,涨落可以通过非线性相互作用的放大导致系统新的有序结构的出现。生态系统的开放性以及远离热力学平衡态的特点,决定了其中的涨落有可能通过非线性相互作用导致新物种的诞生乃至生态系统的演进,形成内含新物种的稳定状态即新的生态平衡。在生态演化史上,内含新物种的新的生态平衡往往比原有生态平衡有序程度更高、结构方式更完善、生物对环境更为适应,即趋于生命自己的"好"(A Good of Its Own)和"内在善"。于此,生态反馈调控的目的性延伸为新的生态平衡的形成,接续生态演化中价值臻善的故事。

总之,反馈调控的目的性就是趋于生态系统的"双重"稳定,一是趋于既有生态平衡,二是趋于新的生态平衡。但生态系统的反馈调控具有一定限度。若这个限度被外界因素的影响所突破,生态系统就会失去平衡,遭到长远性的破坏,甚至是不可逆转的改变,生态系统即使可以得到部分的修复,但也不可能完全彻底恢复到原来状态,这便凸显出反馈调控的复杂性。

反馈调控机制每时每刻都在生态系统的各个层次发生作用。在生态系统中,食物链及其交织而成的食物网不仅托载着系统要素之间物能的循环和流动,而且传递着各个层次之间的反馈调控作用,这使得生态系统内在的因果关系成为一种复杂性的勾连。食物网链上某一点的作用能够沿着不同方向的链条传得很远,引起一系列连锁反应,而这些反应是多重反馈调控的结果,要想追根溯源去探究这一系列连锁反应的初始原因则是一个极为复杂的问题。美国鸟类专家所发现的 条因果链充分说明了这一点:猎鹰数量减少—孵化率降低—鹰巢中蛋的蛋壳比正常厚度薄了30%—孵化的蛋常被鹰压破(原来壳的厚度是大自然的完美设计)—鹰捕食以吃草籽为生的小鸟—草籽沾染了农药—农药这种有毒的化学品的残毒留在小鸟体内—毒物再转移到鹰的体内—蛋壳变薄—猎鹰数目减少。这样一条因果链如果再探究原因就会发现,是因为人口增长导致粮食生产需要的扩大—增加农药用量—农药污染田野—小鸟吃下有毒的草籽—猎鹰吃下有毒的小鸟。与此相联系,生态系统由于其多层次性,其调控能力是巨大的,但是在一定的区域和具体的生态单元中,这种能力又是十分有限的,这也是生态反馈调控复杂性的表现之一。在一定的限度内,生态系统可以承受一定的压力,并通过反馈调控机制使系统保持或恢复平衡,超过了这个限度,生态系统的调控机制的作用力就会降低或消失,生态系统的稳定性就会被打破而失衡,甚至导致整个生态系统的崩溃。比如所谓"生态学零度",就是生态学家测定的生物忍受的最低温度。据测定,橡胶、菠萝、可可、椰子等喜温植物在2℃~5℃就会受到寒害,50℃时植物的蛋白质就会凝固,树皮灼伤开裂;动物亦是如此,如苍蝇在3℃~5℃以下就不能活动,到45℃~47.5℃就会死亡;人作为大自然生态系统中的一员也不例外,长期处于严寒环境下会导致冻伤、生命中枢维持困难甚至失去生命。这一切都提醒人类,不懂得生态反馈调控机制及其复杂性,甚至明知故犯、背道而行,必将受到自然的惩罚。

三、绿色发展中的反馈调控

绿色发展中的反馈调控主要包括自然生态反馈调控的保护与修复、社会反馈调控的绿色优化。

尽管非生态甚至反生态的传统生产与生活方式,在总体上给大自然造成了严重的生态破坏,但就局部而言仍有部分自然生态得以幸免,其中的生态反馈调控仍保持完好。这是大自然留给我们的宝贵遗产,它不仅保有着局部地域的生态活力,而且内含有反馈调控的"生态智慧",可以为绿色发展提供样板和启迪,需要我们像保护眼睛一样加以保护。

对于被破坏的生态环境,绿色发展的要旨就是通过加大生态投入,引导并实现自然生态反馈调控机制的修复。我们要"从利用资源所得到的经济收益中提取一部分资金,以物质和能量的方式归还生态系统,以维持生态系统的物质、能量、输入、输出的动态平衡"①,复建自然生态的反馈调控。绿水青山就

---

① 中国 21 世纪议程管理中心编著:《生态补偿原理与应用》,社会科学文献出版社 2009 年版,第 4 页。

是金山银山,我们要像对待生命一样对待生态环境。从我国的具体实践而言,各地要按照国家造林绿化的顶层设计,遵循自然生态反馈调控的规律,因地因时而为,综合推进覆盖城乡乃至废弃矿区的绿化建设,加大湿地恢复和崩岸治理力度,从而不断拓展绿色生态空间,提升生态系统的多样性、稳定性和持续性。同时,在生产与生活中减少有毒农药的生产与使用,限制且不断降低有毒废弃物的排放量,消解自然生态的人为毒源,净化生态系统的反馈调控链条。

绿色发展在其本质上是人与自然的和谐共进,需要建立适切的社会反馈调控机制加以保障,其中最为重要的是在生态环境与人的行为之间建立良性的反馈调控。所谓良性反馈调控就是要求人的行为与生态自然之间的反馈作用结果趋于合社会目的性与合自然目的性的统一。如前所述,通过自然"自组织"的反馈调控,生态系统趋于既有生态平衡乃至新的生态平衡的"双重"稳定,显示出一种非自觉的、非预定的目的性,不妨称之为自然目的性。而人在采取行动之前往往已将行为的结果以观念的形式存在于大脑之中,因此在人与自然的关系上,人变革生态系统的行为过程便显示出自觉的、预定的目的性,即主观目的性。通过科学技术的发展,人们可以认识和把握事物发展的规律,进而达到自己的行为目的,把理想客体变成现实。既包括自然规律又包括社会规律于其中的主观目的性,便升华为社会目的性。在地球范围内,自然目的性的终极状态是自然生态系统的高度有序化,即生生不已的平衡稳定,社会目的性的前进方向则是人类社会的高度有序化,即绵延不息的和谐运行。前者构成后者的物质基础,后者则是前者的社会保障。因此,自然目的性与社会目的性在高层次上应该是相通的,其相通之点就是两者都走向高度有序化。人的绿色发展行为与生态自然之间的反馈调控应该与这相通之点吻合。这就是我们所说的绿色发展中的良性反馈调控,即合社会目的性与合自然目的性相统一的归趋。

随着科学技术的突飞猛进,人们可以通过信息化生态环境监测网络和智慧化环境大数据分析对生态环境状况进行适时监测,也可以根据生态运行规律和绿色发展要求划定"生态功能保障基线、环境质量安全底线、自然资源利用上线三大红线"①,制定涉及生态环境因子的排放与治理标准,确定绿色发展的指标,其结果可以通过各种平台和渠道予以公开,在社会系统中传递,作为社会调控的依据。人是绿色发展的主体,人的行为决定着绿色发展的进程。绿色发展与每个人息息相关,"每个人都应该做践行者、推动者"②,政府与企业、干部与公众以及社会组织都应该做绿色发展的促进者,因此社会调控必须落实到人的行为的调控。当前,人们的盼环保、求生态意识显著增强,但在行为上裹足不前的现象仍然存在。一些企业仍奉行功利主义,将社会责任抛之脑后,为求经济利益最大化,仍沉醉于生态环境成本的外部化,采取"搭便车"的行为;一些人以为个人行为对公共性的生态环境保护犹如泥牛入海,加之不良的生活方式积习难改,以致非生态的行为如同家常便饭;一些政府部门及领导干部仍难以割舍对为政为官"显绩"的追求,当经济发展稍遇困难和挫折,就意欲铺摊子上项目,走以牺牲环境换取经济增长的回头路,导致在行为上与绿色发展背道而驰。如此等等都是当前我国绿色发展中需要解决的问题,需要根据生态环境状况监测数据、"三大红线""排放与治理标准"、绿色发展指标等反馈信息,对人的行为进行调控。

人的行为调控机制是复杂的,公众参与、市场调节、制度约束、行为道德教育构成其主要的方面。首先是公众参与。我们"要加强生态文明宣传教育,强化公民环境意识,推动形成节约适度、绿色低碳、文明健康的生活方式和消费模式",③借此使采取环保行为的公众日益增多。同时,他们作为环境污染、生态破坏以及邻避问题的直接受害者,也往往是环境信息的第一反馈者,可以在第一时间发现身边的非生态行为并当场予以制止或反馈给环境监管部门,从而使非生态行为无处藏身。其次是市场调节。我国经济是社会主义市场经

---

① 《习近平谈治国理政》第二卷,外文出版社 2017 年版,第 395 页。
② 《习近平谈治国理政》第二卷,外文出版社 2017 年版,第 396 页。
③ 《习近平谈治国理政》第二卷,外文出版社 2017 年版,第 396 页。

济,市场在经济运行、资源配置中具有决定性作用。现在的消费者对绿色产品越来越青睐有加,这为企业绿色发展注入了新的活力和动力。但由于绿色产品一般要投入更高的生产成本,加之假冒绿色产品及市场投机行为时有出现,因而使企业开发绿色产品的积极性受到挫伤,消费者对绿色产品的信心也有所动摇,这就要求我们净化市场,加大对假冒绿色产品的打击力度,使企业内部化的环保成本在市场上得到补偿,鼓励企业的绿色发展行为,坚定社会公众绿色消费的信心。针对企业污染行为的现实存在,还可以通过排污权交易的规范有序实施,将企业的环境污染成本内部化,由此推动企业污染治理技术进步和绿色技术创新,促使企业行为趋向绿色发展。再次是制度约束。当前,我国围绕绿色发展建立了相对完善的制度体系,诸如资源环境生态红线管控、自然资源资产产权和用途管制、自然资源资产负债表、自然资源资产离任审计、生态环境损害赔偿和责任追究、生态补偿等重大制度已然出台;《关于加快推进生态文明建设的意见(2015 年)》《生态文明体制改革总体方案》《"十三五"生态环境保护规划》《全国造林绿化规划纲要(2016—2020 年)》《控制污染物排放许可制实施方案》《大气污染防治行动计划》《水污染防治行动计划》《土壤污染防治行动计划》《"十四五"生态保护监管规划》《全国国土绿化规划纲要(2022—2030 年)》等顶层设计以及被称为"史上最严环保法"《中华人民共和国环境保护法》(2014 年修订通过)已然颁布。但绿色发展制度彰显其功效的关键在于付诸行动、踏石留印、抓铁有痕,有效约束主体人破坏生态的行为,实现绿色发展中的反馈调控。就此而言,改革"现行以块为主的地方环保管理体制"①,加强环保垂直监测监察管理,构建条块结合的环保责任体系,实行最严格的环境执法督察和环保巡视尤为重要,它是绿色发展中强制性的终极反馈调控。第四是行为道德教育。绿色发展的道德教育是一项系统工程,关涉家庭教育、社会教育、学校教育等层面。在家庭教育层面,需要家长以身作则,通过

① 中共中央文献研究室:《习近平关于社会主义生态文明建设论述摘编》,中央文献出版社 2017 年版,第 107 页。

自己言行的反馈调控将绿色发展理念融入孩子的行为价值取向;在社会教育层面,鉴于新兴媒体的迅猛发展及其信息反馈调控功能的不断增强,可以加大其传播绿色发展理念的力度,以此促进社会公众绿色发展行为道德的养成,"让生态文化在全社会扎根"①;在学校教育层面,更要将绿色发展观念融入教育教学过程和校园文化建设,以此铸就教职工和学生的绿色发展行为道德。

第三节　天人和解规律

　　绿色发展作为以生态绿色为底色的发展,不仅要遵循生态系统的持续运行、绵延演替的过程规律和动态平衡、自我修复的机制规律,而且要顺应天人和解的基本趋势,依循天人关系历史运动发展的社会规律。天人和解规律是反映天人关系历史运动发展的基本规律,它在基本趋势层面昭示出绿色发展的历史必然性、辩证否定性和实践合理性。习近平将人类文明演进概括为从原始文明、农业文明到工业文明再到生态文明的历史过程,指出"生态文明是工业文明发展到一定阶段的产物,是实现人与自然和谐发展的新要求"②,内含了对天人关系的辩证运动与历史演进规律的揭示。从学理上阐释这一规律,是把握习近平生态文明思想的深刻内涵、构建中国马克思主义绿色发展规律论的学术诉求。

一、天人关系的历史辩证运动及其和解趋势

　　在当前的哲学语境中,天人关系中的"天"主要是指自然环境,是"人的生存活动得以展示的境域"③。因此,天人关系即人与自然的关系。

---

　　① 习近平:《之江新语》,浙江人民出版社 2007 年版,第 48 页。
　　② 中共中央文献研究室:《习近平关于社会主义生态文明建设论述摘编》,中央文献出版社 2017 年版,第 6 页。
　　③ 俞吾金:《人在天中,天由人成——对"天人关系"含义及其流变的新反思》,《学术月刊》2009 年第 1 期。

天人关系是一种内在的关系，人类作为自然发展的产物，与自然有着必然的联系，欲求自身的生存和发展，首先必须与自然发生旨在维系自身生命存在的物质和能量交换，通过所独有的劳动实践活动以认识和改造自然。在原始社会，人处于蒙昧状态，其劳动只是简单的采集和狩猎，对自然认识寥寥、心存敬畏，改造自然的设施和技能贫乏，因此给自然打上的印记少之又少，所产生的影响也微乎其微，天人关系尚属混沌初开，故我们对此略而不论。"采集—狩猎"的蒙昧时代之后，从农耕社会到工业社会再到走向生态文明的当代社会，人类针对人与自然关系的认识和实践，经历了一个"人顺天—人制天—人友天"的辩证运动过程，展现出天人和解的总趋势。

从人与自然的关系角度考察，农耕社会在整体上是人顺天的社会。

大约一万年前的新石器时期，随着石犁、石锄等磨制石器的相继发明和使用，原始农业和畜牧业应运而生，人类便跨入了农耕社会。一直到公元 18 世纪，人类才开始逐渐告别这一时代。

在这段时间里，人类努力改造天然自然、创造人工自然、建设物质文明，孕育了璀璨的古代文明，如两河流域的巴比伦文明，恒河流域的哈巴拉文明，尼罗河流域的古埃及文明，黄河流域的中国文明，爱琴海畔的古希腊文明。整体而言，人类此间所制作的人工自然物基本上未触动自然材料的内在结构和质性，只是天然自然物的"衍生"；人类的能动性受制于低下的认知水平，面对神秘莫测的大自然只能俯首称臣；人类活动未曾打破自然的整体平衡，人为所致的大尺度天人冲突鲜有出现，人与自然处于原始的低级和谐状态。

衍生型人工自然物构成农耕社会物质文明的主要内容。这里的"衍生"是指事物外在形式的变化和功能表现的拓展，不涉及事物内在结构和质性的改变。以此推论，所谓衍生型人工自然物，就是指经人类劳动加工所形成的未改变天然自然物基本结构和质性的物品，这样的物品只是天然自然物的翻版。其中，劳动对作为劳动对象的天然自然物的加工主要限于力学和物理层面，只是改变了天然自然物的外在形式，拓展了天然自然物的功能表现，而未使天然自然物的内在结构和质性发生变异。

在生产工具方面,农耕社会最初打造和使用的是磨制石器,诸如石磨、石犁、石锄、石斧、石刀、石锤、石铲、石凿等等,继而发展出铜器,最后是铁器。石器相对于石料,外在形式有别,但内在结构相同,当然是衍生型人工自然物。铜器可以由高纯度铜矿石熔铸而成,故其大部分也在衍生型人工自然物之列。在人类创造铁器后,石器、铜器在农耕作业中仍发挥着重要作用。因此,衍生型人工自然物在农耕社会生产工具中占据主导地位。

在农业设施方面,古埃及和古巴比伦人筑就的堤堰、堤坝、水渠以及灌溉系统,中国的都江堰、郑国渠、大运河,诸如此类,基本上未触及天然自然物的内在结构和质性,明显具有衍生型人工自然物的特质。

在农牧产品方面,农耕社会种植的诸多谷物和果类,驯养的各种家畜和家禽,不仅基本结构与相应的天然自然物相同,而且其外在形式亦极其相似,展示出衍生型人工自然物的鲜明特征。

可见,农耕社会人对自然的改造是一种衍生型改造,只伤其外在形式之"皮毛",而未动其内在结构和质性之"筋骨",自然界在总体上仍以其原生的威严身姿在人类面前挺立着。①

人造物以衍生型人工自然物为主体,这是人顺天的表现之一,是人顺天之"物"的标志。

"天人合一"是农耕社会天人观的主旋律,蕴含深刻的哲学辩思,拥有庞大的理论源流。例如《易传》在述及天人关系时就讲求天人相通、天人合一。它认为,有天地才有生命,人由自然化育而出,"天地之大德曰生"②,是故作为人之集合体的人类社会实际上就是从天地来的,"有天地然后有万物,有万物然后有男女,有男女然后有夫妇,有夫妇然后有父子,有父子然后有君臣,有君

---

① 参见黄志斌:《人顺天·人制天·人和天——人对自然的实践史》,《合肥工业大学学报》(社会科学版)1992年第2期。

② 宋祚胤注译:《周易》,岳麓书社2000年版,第345页。

臣然后有上下,有上下然后礼义有所错。"①孔子曾提到:"君子有三畏:畏天命,畏大人,畏圣人之言"②,要求人们敬畏天命,敬仰和热爱大自然,做智慧君子。荀子也说过:"天不为人之恶寒也,辍冬;地不为人之恶辽,辍广"③,特定时间空间以及自然规律限制着人类对大自然的认识和改造活动,人类利用自然万物来养育自己的"天养"行为,必须接受自然活动之"天政"制约。庄子提出:"天地与我并生,而万物与我为一"④,是说人在形而下的自然之天中生息繁衍,吃的粮食、呼吸的空气、饮用的淡水都源自天地的化育,人之"生"依附于天地万物之"生",两者"生"而为一。但人又是特殊的存在,通过发挥其主体能动性,可以拥有改造自然的能力。董仲舒曾说:"天地之精所以生物者,莫贵于人。人受命乎天也,故超然有以倚。"⑤他将人类定义为天地万物中最高贵的存在,认为人类应该超越万物,行仁义之举。于是,人的地位和作用被突出和肯定,人虽然依存于自然,却又超越于自然,能够对所认识的自然在生产过程中加以改造。

　　"天人合一"与农耕社会的生产能力和水平是相切合的。从事农耕活动的人们甚或依靠土地财物而锦衣玉食的统治者都祈望有好收成。而农业收成的好坏与气候条件直接相关,风调雨顺,可望丰收,旱涝失度则颗粒无收。人们虽然想方设法去开渠造堤、挖河围堰,竭力与天奋斗,但还是不能从根本上摆脱自然的制约,在狂风暴雨、山洪倾泻面前,往往一筹莫展。人们与土地结下不解之缘,因为土地是他们生息的场所、收获的源泉,人们对太阳怀抱崇敬之情,因为阳光是他们生产、生活的主要和直接能源。因此,农耕社会的人对喜怒无常、恩威并施的生养他的大自然仍延续着蒙昧时代的那种敬畏之感,把

①　宋祚胤注译:《周易》,岳麓书社 2000 年版,第 397 页。
②　陈晓芬译注:《论语》,中华书局 2016 年版,第 225 页。
③　《荀子·天论》,中华书局 2015 年版,第 269 页。
④　《庄子·齐物论》,中华书局 2015 年版,第 31 页。
⑤　曾振宇、傅永聚注:《春秋繁露新注·人副天数》,商务印书馆 2010 年版,第 265 页。

自己看成是大地的儿女,俯首称臣,在生产活动中最多也只是"以时顺修"①了。就此而言,人类的主观能动性被受动性淹没了,人类是在靠大自然的施舍过日子,人类自由的翅膀仍束缚在大自然的绳索之中。

人臣服于自然,这是人顺天的表现之二,是人顺天之"人"的标志。

农耕社会,人类的能动性处于低水平,当时"刀耕火种"的生产技术尽管也造成了部分地区表土的流失和生态环境的破坏,甚或尼罗河谷、玛雅文明等区域文明的衰落,但它对整个地球生态圈而言是微不足道的,处于自然的纳污能力和再生能力之内,没有扰乱自然界的整体秩序、物能变换和动态平衡,人们可以通过迁徙找到安身立命的沃土,与自然和睦相处。这样的和睦是以未被人打破的自然界的整体秩序和平衡为背景的,属于一种人与自然的低级和谐。②

农耕社会人与自然的和谐"低"就"低"在人是屈就自然的人,而自然则是人很少触动的自然。人们往往将无法理解和驾驭的自然现象乃至统治者的不劳而获诠释为"神的旨意"或"上天的意志",对自然的改造基本局限于现象形态、表土层面和局部范围。

天人低级和谐是人顺天的表现之三,是人顺天之"人—自然"系统的标志。

人作为会劳动、有意识、通语言的万物之灵不可能也绝不会永远停留于人顺天的认识与实践水平上,随着科技水平的提高和生产力的发展,人对自然的屈就历史地被人对自然的征服所否定。

从人与自然的关系看,工业社会在整体上是人制天的社会。

以 18 世纪纺织机和蒸汽机的广泛使用为标志,爆发了工业革命,一系列技术的变革引发手工劳动向机器生产的飞跃,使大规模工厂化生产走上历史舞台。随着工业革命的深入及其成果的辐射,许多国家先后由农耕社会过渡

---

① 《荀子·王制》,中华书局 2015 年版,第 130 页。
② 参见黄志斌:《人顺天·人制天·人和天——人对自然的实践史》,《合肥工业大学学报》(社会科学版)1992 年第 2 期。

到工业社会,宣告了工业时代的到来。

工业社会所创造的人工自然物,大多不再是"衍生型"的,而是"异生型"的。异生型人工自然物的大量创造,意味着自然资源的大量消耗和工业废料的大量倾泻,结果必然是自然秩序、平衡的破坏和生态环境的恶化。如1952年英国伦敦烟雾事件,仅短短4日,就造成伦敦市4000人的死亡,雾霾爆发后的两个月内,近8000人死于呼吸系统疾病。人与自然失和的生态危机像恶魔一样威胁着人类的生存和发展。

异生型人工自然物构成工业社会物质文明的主要内容。所谓异生型人工自然物,是指经人们劳动加工而改变了天然自然物的内在结构和质性,即具有非天然结构和质性的物品,如机器、电器、各种化工制品,均属此类。它们不仅在外在形式上迥异于天然原料,更重要的是在内在结构和质性上大不相同。这些物品中凝结着人对天然自然物内在结构及其变化规律的科学认识和技术应用,否则人们何以可能去创造它呢?

人们是乘着近代科学革命和第一次技术革命的东风进入工业社会的,他们凭借科学技术的神威,将地底的非再生资源开采出来用以改变地表的物质形态,对天然自然物进行着脱胎换骨般的加工和改造,并随着科学技术的进步,愈演愈烈。结果,整个世界喧闹起来,机器轰鸣,烟囱林立,车轮滚滚,杠杆充斥。人们一方面扩展着工作机和动力机,另一方面追求着控制机,以此不断增加各种生活必需品和享受性物品的生产。与此相配套,人们又研制了形形色色的交通工具,建立了规模庞大的销售系统等等。

可见,人在工业社会所创造的物品,从生产工具到产品以至各种配套设施,都是以异生型人工自然物为主要内容的。这说明在工业社会,人对自然的改造已伤筋动骨,自然的身躯上已刻下了人类能动性的深深烙印,其内在结构形态发生了质的变化①,地球生态圈逐渐被异生型人工自然物所包围。

---

① 参见黄志斌:《人顺天·人制天·人和天——人对自然的实践史》,《合肥工业大学学报》(社会科学版)1992年第2期。

人造物以异生型人工自然物为主体,这是人制天的表现之一,是人制天之"物"的标志。

从人的角度考察,此前潜在的主宰征服自然的欲念逐步显现出来,亚里士多德乃至基督教重人类轻自然的观点得到越来越多的认同和遵从。亚里士多德将自然界中的事物划分为不同的等级,认为低级存在物的理性较少因而较不完满,高级存在物的理性较多因而较为完满,低级存在物的目的是为高级存在物服务。例如,"自然就为动物生长着丰美的植物,为众人繁育许多动物。"①因此,人对自然的主宰征服是顺理成章的。基督教继承、强化了亚里士多德的观点,并被披上了客观唯心主义的神秘面纱。在它那里,上帝不仅创造世间万物和其他物种来为人类服务,而且出于对人类的偏爱,把宇宙的中心定位于人类所居住的地球。与此相应,基督教就把世界分割为二:其中一部分是消极被动、任人摆布的自然界;另一部分则是据上帝印象用黏土而造、按上帝意志主宰自然的人。人凌驾于自然之上,已不再是自然的一部分。诸如早期基督教作家圣保罗、经院哲学家托马斯·阿奎那、新教领袖加尔文等都曾用自己的话语鼓吹这种观念。如在托马斯·阿奎那看来,罪恶的危害只有上帝、邻居或个人自己才能感受到,而非人类存在物是无从感受的;至于上帝的博爱,"无理性的受造物"更是不能享有了,因为上帝"永久幸福的团契中不包括它们"②。在弗朗西斯·培根提出"人征服自然"的口号后,这种观念又得到了进一步的强化,逐步演变为极端的天人二分的人类中心主义思潮,将人类作为凌驾于自然之上的价值判断的主体,人类的利益成为价值原点,把自然视作因为人而存在的对象,只是人类发展的资源宝库,并衍生为一种思想"狂热"。于是,主宰征服论在工业时代被人们特别是西方人奉为"圣经"。人们怀着发泄农耕社会臣服于自然的积怨的心情,把自己看成自然的主人,把自然视为听

---

① [古希腊]亚里士多德:《政治学》,吴寿彭译,商务印书馆 2016 年版,第 107 页。

② [英]托马斯·阿奎那:《神学大全》第 3 卷,段德智、徐弢译,商务印书馆 2013 年版,第 343 页。原文为:"在无理性的受造物中是既不存在罪也不存在罚的"。

任宰割的羔羊,把机器的轰鸣喻为悦耳的音乐,把烟囱当作画笔,把浓烟看作牡丹,开始了对大自然的大规模掠夺,同时向大自然倾泻大量废料,致使主宰自然、征服自然的天人二分的文化思潮变成了一种"天趣已灭,生意已绝"的制天行为。

19世纪中叶,资本主义工业伴随科学技术的不断进步而突飞猛进,资产阶级一味地追求剩余价值,忽视自然成本,不顾物质变换的断裂,将自然当作取之不尽的原料库和肆意排放的垃圾场,为求利润的最大化而千方百计"搭便车",不断上演"公地悲剧",在资源消耗和污染物排放上产生巨大的负外部性。

工业社会可以说是"理性日益工具化",滑车、杠杆与轮胎自成体系的机器世界,这个世界的主要能源是煤、石油、天然气等矿物燃料。矿物燃料是地球积累了30亿年之久的太阳能贮备,是非再生能源。可在短短几百年的时间内,人们就已毫无顾忌地将它开采过半。

为了满足日益膨胀的人口对异生型人工自然物越来越多、越来越高的需求,人们运用越来越先进的技术,对金属矿藏进行着越来越疯狂的"掠夺",滥伐森林、滥垦草原、过度放牧的行为也愈演愈烈。

人类向自然索取的是煤、石油、天然气、金属矿藏、木材,可"给予"的却是废气、废水、废渣。随着现代工农业的发展,由于管理不善、考虑不周,浓烟毒气侵入大气,石棉纤维漫天飞舞,工业废水和生活污水滚滚流入江河,工业废渣和建筑垃圾骤增,秸秆就地焚烧、浓烟缭绕,五花八门的污染物充斥着生物圈。

人虐待自然,这是人制天的表现之二,是人制天之"人"的标志。

人对自然的肆意破坏和污染大大超过了自然的新陈代谢能力和自行调节功能。大自然怒吼了!你滥采矿物,我就叫你爆发资源危机;你滥伐森林,我就叫你水土流失,气候失调,物种消减;你滥垦草原,我就叫你土地沙化,风暴频发;你向我排废气,我就降酸雨、起烟雾,产生"温室效应""臭氧空洞";你向我泼污水,我就给你来个"文明富养化",叫你淡水紧缺,水产锐减;你向我丢废渣,我就让你生活环境恶化,疾病流行,以致怪病缠身。

人与自然处于失和的冲突状态,生态危机的警钟敲响! 这是人制天的表现之三,是人制天之"人—自然"系统的标志。

如果说在人顺天的农耕社会人的能动性难以发挥故很少发挥的话,那么在人制天的工业社会人的能动性则在被滥加发挥。前者主要是客观规律约束所造成的偏向,后者主要是主观片面认识所造成的差错,这种偏向和差错都无助于人类更好地生存和发展,包含着人与自然的对立和冲突。人类"只有遵循自然规律,才能有效防止在开发利用自然上走弯路"①。于是,人们便举步向"经科学洗礼"的生态文明社会迈进。

就人与自然的关系而言,走向生态文明的当代社会在整体上是人友天的社会。

走向生态文明的当代社会是趋向"仿生型"人工自然物高度发展、人对自然尊重顺应保护有加、人与自然和谐共生的社会,需要建立人与自然的良性物能、信息循环及其反馈调控机制,内在地要求人与自然化干戈为玉帛,做到改造自然与优化美化自然同步进行。历史表明,随着环境科学的诞生,人们从20世纪60年代起着手发展环境保护工业,并掀起了绿色运动,在人友天的道路上迈出了可喜的一步。

出于对天人冲突的反思及天人和解的需要,20世纪50年代,一些科学家先后加入了研究和创立环境科学的行列,并在20世纪60、70年代相继出版发表了《寂静的春天》(1962)、《只有一个地球》(1972)、《环境科学原理》(1973)、《环境科学技术导论》(1974)等环境科学著作,从思想观念、科学原理和技术工艺上阐明了协调人与自然关系的必要性和可能性。

环境科学的兴起唤醒了人们的环境意识和生态意识。从20世纪60年代

---

① 《习近平谈治国理政》第二卷,外文出版社2017年版,第394页。

起,为了解决严重的环境问题,世界众多国家的政府都直接参加环境管理。除了采用经济手段和立法措施外,控制环境污染的研究和应用也有了迅速的发展,许多国家已经形成一个全新的产业部门——环境保护工业,以技术创新为引领,针对生态环境的保护,生产制造能有效抑制大气污染、水污染、噪声以及处理回收固体废物的成套技术装备。同时,人们还特别注意运用科学技术提高生产工艺水平,通过对物料和能源的分层利用、多次利用或循环利用,力图从根本上解决资源节用和环境保护问题。

人类在理论上吹响了人友天的号角,在实践上发起了人友天的行动。人友天的曙光已经显露在全球大地上,工业社会孕育了否定其自身的生态社会种子。

"仿生型"人工自然物是生态社会物质文明的主要内容。所谓仿生型人工自然物,是指人们所创造的生产工艺和农艺及其产品模拟了生命体乃至生态系统的基本结构、功能属性、运行方式,凝聚了生态智慧,符合生态系统规律。像生态工艺与农艺设施、生态工农业园区、绿色产品,就属于仿生型人工自然物。其中,生态工艺与农艺设施主要是对生命体、生态系统之物能高效利用结构与功能的模拟,生态工农业园区主要是对生命体、生态系统之"食物链"运行方式的模拟,绿色产品主要是对生命体、生态系统之良性循环功能属性的模拟。其要旨在于实现物能在社会生产与消费过程中的循环再生,并将之与生态系统的循环耦合成大系统超循环,使人们享有高质量的生态福祉。就本质而言,"仿生型"人工自然物是合规律性与合目的性的高度统一,须以人对生态系统规律的深刻认知和自觉运用为前提。

20世纪60年代以来,人们通过绿色技术的研发,在"仿生型"人工自然物的创造上可圈可点。自杜邦化学公司创造性地把3R(Reduce、Reuse、Recycle)原则发展成为与化学工业实际相结合的"3R制造法"之后,加之清洁生产的兴起,投入与使用生态工艺与农艺设施的企业日益增多。自丹麦卡伦堡生态工业园区建立之后,加之生态工业和生态农业的兴起,把不同的企业连接起来形成共享资源和互换副产品的产业共生组合的循环经济迅速发展。自日本尼桑公司的绿色汽车问世之后,加之绿色消费的兴起,绿色产品的类型拓展、品质提升日趋普遍。

马克思早就指出,资本主义制度不仅会导致以生产相对过剩为标志的经济危机,而且会导致"物质变换的断裂"的生态环境危机,资本主义制度是导致生态危机的根源。要从根本上解决人与自然的矛盾,就必须对资本主义制度进行"完全变革",用社会主义代替资本主义。社会主义在实现人友天方面显然比资本主义优越。资本主义的生产目的是追逐剩余价值、赚取高额利润,与环保目的相矛盾,所以它不可能在协调人与自然的关系上全心全意,更不可能将生态公平、生态正义付诸实际;社会主义的生产目的是满足人民日益增长的物质文化和优美生态环境需要,不断提高人民的生活质量和生态福祉,与环保目的相一致,所以它在协调人与自然的关系上能够竭尽所能,对生态公平、生态正义全力以赴,并且对人民具有很大的号召力。资本主义生产资料的私人占有决定了它在协调人与自然的关系上不可能步调一致,资本主义制度下的具体生态环境政策实质上是各个利益团体相互角逐的斗争产物;社会主义制度则有利于在协调人与自然的关系上统筹兼顾、聚力突进。尽管我国处于并将长期处于社会主义初级阶段,但"仿生型"人工自然物的发展举世瞩目,企业生态工艺与农艺设施已初具规模,生态产业不断壮大,广西贵港、山东鲁北、广东南海、浙江衢州、湖南长沙、内蒙古包头、新疆石河子、贵州贵阳、四川沱牌集团、武汉中国光谷等生态工业园区脱颖而出,绿色产品正大踏步走进千家万户。

"仿生型"人工自然物是尊重自然前提下对自然的改造,是依循生态规律性前提下的人的主观能动性的对象化凝结。它在人工自然中主导地位的确立,便标志着生态社会的到来,当前"仿生型"人工自然物的迅速发展说明生态社会已具雏形,它必将从工业社会的母体中脱颖而出。

人造物以"仿生型"人工自然物为主体,这是人友天的表现之一,是人友天之"物"的标志。

人与自然协调发展是与生态社会相切合的观念,它发端于一些具有超前意识和生态思维的思想家。恩格斯早就警告人们:"如果说人靠科学和创造性天才征服了自然力,那么自然力也对人进行报复"①。诚所谓"获罪于天,无所祷也"②。因此,"我们决不像征服者统治异族人那样支配自然界,决不像站在自然界之外的人似的去支配自然界"③。显然,恩格斯比前人站得高、看得远,他要求人们摈弃从基督教延续下来的那种主宰征服自然的高傲态度和错误观念,学会尊重自然、师法自然,并通过对自然规律的正确认识和运用,扬弃人与自然的对立状态,实现人与自然的协调发展。

20世纪以来,人们愈益普遍地感受到人与自然失和所带来的巨大压力,因而人与自然协调发展的观念得到越来越深入的理论阐发和实践追求。从罗马俱乐部成员到可持续发展观提出者,从生态马克思主义者到生态环境伦理代表人物,尽管各自的立场和视角不同,但都对工业化过程和资本主义发展所造成的人与自然关系的严重失调予以无情的批判,对人类的未来命运怀抱深深的关切,对人与自然的协调发展表现出炽热的激情和独特的睿智。在中国,从可持续发展战略到科学发展观再到绿色发展新理念,把对人与自然协调发展的认知和实践不断引向深入,视自然为挚友,视环境为民生,视青山为美丽,视蓝天为幸福,尊重自然得到越来越多的认同和践行。

人尊重自然,这是人友天的表现之二,是人友天之"人"的标志。

在走向生态文明的当代社会,人类的能动性不再像农业社会那样处于低水平,也不像工业社会那样无视对自然的破坏而滥加发挥,而是依循客观规律,着力于"仿生型"人工自然物的创造;不再像农耕社会那样在自然面前徒唤奈何,也不像工业社会那样对自然对象大加肆虐,而是将自然看作人的命运

---

① 《马克思恩格斯文集》第3卷,人民出版社2009年版,第336页。
② 陈晓芬译注:《论语》,中华书局2016年版,第29页。
③ 《马克思恩格斯选集》第3卷,人民出版社2012年版,第998页。

共同体,像对待母亲那样尊重它,像爱护自己的眼睛那样保护它。①"仿生型"人工自然物在社会物质结构中比重的拉升及其与生态循环的耦合,人与自然协调发展观念在社会人群中的落地生根,生态社会的秀丽景象必将逐步展现,天人和解的生态文明必将如红日般喷薄而出。伴随中国特色社会主义"五位一体"总体布局的深入推进,中国正昂首走进生态文明新时代,迈向人与自然和谐共生的现代化。

天人和解,这是人友天的表现之三,是人友天之"人—自然"系统的标志。

概言之,纵观人对自然的实践史,从农耕社会到工业社会再到走向生态文明的当代社会,人类在整体上历经"人顺天—人制天—人友天"的历史辩证运动,在物的实践创造层面,展开为"衍生型人工自然物—异生型人工自然物—仿生型人工自然物"的辩证过程;在人的实践行为层面,展开为"人臣服自然—人肆虐自然—人尊重自然"的辩证过程,在"人—自然"系统层面;展开为"低级和谐—天人对立—天人和解"的辩证过程。这昭示了天人和解的历史必然趋势,显露出天人关系的否定之否定规律。

二、天人和解的出路及其特征

人对自然的认识和实践史,天人和解的历史必然趋势,天人关系发展的否定之否定规律,蕴含了天人和解的出路及其特征。

马克思和恩格斯在解决天人矛盾、实现天人和解的出路上的思想是高度一致的。在他们看来,天人冲突的根源是资本主义制度及其生产方式,天人和

---

① 位于加拿大温哥华北部的落基山脉,至今仍保持着自然的古朴清新,体现着人与自然的和谐交融的伙伴关系。在通往落基山脉的道路上,每隔一段距离就会出现一块鹿或熊的警示牌,提醒司机谨慎驾驶,注意保护野生动物。在行驶途中时而能看见一群一群的动物横穿马路,慢悠悠地走过,这时司机总是将车主动停下,等这些可爱的生灵走过后,再继续行驶。正是人们视自然如伙伴,尊重它、爱护它,落基山脉至今仍然看不出人类文明对其摧残破坏的痕迹。人站在绵绵的山脉中俯视广阔的冰河,翠绿的湖泊宝石般镶嵌在深绿色的森林中,林中栖息着各种动物,山与冰河、森林与湖泊和谐地演奏着悠扬恬美的交响曲,这种和谐犹如鱼水难分,亲密无间。人们由此可以体悟尊重自然、保护自然的真谛。

解的最终出路在于对资本主义制度及其生产方式进行根本变革,奔向和实现共产主义。马克思认为:"这种共产主义……是人和自然界之间、人和人之间的矛盾的真正解决"①。恩格斯认为,要真正解决天人冲突的矛盾,实现天人和解,就"需要对我们的直到目前为止的生产方式,以及同这种生产方式一起对我们的现今的整个社会制度实行完全的变革"②。生态学马克思主义代表人物詹姆斯·奥康纳、约翰·贝拉米·福斯特和戴维·佩珀等人也主张用生态社会主义社会代替资本主义制度,不过他们在生产资料所有制变革的政治方向、主体力量等现实难题面前望而却步,没有予以充分考虑,结果其生态社会主义的绿色蓝图只能是一种"绿色乌托邦"。

从制度上看,资本主义私有制所固有的基本矛盾,资产阶级对剩余价值的疯狂追求,决定了它对自然一味索取的本性,它不会真正把天人冲突问题的解决放在心上,不可能从根本上解决生态环境问题。即使在当今世界,发达资本主义国家面对严峻的生态环境压力,尽管出台了资源节约利用、生态环境保护的系列政策与法律法规,凭借先发优势,通过发展绿色技术来治理、改善生态环境,推进"生态现代化",但其在本质上所遵循的仍然是资本逻辑,所固有的基本矛盾依然存在,资源的过度占用不会改变;而且伴随着其资本的国际扩张,资本主义制度的基本矛盾也就趋向于国际化,这决定了资本主义国家对生态环境的治理、改善在策略上是各扫自家门前雪,不管别人瓦上霜,甚至转嫁污染、以邻为壑,推行"生态殖民主义",侵蚀人类家园的整体性;更有甚者,为谋求在全球范围内的资本扩张和利益最大化,不惜大动干戈,造成巨大生态破坏,这从海湾战争、科索沃战争、利比亚战争等可见一斑。自然是人类"永远的共同财产",只能以符合全人类利益的形式来管理,需要全人类的共同努力;生态环境的公共性性质决定了天人冲突的真正解决,需要联合起来的生产者、社会化的人来完成。另一方面,人与自然的关系、人与人的关系是一对

---

① 《马克思恩格斯文集》第 1 卷,人民出版社 2009 年版,第 185 页。
② 《马克思恩格斯选集》第 3 卷,人民出版社 2012 年版,第 1000 页。

"双生子",就结构而言,两个"关系"都是"主体—客体"的关系:在前一个"关系"中,人是主体,自然是客体;在后一个"关系"中,某个当下此为主体,彼为客体,某个时期则可能互为主客体。两个"关系"都聚焦于人,因此人在社会化过程中对其本质的真正占有、合乎人性的复归就成为人与人和解的标志和天人和解的关键,而这种"真正占有"和"复归"只有在共产主义社会才能完全实现。就功能而言,天人和解是基础,人与人的和解是保证,天人和解不可能孤军深入,离不开人与人的和解。在天人冲突的状态下,出现人一味征服自然、自然报复人的恶性循环,长此以往,自然生态系统不再适合人的生存与发展,那就一切都谈不上了;在人与人冲突的状态下,人与人成年累月地明争暗斗、相互拆台、零和博弈、压榨他人,甚至为资本霸权、抢夺资源而发动战争,奉行生态帝国主义,那也就无所谓天人和解。因此,天人和解的最终出路只能是马克思恩格斯所描绘的"通过人并且为了人而对人的本质的真正占有""人向自身、向社会的即合乎人性的人的复归"的共产主义。社会主义是共产主义的第一阶段,中国特色社会主义是当代社会主义发展的典范,其以公有制为主体的基本经济制度,以人民为中心的先进立场,以顶层设计为基础的统筹规划,构建人类命运共同体的宽广胸怀,切合生态公平、生态正义的价值期盼,决定了它对天人对立问题的解决在本质上比资本主义制度优越。习近平"人与自然和谐共生""绿水青山就是金山银山""提供更多优质生态产品以满足人民日益增长的优美生态环境需要""生态兴则文明兴""良好生态环境是最普惠的民生福祉""山水林田湖草沙是生命共同体""共谋全球生态文明建设之路"等生态文明思想的提出和贯彻,新《中华人民共和国环境保护法》及中共中央、国务院发布的《生态文明体制改革总体方案》等国家顶层设计的出台和实施,对党政领导干部"关键少数"生态环境损害的终身追责,生态文明建设一张蓝图干到底的持续实践和累积效应等等,充分彰显了中国特色社会主义在解决生态环境问题上的优越性。伴随中国特色社会主义制度的巩固和发展,天人和解将高效深入递进、趋于普遍,并通过人类命运共同体的构建,惠及全世界和全人类。质言之,中国特色社会主义制度证明了天人关系"人顺天—人制天—人友天"的否定之否定规律,是天人和解的现实出路,在制度上特别是在人与人的和解保障方面代表了天人和解的前进方向,诠释了马克思恩格斯天人和解思想的当代价值。

从天人和解的系统要素分析,其内在包含"物"和"人"两个层面。如前所述,在物的实践创造层面,人类社会经历了"衍生型人工自然物—异生型人工自然物—仿生型人工自然物"的历史过程。衍生型人工自然物基本未触及天然自然物结构和功能的特质改变,因此可视为对自然界演化成果的继承与拓展。在人的认识尚未深入自然的内部去揭示出自然机械运动、物理运动、化学运动、生命运动的本质性联系,技术开发及其向现实生产力转化的科学知识缺乏的情况下,加之原始社会、奴隶社会、封建社会对科学技术与生产力发展的束缚,人们只能对自然进行现象性改变,这就决定了在古代农耕社会人所创造的人工自然物以衍生型为主体。在人的认识不断深入自然的内部,将自然机械运动、物理运动、化学运动、生命运动的本质和规律予以揭示并加以实践运用的情况下,就有可能对天然自然物的结构和功能进行脱胎换骨的改变,产出自然界原本没有且难以降解的"异物",加之资本主义制度及生产方式的加码催动,这就决定了近现代工业社会人所创造的人工自然物以异生型为主体。随着人的认识广泛深入自然事物特别是生态系统的内部,不仅揭示出各种运动形式、运行方式的本质和规律,而且还揭示出各种规律之间特别是与生态系统规律之间相互联系的复合规律,就有可能按照生命体、生态系统的运行方式及其包含的机械运动、物理运动、化学运动的结合方式和功能属性创造人工自然物,并且这些人工自然物不再是自然的"异物",而能够回归生产循环和生态系统的循环,具有衍生性的特质。仿生型人工自然物是在工业社会科学技术和生产力接续发展基础上应运而生的,其优良的环境友好性既与异生型人工自然物的非生态性、反生态性形成鲜明对照,又惠及民生生态福祉,"作为完成了的自然主义等于人道主义",无疑是对异生型人工自然物的否定;同时,它是综合运用自然规律特别是生态系统规律的结晶,是在模拟自然、师法自然前提下对自然的深度改造,内含着丰富的绿色科技因素,依托了先进的生产力,在贴近自然上与衍生型人工自然物相似,但与衍生型人工自然物的低科技、低生产力的皮毛之功比较则不可同日而语,就此而言,它是对衍生型人工自然物的否定之否定。由于仿生型人工自然物对于自然资源来说是节约型的,但在其实践创造过程中比异生型人工自然物往往需要更多的资金投入,与资本主义制度及其生产方式追逐最大剩余价值的本性格格不入,因而资本主义制度及其生产方式在本质上成为仿生型人工自然物实践创造的异己力量,迟滞着仿生型人工自然物的拓展。而且,资本主义是以推行资本霸权为目的的战争的根源,战争对人工自然物包括仿生型人工自然物的破坏是有目共睹的。社会主义制度的产生和发展,特别是新时代中国特色社会主义制度及其对绿色生产方式和生活方式的培育与践行,无疑会给仿生型人工自然物的普遍化提供强有力的保障和驱动。质言之,仿生型人工自然物的普遍化显示了天人关系的波浪式前进运动和人类社会向天人和解的螺旋式复归趋势,是天人和解的“物”的出路,它在物的实践创造层面诠释了马克思所主张的自然彻底人道主义的当代实践取向。

在人的实践行为层面,人类社会历史画出了“人臣服自然—人虐待自然—人尊重自然”的圆圈运动轨迹。人臣服自然是人的主观能动性屈就于自然必然性的行为表现。人是自然的骄子、宇宙的精灵,出于自然而胜于自然。而人“胜”就“胜”在具有区别于动物的、得以确定自己主体地位的力量,即人所特有的由劳动、意识、语言有机构成的社会性的本质力量,它内在蕴涵着并在社会实践中展现为人的主观能动性。但这种“展现”在人类社会不同发展阶段的程度和性质是大不相同的。科学技术和生产力是衡量社会进步程度的重要标志,其发展水平既是人的主观能动性展现的结果,更重要的是人的主观能动性进一步展现的条件。在科学技术和生产力发展水平低下的情况下,人们对客观必然性不甚了了,人在自然面前尽管也奋力抗争,为了自身的生存与发展而发动改造自然的行为,但这种行为的力量与自然的威力相比是十分渺小的,可以说,人的活动相对于自然的运动是附属性的,无法驾驭顽劣不羁的大自然,基本上是靠天吃饭。遇到狂风暴雨、山洪倾泻,往往无能为力;面对自然的喜怒无常、恩威并施,只能俯首称臣。因此,人的本质、对象化和自我确证捉襟见肘,人类自由的翅膀受困于大自然必然性的束缚,人的主观能动性只能低度展现。这就决定了古代农耕社会人在实践行为上臣服于自然。与此相比较,人虐待自然则是无视生态损害,滥加发挥人的主观能动性的行为表现。伴随着科学技术和生产力的进步,人们对自然必然性的把握日渐丰富和深入,通过机械力学的发展和运用而展开机器大生产,通过物理学的发展和运用而实现社会电气化,通过化学的发展和运用而进行产品的人工合成,通过生物学乃至生命科学的发展和运用而改变生物的特性,这一切都在自然界烙下了人的行为的深深印记,似乎人可以按照自己的意志任性地宰割自然,结果人主宰征服自然的欲念不断膨胀、愈演愈烈。这不是物质文明自身的过错,而是资本主义制度根本缺陷不可避免的结果,是发达资本主义国家无法洗脱的"原罪"。资本主义对资本和利润的一味追求,必然导致资本主义世界铜臭熏天、拜金泛滥,物质利益被奉为圭臬,生态效益被弃若敝屣,金钱就是上帝,为了金钱,就见利忘义,就肆意向自然开战,人的本质、对象化和自我确证被异化。人一反臣服于自然的行为状态,将自身君临于自然之上,目无自然,只有自己,无视自然必然性而追求对自然进行片面的能动改造,加之资本主义急功近利的误导和放大,结果必然是人虐待自然的行为甚嚣尘上。人尊重自然是遵循生态系统规律,合理发挥人的主观能动性的行为表现,是对人虐待自然的实践行为的反思和扬弃。资本主义以资本为中心、以攫取高额利润为目的而肆意掠夺自然、糟践自然带来了物质财富的高速增长,正如马克思恩格斯所说的:"资产阶级在它的不到一百年的阶级统治中所创造的生产力,比过去一切世代创造的全部生产力还要多,还要大。"①但这种增长结果造成的生态环境问题接踵

---

① 《马克思恩格斯选集》第 1 卷,人民出版社 2012 年版,第 405 页。

而至,环境公害事件频频上演,人们从中体悟到自然报复人类的厉害,生态意识开始觉醒。于是,人们开始检点自己的行为,属意自然的反馈。人与自然的相互作用实际上构成了一个控制系统,人的实践行为作为人自身的输出变量作用于自然,将引发自然或机械、或物理、或化学、或生命生态的变化,这些变化作为人自身的输入又反作用于人。如果这些变化对人的反作用呈现出强烈的负面效应,威胁人的生存与发展,就会造成这个控制系统的失和,从而促使人调整自身的行为,以求人与自然的协调。因此,在人虐待自然遭到自然反噬的情况下,人的实践行为必须华丽转身,表现出对自然的尊重,保证人的实践行为切合自然的特别是与人的生存和发展直接关联的生态系统的本性与规律,促进社会物质系统的良性循环及其对自然生态系统的融入,展开"作为完成了的人道主义等于自然主义"的递进过程,演绎全新的人的本质、对象化和自我确证。资本主义制度及其生产方式追逐的是利润,尊重的是资本,不可能从根本上尊重自然。新时代中国特色社会主义制度的巩固与发展,绿色发展方式与生活方式的倡行,需要同时也促使人尊重自然的实践行为蔚然成风。质言之,人尊重自然显示了人的主观能动性从低度发挥到滥加发挥再到合理发挥的螺旋式上升趋势,是天人和解的"人"的出路,它从人的实践行为层面诠释了马克思所主张的人彻底自然主义的当代实践取向。

仿生型人工自然物的实践创造、人尊重自然的实践行为普遍化了,天人和解也就水到渠成了,这就是人和自然界之间矛盾真正解决的光辉前景!

从上述可见,天人关系从低级和谐到对立冲突再到走向和解是一个由肯定、否定到否定之否定的过程,展现了天人关系发展和完善的历程,其表现形态近似螺旋式曲线,是波浪式的前进运动,具有上升性或前进性、周期性或曲折性、回复性或回归性的特征。

上升性是天人关系发展的基本方向和基本趋势,在天人关系"低级和谐—对立冲突—协同和解"的发展链条中,天人冲突是对天人原始和谐的"扬弃",它舍弃了古代农耕社会人臣服于自然、低水平改造自然的过时之举,保留和发扬了其中为求人的生存与发展而创造人工自然物的积极努力;天人和解是对天人冲突的辩证否定,它要消解并正在消解人虐待自然、片面异化自然的"狂热",保留近现代工业社会的积极成果,接续其中科学技术和生产力的发展,致力绿色科学技术的创新及其向生产力的转化,展现仿生型人工自然物的生机活力和生产方式与生活方式的绿色转型。

与世间万物一样,天人关系在其发展过程中,经过对立面的两次否定、两次转化,就表现为三个环节、两度否定的有节奏的周期性运动。从人类社会的总体趋势来看,自然彻底人道主义、人彻底自然主义、天人真正和解是天人关系周期性运动的终点,是人类在当前乃至今后相当长的历史时期内的努力方向,但"温室效应""臭氧空洞""酸雨毒雪""生物多样性锐减"等全球性环境问题时时袭扰,自然灾害、战争阴云、贸易硝烟等破坏因素仍然存在,资本主义经济危机的隐患仍未根除,资本主义的剥削和强权仍在全球强化和蔓延,这决定了天人和解的航程不会一帆风顺,而会充满曲折。具体到特定区域的某一天人系统,则每一个周期的终点,同时也就是下一个周期的开端,其中具体的人工自然物和天然自然物都有着自己的生命周期,都会经历产生、发展、衰亡的过程,甚或会因自然灾害、战火破坏、产品滞销而毁于一旦,致使这一具体天人系统走向和解的发展周期终结,但人的实践创造及其对自然恢复功能的合理运用可以使这一周期的终点成为下一周期的起点,开启天人和解的接续运动过程。这样,具体天人系统就一个周期接着一个周期地循环往复,形成由无数"圆圈"衔接起来的前进轨迹。

在天人关系的周期性发展中,天人和解作为周期的最后环节即否定之否定阶段,表现出初始环节即肯定阶段的天人低级和谐的"协调"特点,仿佛出现了向出发点的复归。作为中间环节的天人冲突,既和初始环节(肯定)的天人低级和谐相对立,又和最后环节(否定之否定)的天人和解相对立,它作为前后两个环节的共同对立面这一特性,决定了初始环节的天人低级和谐和最后环节的天人和解具有天人"协调"的共同性。天人低级和谐的前进发展,就会转化为自己的对立面——天人冲突,天人冲突作为新的、与天人原始和谐相对立的天人关系,反过来同样转化为自己的对立面——天人和解,所以天人关系发展初始阶段的低级和谐与最后阶段的协同和解会出现形式上的雷同。

概言之,天人关系的发展与世间万物一样,显示出否定之否定规律,总方向、总趋势是前进的、上升的,但其具体道路则是曲折的、迂回的,因而是前进性与曲折性、上升性与复归性的对立统一。

三、绿色发展对天人和解总趋势的切合与顺应

天人和解规律作为天人关系发展总趋势的反映,内含了马克思称之为"作为推动原则和创造原则的否定性"①的辩证法,内在地要求当代社会遵照这一总趋势,展开实践的辩证否定,演示天人和解的实践逻辑。中国新时代社会经济的绿色发展顺应了天人和解的总趋势,切合了天人关系发展的否定之否定规律,是"推动原则和创造原理"在生态文明社会建设中的贯彻,主要展开为国土绿色增值、社会绿色转型、人格绿色美化三条实践路径。

国土绿色增值是绿色发展自然方面的实践路径。国土是绿色发展的空间载体和绿色成果的展示平台,国土的绿色增值就是在实践过程中推动绿色空间和绿色成果的不断拓展,创造仿生型人工自然物体系,彰显自然生态环境和人工绿色产品的双重增绿。因此,中国依循生态系统规律,以人民的生态福祉为旨归,汇聚力量办大事,将绿色发展作为国家战略予以顶层设计,统筹规划国土空间的合理综合利用以及生产方式与生活方式的绿色转型,并在各地因应区域的自然地理特征以及文化底蕴,将其合理融入自然地理区域以及地方人文资源优势的自然开发与生态保护之中,从而疏通绿色发展的自然路径。长江经济带的绿色发展就是如此,它强调通过东、中、西部合作,以长江流域为网,促进其经济发展的交互,同时将保护和修复长江生态环境摆在首要地位,

---

① 《马克思恩格斯文集》第1卷,人民出版社2009年版,第205页。

协力打造融合共生发展新走廊,水清岸绿产业优美丽长江经济带,畅通长江上、中、下游协同绿色发展的自然路径,即"实现'人民保护长江、长江造福人民'的良性循环,早日重现'一江碧水向东流'的胜景"。具体而言,一是推动生态系统的"自我恢复"与"人为修复"。生态系统具有缓冲和消解外界压力的自我还原与修复的自组织功能,比如说水体的自我净化能力、森林的天然碳汇和制氧作用以及空气的特殊吸附功能等等,所谓的创造原理就是尊重自然生态系统"创进不已"的本性,重点是加大重要生态功能区生物多样性保护力度,维护其"自我恢复"的自组织功能和原生演替,保有绿水青山的生机活力,而面对我国森林覆盖率仍低于世界平均水平的状况,创造原理则是遵循艺术设计与绿色设计规律,因地制宜地规划和实施绿化造林工程以及湿地恢复和崩岸治理,推进生态环境系统的"人为修复"和次生演替,延续绿色生态空间的扩展和递进。从"三北"防护林体系、沿海防护林体系、长江中上游防护林体系的建设工程,到《全国造林绿化规划纲要》的接续实施以及《全国主体功能区规划》的"两屏三带"①构建,演绎着生态系统"自我恢复"与"人为修复"的中国故事。二是要致力于绿色产品、绿色设施、绿色生产资料的拓展,大幅提高人工绿色物品(仿生型人工自然物)的覆盖率和品质,实现绿色成果的产量与质量的双重提升。高品质的人工绿色物品因其高度切合"绿色"的特质而能与生态系统循环相济、意蕴相洽;高覆盖率的人工绿色物品与绿色生态空间交相辉映,将使祖国大地普遍成为宜居宜业宜游的美好家园。这样,人所面对的不再是自然的无情报复,而是自然的友好回报,切合天人和解的大趋势。

　　社会绿色转型是绿色发展社会领域的实践路径。绿色发展是在社会中进行的,生态环境和人工产品的双重增绿必须以社会的绿色转型为保障,其核心在于推动绿色社会经济的高质量发展和绿色社会氛围高水平营造。首先,传统社会经济的运行是资源高消耗、环境高污染的,需要借高水平绿色经济的发

---

①　"两屏三带"是我国构筑的生态安全战略,指"青藏高原生态屏障""黄土高原—川滇生态屏障"和"东北森林带""北方防沙带""南方丘陵山地带"。

展加以转化。因此,中国的创造原则是加快国家、区域科技创新体系的绿色转型升级,构建科技绿色发展模式,以提高绿色科技成果的产出和应用,优化绿色经济发展的科技供给侧;重视不同地域生态农业及乡村旅游成功模式的聚类整合、创新改进和有效推广,以壮大我国现代生态农业;力行创新驱动,加快落后产能的淘汰和传统工业的绿色改造升级,特别是新兴产业的绿色发展;加大绿色供应链的创建力度,促进我国现代绿色服务业的迅速成长;拓展产业链的延伸"接口",在城乡生态产业园区的联通和基础设施建设上下功夫,努力形成城乡绿色经济连体循环的格局。如此便可既收获金山银山,又保有绿水青山,实现社会经济发展的绿色转型,顺应了天人和解的大趋势。另一方面,绿色发展需要通过营造崇尚绿色发展的社会氛围,凝聚社会共识,形成社会合力方能卓有成效。中国特色社会主义制度及生产方式在天人和解上的优越性,决定了我们能够事实上已经展开切合天人和解大趋势的社会氛围的营造:如绿化经济市场,加大对假冒绿色产品的打击力度;绿化政绩观,严格考核领导干部在绿色发展上的作为;绿化不良消费,倡行"简约适度、绿色低碳"的消费方式;结合社会主义核心价值观的培育和践行,将绿色发展内容融入国民教育体系及各级各类培训学习计划,构建绿色发展的培育普及体系;开展创建节约型机关、绿色化学校、绿色化企业、绿色家庭、绿色社区和绿色出行等行动,促使绿色发展落地生根、驰而不息;建立榜样示范机制,树立绿色发展践行标杆和共建共享绿色环保典范,从而带动绿色发展在全社会蔚然成风。

人格绿色美化是绿色发展人自身的实践路径。社会是人的集合体,人是构成社会的要素,绿色发展的主体是社会的人,绿色发展的社会实践要求并造就切合绿色发展的人,同时社会中的人肩负着绿色发展的任务。因此,绿色发展需要因应天人和解的大趋势绿化美化人格,推动人的绿色发展。中国特色社会主义制度是以人民为中心的,可以调动和集聚各种社会、教育资源,拓展和加深人对绿色发展相关理论和文化知识的把握,并内化为其心智潜在模式,成为其投身绿色发展的动机;推动人的绿色实践能力,尤其是绿色创新能力的培育,增强其投身于绿色发展的本领;引领人们将天人和解的意旨入心见行,将自身作用于"社会—经济—自然"复合体的力量聚焦于绿色发展的具体实践,在天人和解的道路上众志成城。由此将人的绿色发展有机融入人的全面发展,塑造知识、能力和意志三位一体的切合绿色发展的美化人格,展现社会绿色发展与人的绿色发展的统一。

中国特色社会主义的实践路径体现了天人关系发展的否定性辩证法,诠释了天人和解的现实出路和实践合理性,演示着"人向自身、向社会的即合乎人性的人的复归",为人类走向天人和解贡献了中国智慧和"中国方案"。

天人关系的历史辩证运动及其和解趋势主要展现了天人关系发展的历史逻辑,天人和解的出路及其特征主要映现了天人关系发展的理论逻辑,中国新时代的绿色发展对天人和解总趋势的切合和顺应,主要体现了天人关系发展的实践逻辑,三者的贯通与统一完整阐释了天人和解规律的意涵,在人类社会发展维度昭示出中国马克思主义绿色发展规律论的历史确证、理论意蕴和实践活力。中国的绿色发展既是历史的必然,又是中国共产党人的自觉选择和伟大创造。

第七章　中国马克思主义
绿色发展价值论

认识绿色发展所要遵循和体用的基本规律,其目的在于更好地协调人与自然的关系,从而更好地满足人自身生存与发展的需要。这就内在地要求学术界在揭示绿色发展的基本规律的基础上,进一步展开对绿色发展的价值问题的研究,阐释中国马克思主义绿色发展观的价值论。绿色发展的价值是为满足人在自然中更好地生存与发展的需要而须把握的特定的关系,同时也是指引人们从事绿色发展实践活动的动力因素和内在尺度。鉴于本书的研究内容,我们无意也不必对价值理论本身浓墨重彩,而是直奔主题,主要围绕自然对人的资源价值、人对自然的价值取向、绿色发展的时代价值展开探讨。

第一节　自然对人的资源价值

自然是人类之母,它在长期的演化过程中孕育了人类,并且在人类诞生之后养育着人类,不断丰富着自身的价值。人类赖以生存与发展的物质资料源于自然,自然因其自身各种特定的关系而构成有价值的个物和系统存在,为人类供给着有序结构与有效能量。这些有序结构与有效能量作为物质资源能够或直接或间接地满足人类的需要,被人类或直接或间接地使用,从而对人具有或直接或间接的工具性使用价值。所谓间接的使用价值是指自然资源经过人的劳动加工而成为劳动产品之后，才用以满足人的需要，彰显为人所使用的价值。由于每个生产者都不能独自生产出满足自己各种需求的全部劳动产品，因而想要获得其他劳动产品的使用价值，必须与他人进行交换。因此，劳动产品就成了商品，不仅具有使用价值，而且具有交换价值。进而言之，人们对自然的资源价值的认识和发掘不是一蹴而就的，一方面对已经进入人们认识视野的自然物的资源价值有一个由浅入深、自片面至全面、从现象到本质的认识过程；另一方面迄今尚未发现的自然物，其对人的资源价值也许是巨大的，需要人们去探索，这就决定了自然还蕴藏了丰富的有待人认识与发掘的潜在资源价值。

一、自然资源的使用价值

最早提出使用价值这一概念的是法国经济学家弗朗斯瓦·魁奈。他在其著作《谷物论》和《农业国经济统治的一般准则》中认为，劳动产品是为了满足人们的需要而生产出来的，因此它本身就具有使用价值，否则其生产意义将不复存在。他通过分析财物和财富这两者之间的关系，提出使用价值这一概念。他说："必须把有使用价值而没有出卖价值的财物，和有使用价值和出卖价值的财富加以区别。"①这两者虽然都具有使用价值，但财物若不具备出卖价值就无法通过出卖而交换到经济利益，也就不具备交换价值。一件财物想要转化为财富，不仅要有使用价值，更要能够实现交换这一必备条件。

古典政治经济学代表人物亚当·斯密和大卫·李嘉图继承并发展了魁奈的使用价值概念。亚当·斯密在《国富论》中指出，价值"有时它表示某种特定物品的效用，有时它又表示由于占有该商品时所拥有的购买其他商品的能

---

① ［法］弗朗斯瓦·魁奈：《魁奈经济著作选集》，吴斐丹、张草纫选译，商务印书馆 2017 年版，第 394 页。

力。一个被称为使用价值,另一个被称为交换价值。"①亚当·斯密对使用价值和交换价值这两个概念的区分,虽然是古典政治经济学发展历程中的伟大进步,但仍存在一些不足之处。如他在价值悖论中认为,交换价值的大小并非由商品使用价值所决定,使用价值很大的商品可以没有交换价值,就像水和钻石一样,水的使用价值很大,但是能够交换的商品却非常少;而没有使用价值的商品也可以具有交换价值,就像钻石对人类来说使用价值有限,却能够交换到许多商品。由此可见,亚当·斯密并没有从本质上明晰使用价值和交换价值之间的区别和内在联系,只是将其混乱地堆积在价值这一概念上。

大卫·李嘉图作为古典政治经济学的集大成者,对斯密的两种价值概念予以分析和澄清。他在 1817 年出版的《政治经济学及赋税原理》中指出:"一种商品如果全然没有用处,或者说,如果无论从哪一个方面说都无益于我们欲望的满足,那就无论怎样稀少,也无论获得时需要费多少劳动,总不会具有交换价值。"②可见,他在使用价值概念的理解上,有着更为深入全面的看法。在他看来,决定商品交换价值的标准不只有使用价值,还有该商品在市场上的稀有程度以及获取时所耗费的必要劳动,也是衡量其交换价值的尺度,但是使用价值对于商品是否具有交换价值来说是必不可少的。如果某一商品是耗费了大量的人类劳动才生产出来,同时也是该市场上有且仅有的一件稀缺商品,但它并不能够满足人的需要,丝毫没有使用价值,那么这件商品也不会具有交换价值。李嘉图对使用价值概念的理解比斯密更加深入全面,他正确地认识到使用价值是交换价值的前提要素和承担者。但他时常混淆价值和交换价值,在明晰使用价值与交换价值的同时,又模糊了价值与交换价值的界限,暴露出其理论上的缺陷。

马克思以古典政治经济学中的劳动价值论为思想源泉,继承并发扬其合

---

① [英]亚当·斯密:《国富论》精粹版,章莉译,译林出版社 2018 年版,第 29 页。
② [英]彼罗·斯拉法主编:《大卫·李嘉图全集》第 1 卷,郭大力、王亚南选译,商务印书馆 2013 年版,第 5—6 页。

理因素,纠正并摒弃其错误观点,全面而完善地提出了使用价值的概念。马克思明确指出:"物的有用性使物成为使用价值。但这种有用性不是悬在空中的。它决定于商品体的属性,离开了商品体就不存在。"①这就是说,商品具有的可以使人类需要得到满足的特性就是使用价值。在马克思看来,商品要具有这种性质必须有两个基本前提:第一,必须以商品这种客观实在形态存在。使用价值是商品的特性,是属于商品的一部分,如果脱离了商品实体,那使用价值也将无从谈起。第二,取决于物本身的属性。"商品首先是一个外界的对象,一个靠自己的属性来满足人的某种需要的物。"②这种经过人类劳动加工了的物之所以能够满足人的需求,这与它自身属性也就是物理或化学性质是密切相关的。如煤炭之所以被人类出售并用作燃料,是因为它本身具有可燃性的物质性质,能够满足人类机器生产的动力需要。物的自然属性不同,使用价值也就不同;即使是同一种物品,由于自然属性是多方面的,因此它的使用价值也是多方面的。物本身的自然属性是其使用价值的基础来源,但这种自然属性并不能够直接等同于使用价值,只有当它能满足人的需要,并通过人类劳动加工后,物的自然属性才能发挥作用,彰显其使用价值。

人们要生产满足需求的商品,就要进行各种形式的具体劳动。如缝制衣服需要裁缝的劳动,捕捞鱼类需要渔民的劳动等。这种在一定环境下进行的特定性质和形式的具体劳动,反映着人与自然的关系,是劳动的自然属性,创造着使用价值。树木能满足人类搭建房屋的木材需要,但不经过具体劳动,只在脑海里空想,房子是盖不出来的,树木对人类也不会具有使用价值。所以,使用价值是客观存在于物品中的自然属性、人的需要、人的具体劳动三者相互作用的结果。使用价值概念的界定就是:自然物(自然资源)本身所具有的,经过人类具体劳动改造后,能够满足人的某种需要的属性。其中自然资源自身的属性是客观基础,人的需要是主体尺度,劳动是中介手段,三者综合作用,

---

① 《马克思恩格斯文集》第 5 卷,人民出版社 2009 年版,第 48 页。
② 《马克思恩格斯文集》第 5 卷,人民出版社 2009 年版,第 47 页。

相互渗透,缺一不可。

值得注意的是,马克思主义政治经济学是以商品这一客观存在物作为切入点的,这并不意味着只有经过具体劳动加工过的自然物才具有使用价值,那些未经人类具体劳动加工过但对人类生存与发展不可或缺的自然物也具有使用价值。同样,马克思在分析商品二重性的基础上揭示出使用价值的概念,却从未说过只有商品才具有使用价值,通过人类具体劳动生产出来尚未进行交换的劳动产品对生产者或经济单位本身来说是具有使用价值的。他只是以商品作为理论研究的出发点,并非仅限于此。①

纵观人类历史,一些自然物属于自然对人类的"馈赠",其属性与人的生命需要直接切合,能够直接满足人最为基本的生存需要,人可以也必须对其予以直接使用,最为典型的就是空气、阳光和淡水。离开了新鲜的空气、温暖的阳光和可用的淡水,人就无法维持最基本的生存需要,生命将会消亡,因此它们对于人类具有直接的、本然的使用价值。在原始"采集—狩猎"社会和古代农耕社会,这种直接显现出来的自然资源的使用价值是人司空见惯、习以为常的,相对于当时人类的需要而言取之不尽、用之不竭,谁也不会担心它的短缺。出于敬畏之心、感激之情,人们还创造出空气精灵、太阳神、水神等神话传说。与此相类似,遮体的树叶,果腹的野果,栖身的洞穴在人类早期也主要表现为直接使用价值,只不过随着人类社会的发展,这些自然物逐渐被劳动产品所替代,当代社会只有在极端的野外生存和矫情的"回归自然"的情况下才时有发生。工业社会的延展,导致大量的废弃物不断侵蚀着空气和水的"纯洁"性,频发的有毒烟雾、雾霾遮蔽了蓝色的天空,人们除了因生产需要、医疗需要而提纯氧气之外,还耗费劳动开发各种净水器和空气净化器,甚至建设"森林氧吧""汽车氧吧""家庭氧吧""引滦入津""南水北调"等人工设施,同时还投入大量人力物力财力治理有毒烟雾和雾霾,期冀蓝天常在、绿水长流、阳光普照。

---

① 参见潘佳勋:《生态系统的资源价值研究》,合肥工业大学 2018 年硕士论文,第 19—21 页。

因此,获得的满足人需要的空气、氧气、阳光和淡水,已经经过人的具体劳动,所显示的已不再是直接使用价值,而是通过劳动中介的间接使用价值。

在人类社会发展中,还有一些自然物虽经过人类具体劳动的加工,但只是满足生产者自身的需要,而非用于交换他人的劳动产品。原始"采集—狩猎"社会和古代农耕社会所生产的物品大多是满足生产者或经济单位本身的需要,而不是进入交换,尽管其交换价值没有表现出来,但其使用价值是显而易见的。

随着商人的出现,商业随之诞生并发展,愈来愈多的劳动产品成为用于交换的商品。作为商品的劳动产品,其使用价值就与交换价值统一在一起了。商品一定是自然资源通过劳动加工后的产物,它对人的需要的满足所显示的使用价值实际上即是自然资源通过劳动中介的间接使用价值,而不再是人对自然资源的直接使用。这说明,自然资源的直接使用价值是人在特殊状态下的表征,主要发生在人类社会的早期,只是自然资源的使用价值的总体一隅。自然资源的间接使用价值则与劳动相伴随,贯穿人类社会的始终,并在劳动产品(人工自然物)从衍生型到异生型再到仿生型的发展过程中日益扩展,占据了绝对主导地位。其中,人的劳动经历着农业化、工业化、智能化和生态化的从简单到复杂的发展过程,人的需要经历着生存、生活、生态,经济、政治、文化的从低级到高级、从片面到全面的发展过程。因此,通过劳动加工而显示出对人具有间接使用价值的自然资源,在人类社会的不同发展阶段起决定性作用的类型和范围是不同的。正如马克思所说的:"生活资料的自然富源,例如土壤的肥力,渔产丰富的水等等;劳动资料的自然富源,如奔腾的瀑布,可以航行的河流、森林、金属、煤炭等等。在文化初期,第一类自然富源具有决定性的意义;在较高的发展阶段,第二类自然富源具有决定性的意义。"①马克思于此所说的文化初期,主要是指古代农耕社会,较高的发展阶段是指工业社会。在走

---

① 《马克思恩格斯文集》第 5 卷,人民出版社 2009 年版,第 586 页。

向天人和解的生态社会,自然资源的类型和范围覆盖面势必扩大,与以往不可同日而语。但这并不宣告自然资源必将走向枯竭,其原因在于到达这个时期,人们将奉行经济效益与生态效益、社会效益相统一的新发展观,特别是新时代中国特色社会主义,践行的是既收获金山银山、又保有绿水青山的中国马克思主义绿色发展观,要在发挥自然资源间接使用价值的同时,维系并努力增值自然资源库的生态价值。

马克思曾说过:"自然界是人为了不致死亡而必须与之处于持续不断的交互作用过程的、人的身体。"①自然是人类生存与发展的必要条件,没有自然界,人类就什么也不能创造出来。在宇宙自然中,生态系统是人类直接的自然资源。生态系统所蕴含的自然资源具有多样性和广泛性,可以从自身属性、地理位置、产业用途、人的生存与发展需要等不同角度划分出不同的种类,主要包括土壤资源、矿藏资源、淡水资源、海洋资源、气候资源、生物资源、森林资源、能源资源以及农业资源、工业资源、生态服务资源等不同类型。在这些生态自然资源中,诸如大气资源、水资源、森林资源和生物资源等,即便损耗,也可以在短时间内自我修复、循环再生,因此人们称之为可再生资源,这类自然资源在参与生态循环的过程中,自发地保持着数量和性质的稳定,只要人类不突破其阈值,就可以一直开发使用下去。而诸如金属、煤矿、石油等矿藏资源,一旦损耗,在人类历史尺度的时间区间内都不可能通过自然过程得以再生,人类对它开发使用多少就意味着其具体物质形态被耗费多少,因此人们称之为不可再生资源,这类自然资源更需要人类在开发使用上的节制。

各种生态自然资源作为客观存在物,有的通过人的劳动加工而转化成人工自然物,用以满足人的主体需要,展现其对人的使用价值;有的通过人的劳动保护而获得自我修复,或通过人的劳动介入而得以修复,在满足人的生态需要上彰显其使用价值。从马克思主义政治经济学的视角分析,生态自然资源

---

① 《马克思恩格斯文集》第 1 卷,人民出版社 2009 年版,第 161 页。

一是人生活资料的来源,用来满足人们物质和文化生活需要乃至精神需要,包括衣、食、住、行、用方面的生存资料(基本消费品),体育、文化用品等发展资料,以及高级营养品、华丽服饰、艺术珍藏品等享受资料;二是劳动资料的来源,包括各种生产动力、制造、处理、转化、控制、智能、辅助设备和基础设施,其中生产工具处于核心地位。伴随天人和解的天人关系总趋势,人的生活资料和劳动资料总体上回归生态本源,朝生态化(仿生化)方向发展,自然对人的资源使用价值呈现出与自身生态价值合一的趋势。

中国的绿色发展完美诠释了这一趋势。习近平明确提出:"我们要建设的现代化是人与自然和谐共生的现代化,既要创造更多物质财富和精神财富以满足人民日益增长的美好生活需要,也要提供更多优质生态产品以满足人民日益增长的优美生态环境需要。"[①]在中国特色社会主义新时代,人民不再是"盼温饱"而是"盼环保",不再是"求生存"而是"求生态",不仅需要农产品、工业品、服务产品,还需要更多优质生态产品、优美生态环境。具体到衣食住行用各方面,人民愈益青睐绿色食品、天然织物、绿色住宅和绿色交通。而且人民越来越多地开始讲求生态养生,关注药食同体;希求在葱茏森林里感受自然"洗肺",在采摘园地里体验田园风光,在原野芳草里释放心理压力;期望得到生态文化的精神陶冶和品格滋养。绿水青山不仅是新时代人民生存与发展的环境条件,而且愈发成为人民所渴求的审美对象。进入新时代,人民的审美情趣日趋活跃,需要"在绿水青山中共享自然之美、生命之美、生活之美"[②],对蓝天白云、繁星闪烁、清水绿岸、鱼翔浅底、鸟语花香的景象偏爱有加。这将成为自然对人的资源价值抑或生活资料的使用价值融入生态价值的动力因素,推进面向生活的农产品、工业品、服务产品的生态化,生态产品的优质化、生态环境

---

① 习近平:《决胜全面建成小康社会　夺取新时代中国特色社会主义伟大胜利——在中国共产党第十九次全国代表大会上的报告》,人民出版社2017年版,第50页。

② 习近平:《在纪念马克思诞辰200周年大会上的讲话》,人民出版社2018年版,第21—22页。

的优美化。这在生活资料方面展现了中国马克思主义的绿色发展观。

生活资料的生态化不只是劳动产品的生态化，还内在地要求生产过程的生态化，如果为求绿色产品而耗费更多的能源，甚至排放更多的废弃物，那就不是真正意义上的生活资料生态化。劳动资料是生产过程中的手段，其生态效能不仅影响绿色产品的质量，而且制约着生产过程的生态化，由非生态化生产过程制成的产品，哪怕是绿色产品，也会在严格的贸易"绿色壁垒"面前遭殃。习近平提出：必须"加快建立绿色生产和消费的法律制度和政策导向，建立健全绿色低碳循环发展的经济体系。构建市场导向的绿色技术创新体系，发展绿色金融，壮大节能环保产业、清洁生产产业、清洁能源产业。"①经济绿色低碳循环发展的要义就是生产过程的生态化，它需要绿色技术的创新驱动，绿色金融做融资保障。就劳动资料而言，需要最大限度地融入绿色技术，开发生态工艺与农艺，使用废气、废水、废渣、废尘回收处理设备，发展垃圾发电系统、再生能源设施、绿色运输工具、绿色供应站网、绿色基础设施等生态化手段，实现其使用价值与生态价值的统一。这是中国马克思主义绿色发展观在劳动资料方面的题中之义。

二、自然资源的交换价值

自然资源的使用价值是满足人类生存和发展的基础价值，而其交换价值则是人类社会发展中的必要衍生价值。人类通过劳动创造资源的使用价值，一开始是生产者或经济单位自己生产自己消费，后来才在经济关系中交换不同的使用价值。所以在某种程度上，自然资源的交换价值就是部分特定使用价值的经济体现，即自然资源的经济价值。

交换价值是商品独有的价值，劳动产品要成为商品，必要条件是其用于交换。没有经过人类劳动改造的，不具有使用价值的原始状态物品，不能称之为

---

① 习近平：《决胜全面建成小康社会 夺取新时代中国特色社会主义伟大胜利——在中国共产党第十九次全国代表大会上的报告》，人民出版社 2017 年版，第 50—51 页。

劳动产品,也就谈不上是商品。即使是劳动产品,如果生产者并不用来交换而是自用,如农民在田间种植的瓜果蔬菜留给自己食用,这也不能成为商品。具有使用价值的劳动产品想要成为商品,一定要用来交换,在这个过程中获得交换价值。所以,商品的必要条件是:具有使用价值,且用于交换的劳动产品。这里的交换,指的是已经实现的交换,即劳动产品的所有权已经发生了转移的交换。如果劳动产品还存在于劳动者或生产厂家手中,尚未交换成功,那也不能称为商品,只能称之为属于某人的劳动产品或所有品。

人类之所以会有交换这一行为,是因为人的需要和生产劳动能力之间存在的矛盾。人的需要是多种多样的,任何人都不可能终其一生只有一种需要。无论是嗷嗷待哺的婴儿还是白发苍苍的老翁,只要存在于这个地球上,就会有不同的需要。而与需求多样化相矛盾的是每个人的生产劳动能力的有限性,不可能一个人就生产出自己一生所需要使用的全部劳动产品。

在交换出现之前,人们需要的满足要受自己所拥有的劳动产品的限制。每个人只能生产出某几种具有具体使用价值的劳动产品,但它对人类需要的满足是有限的,主要表现在人的基本生活需要方面,其他方面的需要则难以满足,即使几种已有的劳动产品数量得到增加,也满足不了人类各方面的需要。人类社会和需要的进一步发展促使生产者在其产品内保留与其他生产者的产品毫无二致的一般相同内容的情况下,摆脱使用价值的具体形式,从而进行交换以满足自身的其他需要。

从交换形式的发展历程考察,交换领域经过了从私有制产生之前原始社会内部的简单交换到形成真正的商品交换的不断扩大发展的过程。与此相伴随,一般等价物也从牲畜、布匹、贝壳、玉、金银的形式,最终固定在货币这一必然产物上。正如马克思所言:"货币结晶是交换过程的必要产物,……随着劳动产品转化为商品,商品就在同一程度上转化为货币。"①伴随着一般等价物

———————

① 《马克思恩格斯文集》第5卷,人民出版社2009年版,第106页。

"货币"的出现,商人、商品、商业也由此真正产生。

"交换价值首先表现为一种使用价值同另一种使用价值相交换的量的关系或比例。"①如纺织者用 20 码麻布交换 1 件上衣,在交换之前,麻布和上衣都只是具有使用价值的劳动产品。当它们之间依照一定的比例关系,发生了交换,麻布的价值就体现在上衣的使用价值上,麻布就获得了价值形态,成为商品,这 1 件上衣就是 20 码麻布的交换价值的体现。当这种交换价值通过货币的形式来体现时,就是现在人所共知的"价格"。

两种具有不同使用价值的商品之所以能够交换的本质原因,是凝结在其中毫无差别的人类劳动。不同的使用价值在质上无法进行同量比较,因此使用价值只能是交换前的劳动产品的前提。马克思指出:"如果把商品体的使用价值撇开,商品体就只剩下一个属性,即劳动产品这个属性。"②劳动产品意味着人们在生产它们时耗费了一定的体力或脑力形式的人类劳动力,积累了一定的人类劳动量。抽去劳动产品的形式后所凝结的相同的抽象人类劳动,就是价值,亦即商品价值。

商品经济关系是交换价值的背景。商品价值只有在此背景之下,进行商品交换后才能够体现出来。凝结在其中的一般的抽象劳动是创造价值的唯一源泉,反映出其社会属性,体现着人与人之间的关系。所以,交换价值的基础是商品内在的抽象的价值,交换价值是价值的外在的具体体现。交换价值是商品独有的特征,使用价值又是交换价值的物质承担者。具体劳动创造商品的使用价值,而抽象劳动则凝结成为商品的价值,在交换中具体体现为交换价值,商品的劳动二重性和商品价值的二重性就这样有机联系在一起了。

人类迄今能通过劳动改造的自然对象主要是自然生态系统及系统中存在的要素,因此自然资源仍主要限于生态系统的自然环境因素。有鉴于此,自然资源的交换价值是指生态系统中的资源经过人类的劳动改造后,作为商品在

---

① 《马克思恩格斯文集》第 5 卷,人民出版社 2009 年版,第 49 页。
② 《马克思恩格斯文集》第 5 卷,人民出版社 2009 年版,第 50—51 页。

经济关系中所显示的价值属性,通常将这种交换价值称为生态系统资源的经济价值。

自然资源为人类的经济活动提供了必要的物质基础。说它必要,是因为没有自然资源,就不可能出现经济活动,例如没有原煤、铁矿石就不能发展采矿业,失去绿水青山就没有所谓的生态旅游业。人类运用科学技术发展生产,对自然资源进行加工改造,以获得人们所需要的劳动产品和产品中蕴含的经济价值。在自然资源和经济社会的相互关系中,自然资源只是提供了经济活动的可能性,只有在与人类劳动、交易相结合的条件下,自然资源才能够发挥出经济价值,如空气作为自然资源,经过加工处理变成新鲜空气后付诸交易,就具有了经济价值。人类劳动和自然资源共同构成生产力,是商品经济价值的源泉。

在某种程度上,自然资源的状况和特点影响甚至决定着生产力的发展。纵观世界,经济富裕的国家一般是资源种类丰富、数量繁多的国家,当然不排除例如拥有丰富石油资源却缺乏其他资源的特殊国家。经济活动通常建立在资源丰富适宜的地区基础上,否则不仅不会获得经济价值,而且会适得其反。如在水资源丰富的南方,可以发展桑基鱼塘这类的层层循环、充分利用资源的生产模式,以获得良好的生态价值和经济价值。但如果强行在荒漠无垠的西北戈壁中推行桑基鱼塘生产模式,则会徒耗财力物力人力,最后必然因为自然资源的匮乏而告终。自然资源不仅会影响生产力布局、经济结构,而且会影响商品质量、经济效益和劳动生产率。这从各地特色商品的经济价值及其比较优势可见一斑。

自然资源的经济价值是具有阶段性的。随着科学技术水平和生产力的提高,人类与自然资源的关系也在变化。从最初的过度依赖到后来的广泛利用再到现在的循环高效利用,人类不仅依靠自然资源生存,更利用自然资源来发展经济,而且在追求利用同样的自然资源获取更大经济价值的同时,力求少损害甚至不损害生态系统的良性循环,实现经济发展与保护环境的统一。这就意味着人类要学会合理开发自然资源,自觉保护自然资源。

自然资源的经济价值(交换价值)是与其稀缺程度相关联的。按照边际效用价值论者的观点,只有同时具有效用和稀缺性的物品才具有经济价值。在他们那里,所谓效用,是指人类消费某种物品后的主观性满足的感受,人在消费某一物品的过程中,随着消费数量的不断增加,在其他条件不变的情况下,这种主观的满足程度会递减,产生边际效用递减的情况,最终就会降低这一物品的经济价值(交换价值)。这种观点内在包含的自然资源对人具有效用的思想,是有道理的,但效用作为人对物品的一种主观感受根本无法进行基准计量,也无法反映生产成本,这就决定了以边际效用来衡量物品及其自然资源的经济价值是难以实现的。另外,他们将自然资源的经济价值(交换价值)与其稀缺程度相关联,认为越是稀缺的自然资源,就有越高的经济价值。例如淡水、空气、阳光这类自然资源大量存在,就不具有较高的经济价值,只有像深山中百年一遇的老山参这类的稀缺自然资源,才具有较高的经济价值。这种观点是值得肯定、富有启示意义的。

自然资源的稀缺性是指相对于人类无限的需要,自然资源在供给上是有限的。自然资源虽然可以在生态系统物质运动中循环再生,但是如果人类需求数量的增长超过自然资源生长率,就会造成自然资源的稀缺。在人类社会的早期,人类对自然资源的需要与自然资源自身的存量和增长量相比是微不足道的,因此没有人去思虑自然资源的稀缺性。但随着人类对自然资源日益扩大的开发利用,其稀缺性日益显露,稀缺程度日益加深,而且不同的自然资源因其自身的特性不同,受人所造成的生态系统、气候条件变化的影响难免不同,其稀缺程度也就不尽相同。这就决定了那些稀缺程度较高的自然资源,在耗费相同资金投入和劳动量的情况下,其产品在交易中的经济价值也就较高,同样资金投入和劳动量凝结的石斛与青菜,它们的经济价值是大不一样的。反之亦然。

自然资源的经济价值(交换价值)还与机会成本密切相关。生态环境因素的空间流动性和延展性,决定了环境保护正外部性和环境损害负外部性的跨地域性。为了生态环境的区域整体改善,一些生产者、经济单位或地方,需要放弃开发利用特定空间自然资源的机会,甚至要花费人力物力财力去保护这些自然资源,结果给其他的生产者、经济单位或地方提供了生态环境利益,而自己则牺牲了经济收益,付出了"机会成本"。从产权经济学视角看,这主要涉及环境产权的界定和产权利益分配功能。环境产权作为行为主体对某一环境资源具有的所有、使用、占有以及收益等各种权利的集合,其最为重要的功能是产权界定和产权利益分配。产权界定本属于经济学范畴,是指对经济主体占有财产的方式、程度和范围所作的确定。环境产权的界定即明晰环境产权主体权利和责任,规制环境产权的归属、各环境产权主体之间以及环境产权主体与非环境产权主体之间的权利与义务区间。它具体规定了所有的环境产权主体在享有运用环境产权谋取利益权利的同时,又承担着尊重和不侵犯他人环境产权的义务,从而防止"公地悲剧"的发生。利益分配功能是基于环境产权归属对环境所产生的利益的交换和重新分配,即在明晰"受益或受损的权利"的基础上,对于那些自己付出代价而使他人受益的环境产权主体予以回报或补偿,作为其牺牲机会成本、维护和提供优质生态自然资源的回馈和激励;而那些自己享受环境外溢收益而使他人转移成本的主体,则需支付相应的"对价"费用,从而实现生态保护正外部性和环境损害负外部性的内部化。目前,这种基于环境产权的利益分配功能一般通过交易、补偿等形式来实现。

　　生态环境因素在空间上的流动,导致生态保护的正外部性和环境损害的负外部性不仅在区域内的微观经济主体之间存在,而且在区域与区域之间发生,体现出来就是多元主体之间不同的环境产权关系。其中,微观经济主体之间的环境产权关系较为简单,属于"点"状的简单主体的环境产权关系,可以通过产权交易的形式解决受益或受损的利益分配问题,这从企业的碳排放权交易可见一斑。区域与区域之间的环境产权关系则错综复杂,属于"线""面"

状的复杂主体的环境产权关系,通过市场交易形式难以解决,现阶段人们所选择的是生态补偿形式,即通过生态补偿保障区域间、流域内环境产权的实现。产权交易和生态补偿尽管形式不同,所解决的环境产权关系的复杂程度不同,在操作层面的成熟程度也不同,但在其本质上都是借受益或受损的利益分配来反映自然资源的经济价值,环境产权主体所获得或增加的自然资源的经济价值都与他们所牺牲的机会成本高度相关,或者说,环境产权主体作为生态保护者,其所牺牲的机会成本转化成了相应自然资源的经济价值。当然,市场不是万能的,难免会出现"失灵"的状况,环境产权交易市场也是如此。这就需要政府的调控。因此,我国目前的生态补偿所采取的方法是"以地方补偿为主,中央财政给予支持",将市场机制与政府调控有机结合在一起,体现了中国特色社会主义在推动生态保护机会成本向自然资源经济价值转化上的优越性。

习近平指出:绿水青山就是金山银山。这既道出了中国特色社会主义生态文明建设的真谛,又凸显了中国马克思主义绿色发展观的核心要义,阐明了经济发展与环境保护之间的辩证关系,肯定了自然资源的经济价值。绿水青山作为生动形象的比喻,涵括了森林、草原、湿地、湖泊、海洋等生态空间,其本质在于"生态良好、活力旺盛",它不仅滋养着清新空气、清洁水源、舒适环境,而且展现为精神家园、审美对象,是优质的生态产品。在古代农耕社会和近代工业社会早期,绿水青山是丰裕的,人们无须为之付费,但之后随着生态环境问题的凸显,其稀缺性日益突出,人们对它的向往也就日益强烈。因此,在保有绿水青山中付出智慧和汗水的人们,就不仅自身可以享有这种优质生态产品,而且可以从享有这种优质生态产品的他人那里获得收入,从而收获"金山银山"。习近平在党的二十大报告中指出:"尊重自然、顺应自然、保护自然,是全面建设社会主义现代化国家的内在要求。必须牢固树立和践行绿水青山就是金山银山的理念,站在人与自然和谐共生的高度谋划发展。"①不管是相

---

① 习近平:《高举中国特色社会主义伟大旗帜 为全面建设社会主义现代化国家而团结奋斗——在中国共产党第二十次全国代表大会上的报告》,人民出版社2022年版,第49—50页。

对贫困地区还是富足地区,只要也只有聚焦绿水青山的保有,焕发土地、劳动力、资产、自然风光等要素的活力,促使自然资源变成绿色资产,就能也才能把绿水青山转化为金山银山。按此思路展开实践,自然资源的经济价值(交换价值)就会趋于最大限度的增加。

自然资源的区域性特点决定了其经济价值的提高需要因地制宜。我国疆土辽阔、山河多彩,呈现为山峦叠翠、平原绿地、黄土高坡、黑土白水、草原牧地、山脉盆地、沙漠绿洲、砾石戈壁、江河交织、海纳百川的集合体。狭义上的绿水青山主要在水丰山翠的南方,其他地区则处于稀缺的状态,因此对绿水青山不能望文生义、机械理解,而应抓住其"生态良好、活力旺盛"的实质。不同区域需要根据自身的自然禀赋及其人文底蕴,准确定位主体功能,具体确立"绿水青山"的内涵和评价体系,制订切合自身实际的绿色发展规划,通过生产空间、生活空间的优化美化,实现生态空间的优化美化,保有自身特色的"绿水青山",彰显本地独特的生态活力,增值造福人民的生态绿色资产,提高生态自然资源的经济价值(交换价值)。

令人遗憾的是,在思想上对绿水青山做字面理解、在行动上一味"向南看"的还大有人在。就思维方式而论,这无疑是一种机械思维而非辩证思维,其结果要么使绿水青山依样画葫芦、千篇一律,要么不切实际、徒劳无功。辩证思维的一个重要特点是从联系中考察事物发展的条件,具体分析问题的实质以求得问题的具体解决,谋求绿色发展不仅要因势而为、考虑事物发展的普遍性,而且要因地制宜、抓住事物发展的特殊性。区域环境空间的优化美化,不是对不同区域的机械效仿,而应弄清本地自然禀赋的特殊性,因应"绿水青山"之"生态良好、活力旺盛"的实质,制订独特的科学规划,采取适切的具体举措。比如,在富水区域实施以草坪为主的城市绿化方案无可厚非,但在缺水区域也如此而为就成问题了,草坪是要浇水的,缺水区域的草坪不仅无助于保有"绿水",反而会消耗本已紧张的"绿水",而植树则能遮阳保湿、涵养水土。2016年5月,习近平在黑龙江考察调研时,按照全面深化改革开放的思路强调该地保有绿水青山的特殊性:黑瞎子岛重在生态保护基础上发展旅游,响应国家"一带一路"倡议,参与"中蒙俄经济走廊"建设;黑龙江要深化国有农垦体制改革,建设现代农业大基地、大企业、大产业,并通过采取工程、农艺、生物等多种措施,调动农民积极性,共同把黑土地保护好、利用好。①

自然资源的经济价值(交换价值)与稀缺程度、机会成本的相关性决定了实施环境产权制度的必要性。习近平指出:我们要"建立反映市场供求和资源稀缺程度、体现生态价值、代际补偿的资源有偿使用制度和生态补偿制度,健全生态环境保护责任追究制度和环境损害赔偿制度,强化制度约束作用"②,其中内含了环境产权制度的建设。从实践案例上看,开始于 2012 年的新安江跨省生态补偿机制建设先行试点实践,已经初见成效,并在持续深化,不断展现出环境产权制度的魅力,证明了以制度保障"绿水青山就是金山银山"的现实合理性。

三、自然资源的潜在价值

"潜在价值"是一个全新的概念,目前哲学、经济学、文化学等学科领域尚未给出详细的解释。因此,我们只能根据语言构词法的逻辑,将"潜在"和"价值"进行组合理解,规定其内涵和外延。

关于"潜在"的定义,可以追溯到古希腊哲学家亚里士多德,他最早从"可能性"这一词语出发予以解释,认为"潜在"是与现实相对的一种存在,是事物源以成为现实性的可能性,事物的生长过程就是从潜在到现实的展开。在马克思主义理论中,"潜在"一般是指事物内部所包含的特性、属性尚未展现的状态,常用来说明在事物发展过程中内部孕育着的一种新因素、新趋势。"潜

---

① 参见黄志斌等:《绿色发展中的辩证思维论要》,《毛泽东邓小平理论研究》2017 年第 3 期。

② 中共中央文献研究室:《习近平关于社会主义生态文明建设论述摘编》,中央文献出版社 2017 年版,第 100 页。

在"作为事物内部正在发展中的新因素、新趋势,暂时不能够完全独立地显现出来,只能作为未来新事物得以产生的可能性潜蕴于旧事物中。例如动物从胚胎状态逐渐演化成形,直到脱离母体,成为独立幼体,才从潜在转化为现实。延伸到认识论进行分析,世间万物固然是不以人对它认识与否为转移的客观存在,绝不是"存在就是被感知",但人类对他们的认识和改造有一个过程,迄今有许多事物尚未或未完全进入人类的认识视域和改造范围,因此它们对人类的认识和改造来说尚处于潜在状态,需要通过人类"认识—实践—再认识—再实践"的循环往复逐步得以在人的面前显现。综合起来看,"潜在"在存在论、演化论上是指蕴含于旧事物中尚未展现独立特性、属性的新事物,在认识论上是指暂时尚未被人类认识发现和改造利用的客观事物及其结构和功能属性。事物发展的本性决定了事物可以从潜在转化为现实,人类认识与实践的发展规律决定了潜在的认识和改造对象可以转化为现实的认识和改造对象。

"价值"一词在日常生活和理论学术中都有着十分广泛的使用,而且有着不同的理解与定义。在日常生活中,价值是指某种事物能够对人类有用,具有值得人类追求的美好和重要意义;在哲学中,价值是指客体中所存在的,能够满足主体需求的效用属性,既具有客观基础,又具有主体性特征,并在人类实践活动的社会历史性中表现出相对性。在马克思主义政治经济学中,价值是指抽象的无差别的人类劳动在商品中的凝结,价值量大小由生产该商品的社会必要劳动时间所决定。商品因其可供人类使用而进入交换过程,并在交换中体现其价值,因此价值反映了商品在生产和交换过程中的人与人之间、生产者和社会之间的经济关系,价值的物质承担者是商品的使用价值,表现形式是商品的交换价值。

结合对"潜在"和"价值"这两个词语的概念分析,我们可以对"潜在价值"作出以下理解:潜在价值是相对于现实价值而言的,是指孕育或存在于事物内部,尚未被人类通过劳动实践所认识发现和改造利用、或者说是已经被人类所认识,但是由于外在因素不够满足实现的条件,因而暂时被搁置,有待未来在经济关系中通过劳动实践加以改造利用的价值。质言之,潜在价值指的是尚在孕育和发展中的,现实中还未能够彰显的,有待未来通过人类的劳动改造加以实现的价值。从政治经济学的角度看,潜在价值主要包括既有事物及孕育中的事物在未来的使用价值和交换价值。

与此相对应,作为人类直接自然资源的生态系统,其潜在价值也就有两个方面:一是既有生态自然资源的潜在价值;二是尚在孕育中的自然资源的潜在价值。若从现代西方非人类中心主义伦理范式理解,这里的"潜在价值"主要是就自然对人的外在价值而言,似未关涉自然的内在价值,实质上是将自然内在价值的保有作为前提包含于其中了。

既有生态自然资源的潜在价值又有两种情况,第一种情况是既有事物迄今尚属人所未知,我们时常看到科学家发现某某生物的报道,如 2006 年在美国加州南部内华达山脉附近的一个洞穴中发现神秘千足虫(Illacme tobini),2016 年在印度西高止山脉发现格兰芬多毛园蛛、在巴西里约热内卢的托坎廷斯河发现大河黄貂,说明生态系统中的生物物种未被人发现的不在少数。这些生物物种都是生态系统长期演化的结果,都是自然存在的基因库,与人类息息相关,随着它们被发现、被纳入人类的劳动对象,在未来必将展现其对人的价值,在商品经济社会即展现为使用价值和交换价值。如果它们在未被人所发现和利用之前就消失了,那对人类来说就是不可弥补的损失。第二种情况是既有事物的属性多种多样,人们不可能同时"一锅端",在特定的历史时段就认识、利用其全部属性,而须经历一个逐步递进的过程,这就决定了既有事物的一些属性在人类社会的某一时段没有展现出对人的价值,其作为自然资源的价值尚处于潜在状态,只有当后来被人所认识和改造利用,才展现出对人的现实价值。如朱砂这种天然矿石,在古代被当作绘画颜料,现代人类却在科学技术的指引下发现朱砂具有解毒防腐、抑制细菌的药物价值[①],现在餐桌上

---

① 参见丁通、骆骄阳、韩旭等:《朱砂毒性的研究进展及配伍必要性分析》,《中国中药杂志》2016 年第 24 期。

深受欢迎的马齿苋、木耳菜,以前几乎无人问津。

生态自然资源是生生不息、演化不止的,只不过不同的自然资源其生息、演化的周期长短不同而已。比如生态系统中的动物,尽管其生命周期各异,但世代接续不断,亲代要通过子代这个新生命的接续才能世代相传,绵延特定生物的存在,展现其内在价值。孕育于亲代中的子代对人的价值是潜在的,只有当它成为独立个体之后,这种潜在价值才可能对人转化为现实价值。中国古代思想家荀子明确提出,在动物繁衍的季节,"罔罟毒药不入泽",就是这个道理。进而言之,生态系统在演化的过程中,还可能出现新事物、新物种,这些可能出现的新事物、新物种也会在人类社会的发展中展现对人的价值,成为既有自然资源的潜在价值的一部分,它们一旦通过既有事物演化而出现,并被人所发现和利用,就展现为对人的现实价值,如果成为商品,就具有使用价值和交换价值。

从时间维度上看,绿色发展是走向天人和解的可持续发展,它不仅要保护既有绿水青山,而且要"为子孙后代留下天更蓝、山更绿、水更清的优美环境"①,留下更多的绿色生态资产。绿水青山作为"生态良好、活力旺盛"的表征,不仅内含了既有事物的潜在价值,也孕育着具有潜在价值的新生事物,就此而言,绿色发展就是对生态自然资源潜在价值的保护和培育。

第二节　人对自然的价值取向

自然界在把关系指向自身的存在与演进中展现着内在价值,而对人则具有资源使用价值、交换价值和潜在价值,这内在地要求人们在走向天人和解的过程中,必须综合考量自然的这四重价值,对自然采取合理的价值取向,以遵依自然、天人和谐、人民立场为基本遵循,规范人的行为,谋求绿色发展。

---

① 《习近平谈治国理政》第二卷,人民出版社2017年版,第397页。

一、遵依自然

人在改造自然的社会实践中,其行为如果与生态系统的自然本性和内在规律背道而驰,就会损害自然自身在内在关系中的存在与演进及其对人的资源价值,进而危及人类自身的生存与发展,只有尊重自然、汲取生态智慧、优化美化自然,才能保护自然的内在价值以及对人的资源价值,保障人类更好地生存与发展。遵依自然作为人的行为的价值取向就是人的行为应指向对自然的尊重、学习和优化美化,主要包括尊重自然、师法自然、优化美化自然三个方面。

(一) 尊重自然

习近平反复强调,人类必须尊重自然。尊重的基本含义是敬重、重视,其原因在于自然自身的存在意义以及自然作为客体对象对于主体人的重要性和反作用。尊重自然,是人与自然相处时应秉持的首要态度和行为规范,要求人对自然的行为彰显敬重之心、感恩之情、报恩之意,可以按照宇宙自然的演进趋向"以时顺修""参赞化育",但决不能凌驾于自然之上而恣意妄为。众所周知,人由天生,自然对人具有先在性,自然存在的历史久远于人类,人类源于自然,是自然界长期发展而分化出来的产物,因此人类理当怀抱敬重之心,像尊重母亲一样尊重自然。同时人存在于自然界,人的生命、生活须臾离不开自然,对自然界有着天然的无法摆脱的依赖性。马克思曾形象地把自然比喻为人的"有机身体"赖以生存的"无机身体"[1],认为"自然界是人为了不致死亡而必须与之处于持续不断的交互作用过程的、人的身体"[2]。习近平用当代话语对此作出精辟表述:"人与自然是生命共同体"[3],人的生存与发展离不开自

---

[1] 参见黄志斌、任雪萍:《马克思恩格斯生态思想及当代价值》,《马克思主义研究》2007 年第 7 期。

[2] 《马克思恩格斯文集》第 1 卷,人民出版社 2009 年版,第 161 页。

[3] 习近平:《决胜全面建成小康社会 夺取新时代中国特色社会主义伟大胜利——在中国共产党第十九次全国代表大会上的报告》,人民出版社 2017 年版,第 50 页。

然的存在与绵延。既然如此，人还有什么理由不怀抱敬重之心、感恩之情、报恩之意去尊重自然呢？诚然，人不只是"受动的、受制约的和受限制的存在物"，作为万物之灵也是"能动的自然存在物"①，是有天赋、才能和欲望的存在物，会劳动、有意识、通语言，这是人作为自然存在物与自然界其他存在物的本质区别，但是不管人的理性如何深邃，劳动能力如何高超，精神意志如何坚定，能动作用如何强大，也都是第二性的，在第一性的客观自然界面前，在根本上还是"受动的、受制约的和受限制的"。而且人对自然的行为作用必然会引起自然对人的反作用。孟子有云："爱人者，人恒爱之；敬人者，人恒敬之。"②此语强调了尊重他人的重要性，一个人在与他人交往中，如果能很好地尊重他人，那么就会得到他人的尊重。人与自然之间也是如此，人类尊重自然，自然就会回馈人类；相反，人类虐待自然，自然就会惩罚人类，这已被历史所证明。面对资源约束趋紧、环境污染严重、生态系统退化的严峻实际，人在改造自然的实践中只有采取尊重自然的态度，践行尊重自然的价值取向，仁爱万物，"不滥于物"，才能获得自然对人反作用的正面效应，从而真正解决生态环境问题。与此相联系，那种战胜自然、征服自然的价值取向必须加以摈弃，"人之人本于天"③，人类本来就是自然的产物，和自然命运与共，"战胜征服自然，人生岂不亦将被征服而败下阵来"④。就此而言，人类征服自然就是在打败自己，最终会毁灭自己。

我们注意到，马克思恩格斯在一些地方也曾用过"支配自然"的字眼，这导致部分学者质疑马克思恩格斯生态思想的一致性和完备性，如恩格斯的《反杜林论》中就有这样一段话："人们周围的、至今统治着人们的生活条件，现在受人们的支配和控制，人们第一次成为自然界的自觉的和真正的主人，因

①　《马克思恩格斯文集》第1卷，人民出版社2009年版，第209页。
②　孟子：《孟子·离娄章句下》，中华书局2016年版，第186页。
③　曾振宇、傅永聚注：《春秋繁露新注·为人者天》，商务印书馆2010年版，第223页。
④　钱穆：《晚学盲言》（上），广西师范大学出版社2004年版，第333页。

为他们已经成为自身的社会结合的主人了。人们自己的社会行动的规律,这些一直作为异己的、支配着人们的自然规律而同人们相对立的规律,那时就将被人们熟练地运用,因而将听从人们的支配。"①这段话与尊重自然的价值取向相悖吗?日本学者岩佐茂在其《环境的思想》一书中的解读给了我们启发:这里所谓人对自然的"支配"与通常所说的"支配"并不完全相同。实际上,在这里恩格斯是说,人对自然的"支配"不是在自然界之外作为自然的绝对对立面进行"支配",而是作为自然界的一部分的能动存在物,通过认识和正确运用自然规律来"支配",而且借此人会进一步体认到自身与自然的一体性,进而更自觉地通过对自然规律的认识来支配我们自己和自然,在这种意义上与其说是对自然的"支配",不如说是对自然或自然规律的尊重。生态学马克思主义代表人物瑞纳·格伦德曼、约翰·贝拉米·福斯特和戴维·佩珀也认为支配自然的观念,并不必然是指对自然或者自然规律的极端漠视,而是人类对他们与自然关系的集体有意识的控制。

尊重自然的要义是尊重自然界的存在和创进。由于人类迄今所改造的范围主要是生态系统,因而当前人所尊重的自然对象也就是以生态系统为核心的与人发生直接作用的自然。从结构角度看,生态系统是由生物生产者、消费者、分解者和非生物环境构成的整体,它们不仅作为既有的自然存在物按照一定的比例关系形成有机结构,而且会创进不已,孕育出新的自然存在物,因此尊重自然就要重视生态系统的各个要素及其结构方式。就此而言,个体主义环境伦理强调对生命个体的环境保护价值,认为"动物感受痛苦的能力给予了它们一种权利,即不把痛苦故意无谓地加诸在它们身上的权利"②,要求人们将生命作为道德顾客,在敬畏生命的同时对受到伤害的生命个体及其种群作出补偿,尽管有别出心裁之嫌,但还是有一定道理的,中国传统儒家早就提

---

① 《马克思恩格斯选集》第 3 卷,人民出版社 2012 年版,第 815 页。

② Warren M,*The rights of nonhuman word*.In:Elliot R,Gare A.ed.Environmental philosophy.St. Lucia:The University of Queensland Press.1983,pp.109-131.

出的"子钓而不纲,弋不射宿"①,"数罟不入洿池""斧斤以时入山林"②的生态价值取向也有类似的意思。从功能属性的角度看,生态系统对人具有使用价值、交换价值、潜在价值,人对它不能不加珍视。按照生态伦理学界的观点,自然生态存在物既具有外在价值又具有内在价值。所谓外在价值,是指自然生态存在物对人和其他生命具有的有用性,即它作为他物的生存手段或工具是有价值的;所谓内在价值,是指它自身的存在与发展,即自然生态存在物作为生命共同体,在宇宙环境中它是自我维持与完善的独立系统,有自己的内容和规律。③ 任何一种生命都与其他的生命以及自然因子相互依赖、相互作用、有机关联,在物种层次、生物群落层次、生态系统层次、生物圈层次形成交织的网络,由此保证它自我维持与完善的现实性。自然生态存在物内在价值的完整与完善是其外在价值的保持与增大的前提和基础,自然生态存在物在功能属性上展现为外在价值与内在价值的统一,这也就是我们需要尊重自然的依据和建立环境伦理的原因。有鉴于此,环境伦理整体主义者霍尔姆斯·罗尔斯顿与奥尔多·利奥波德的理论一脉相承,他说:"环境伦理学将把实然的描述(他们是从科学、形而上学以及关于现实的或潜在的内在价值的判断出来)和关于应然的规范(人类行为的对和错)结合起来"④,意从整个自然具有的内在价值出发,将外在价值与内在价值相统一的大地共同体的完整、稳定和美丽作为道德关怀的对象。尽管学术界对自然生态存在物具有内在价值的说法还存在争议,但这并不妨碍将重视其功能属性纳入尊重自然的范围。更为根本的是,自然生态存在物的存在与创进是有规律的,如前面第六章所述,其基本规律是循环再生和反馈调控,就此而言,尊重自然的根本要求是遵循生态系

---

① 陈晓芬译注:《论语·述而》,中华书局 2016 年版,第 88 页。

② 《孟子·梁惠王上》,中华书局 2016 年版,第 5 页。

③ 参见黄志斌、任雪萍:《马克思恩格斯生态思想及当代价值》,《马克思主义研究》2007 年第 7 期。

④ [美]霍尔姆斯·罗尔斯顿:《环境伦理学:大自然的价值以及人对大自然的义务》,杨通进译,中国社会科学出版社 2000 年版,"序言"第 2 页。

统的循环再生规律和反馈调控规律。综言之,自然生态存在物是按照特定规律运行的结构与功能相统一的系统整体,这决定了尊重自然主要就是对自然生态存在物结构方式、功能属性、运行规律的尊重。用现代西方非人类中心主义的话语来说,就是人要做维护生态系统"社会"健康和生命体生息绵延的环境道德代理人。

从表面上来看,尊重自然与改造自然似乎存在着这样的一个悖论,即"尊重"就不应该"改造","改造"就不是"尊重"。其实,现在我们所讲的改造已不是像以前那样单纯地对自然进行脱胎换骨的变革,而是包括了对自然的保护、修复和调节;就算是"变革",也讲究在遵循自然规律特别是生态系统规律的前提下展开,人工自然物仿生化发展的趋势充分说明了这一点。因此,现在的改造自然与尊重自然在本质上是一致的。鉴于此,人不仅要尊重自然,而且要师法自然。

(二) 师法自然

中华传统"天人合一"观之中就包含着师法自然的思想基因,如老子所云"人法地,地法天,天法道,道法自然"①,钱穆所说儒家的"还归于天"②,都有此意涵。在当代绿色发展的语境下,师法自然是指人在改造自然的社会实践中要遵循自然法则(即自然的本性和规律),向自然学习,拜自然为师,汲取自然演化历史和成果中的"生态智慧",辨识和发掘生命体和生态系统的种种"暗示",创造符合生命体及生态系统物结构方式、功能属性、运行规律的仿生型人工自然物,以谋求社会经济的绿色发展。遵循自然法则强调了在自然面前"人不能做什么"及"为什么不能做什么",是人的受动性方面;在向大自然学习中创造仿生型人工自然物,谋求绿色发展则更进一步地体现了人作用于自然的主动性和积极性,也进一步突出了人的灵活性和悟性,是人的能动性

---

① 老子:《道德经》第二十五章,中国文联出版社 2016 年版,第 85 页。
② 钱穆:《世界局势与中国文化》,九州出版社 2011 年版,第 81 页。

方面。

因此,师法自然体现了人的受动性与能动性的高度统一,是人类文明走向成熟的标志。这就决定了在走向天人和解的生态社会,人要恪守师法自然的价值取向。具体包括对生命运动及其所包含的机械运动、物理运动、化学运动的模拟,对生命体的功能模拟和结构仿生以至对生态系统运行机制的模拟等等。这内在地包含了绿色发展中采用仿生技术方法的要求,为避免研究议题的交叉重复,关于仿生技术方法的内容我们留在第八章中予以展开。

（三）优化美化自然

"天地有大美而不言"①,自然本身具有不断演进的特征,正是自然的不断发展与分化,才展现出天地大美,并产生人类,伴随自然演进分化而产生的人类对自然之美偏爱有加也就理所当然。人作为价值主体,如果其改造自然的实践行为能够使自然沿着其演进线系得以优化美化,那么人就毫无疑问会享有更为优美的生态环境。因此,优化美化自然就成为当今社会人们理当秉持的又一重要价值取向。

质言之,优化即完善化,美化即怡人化,将优化与美化结合在一起,就是要通过客观事物的完善来增进人的怡然体验。对于受到破坏的自然生态存在物,优化美化体现为人所发动的实践行为指向其自然修复或人工修复,并以自然修复为主;对于丧失某个或某些环节而运行不畅的自然生态存在物,优化美化体现为人对短缺环节的填平补齐;对于衰退中的自然生态存在物,优化美化体现为人对其生机活力的激发,或用具有生机活力的要素将其予以置换;对于仍有较大发展空间的自然生态存在物,优化美化体现为结构形态和功能属性的进一步合理化、怡人化;对于人工自然物,优化美化则体现为人在其创造过程中依循自然生态机理和艺术设计规则,追求其与自然生

---

① 庄子:《庄子·知北游》,中华书局 2015 年版,第 362 页。

态存在物的形式统一、意蕴相恰和良性循环。总之,人要因应自然生态存在物的不同状况与人工自然物的生态化趋势,根据自然界本身的机理、禀性和趋势及自然规律性,因势利导地作用于自然界,变革自然事物的结构与性能,加速或延缓自然事变的进程,使之朝着有利于人类更好地生存和发展的方向转化,践行相应的优化美化的价值取向。于此,人对自然的遵依达到了更高的境界。

尊重自然是人对自然在态度上应有的价值取向,师法自然是人对自然在改造上应有的价值取向,优化美化自然是人对自然在"完善"上应有的价值取向,三者层层递进,展开着人遵依自然的丰富内涵。

二、天人和谐

天人和谐即人与自然的和谐,欲求天人和解,就要以天人和谐作为人的行为规范,天人和解的大趋势决定了天人和谐成为当代人应当也必须选择的价值取向。在客观事物是否被人所直接改造的意义上,可以将人类赖以生存与发展的自然物质系统相对划分为人工自然与天然自然,其具体物质形态分别是人工自然物和天然自然物。因此,人与自然的和谐可以展开为人与人工自然的和谐、人工自然与天然自然的和谐、人与天然自然的和谐。自然生态存在物没有被人所改造,就属于天然自然物,所有的产品包括商品作为人改造自然生态存在物的产物,都是人工自然物。和谐的要义在于事物结构关系的协调、功能的优化、发展的协同,因此,人、人工自然、天然自然三者之间的和谐,就进一步展开为三者之间的相容共生、循环相济、协同发展,天人和谐的价值取向也就包括了相容共生、循环相济、协同进化三个方面。

(一) 相容共生

所谓相容共生,是指人、人工自然、天然自然三者并行而不相害,共处且能互济。在自然生态系统中,多样的生物之间固然存在必要的"生存斗争",但也存在普遍的共生互利。恩格斯说得好："在自然界中决不允许单单把片面的'斗争'写在旗帜上"①，同样，"想把历史发展的全部丰富多样的内容一律概括在'生存斗争'这一干瘪而片面的说法中，那么这种做法本身就已经对自己作出了判决，这一说法即使用于自然领域也还是值得商榷的"②。另外，多样的生物在生态系统中各自占有特定的生态位，利用特定的空间和资源，发挥特定的作用和效能。诚如荀子所云："川渊者，龙鱼之居也""川渊深而鱼鳖归之"；"山林者，鸟兽之居也""山林茂而禽兽归之"③，"树成荫，而众鸟息焉"④；"川渊枯，则鱼龙去之，山林险，则鸟兽去之"⑤。在生态系统的物质、能量和信息循环过程中，多样的生物各自起着特定的作用，并且以食物链为主要依托而互济。这启示同时也要求我们，将相容共生确立为人改造自然的价值取向和行为规范。事实证明，异生型人工自然物尤其是与之相伴而生的废弃物，既对自然生态存在物造成危害，又对人自身造成危害，自然灾害的频发不仅导致局部自然生态存在物和人工自然物的毁损，而且危及人的生命财产，这些都是人工自然与天然自然、人与自然相互危害的表现，显然与人的生态安全需要相背离。天人冲突所产生的恶果，要求人们反其道而行之，将相容共生作为处理人与自然关系的价值取向。

相容共生并不排斥事物之间的差异。事物的差异是普遍的客观存在，而且正因为差异的存在才有所谓的相容共生。老子有云："万物负阴而抱阳，冲气以为和。"⑥万物都包含着阴阳二气这种有差别的存在。德国哲学家莱布尼茨也曾形象地说：世界上没有两片树叶是完全相同的。事实上，乾坤大地，森罗万象，千差万别，它们之所以能共处于特定的时空序列之中而相安无事，就

---

① 《马克思恩格斯选集》第3卷，人民出版社2012年版，第987页。
② 《马克思恩格斯选集》第4卷，人民出版社2012年版，第517页。
③ 《荀子·致士》，中华书局2015年版，第221页。
④ 《荀子·劝学》，中华书局2015年版，第4页。
⑤ 《荀子·致士》，中华书局2015年版，第221页。
⑥ 老子：《道德经》第四十二章，中国文联出版社2016年版，第135页。

是因为自然界经过亿万年的演化形成了诸物相容共生的法则。人也是如此，人类遗传基因仅有八百亿分之一完全相同的概率，是故遗传就意味着个体差异；人生活的环境千差万别，因而生活便塑造出不同的个体性格。诚如汉代的王充所说："百夫之子，不同父母，殊类而生，不必相似，各以所禀，自为佳好。"①即使是一母所生，也可能"一娘生九子，九子九个样"。加之不同社会制度、文化背景的影响，现实生活中的每一个人都具有自己独特的人格。人我之间的个体差异可能导致人际冲突，也有可能优势互补，关键在于践行什么样的价值取向。所以在中国特色社会主义新时代，就有了社会主义核心价值观。

从人工自然与天然自然的关系看，相容共生就是追求两者宜人结构的共存互利。对自然来说，事物的共存是一个客观的存在，无所谓好坏之分；但就人类而言，则因涉及价值评价而有利弊之别。宜人结构即适合于人类生存和发展的结构，不管是人工自然还是天然自然，都有适合于人类生存和发展的结构形态，从房屋建筑到工具设施，从洁净河流到臭氧气层，均属此类。人工自然与天然自然共同组成人类赖以生存和发展的物质环境，两者之间势必会进行物质与能量的交换，发生一系列的化学反应，其结果既可能导致另一方的有序程度下降，相互"拆台"，也有可能促使另一方的有序程度提升，相互"补台"。人类欲求更好地生存和发展，就要设法使人工自然与天然自然相互"补台"，而避免相互"拆台"。于此，共处互利就是指人工自然与天然自然的相互补台，相容共生这一价值取向的要旨就是人在改造自然的过程中要以人工自然与天然自然相互补台为行为规范和努力方向。由于人类与天然自然在自然演化史上的紧密关联，因而两者之间存在本然的相容共生，现在彼此的疏离乃至相害，主要的根源在于异生型人工自然物及其伴生废弃物对天然自然的侵害，从这个角度看，只要使人工自然与天然自然相容共生，人与天然自然也就能相容共生，诚所谓"天地与我并生，而万物与我为一"②。因此，以人工自然

---

① 王充著，黄晖校释：《论衡校释》，中华书局1990年版，第1201页。

② 《庄子·齐物论》，中华书局2015年版，第31页。

与天然自然相互补台为努力方向就成为相容共生这一价值取向的核心。

人工自然形成和拓展的过程实质上是人对自然的不断认识、设计、评价和改造的过程,在这个过程之中,人工自然与天然自然相容共生这一价值取向,理当贯穿于各个环节。首先,人们要将相容共生的价值取向贯彻到人对自然的科学认识活动之中。如果没有正确的认识,对自然茫然无知,人类的行为就会陷于盲目的状态,也就谈不上"相容共生"。只有通过科学认识活动获得关于自然和人类的真切知识,人们才能理解天地至理,洞察万象精妙,发现技术原理,从而为创造与天然自然相切合的人工自然奠定认识前提。例如,只有当人们掌握了降雨的条件、规律和有关技术原理之后,人们才有可能在需要时"呼风唤雨",喜获甘霖。其次,人们要将相容共生的价值取向贯彻到创造人工自然的设计活动之中。这就要求人类运用正确的知识,保留和放大自然事物的有利性、防止和缩小其有害性,预先完成对所需的人工自然物的构想和设计,重点考虑人工自然物自身的仿生性及其"报废"后的回收再利用。设计工作的内容包括设定人工自然物的形态、结构和功能,确定自然材料的配置、结合和重组方式,规范和指导自然物能的流动、转化和利用等等。再次,人们要将相容共生的价值取向贯彻到人对自然的评价活动之中。评价就是衡量、评定某一事物的价值。只有通过对自然事物的正确评价,才能得知哪些事物或过程是应该保留和放大的,哪些是应该改变和消除的。当我们要修筑一座大型水库时,我们首先要对该项工程的研究和设计方案进行评价:它能为人类带来什么效益,又会带来哪些不利影响,什么样的修筑方案为最优方案等等。没有科学的评价,就没有科学的决策,评价不当,决策就有可能失误。评价活动实际上是贯穿于人的一切实践活动之中的,关键在于评价的方法是否正确,评价者的价值取向是否合理,考虑问题是否全面。当前,人与自然以及人类自身关系上出现的严重冲突,一个根本性的原因就在于人类在评价自身的行为和效果时,片面地强调了经济效益而轻视了生态、资源和环境效益;注重了人的物质享受而忽视了精神享受;看到了工业和技术的正面作用而未认清其负面影响;只看到眼前和局部利益而未顾及长远和整体利益。改变这一现实状况的重要出路,就在于将"相容共生"融入评价体系。最后,人们要将相容共生的价值取向贯彻到人对自然的改造活动之中。人工自然物的形成与拓展是人长期改造自然的结果,它能否优化人类生存的环境,促进人类自身的全面发展,主要在于人能否处理好人、天然自然、人工自然之间的关系,而关键又在于人们能否坚持相容共生的价值取向。

(二) 循环相济

所谓循环相济,是指人、人工自然、天然自然三者在持存过程中各自的物质能量达成良性循环,并且三者之间耦合成大系统超循环。前已述及,循环再生是生态系统的基本规律。在生态系统的循环中包含着大量成对的正反过程,如二氧化碳的吸收与释放、固氮与脱氮等等,这些成对的正反过程循环相济,维系着生态系统自身的动态平衡。除了这些成对的正反过程,在生态系统的循环中,还存在着这样的情况,即一种生物体所排泄出来的"废物"可能会被另一种生物体当作食物原料而吸收。这表明,在生态系统中"废物"都可变为"原料",物质和能量的利用效率是极高的,可以通过循环利用而相生相济。与此相伴随,生态系统的循环产生了大量适宜于人类生存与发展的有序物质,在这些有序物质中载有人所需要的大量有效能量和有用信息,显现为物质构成的宜人性,与人循环相济。既然绿色发展必须遵依生态系统的循环过程及规律,那么人在改造自然的实践中就需要恪守循环相济的应然规范,扬弃有悖自然有机性和生态性的行为,把"正反过程的平衡性,物能利用的高效性,物质构成的宜人性"作为价值追求贯穿在改造自然的实践过程中。

深入生产层面,其核心在于扬弃"资源—产品—消费—废料"的线性模式,推行"资源—产品—消费—再生资源"的循环模式,追求自然资源物能的高效转化和充分利用,实现物能在人与自然之间的生态性变换。在分配层面,其取向在于为广大人民提供更多的生态公共产品,并通过公平分配及生态富民、生态补偿等途径促进社会财富、经济财富、自然财富和生态财富的公平享有，实现物能在人与人之间的生态性变换。在生活层面，其重点在于抛弃铺张浪费等非生态消费方式，倡行绿色低碳的循环消费方式，追求消费品物能的节约使用和回收再用，实现物能在人自身的生态性变换。在自然生态层面，其关键在于摈弃对生态系统的恣意妄为，自觉维护和促进生态系统的良性循环，追求正反过程的平衡性、物能利用的高效性和物质构成的宜人性。总之，推行循环生产、力行公平分配、倡行循环消费、维护生态循环乃循环相济应然规范在生产、分配、生活、生态诸层面的展开，主体人应当以此规范自己的行为。① 这也正是习近平强调"推动形成绿色发展方式和生活方式"②的要旨所在。

（三）协同发展

从时间序列看，维护天然自然的生生不已，谋求人自身、人工自然的发展，理当成为而实际上也一直是人类驰而不息的追求，而且人与自然和谐也是一个从低级到高级的发展过程。因此，协同发展就成为人在改造自然过程中应当遵循的价值取向。

所谓协同发展，即诸多事物在原因与结果、手段与目的的交互中所展现出的发展循环乃至超循环，这里是指人的发展与天然自然发展和人工自然发展三者之间形成一种良性循环的态势。在生态系统中，生命体都是动态平衡的自足系统，但这种自足恰恰是以其开放性为前提的，必须与环境不断地进行物质、能量和信息的交换。进而言之，生命体只有在与环境因素（含其他生命体）的切合中获取有序物质、有效能量和有用信息，才能启动其内在自组织机制，展开其生息繁衍过程。否则其内在的自组织机制就会隐而不发，其结果必定是其生命力的枯竭，更谈不上它的发展了。生命体的协同发展总是生命体

---

① 参见黄志斌等：《超循环：生态文明建设的本然依据、应然规范和实然途径》，《哲学动态》2014 年第 1 期。

② 《习近平谈治国理政》第二卷，外文出版社 2017 年版，第 395 页。

自身诸要素与特定环境诸因素互为因果、交相耦合的结果,体现出具体性。这启示同时也要求我们在改造自然的实践过程中,遵循协同发展的应然规范,并且根据特定情况,追求事物的具体协同发展。

在人与自然的关系上,遵循协同发展规范意即人的行为应当指向于人与自然的协同发展。人的发展离不开人工自然物即社会物质产品和精神产品的创造,而这些产品的创造又是以生态自然中有序结构和有效能量的耗费以及自然信息的获取和利用为条件的;再者,生态自然中有序结构、有效能量和有用信息在产品的创造中不可能完全被利用,其中总有一部分要沦为废物、热辐射等形式的无序结构、无效能量以及未被人们所认知和利用的"无用"信息。这就意味着社会物质产品和精神产品的增值以及对有用信息的利用,与生态自然中有序结构和有效能量的耗费以及有用信息的流露并不是等值的,耗费和流露的数值大于增值和利用的数值。单纯的社会物质产品和精神产品与自然生态复合系统在总体上的无序化、无效化和无用化是必然的。另外,在自然生态系统的食物链中,还有一部分能量以热量形式耗散在环境之中。但这些并不能说明,我们地球的命运注定要像克劳修斯和里夫金等人所宣扬的那样从有序走向无序,直到"热寂"而终。因为我们地球的自然生态系统并不是一个孤立系统,而是一个准开放系统,它与宇宙空间有着物质和能量的交换。使用高技术人工自然物开发利用太阳能可能得不偿失,高技术人工自然物的创造、保养和运行所消耗的有效能量相当于甚至会超出它所开发出的可做功太阳能。但海洋和陆地植物以及一些低等菌类等自养生物却能够通过光合作用直接利用太阳能,合成有机物,并可清除现已存在的过剩二氧化碳、氮氧化物等废物,这样就使地球生态系统获得了源源不断的有序结构和有效能量的补充。同时对过剩二氧化碳和氮氧化物的利用,也使地球生态系统本身得到净化。因此,只要人类在创造各类人工产品过程中所产生的无序结构和无效能量以及食物链所耗散的物能在总量上不超出自养生物将太阳能转化成的有序结构和有效能量,并且人类对自然生态系统所流露的信息愈益充分地发掘和利用,就能实现人与自然的协同发展。① 食物链的物能耗散难以人为控制,但减少在创造各类人工产品过程中无序结构和无效能量的产生量、增加自养生物特别是陆地植物的覆盖率以及自然信息的利用率则是人所能及的,就价值取向而论,这正是人们在改造自然的过程中需要恪守的应然规范。习近平指出:要"努力实现经济社会发展和生态环境保护协同共进"②,道出了经济社会发展与生态环境保护的辩证法,是对中国特色社会主义新时代人与自然协同发展的价值取向的最好说明。

相容共生主要是从空间结构的角度考量天人和谐的价值取向,循环相济主要是从运行机制的角度考察天人和谐的价值取向,协同发展主要是从时间序列的角度阐释天人和谐的价值取向,"相容共生—循环相济—协同发展"作为天人和谐这一价值取向在不同角度的展开,在绿色发展价值论上体现了"人与自然和谐相处""人与自然和谐共生"的思想,是人在改造自然的实践中需要身体力行的具体应然规范。

三、人民立场

人作为主体在改造自然、谋求绿色发展的过程中践行遵依自然、天人和谐的价值取向,其最终目的在于谋求主体自身的生态福祉。在中国特色社会主义新时代,绿色发展的主体是人民群众,人民群众既是绿色发展的活动主体、责任主体、创造主体,同时也是绿色发展成果的权利主体、享有主体。绿色发展必须坚守人民立场,在科学发展观中,人民立场即以人为本,在习近平新时代中国特色社会主义思想中,人民立场即以人民为中心。以人民为中心是习近平对人民群众的历史创造作用、全面发展、根本利益的新概括新表述。在绿色发展上,以人民为中心就是以人民群众的绿色创造活动为前提,以人民群

---

① 参见黄志斌等:《超循环:生态文明建设的本然依据、应然规范和实然途径》,《哲学动态》2014年第1期。

② 《习近平谈治国理政》第二卷,外文出版社2017年版,第394页。

众的生态福祉为目的,以人民群众的绿色发展为依归。前提、目的、依归构成以人民为中心的链条,它们的有机关联、循环互促展现出绿色发展的螺旋上升,蕴含了绿色发展的价值意义,彰显出中国特色社会主义的独特优势。因此,在绿色发展实践中,以人民为中心这一人民立场,必须贯通展开。

(一) 绿色发展必须汇集人民群众的磅礴力量

人民群众蕴藏着巨大的力量源泉,是历史的创造者,是中国革命、建设和改革的依靠力量。绿色发展同样要依靠人民群众,尊重人民群众的首创精神和主人翁地位,最大限度地激发人民群众的积极性、主动性和创造性,汇集人民群众的力量加以递进实现,绿色发展如果只靠少数人的力量,哪怕是拥有洪荒之力也难有所成。这内在地要求我们在两个方面着力:一是从人民群众中来,到人民群众中去,关心人民群众的生态需求,尊重人民群众的生态自觉,汲取人民群众的生态智慧,广泛动员人民群众积极投身绿色发展,主动为绿色发展而辛勤耕耘和艰苦创造。二是将人民群众焕发出来的力量汇聚成绿色发展的磅礴之力。力量的展现是有作用点和作用方向的,如果诸多力量作用点聚合,作用方向趋于一致,就能叠加成最大合力,产生良好作用效果;相反,如果诸多力量作用点分散、作用方向迥异,就可能力薄难支,甚至相互抵消,其作用效果就可能微乎其微甚至无所显现。在现实实践活动中,绿色发展总是具体的,需要以各级各类具体的绿色发展项目为载体加以实施,如果这些具体项目切合当地实际,具有特定的生态价值,能满足特定时空人民群众的生态需求,就可成为吸引特定时空中人民群众的因素,使人民群众焕发出绿色发展力量作用点收敛、作用方向趋于一致,从而在同向发力中收获绿色发展的成果。进而言之,如果这些具体项目是根据国家绿色发展的顶层设计、结合各地实际层层科学分解而优选的,那么通过这些具体项目所聚集的人民群众的力量就在整体上汇集成我国绿色发展的磅礴之力。当前,我国各地业已出台各级各类有关绿色发展的规划,但一些规划中的项目有的不尽切合当地实际,有的不尽符合国家总体规划要求,有的不能改善生态公共产品的供给,它们本身就难以真正绿色惠民,再加上在组织群众上的乏力,结果严重制约人民群众绿色发展力量的聚合,有碍绿色发展的合力推进。如何以国家绿色发展顶层设计为依据,实现各级各类绿色发展规划的"多规合一",凸显具体项目的绿色惠民价值,加大组织群众的力度,乃是汇集人民群众绿色发展力量的关键。

(二) 绿色发展必须服务人民群众的生态福祉

弗朗索瓦·佩鲁在其《新发展观》中提出,发展是"为一切人的发展和人的全面发展"[1],要"以人为中心"。联合国世界环境和发展委员会在其发表的《我们共同的未来》中,将人进一步展开为当代人与后代人,倡导"既满足当代人的需要,又不对后代人满足其需求的能力构成危害"的可持续发展[2],显露出"人本"的价值取向,具有绿色发展的思想成分,但这里所说的"人"仍带有费尔巴哈人性论中那种抽象意义上的"人"的痕迹。当代中国的绿色发展开宗明义,其要旨是解决人民群众最关心的生态环境问题,其目的就在于"为人民创造良好生产生活环境"和"给子孙后代留下天蓝、地绿、水净的美好家园"[3],提高人民群众的生活质量和健康水平,满足人民群众的生态需求,实现人民群众的现实幸福。"小康不小康,关键看老乡",中国共产党是马克思主义政党,"人民立场是中国共产党的根本政治立场,是马克思主义政党区别于其他政党的显著标志。"[4]全心全意为人民服务是中国共产党的根本宗旨和价值取向,人民群众对美好生活的向往是中国共产党永远的奋斗目标,在人民群众对美好生活的向往中,包含了对生态福祉的追求。过去一般时期,生态环境

---

① ［法］弗朗索瓦·佩鲁:《新发展观》,张宁、丰子义译,华夏出版社 1987 年版,第 11 页。
② 参见世界环境与发展委员会:《我们共同的未来》,王之佳、柯金良译,吉林人民出版社 1997 年版,第 52 页。
③ 中共中央文献研究室:《十八大以来重要文献选编》(上),中央文献出版社 2014 年版,第 31 页。
④ 《习近平谈治国理政》第二卷,外文出版社 2017 年版,第 40 页。

的恶化与人民群众生活水平的提高严重冲突,雾霾频发、水质低劣、食品污染等成为影响人民群众生活质量和身心健康的突出问题,盼环保、谋生态、祈健康成为人民群众愈益普遍、愈发强烈的诉求。习近平深深体察到人民群众希望远离雾霾、呼吸新鲜空气、享受宜人气候并健康生活的热切期待和迫切需求,提出了"良好生态环境是最公平的公共产品,是最普惠的民生福祉"①的论断,认为"环境就是民生,青山就是美丽,蓝天也是幸福"②。这就是说,良好生态环境对人民幸福具有基础价值,绿色惠民是人民共享发展成果的要义。与此相联系,党的十八届五中全会,从"五位一体"总体布局和"四个全面"战略布局出发,针对人口老龄化以及疾病谱、生态环境不断变化等带来的新挑战,明确提出推进健康中国建设和人民健康优先的理念,党的二十大报告进一步提出了推进健康中国建设的战略举措。这表明党的十八大以来,习近平不断拓深以人为本的内涵,将人民至上的价值取向具体落实到人民群众对生态福利的享有。

(三) 绿色发展必须依归人民群众的绿色发展

将上述两点予以综合,不难发现,绿色发展依赖并归宿于人民群众的绿色发展。社会的发展与人的发展有着内在的联系,社会进步要求并造就人的同步发展,绿色发展作为我国新时期的特定发展形态,其社会背景和条件造就适应绿色发展的人,同时由人谱写着绿色发展的新篇章。个体是社会的要素,社会是人所构成的系统,社会系统的绿色发展制约着其中个体的绿色发展,它作为环境条件为个体的绿色发展提供政治、经济、文化的支持,以及选择的空间和方向的导引;而个体的绿色发展又为社会的绿色发展提供人力资源和不竭

---

① 中共中央文献研究室:《习近平关于社会主义生态文明建设论述摘编》,中央文献出版社 2017 年版,第 4 页。

② 中共中央文献研究室:《习近平关于社会主义生态文明建设论述摘编》,中央文献出版社 2017 年版,第 8 页。

动力;绿色发展所着力的人与自然的和谐发展,离不开人与社会、人与人的和谐发展,人与自然、人与社会、人与人三大和谐,在结构上都是"主体—客体"的统一,都聚焦于人自身的主体和谐、绿色发展,于此,社会的绿色发展与人民群众的绿色发展构成不可分割的一体之两面。这意味着,绿色发展的过程,从本质上讲就是推进人民群众绿色发展的过程,它以社会条件为中介,通过人民群众的绿色实践,将其在个人成长过程中积淀的潜在绿色模式对象化为现实的绿色发展成果,营造出客观的绿色世界,同时通过现实绿色发展成果和教育资源的普遍享有和滋养,提升人民群众的生态福祉,强化人民群众的主体特质,优化主体的潜在模式。中华传统"天人合一"观也曾提出要培养"配义与道"①的"浩然正气","由尽人之性再来尽物之性,如此以赞天地之化育"②。这就要求我们调动各种社会资源和条件,尤其是利用教育资源和条件,将人民群众的绿色发展纳入人的全面发展,赋予人民群众投身绿色发展的主体特质,"因为现存的交往形式和生产力是全面的,所以只有全面发展的个人才可能占有它们"③。绿色发展内含独特的交往形式、生产生活方式,需要依归人民群众的绿色发展。绿色发展的主体特质是适应绿色发展需要的知识水平、实践能力(含创新能力)和价值取向的统一,就此而言,人民群众的绿色发展包括其适应绿色发展需要的知识水平和实践能力的提高以及价值取向的臻善。其中,知识水平的提高是指其所把握绿色发展相关理论和文化知识的拓展和加深,属于绿色发展主体特质中状态方面的优化;实践能力的提高是指其投身于绿色发展的力量增强和功率增大,属于绿色发展主体特质中力量方面的强化;价值取向的臻善是指其作用于"社会—经济—自然"复合体的力量聚焦绿色发展实践,有利于绿色发展的推进,属于绿色发展主体特质中方向方面的善化。另一方面,绿色发展成果必须落实到人民群众的生命感受,让人民群众普

---

① 《孟子·公孙丑上》,中华书局 2016 年版,第 59 页。
② 钱穆:《中国文化丛谈》,九州出版社 2011 年版,第 113 页。
③ 《马克思恩格斯全集》第 3 卷,人民出版社 1960 年版,第 516 页。

遍在享有和消费绿色发展成果中获得愉悦、健康、幸福。这样,绿色发展的价值才算真正实现。如果绿色发展成果只是一种摆设,或者只是少数人的专利,那么站在以人民为中心的立场上看,又何必去创造它呢? 使人民群众真正享有愉悦、健康、幸福是人民群众绿色发展的题中之义,也是绿色发展的归宿。当前存在的主要问题是:教育资源对人民群众绿色发展的投入量和贡献度不够,在现有的教育体系中,专业结构、课程结构、学科结构、培养模式、培训体系尚不能充分满足人民群众投身绿色发展的知识水平、实践能力、价值取向等主体特质系统提高的需要;人民群众享有和消费绿色发展成果从而获得愉悦、健康和幸福的普遍性不够,绿色发展成果尚不能充裕满足广大人民群众的生态需求。这正是我国绿色发展中需要解决的突出问题,也是我国教育改革和绿色发展成果共享中需要解决的突出问题,需要我们加大绿色教育的力度、深度和广度,加快绿色公共产品的产出,加强绿色公共基础设施的建设,完善绿色发展成果的共享机制。

总之,绿色发展必须以人民为中心,即践行人民立场这一价值取向,这是马克思主义的根本立场;汇集人民群众的磅礴力量具体阐释了绿色发展依靠谁、怎样依靠的问题,服务人民群众的生态福祉具体阐释了绿色发展为了谁、为了什么的问题,依归人民群众的绿色发展在前两者的结合点上具体阐释了绿色发展有赖于什么、归宿于什么的问题;这些问题层层递进,构成了现实的问题逻辑,体现了绿色发展中的辩证思维,人民立场的贯通展开就是要将以人民为中心的思想贯穿于这些问题的解决过程之中。①

第三节　绿色发展的时代价值

自然对人的资源价值、人对自然的价值取向展现了中国马克思主义绿色

---

① 参见黄志斌等:《绿色发展中的辩证思维论要》,《毛泽东邓小平理论研究》2017年第3期。

发展观在价值本质、价值评价、价值选择上的理论内容。在中国特色社会主义新时代,它将指引人们迈向绿色发展的价值目标,彰显绿色发展的时代价值,主要表现为推进美丽中国建设、促进社会全面发展、推动人类命运共同体构建三个方面。

一、推进美丽中国建设

从生态环境向度考察,绿色发展的要义在于坚持节约资源和保护环境的基本国策,解决人民所关心的突出的生态环境问题,为人民提供更多优质绿色产品和生态产品,满足人民日益增长的美好生活特别是优美生态环境的需要,因此它对于美丽中国建设既是必要条件也是重要标志,其时代价值就是推进美丽中国的建设。人工自然与天然自然是人们赖以生存和发展的两大生态环境要素,美丽中国的生态环境特质就是天然自然、人工自然的优化美化以及两者优化美化的整体耦合。习近平在 2018 年 5 月召开的全国生态环境保护大会上,为美丽中国建设定出清晰的时间表:"确保到 2035 年,……生态环境质量实现根本好转,生态环境领域国家治理体系和治理能力现代化基本实现,美丽中国目标基本实现。到本世纪中叶,……绿色发展方式和生活方式全面形成,人与自然和谐共生,生态环境领域国家治理体系和治理能力现代化全面实现,建成美丽中国。"[①]只要我们坚持绿色发展的实践,展开天然自然的绿色保护,致力于人工自然的绿色增值,加强人工自然与天然自然的整体耦合,就能将中华大地递进建成山清水秀、绽红泻绿、意境高远、景象万千的美丽家园,实现美丽中国建设目标。

首先,通过绿色发展,推动天然自然的优化美化。天然自然的优化美化主要在于自然生态系统的绿色保护。如前所述,自然生态系统作为自然界长期演化的结果,具有特定的结构和功能,在物质能量的循环再生中绵延不息,展

---

① 《习近平谈治国理政》第三卷,外文出版社 2020 年版,第 366—367 页。

现对人的资源使用价值、交换价值和潜在价值。绿色发展坚持自然保护优先与自然恢复主导的方针原则,致力于自然生态系统中各个要素比例之间的联动协调、人类对自然生态系统物质能量摄取利用过程的循环低耗,体现了尊重自然、优化美化自然的正确价值取向,其实践指向与自然生态系统的存在与演化高度吻合。党的十八大以来,全国上下,大江南北,从城市到乡村,都掀起了绿色发展的行动浪潮,诸如划定自然生态保护红线、实施山水林湖田草的一体化保护和系统治理、构建生态廊道和生物多样性保护网络的工程以及发动蓝色海湾整治行动,等等,致力于提升森林、河湖、湿地、草地、海洋等自然生态系统的多样性、稳定性、持续性和生态服务功能,从而还自然生态系统以宁静和谐美丽,续天地之大美。因此,在绿色发展的实践中,优化美化天然自然,促进天然自然的绿色保护,是推进美丽中国建设的重要路径。

其次,通过绿色发展,推动人工自然的优化美化。人工自然的优化美化主要在于人工自然的绿色增值,即创造更多的高质量绿色产品(仿生型人工自然物)。绿色产品作为生活资料对于人的衣食住行用具有向"善"的消费功能和"达美"的直观效应,作为生产资料对于人的接续劳动创造具有合"真"的增益作用,体现了师法自然的正确价值取向。概言之,绿色发展就是要将绿色科学技术融入人工自然物的创造之中,生产更多高质量绿色产品。近年来,我国加快了建立绿色产品标准体系的步伐,发布《环境标志产品技术要求》百余项、产品类型逾万种,行业清洁生产标准 50 余项。其中,2016 年国务院办公厅印发的《关于建立统一的绿色产品标准、认证、标识体系的意见》,体现了我国对于绿色产品标准体系建设的坚定决心和信心。在绿色发展的号角声中,我国各类绿色产品的增长犹如雨后春笋,人工自然的绿色增值硕果累累,对美丽中国建设形成有力推动。

再次,通过绿色发展,实现人工自然与天然自然的整体耦合。在现实的生态环境中,人工自然与天然自然是交相嵌合的,两者在整体上形成为一个复合体。因此,人工自然与天然自然的整体耦合是美丽中国建设在生态环境上的最高境界。从外在的形式看,它要求人工自然与天然自然在空间布局、比例尺度以及色彩搭配上达到美观协调;从内在的作用看,它要求人工自然与天然自然达到结构的相容共生、物能的良性循环;从精神文化上看,它要求人工自然与天然自然成为意义彼此相通、氛围相互烘托、意象圆满规整的整体。在绿色发展的实践中,着力天然自然的绿色保护、人工自然的绿色增值,再赋之以艺术元素、文化意蕴,便能够使人工自然与天然自然复合体在外在形式上呈现出青山常在、绿水长流、空气清新的绿色美丽,在内在作用上形成相容共生、循环相济的运行机制,在精神文化上形成意蕴相洽、人文共美的整体观感。诸如塞罕坝、库布其等"绿色奇迹"的涌现,国家级生态县市和国家森林城市的创建,标志着我国各地在人工自然与天然自然的整体耦合上的显著成效,对美丽中国建设的推进具有示范价值。

二、促进社会全面发展

从社会发展向度考察,绿色发展的要义在于将生态文明建设纳入中国特色社会主义事业"五位一体"总体布局,全面建成小康社会,继而开启全面建设社会主义现代化国家新征程。习近平在党的十九大报告中提出:"从十九大到二十大,是'两个一百年'奋斗目标的历史交汇期。我们既要全面建成小康社会、实现第一个百年奋斗目标,又要乘势而上开启全面建设社会主义现代化国家新征程,向第二个百年奋斗目标进军。"①概括起来,我们的奋斗目标就是我国社会的全面发展,这既包括全面小康社会的建成,又包括其向社会主义现代化国家的接续前进。生态环境质量是民生福祉的关键因素,攸关社会全面发展的底色。"我们要建设的现代化是人与自然和谐共生的现代化",人与自然和谐共生是关乎中华民族伟大复兴、永续发展的千年大计。就此而言,绿色发展对于社会全面发展既是重要标志也是必要条件,其时代价值就是促进

---

① 习近平:《决胜全面建成小康社会　夺取新时代中国特色社会主义伟大胜利——在中国共产党第十九次全国代表大会上的报告》,人民出版社 2017 年版,第 28 页。

社会全面发展。社会全面发展的基础在于社会生产方式和生活方式的深度改革,因此,绿色发展对于社会全面发展的促进主要就在于社会生产方式与生活方式的绿色转型,以及生产系统与生活系统的循环链接。

首先,通过绿色发展的实践,促进社会生产方式的绿色转型。社会生产是指人们创造物质财富和精神财富的过程,其目的是满足人们物质文化生活的需要,通常表现为满足人们衣食住行用等必需的物质财富生产、满足人们必要的文化生活的精神财富生产以及人类繁衍后代的人自身生产。马克思和恩格斯在《德意志意识形态》中将这三类生产分别称为"自己生命的生产""他人生命的生产"①和"思想、观念、意识的生产"②,这为社会生产的发展提示了基本的路向。习近平指出:绿色发展"是构建高质量现代化经济体系的必然要求"③。绿色发展致力于生产生活资料的绿色转型,具体包括:物质能量有机转换、循环利用以及多次增值的高产、低耗、无废料的现代化绿色农业经济的推行;以资源综合利用与废物排放减少为目标的绿色投入、绿色生产、绿色产出的现代化绿色工业体系的构建;以节约资源保护环境为宗旨,低投入高效益的,具有连带作用、自成一体、良性循环的现代化绿色服务产业链的打造等等,这些构成社会全面发展的物质生产基础。绿色发展还强调精神文化产品的绿色转型,比如马克思主义生态哲学、生态伦理学以及生态美学,特别是习近平生态文明思想及其在各类文化精品生产中的贯彻,以及生态科学与绿色技术的普及,这些构成社会全面发展的精神生产基础。绿色发展还着力人自身的绿色转型。人是绿色发展的主体,在绿色发展的实践中,通过绿色发展主体潜在模式的对象化和绿色发展成果的主体化的双向互动,加之生态化人口政策的实施、绿色教育的滋养及绿色发展社会氛围的熏陶,可以造就出一批绿色发展的践行者与贡献者,奠定适应社会全面发展的人自身再生产的基础。

---

① 《马克思恩格斯选集》第1卷,人民出版社2012年版,第160页。
② 《马克思恩格斯选集》第1卷,人民出版社2012年版,第151页。
③ 习近平:《推动我国生态文明建设迈上新台阶》,《求是》2019年第3期。

其次,通过绿色发展,促进社会生活方式的绿色转型。社会生活方式通常指人们整个社会物质消费、精神消费方式,具体包括衣、食、住、行、用等物质消费方式和文化、娱乐、郊游、学习等精神文化消费方式。于此,中华传统"天人合一"观所包含的寡欲去奢、天地大美、仁爱万物等思想基因必须在绿色发展中加以传承和发扬光大。从物质消费方式角度看,绿色发展拒绝穿着上的华而不实、费而猎奇,而推崇自然美观、舒适宜人;拒绝饮食上的花天酒地、铺张浪费,而追求营养均衡、绿色健康;拒绝住宅民居摆阔浪费、金碧辉煌,而提倡贴近自然、生态宜居;拒绝交通出行的高能耗、高污染、高排放,而倡导节能、环保、低耗;拒绝日常用品的一次性消费、随意废弃,而追求重复使用、循环利用、环保健康。从精神文化消费方式看,绿色发展反对排场铺张、低级粗俗的形式化娱乐消费,而追求内涵丰富、积极向上的内容型文化消费;反对垃圾污染、漠视环境的郊游恶习,而注重培养文明健康、珍惜环境的出游习惯;反对萎靡颓废、疏离自然的"文化"场所,而着力诸如绿色社区、绿色校园、绿色博物馆等绿色教育基地的建设,倡行均等普惠、低碳健康的现代公共文化服务。总之,绿色发展"倡导简约适度、绿色低碳的生活方式,反对奢侈浪费和不合理消费"①,这是在社会生活方式上促进社会全面发展。

再次,通过绿色发展,促进生产系统与生活系统的循环链接。在现实的社会发展中,生产方式和生活方式是辩证统一的,生产方式的状况会影响人的生活方式,而生活方式的变化反过来也会倒逼生产方式的革新。与此相联系,绿色生产方式以其绿色产品和生态产品的产出而成为绿色生活方式的基础,绿色生活方式的倡行又以其对更多高质量绿色产品和生态产品的需要而拉动绿色生产方式的拓深扩展,并且由于两者在物质能量上良性循环的特征都与自然生态系统的循环再生本性相契合,因此只要我们致力于两者的"接口"融合,"归还于天",就能够"实现生产系统和生活系统循环链接"②。这种链接

---

① 习近平:《推动我国生态文明建设迈上新台阶》,《求是》2019年第3期。

② 习近平:《推动我国生态文明建设迈上新台阶》,《求是》2019年第3期。

的普遍化将不断闪耀着生产发展、生活富裕、生态良好的光辉,收获着"百姓富与生态美"的双赢,浓郁着社会全面发展的底色,推动经济社会全面绿色转型。

三、推动人类命运共同体构建

从全球治理向度考察,绿色发展的要义在于同各国开展生态文明领域的交流合作,致力于成果分享,推动人与自然命运共同体及人类命运共同体的构建。地球是全人类的共有家园,在经济全球化、世界多极化不断深入的当代,"牵一发而动全身"的立体网状结构已逐渐形成,生态环境的联动效应无处不在,一荣俱荣、一损俱损已成为现实写照,人类的命运休戚与共。当今世界将向何处去?习近平顺应时代新发展,站在全球治理的高度,在多种场合倡导构建人类命运共同体,"建设持久和平、普遍安全、共同繁荣、开放包容、清洁美丽的世界"[①]。建设"清洁美丽的世界",实际上即是在全球范围内构建人与自然命运共同体。当今世界,生态环境问题已成为人类共同关注的重大时代课题,面对全球生态环境的恶化和气候变化问题的凸显,人类理应也必须奉行人对自然的正确价值取向,保护好人类赖以生存的地球家园,谋求人与自然和谐共生,维护人类永续发展。因此,构建人与自然命运共同体就成为构建人类命运共同体的题中之义和内在要求。国际社会在这方面作出了努力,这从可持续发展理论及其向行动的转化可见一斑。但在全球范围内构建人与自然命运共同体任重道远,一些发达国家出于眼前利益谋算,不顾人类生存与发展的长远利益,刻意推卸应承担的环境责任,对全球生态环境治理以及人与自然命运共同体的建立造成消极的影响,甚至造成危害。美国公然退出2016年签署的旨在应对全球气候变化问题的《巴黎协定》就是明证。中国是一个发展中国家,但却是一个高度负责任的国家。中国的绿色发展致力于应对全球生态

---

① 习近平:《决胜全面建成小康社会 夺取新时代中国特色社会主义伟大胜利——在中国共产党第十九次全国代表大会上的报告》,人民出版社2017年版,第58—59页。

环境治理和气候变化问题的国际合作和成果分享,为人与自然命运共同体的构建贡献中国智慧、中国方案和中国成果,从而彰显出中国对构建人类命运共同体的时代价值。

首先,通过中国自身的绿色发展,推动人类命运共同体构建。中国在绿色发展实践中,以强烈的责任担当意识和开阔的全球视野积极面对和解决中国环境问题。人类共有并只有一个地球,各国生态环境问题,从世界视角来说是全人类的问题,因此中国生态环境问题的解决具有世界意义。对此,习近平在北京考察工作时指出:"虽然说按照国际标准控制 PM2.5 对整个中国来说提得早了,超越了我们的发展阶段,但要看到这个问题引起了广大干部群众高度关注,国际社会也关注,所以我们必须处置。民有所呼,我有所应!"①中国制定"大气十条"②,将空气质量明显改善作为刚性要求,把坚决打赢蓝天保卫战视为重中之重,决心消除重污染天气,重现蓝天白云、繁星闪烁,既满足了中国百姓所呼,也是对全球大气治理的贡献。此外,中国幅员辽阔、人口众多,随着中国政府"水十条"③"土十条"④的实施,对传统产业的智能化、清洁化改造,以及绿色新产业、新业态、新模式的壮大,生态系统的修复与保护,全国造林绿化规划的落实,其巨大的生态环境效益毫无疑问会惠及整个世界,对人类命运共同体的构建也将形成有力的推动。

其次,通过积极承担国际环境治理责任,推动人类命运共同体构建。发达国家是"先破坏了自然的国家",它们在工业化、现代化过程中所排放温室气体的累积效应是造成全球气候变化的主要原因,必须偿还历史"欠账",承担历史责任,兑现减排承诺。而且,若没有发展中国家的发展与参与,应对气候

---

① 中共中央文献研究室:《习近平关于社会主义生态文明建设论述摘编》,中央文献出版社 2017 年版,第 86 页。
② 国务院 2013 年发布的《大气污染防治行动计划》的简称,2018 年更新为《打赢蓝天保卫战三年行动计划 2018—2020》。
③ 国务院 2015 年发布的《水污染防治行动计划》的简称。
④ 国务院 2016 年发布的《土壤污染防治行动计划》的简称。

变化等全球性环境问题就不具有广泛而坚实的基础。因此,发达国家向发展中国家提供技术、资金支持,帮助发展中国家增强发展能力和有效应对气候变化,既是其责任所在,也有利于其长远发展;发展中国家则应立足本国实际,借助发达国家的资金和技术支持,努力保护生态环境、应对气候变化,尽其所能缩减污染物和温室气体的排放,这就是国际社会所倡导的共同但有区别的责任原则、公平原则、各自能力原则。作为一个负责任的大国,中国一直坚定支持国际社会合作应对气候变化等环境问题的各种公约和协定,先后接纳了《京都议定书》等气候变化公约,《巴塞尔公约》等危险物质类环境公约,《防止海洋倾废公约》等海洋环境履约资源类的公约,《生物多样性公约》等生物资源类公约和海岸线类公约等 50 多项国际环境公约,并在履约上身体力行、积极推进。为履行针对气候变化公约的自愿承诺——"到 2020 年,单位国内生产总值二氧化碳排放比 2005 年下降 40%~45%,非化石能源占一次能源消费的比重达到 15%左右",中国在发展中国家中最早制定、实施《应对气候变化国家方案》,2014 年发布并开始实施《国家应对气候变化规划(2014—2020年)》《煤电节能减排升级与改造行动计划(2014—2020 年)》《能源发展战略行动计划(2014—2020 年)》;同时着眼未来行动,宣布了 2020 年后应对气候变化行动目标,承诺"于 2030 年左右使二氧化碳排放达到峰值并争取尽早实现,2030 年单位国内生产总值二氧化碳排放比 2005 年下降 60%~65%,非化石能源占一次能源消费比重达到 20%左右,森林蓄积量比 2005 年增加 45 亿立方米左右"[1]。为此,国务院于 2021 年 10 月印发了《2030 年前碳达峰行动方案》,对推进碳达峰工作作出总体部署。党的二十大报告进一步提出了"积极稳妥推进碳达峰碳中和"的战略举措。这些承诺和行动计划及其实践推进,充分展现了中国绿色发展的"言必信、行必果",推动着人类命运共同体的构建。

---

[1] 《习近平谈治国理政》第二卷,外文出版社 2017 年版,第 530 页。

再次,通过绿色发展国际合作,推动人类命运共同体构建。要使现在地球生态恶化的趋向得到真正扭转,仅靠单个国家与民族内部的"单打独斗"是远远不够的,必须依靠人类作为类主体的协同努力、绿色发展的国际合作方能奏效。绿色发展国际合作的要旨在于互利共赢,促进合作各方经济发展和环境保护的协同共生以及经济机会和环境效益的互惠共享,而不是"零和博弈"、你输我赢,牺牲他方生态环境获取己方经济利益;关键在于携手共建,求取合作各方从改善人类生存与发展生态环境境遇的大局出发,真诚寻求适切合作方案,共建地球美好家园,而不是工于心计、搭载便车,酿成跨国"公地悲剧";路径在于帮助合作伙伴特别是发展中国家保护生态环境、提高绿色发展的能力,而不是以邻为壑、环境霸凌,向发展中国家转移污染产业、输出废弃垃圾。那种资本逻辑横行霸道、恣意践踏地球家园的做法,已被历史证明不仅对他国造成生态伤害,而且会伤及本国,最终危及整个人类,国际社会应该以此为戒,抑制资本逻辑霸权话语和环境霸权行为对生态环境的危害,加强绿色发展的国际合作。中国高度重视通过国际合作推进绿色发展,习近平指出:"生态文明建设关乎人类未来,建设绿色家园是各国人民的共同梦想。国际社会需要加强合作、共同努力,构建尊崇自然、绿色发展的生态体系,推动实现全球可持续发展。"①因此他曾多次重申中国将"同世界各国深入开展生态文明领域的交流合作,推动成果分享,携手共建生态良好的地球美好家园"②。中国作为发展中国家依然倾己所能,积极帮助其他发展中国家的绿色发展,为世界绿色发展提供中国方案,贡献中国力量。在"一带一路"建设上,中国将绿色发展纳入其中,制定发布《关于绿色"一带一路"建设的指导意见》《"一带一路"生态环境合作规划》,致力于建立"一带一路"环境技术交流与转移中心、绿色"一带一路"生态环保大数据服务平台、"一带一路"绿色发展国际联盟,实施"绿色丝绸之路使者"计划,支持发展中国家提升生态环境保护管理和监管能

---

① 《习近平向生态文明贵阳国际论坛 2018 年年会致贺信》,《新华社》2018 年 7 月 8 日。

② 《习近平谈治国理政》第一卷,外文出版社 2014 年版,第 212 页。

力水平。在与非洲的合作上，中国于 2015 年就将绿色发展纳入中非重点实施的"十大合作计划"①，"支持非洲增强绿色、低碳、可持续发展能力，支持非洲实施 100 个清洁能源和野生动植物保护项目、环境友好型农业项目"②；建立中非环境合作中心，开展中非绿色技术创新项目；设立中国气候变化南南合作基金，帮助发展中国家应对气候变化，提升发展中国家获得绿色气候基金的能力。2018 年，在中非合作论坛北京峰会上，中国进一步将建设"一带一路"与落实非洲联盟《2063 年议程》、联合国 2030 年可持续发展议程以及非洲各国发展战略相互对接，习近平提出在未来 3 年和今后一段时间重点实施"八大行动"③，绿色发展行动赫然在列："中国决定为非洲实施 50 个绿色发展和生态环保援助项目，重点加强在应对气候变化、海洋合作、荒漠化防治、野生动物和植物保护等方面的交流合作……"④这些举措为清洁美丽世界的建设进而对人类命运共同体构建确立了价值原则，注入了新的动能，在国际上凸显了中国绿色发展的时代价值。

---

① "中非十大合作计划"：中国在 2015 年中非合作论坛约翰内斯堡峰会上提出，包括中非工业化合作计划、农业现代化合作计划、基础设施合作计划、金融合作计划、绿色发展合作计划、贸易和投资便利化合作计划、减贫惠民合作计划、公共卫生合作计划、人文合作计划、和平与安全合作计划。

② 《习近平谈治国理政》第二卷，外文出版社 2017 年版，第 458 页。

③ "八大行动"：包括产业促进行动、设施联通行动、贸易便利行动、绿色发展行动、能力建设行动、健康卫生行动、人文交流行动、和平安全行动。

④ 习近平：《携手共命运 同心促发展——在 2018 年中非合作论坛北京峰会开幕式上的主旨讲话》，人民出版社 2018 年版，第 11 页。

第八章　中国马克思主义
绿色发展方法论

　　绿色发展范畴论、规律论主要从客体尺度揭示了绿色发展的本然依据,绿色发展价值论则主要从主体尺度确认了绿色发展的应然规范,它们展现了中国马克思主义绿色发展观基本理论的主要思想意涵。中国马克思主义绿色发展观固然是一种理论上的创新,但它的价值不仅在于它的理论性,而且在于它的实践性。其实践价值的内在根据则主要体现在它不仅是一种绿色自然观、价值观,而且是一种绿色方法论。从实践维度看,中国马克思主义绿色发展观内在地要求且事实上也包含了绿色发展的思想方法、技术方法、工作方法,这在习近平关于绿色发展的一系列重要论述中得到集中体现。毛泽东曾把"方法"形象地比作"桥"或"船",他说:"我们不但要提出任务,而且要解决完成任务的方法问题。我们的任务是过河,但是没有桥或船就不能过。不解决桥或船的问题,过河就是一句空话。不解决方法问题,任务也只是瞎说一顿。"[1]习近平在其《之江新语》中则引用《论语·魏灵公》的"工欲善其事,必先利其器"一语来强调掌握正确的方法对于做好工作的重要性。[2] 提摄中国马克思主义绿色发展方法论,就是要在学理上阐释推进当代中国绿色发展实践、达到

---

[1]　《毛泽东选集》第一卷,人民出版社 1991 年版,第 139 页。
[2]　参见习近平:《之江新语》,浙江人民出版社 2007 年版,第 243 页。

绿色发展预期目标的"桥""船""器",因此,这也成为中国马克思主义绿色发展观基本理论研究不可或缺的逻辑延伸。

第一节 绿色发展的思想方法

思想方法是与世界观和认识论直接相关、一以贯之的认识问题、分析问题和解决问题的思维方法。推而论之,中国马克思主义绿色发展的思想方法,是中国共产党人运用马克思主义生态观和认识论,正确认识人与自然的关系,谋求绿色发展的思维方法。党的十八大以来,习近平紧密结合中国实际,把握时代脉搏,运用马克思主义立场观点方法思考中国特色社会主义面临的新问题,提出了新时代治国理政的新理念新论断新方略,形成习近平新时代中国特色社会主义思想。在谋篇布局上,习近平将生态文明作为中国特色社会主义建设的重要维度,针对中国发展面临的生态环境"瓶颈"和"短板",既部署绿色发展的"过河"任务,又指导如何解决绿色发展"桥或船"的问题,充分展现了绿色发展的历史思维、战略思维、辩证思维、系统思维、创新思维、法治思维、底线思维方法,把马克思主义绿色发展方法论提升到新的境界,为新时代中国绿色发展提供了强大的思想武器。

一、历史思维方法

历史是前人的"百科全书",也是今人的"最好的教科书"。历史思维方法是历史唯物主义在方法论上的体现,马克思恩格斯通过对自然史和人类史的考察,揭示了人类社会的发展规律和人与自然关系的发展轨迹,阐述了共产主义社会及其人与自然高度和谐发展的未来蓝图。习近平强调指出:"历史、现实、未来是相通的。历史是过去的现实,现实是未来的历史。"①客观地对待历

① 《习近平谈治国理政》第一卷,外文出版社2018年版,第67页。

史、把握历史、总结历史经验、吸取历史教训、认清历史规律和趋势，是更好地立足现在、走向未来的必要条件。历史思维方法，就是对历史进行客观分析，汲取历史经验教训，认识历史发展规律，从而以史为镜、知古鉴今、指导现实、谋划未来的思想方法。习近平生态文明思想作为中国马克思主义绿色发展观的集中体现和成熟标志，与他对历史思维方法的非凡把握和自觉运用密切相关，深刻启迪人们从历史、现在和未来的发展链条中把握绿色发展的要义，自觉投身绿色发展的现实实践，阔步奔向绿色发展的美好未来。

从人类文明史角度分析，生态的兴衰关涉文明的兴衰。马克思恩格斯曾以波斯、美索不达米亚、希腊等地，以及阿尔卑斯山的意大利人、西班牙在古巴的种植园主为例，说明为眼前利益而去毁灭森林，结果必然是当地土地的荒芜和文明的衰落。习近平沿着马克思恩格斯的思路，以深邃的历史眼光，厘清了楼兰古城因屯垦开荒、盲目灌溉，导致孔雀河改道过程中的衰落，解析了河西走廊的丝绸之路因毁林开荒、滥砍滥伐，导致植被严重破坏、在塔克拉玛干沙漠不断蔓延中被湮没。生态环境的毁坏、生态资源的枯竭将中断文明的延续，这是历史的警示。习近平运用历史思维方法，对此给出规律性概括："生态兴则文明兴，生态衰则文明衰。"[①]从更广阔的历史看，人类迄今经历了原始文明、农耕文明、工业文明的发展，已迎来生态文明的曙光。工业文明中人与自然的对立冲突，使人类备受自然"报复"之苦，人类为了更好地生存与发展，开始告别传统工业文明，走向人与自然和谐共生的生态文明，因此生态文明切合人类追求更好生存与发展的共同心声，是对工业文明的辩证否定、体现了人类社会发展进步的重大成果。质言之，建设生态文明、推行绿色发展是遵循人类文明发展规律的内在要求，具有历史的必然性。

从我国社会主义建设史角度分析，补齐生态环境的发展"短板"势在必行。新中国成立之初，整个国家一穷二白、一片废墟，中国共产党人的主要任

---

① 中共中央文献研究室：《习近平关于社会主义生态文明建设论述摘编》，中央文献出版社 2017 年版，第 6 页。

务是带领站起来的中国人民尽快改变贫穷落后的面貌,当时无法将主要精力放在生态环境保护上。改革开放伊始,主要任务是将"文化大革命"所造成的处于崩溃边缘的经济纳入快速发展的轨道,让人民富起来,解决"温饱"问题,因此发展经济是第一位的。加之受到科技和生产力水平不高的制约,在一个时期内我国外延式、粗放型的发展方式并没有得到改变,结果在经济快速发展中付出了沉重的环境代价。20世纪末与新世纪之交,面对日益严峻的生态环境问题,我们党相继提出了可持续发展战略和科学发展观,开启了资源节约型和环境友好型社会建设的征程,将节约资源、保护环境上升到国家战略,有效遏制了生态环境的恶化趋势。但我国的生态局势仍不容乐观,生态环境仍是我国发展的"短板",人民群众对土地沙漠化,河流、湖库水体污染,雾霾天气等生态环境问题反应强烈。党的十八大以来,以习近平同志为核心的党中央深刻总结我国社会主义建设史上的经验教训,顺应老百姓过去"盼温饱""求生存"、现在"盼环保""求生态"的发展趋势,为求化解历史积累的生态环境问题,补齐生态环境的发展"短板",满足人民日益增长的美好生活和优美生态环境需要,进一步提出了绿色发展、美丽中国、绿水青山就是金山银山等生态文明思想。习近平充满历史感地说:"我们在生态环境方面欠账太多了,如果不从现在起就把这项工作紧紧抓起来,将来会付出更大的代价。"①这些都体现了习近平深邃的历史思维和智慧,对于我们深刻体悟生态文明要义、坚定绿色发展决心具有方法指导意义。

从全球应对生态环境问题的历史趋势角度分析,绿色发展已成为时代潮流。20世纪30年代至60年代,全球生态环境问题日益凸显,尤其是在比利时、美国、英国、日本等发达国家先后发生了环境污染的八大公害事件,对当地人民造成严重伤害,令世界震惊。为应对生态环境的恶化,20世纪60年代末之后,国际上相继掀起了颇具影响的绿色运动和声势浩大的生态环境保护运

---

① 中共中央文献研究室:《习近平关于社会主义生态文明建设论述摘编》,中央文献出版社2017年版,第7页。

动。1987年,联合国环境与发展委员会在所发表的《我们共同的未来》报告中,确立了可持续发展的理念;1992年在巴西里约热内卢召开的世界环境与发展大会,开始了将可持续发展从理念推向行动的努力。2008年的联合国气候变化大会又进一步提出了发展绿色经济的倡议和"绿色新政"新概念。随后,《美国清洁能源与安全法案》,《欧盟2020》发展战略,日本《绿色增长战略》,韩国《国家绿色增长战略(至2050年)》,以及印度、巴西等国以绿色为主题的国家计划纷纷出笼,启动了以绿色经济为核心的"绿色新政",意在改变高能耗、高消耗、高排放的传统经济增长模式,推行低能耗、低消耗和低排放的"绿色"可持续发展模式。这使得绿色经济、绿色新政、绿色增长逐步成为一种世界潮流,在一定程度上缓解了生态环境恶化的趋势。然而,资本主义追求无限利润的本性决定了它不可能真正为全人类福祉着想去从根本解决生态环境问题,他们利用自己对全球环境治理话语权的掌控,制定损人利己的"环境霸权"规则体系,通过向发展中国家转移高污染高排放的落后产业、输出废弃垃圾等手段进行环境污染的转嫁,并对发展中国家设置种种"绿色壁垒",以实现自身利益的最大化。习近平以其敏锐的历史思维,高度关注生态环境问题在世界现、当代史上的变幻,透过历史来研判现在、规划未来,作出"绿色发展和可持续发展是当今世界的时代潮流"[①]的科学判断,进而将绿色发展与生态文明、美丽中国建设一以贯之,提出新时代中国绿色发展的科学决策。中国通过绿色发展破解资源短缺和环境污染难题,符合世界绿色发展的时代潮流,也有助于我们突破"绿色壁垒"。世界的绿色发展更离不开中国的绿色发展。对于中国这个世界上最大的发展中国家而言,保护好本国的生态环境,本身就是对世界绿色发展的重大贡献;中国在解决国内环境问题的同时,深度参与全球环境治理,则是对世界绿色发展的直接贡献;伴随建成美丽中国目标的实现,中国未来将对共建地球美好家园和世界生态文明建设作出更大贡献。中

---

① 习近平:《携手推进亚洲绿色发展和可持续发展——在博鳌亚洲论坛2010年年会开幕式上的讲话》,《人民日报》2010年4月11日。

国的绿色发展既切合世界绿色发展趋势,又具有重大世界意义。

二、战略思维方法

欲成一域必善谋全局,欲成一时必善谋万世。战略是指导全局的方略,事关整体协调和事业成败。马克思恩格斯是从整体、全局思考问题的导师,他们善于立足人与自然、人与人、人与自身的整体高度,揭示各个组成部分的相互联系、交互作用和整体发展,认识事物的本质和规律,提出解决问题的方略。中国传统文化中诸如天人合一等思想观念也体现出从整体、全局出发思考问题的战略思维方法。中国革命、建设、改革的历史征程中,中国共产党人坚持和发展马克思主义的整体发展观,传承和创新中华传统文化中战略思维因素,一直重视并且善于从战略上思考问题,创立了一个个事业成功的里程碑。习近平深刻总结说:"战略问题是一个政党、一个国家的根本性问题。战略上判断得准确,战略上谋划得科学,战略上赢得主动,党和人民事业就大有希望。"①战略思维方法的要旨在于高瞻远瞩、统揽全局,立足事物整体与部分的关系,根据事物的本质和规律,把握事物发展的总体趋势和方向,谋划事业发展的布局和方略。党的十八大以来,以习近平同志为核心的党中央总揽中华民族伟大复兴战略全局,放眼新时代中国特色社会主义发展大计,统筹部署生态文明建设和绿色发展方略,体现出炉火纯青的战略思维。

其一,将生态文明建设作为"五位一体"总体布局中的一位。党的十八大因应人民群众盼环保、求生态的时代诉求,立足全面建成小康社会的目标以及实现社会主义现代化和中华民族伟大复兴总任务,在推进中国特色社会主义事业的总体布局中增添了生态文明建设,将党的十七大提出的经济、政治、文化、社会建设"四位一体"拓展为"五位一体"。这个总体布局标志着中国特色社会主义现代化从局部到全面、从不断协调到全面协调的新征程的开启,凸显

---

① 中共中央文献研究室:《十八大以来重要文献选编》(中),中央文献出版社2016年版,第45—46页。

了生态文明建设在中国特色社会主义事业中的重要地位,体现了我们党对共产党执政规律、社会主义建设规律认识的新境界,以及在全局谋划上的高瞻远瞩。坚持"五位一体"的总体布局,在经济、政治、文化、社会建设的各方面和全过程融入生态文明建设,将提高生产关系与生产力、上层建筑与经济基础的耦合度,以及经济富强、政治民主、文化繁荣、社会公平与生态优美的协同性,使我国迈向富强民主文明和谐美丽的社会主义现代化国家。

其二,将坚持人与自然和谐共生作为新时代坚持和发展中国特色社会主义基本方略中的一条。人与自然是生命共同体,自然不仅孕育了人类,而且滋养着人类文明的发展;人与自然是有机关联的整体,人与自然的和谐是人类社会全面、丰富发展的重要前提,人类必须探索走出一条人与自然和谐共生的发展道路;人类可以认识自然、改造自然,但决不能凌驾于自然之上,不能只讲索取和利用而不讲投入和建设,必须尊重自然、顺应自然、保护自然,遵循自然规律,否则会招致自然的"报复"。改革开放后,我国经济建设成就斐然,但也积累了大量生态环境问题,迫切要求我们加以解决,以满足人民群众对美好生活和优美环境的需要。中国走人与自然和谐共生的现代化道路,把生态文明建设放在突出地位,既是遵循自然规律的客观要求,也是坚守人民立场的现实展现,因而是推进新时代中国特色社会主义事业发展中必须坚持的一条基本方略。坚持人与自然和谐共生的基本方略,体现了以习近平同志为核心的党中央在正确处理人和自然关系上的战略智慧。

其三,将绿色作为新发展理念中的一项。在党的十八届五中全会上,以习近平同志为核心的党中央立足当代中国发展难题的破解,提炼出创新、协调、绿色、开放、共享五大发展理念,并将其上升到治国理政方略的空前高度。绿色是生态系统的底色和永续发展的必要条件,绿色发展注重人与自然和谐共生难题的破解,其主旨在于实现经济发展和生态环境保护的双赢,既收获金山银山,又保有绿水青山,让绿水青山变成金山银山,因而是新时代中国发展中不可或缺的主题。绿色发展理念体现了以习近平同志为核心的党中央对生态文明建设规律的深刻把握和在发展问题上的深谋远虑。

其四,将打好污染防治攻坚战作为三大攻坚战中的一战。环境污染问题是人民群众反映强烈的问题,因而是一个重大民生问题和政治问题。环境污染问题不解决,就不是全面小康,更谈不上美丽中国。解决好环境污染问题事关民生和党的宗旨使命,既是满足人民群众生态需要的迫切之举,也是推进生态文明建设的要务所在。民之所望,改革所向,党的十九大报告强调,要坚决打好防范化解重大风险、精准脱贫、污染防治攻坚战,将污染防治攻坚战作为决胜全面建成小康社会三大攻坚战中的一大攻坚战正式提出,宣誓了我们党在补生态环境短板、谋人民生态福祉上的决心,凸显了生态文明建设的现实重要性和紧迫性,体现了以习近平同志为核心的党中央以小见大、见微知著,在解决突出问题中实现战略突破的大智慧。① "十四五"期间,巩固扩大污染防治攻坚战的成果,深入推进环境污染防治。

其五,将美丽中国作为到本世纪中叶建成社会主义现代化强国目标中的一个。党的十八大报告提出了美丽中国这一生态文明建设的愿景。党的十九大报告在"社会主义现代化强国"的前缀词中增加了"美丽"二字,意在与"五位一体"总体布局中的生态文明建设直接对应和关联,明确了美丽中国是在本世纪中叶建成社会主义现代化强国目标中的一个,体现了以习近平同志为核心的党中央在我国建设人与自然和谐共生现代化上的深思熟虑。

基于上述战略抉择,中共中央、国务院颁布了《关于加快推进生态文明建设的意见》《生态文明体制改革总体方案》,国家发展和改革委员会等部门联合制定了《绿色发展指标体系》和《生态文明建设考核目标体系》,全国绿化委员会等部门先后出台《全国造林绿化规划纲要》《全国国土绿化规划纲要(2022—2030年)》等,形成了系统的、科学的顶层设计方案,为生态文明建设和绿色发展行动确立了基本框架。

---

① 参见黄志斌:《走向生态文明新时代》,《光明日报》2019年7月12日。

三、辩证思维方法

对立统一规律是辩证唯物主义所揭示的普遍规律,其主要内容包括对矛盾的普遍性与特殊性、主要矛盾与次要矛盾、矛盾的主要方面与次要方面的科学阐释。辩证思维方法是辩证唯物主义在方法论上的体现,其要旨在于承认矛盾、发现矛盾、分析矛盾、解决矛盾,从矛盾双方的对立统一过程中把握事物发展规律,善于抓住关键、找准重点,避免极端化、片面化。以习近平同志为核心的党中央在分析形势、部署改革、阐述社会治理诸方面处处体现着辩证思维方法,并将辩证思维方法贯彻到生态文明、绿色发展的矛盾分析和解决之中。

矛盾与问题是一而二、二而一的,矛盾就是问题,问题就是矛盾,哪里有没有解决的矛盾,哪里就有问题。而且发展的过程会伴随着新问题的出现,发展的结果也会出现新的问题,鉴于此,邓小平入木三分地指出:"发展起来以后的问题不比不发展时少。"①习近平深谙发展的辩证法,对此进行了进一步阐述:"我们的事业越前进、越发展,新情况新问题就会越多,面临的风险和挑战就会越多,面对的不可预料的事情就会越多。"②改革开放以来,中国特色社会主义事业取得举世瞩目的成就,但在生态环境方面也付出了巨大代价,生态环境问题成为人民群众日益关心的突出问题。这需要我们具有强烈的问题意识,以重大问题为导向,推进绿色发展,走向社会主义生态文明新时代。

一是要正确处理经济建设与环境保护的矛盾。经济建设与环境保护之间是对立统一的关系。人们欲生活得更好,就得从事经济建设,而经济建设不可能凭空进行,必须具有客观的资源基础,必然会消耗生态环境中的物质和能量,也必然会排放或多或少的废弃物,因此经济建设对生态环境的破坏是不可避免的,关键在于把破坏控制在生态自然的承载能力之内。当前,我国出现的

---

① 冷溶、汪作玲等:《邓小平年谱(一九七五——一九九七)》下卷,中央文献出版社 2004 年版,第 1364 页。

② 《习近平谈治国理政》第一卷,外文出版社 2018 年版,第 23 页。

自然资源的透支以及大气、水体和土壤污染,究其原因主要是经济建设所造成的,经济粗放式飞速增长带来的资源消耗和废物排放超出了生态自然的承载能力。但这并不意味着经济建设与环境保护是鱼和熊掌不可兼得。一方面,在经济建设中依靠科技进步特别是绿色科技的开发应用,摈弃传统经济的高消耗、高排放、高污染的"黑色"增长模式,推行低消耗、低排放、低污染的绿色发展方式和生活方式,就是对生态环境的保护。另一方面,我们依托经济建设所积累的财政基础,加大保护和改善生态环境的投入,持续实施造林绿化工程,既可彰显对自然生产力保护和提升的直接作用,也可为社会生产力的保护和发展提供资源保障,从而为经济建设注入生机活力。习近平对经济建设和环境保护矛盾双方的依存转化了然于胸,把生态环境纳入生产力要素的范畴,提出绿色生产力思想,强调指出:"保护生态环境就是保护生产力,改善生态环境就是发展生产力。"①舍弃经济发展去保护生态环境犹如缘木求鱼,不顾生态环境去搞经济建设则是竭泽而渔。习近平还独辟蹊径,用"绿水青山"和"金山银山"生动形象地表述环境保护和经济建设之间的关系,提出了"绿水青山就是金山银山"的精辟论断。在他看来,绿水青山与金山银山并非绝对对立的,而是可以协调统一的,优美的生态环境不仅可以成为优质的生产生活资源,而且可以吸引游客、资金、技术和人才,从而获得持久、高效的竞争力,促进经济高质量发展。对于生态环境资源丰富又相对贫困的一些地方,可凭借富有特色的绿色发展,活化自然风光等要素,变生态优势为发展优势,闯出生态致富的新路子。习近平运用辩证思维方法分析和解决问题,在"合题"的意义上使用对立统一规律,把握绿色发展规律,破解了经济建设与环境保护的"两难"悖论,阐明了两者的结合点和统一性,为新时代中国的发展指明了方向,提供了解决问题的新视角。

二是正确处理当前发展与长远发展的矛盾。人类社会发展应当是一个日

---

① 中共中央文献研究室:《习近平关于社会主义生态文明建设论述摘编》,中央文献出版社2017年版,第4页。

趋完善的可持续过程,当前发展应当为长远发展奠定良好基础,如果只顾当前发展而罔顾长远发展,就可能导致人类社会发展进程的中断。马克思恩格斯曾通过西班牙的种植场主只顾当前利益而损害长远利益等一系列事例的分析,深刻说明了这一点。当前发展不仅要满足当代人的生活需要,而且要留下后代人创造更好生活的条件;不仅要努力实现代内公平,而且要虑及代际公平,这是国际社会的可持续发展理论中所特别强调的思想方法。发达资本主义国家所走过的"先污染、后治理"的发展之路,显然是一条只求当前发展而损害长远发展之路,继而行之势必导致生态环境问题的激化,最终会断送子孙的后路,与代际公平原则背道而驰。中国在既往的粗放式发展中已经付出了沉重的环境代价,不能再重蹈西方发达国家的覆辙。不加节制地消耗资源,不仅会给当代人的生产生活蒙上阴影,而且会掏空后代人发展的根基;不计代价地污染环境,不仅会伤及当代人的身体健康,危及当代人的正常生活,而且会使环境问题积重难返,破坏后代人的生息空间。社会主义发展的根本目的是满足人民群众的美好生活需要,不断提高人民群众的幸福指数,而人民群众对美好生活的向往,就是我们中国共产党人长期以来的奋斗目标。进入新时代,人民群众对生态安全的需要愈发强烈,渴望远离雾霾之天气、污染之水土,愈益青睐绿色食品、天然织物、绿色住宅和绿色交通,更加偏爱蓝天白云、繁星闪烁、清水绿岸、鱼翔浅底、鸟语花香的景象,期盼空气常新、清水长流、青山常在,希冀中国未来的生态环境更加美丽。习近平对生态环境严峻状况与人民群众生态需要之间的冲突及其未来影响洞若观火,对民生之患、民之所盼体察入微。从人的生存的角度看,"绿水青山是人民群众幸福生活的重要内容,是金钱不能代替的。"[1]"环境就是民生,青山就是美丽,蓝天也是幸福"[2],生态

---

[1]　中共中央文献研究室:《习近平关于社会主义生态文明建设论述摘编》,中央文献出版社 2017 年版,第 4 页。

[2]　中共中央文献研究室:《习近平关于社会主义生态文明建设论述摘编》,中央文献出版社 2017 年版,第 12 页。

文明、绿色发展事关人民福祉，生态环境保护"功在当代"，不能"因小失大、顾此失彼"，而要"算整体账"，力行资源节约、污染防治，做大做强绿色经济。从社会公平角度看，"良好生态环境是最公平的公共产品，是最普惠的民生福祉"①，生态文明、绿色发展的成果具有较强的公共性，事关人民群众对发展成果的共享，不能"杀鸡取卵、焚林而猎"，而要"算综合账"，通过共建美丽中国，"让人民群众在绿水青山中共享自然之美、生命之美、生活之美"②。从长远角度看，生态文明、绿色发展关乎民族未来，生态环境保护"利在千秋"，不能"寅吃卯粮、急功近利"③，"以牺牲生态环境为代价换取经济的一时发展"④，而要"算长远账"，通过绿色发展为子孙后代留下天蓝、地绿、水清的生产生活环境和可持续发展的"绿色银行"，让子孙后代"能遥望星空、看见青山、闻到花香"⑤。于此，习近平坚持和发展马克思主义生态辩证思维，汲取可持续发展理论中的合理成分，将生态文明、绿色发展放到当前发展与长远发展的对立统一中进行思考，体现了他对辩证思维方法的高超运用，为我们推进绿色发展提供了智慧"钥匙"和实践指引。

三是正确处理共性发展与特色发展的矛盾。生态文明、绿色发展具有共性特征，其要旨是化解人与自然的对立冲突，妥善解决人民群众所关心的生态环境问题，其直接目标是保有绿水青山，最终归属是惠及民生福祉。绿水青山作为一种形象说法，它所映现的是良好生态环境充满生机活力的共性特征。我国幅员辽阔，区域自然禀赋不同，黑土绿色、黄土绿色、蓝土绿色、沙砾绿色、山水绿色等特性各异。辩证思维是讲究具体问题具体分析、具体解决的，谋求

---

① 中共中央文献研究室：《习近平关于社会主义生态文明建设论述摘编》，中央文献出版社 2017 年版，第 4 页。

② 习近平：《在纪念马克思诞辰 200 周年大会上的讲话》，人民出版社 2018 年版，第 21—22 页。

③ 中共中央文献研究室：《习近平关于社会主义生态文明建设论述摘编》，中央文献出版社 2017 年版，第 8 页。

④ 中共中央文献研究室：《习近平关于社会主义生态文明建设论述摘编》，中央文献出版社 2017 年版，第 21 页。

⑤ 《习近平谈治国理政》第三卷，外文出版社 2020 年版，第 374 页。

绿色发展固然要遵循一般规律,考虑事物发展的共性特征,解决生态环境的普遍矛盾,但也要因势利导、随机应变,关照事物发展的个性特征,解决生态环境的特殊矛盾。区域绿水青山的保有,必须运用辩证思维,抓住其生态良好的本质,形成契合自身实际的特殊模式。当下全国各地绿色发展的共性是加大生态系统保护力度、深入打好污染防治攻坚战、壮大绿色经济,但不同区域必须根据自身情况,确立发展特色,例如长江经济带绿色发展要突出"共抓大保护、不搞大开发",京津冀协同区绿色发展要突出产业绿色升级与转移,内蒙古自治区绿色发展要突出祖国北疆这条亮丽风景线的守护,新安江流域绿色发展要突出生态补偿机制的建立与完善,"资源枯竭型城市"要突出发展模式的绿色转型,生态脆弱区要突出生态功能的恢复与保育,生态超载区要突出严守耕地红线、提高土地承载力,高碳区要突出发展低碳经济、完善碳交易市场等等。习近平在考察黑龙江、青海、宁夏、海南、安徽、重庆、湖北等省市区以及参加全国人大会议内蒙古代表团审议的诸多讲话中,都结合当地实际,突出强调生态文明、绿色发展与地方特色发展的统一,体现了他在处理绿色发展中的普遍矛盾与特殊矛盾、共性发展与特色发展上的辩证思维方法。

四、系统思维方法

世界普遍联系的观点是辩证唯物主义关于客观事物存在方式的科学论断。伴随一般系统论的问世,系统被确认为事物的存在方式。在一般系统论中,世界的普遍联系展现为系统与要素、要素与要素、系统与环境有机关联的系统存在观。系统思维方法主要是系统存在观在方法论上的体现,其要旨在于立足系统的整体性,明确系统的要素和边界,从系统与要素、要素与要素、系统与环境之间的相互联系和作用上综合地考察、认识对象,解决实践问题。习近平将全面深化改革看作一项牵一发而动全身的复杂系统工程,注重运用系统思维方法,推进各领域的关联改革和整体协同。与此相联系,建设生态文明、推进绿色发展也是一项系统工程,同样需要运用系统思维方法全面思考、统筹安排。

　　绿水青山作为生态良好、生机活力的表征,其本身是由各种要素结合而成的有机整体。对此,习近平以创新性的语言作了精辟阐述,他说:"山水林田湖草是生命共同体。……人的命脉在田,田的命脉在水,水的命脉在山,山的命脉在土,土的命脉在林和草"①。有田人方有食,有水方能养田,有山方可富水,有土方能山青,有林和草方能保土,它们既相互依存又相互影响。因此,保有"绿水青山",必须统筹规划、整体设计、系统治理,"用途管制和生态修复必须遵循自然规律,如果种树的只管种树、治水的只管治水、护田的单纯护田,很容易顾此失彼,最终造成生态的系统性破坏"②。在现实中,确实存在着单纯种树、治水、护田,头痛医头脚痛医脚的问题,甚至出现荒诞的田里种树、租田种树、弃粮种树等问题。其认识论根源就是违背系统辩证法,忽视甚至无视自然规律及其所蕴含的系统思维。解决这些问题的关键也就在于遵循自然规律,系统施治,因势而为。我们要将山水林田湖草作为一个生命共同体加以统筹,"有多少汤泡多少馍",维持、恢复、优化人口与各种生态环境资源之间及自然资源之间的比例和空间关系。③ 习近平对城乡建设的论述具体体现了这一"因势而为"的系统思维,他说:"城乡一体化发展,完全可以保留村庄原始风貌,慎砍树、不填湖、少拆房,尽可能在原有村庄形态上改善居民生活条件。"④与此相联系,"城市规划和建设要坚决纠正'重地上、轻地下','重高楼、轻绿色'的做法,既要注重地下网管建设,也要自觉降低开发强度,保留和恢复恰当比例的生态空间,建设'海绵家园'、'海绵城市'。"⑤习近平还将

---

　　① 《习近平谈治国理政》第三卷,外文出版社2020年版,第363页。

　　② 中共中央文献研究室:《习近平关于社会主义生态文明建设论述摘编》,中央文献出版社2017年版,第47页。

　　③ 参见黄志斌等:《绿色发展中的辩证思维论要》,《毛泽东邓小平理论研究》2017年第3期。

　　④ 中共中央文献研究室:《十八大以来重要文献选编》(上),中央文献出版社2014年版,第605—606页。

　　⑤ 中共中央文献研究室:《习近平关于社会主义生态文明建设论述摘编》,中央文献出版社2017年版,第57页。

生命共同体的思想延伸到海洋,认为海洋孕育了生命、联通着世界,将人类联结成了命运共同体。我们要给予海洋生命般的关爱,努力在联合国框架内制定与实施海洋治理机制和相关规则,防治海洋污染,保护海洋生物,有序开发海洋资源,实现海洋可持续发展,让后人能够享有碧海蓝天。这是我们在推进绿色发展、保有绿水青山的实践中必须体悟和贯彻的系统思维方法。

节能减排是绿色发展的内在要求,也是一项系统工程。绿色发展之所以是"绿色"的,其要义就是发展要符合绿色生态的辩证本性,节能减排旨在节约物质资源和能量资源,减少废弃物和环境有害物排放,与绿色生态的辩证本性相切合,因此毫无疑义是绿色发展的内在要求。节能减排内含着各种要素和各个环节。当各要素、诸环节以有序、优化的结构形成整体和过程时,就会有效匡正人对自然环境的破坏,赋予人工自然以绿色生态特性,促使人工自然与天然自然协调相济。而当要素和环节以无序、非优化的结构形成整体和过程时,各要素、诸环节原有的性能就得不到发挥,力量削弱,甚至相互抵消,则在整体和过程上事倍功半甚至劳而无功。而且,节能减排的某部分或某环节功能状态的低下,会显现"木桶效应",阻碍节能减排的过程畅通,导致节能减排"物质变换的断裂",削弱节能减排对绿色发展的整体效能。概言之,节能减排各部分、诸环节的功能状态和结合方式决定了节能减排过程是否畅通,对绿色发展的整体效能是否显著。因此,节能减排只有在细节上做到各要素、诸环节各得其所、各安其分,在整体上保持结构合理、过程畅通,集成产生"整体功能大于部分之和"的系统效应,才能彰显其自身的绿色生态特性及其对绿色发展的效能。换言之,节能减排的协同推进体现了绿色发展中的系统思维方法,是绿色发展的必然选择。

近年来,我国节能减排成绩斐然,化石能源使用率、万元能耗率大幅降低,治污投资率、固体废弃物综合利用率显著提高,落后产能的淘汰、传统产业的转型升级卓有成效,战略性新兴产业和现代服务业发展势头良好,循环经济发展喜人,低耗高效的绿色经济体系初具规模。① 但生态环境问题依然严重,其产生的原因是多维的,其中节能减排本身存在的偏误不可小视。这种偏误的典型表现有:一是重"上"轻"下"。过去一段时期,我国汽车数量呈高速增长之势,尽管我们已注意到汽车尾气对大气质量的危害,但减排的重点一直放在企业碳排放上,头上烟囱的废气排放减少了,脚下汽车尾气的排放量却与日俱增。二是重"生产"轻"生活"。随着物质生活产品的丰富和炫富攀比消费心理的膨胀,生活中的物质资源和能源资源的消耗以及生活废弃物对生态环境的影响越来越大,尽管我们开始注意到生活中的节能减排,但节能减排的政策杠杆一直偏向于生产过程,生产过程中的资源利用率和废弃物综合利用率提高了,总体上的资源消耗和废弃物排放量却居高不下。三是重城市轻乡村。我国城镇化建设成效显著,城区的节能减排备受重视,但大多迁居城区的住户仍处于城市与乡村的"双栖"状态,加之在盖房婚丧等乡村事务上的攀比操办,乡村的节能减排难以落实。以上"三重三轻"割裂了节能减排的整体结构和过程,削弱了节能减排对绿色发展的效能,这内在地要求我们站在系统思维的高度,通过节能减排的协同推进予以化解。

首先,必须着力节能的协同推进。物质资源和能源资源及其使用路径的丰富性决定了节能协同推进的必要性。物质资源和能源资源形态各异、使用路径有别,从广义上理解,节能不仅是指节电,而且包括节水、节地、节料、节粮等等,人对物质资源和能源资源的利用可以是生产性的也可以是生活性的,可以在企业、单位、居家也可以在乡村和路上,需要我们统筹安排、全面节约、协同推进,而不能头痛医头、脚痛医脚或者抓住一点不及其余甚或墨守成规不思进取。其次,必须着力减排的协同推进。生态循环及人为废弃物排放的多样性决定了减排协同推进的必要性。在生态系统中,物能循环是多样的,不仅有碳循环,而且包含氮、磷、水、菌等不同元素、化合物和生命体的循环,人为废弃

---

① 参见黄志斌等:《积极回应人民群众的生态需要》,《安徽日报》2018 年 5 月 15 日。

物的排放不仅包括各种物质形态,而且包括各种渠道,需要我们运用系统思维方法,兼顾多样、虑及"上""下"、思及城乡、协同减排,不能顾此失彼,更不能抓小放大、舍本求末。再次,必须着力节能与减排的协同推进。一方面,节能与减排在本质上都是促使人的生产生活切合绿色生态的辩证本性,具有内在的统一性,两者不可偏废;另一方面,节能必定减排,而减排却未必节能,因此节能减排的关键在于节能技术的创新驱动,如通过混合动力、电池技术的持续创新,普及推广混合动力汽车、电动汽车的使用,最大限度地减少资源消耗和汽车尾气的排放。①

系统与环境的关系涉及系统的边界,一般而言,系统边界之外即为系统的环境。以我国为系统边界,系统与环境的关系主要表现为对外开放中的国际合作。面对生态环境问题的全球化,整个人类已成为一个现实的命运共同体,人类利益获得了现实的共同规定性,需要国际社会合作应对。而"应对气候变化等全球性挑战,非一国之力,更非一日之功","只有共商共建共享,才能保护好地球,建设人类命运共同体"②。习近平多次重申中国将在生态文明领域同世界各国深入交流合作,促进发展成果在各国间分享,努力将地球建设成人类美好绿色家园。中国作为全球生态文明建设的重要参与者、贡献者、引领者深度参与全球环境治理,将绿色发展纳入"一带一路"建设,并与落实非洲联盟《2063 年议程》《联合国 2030 年可持续发展议程》以及非洲各国发展战略相互对接。中国生态文明建设的智慧,给世界人民解决全球性生态环境问题提供了新的启示和选择。体现了中国生态文明建设的行动与成效的《绿水青山就是金山银山:中国生态文明战略与行动》报告,在联合国环境规划署受到高度评价。"库布齐模式"的成功为根治"地球的癌症"开出了"中国药方"。

---

① 参见黄志斌等:《绿色发展中的辩证思维论要》,《毛泽东邓小平理论研究》2017 年第 3 期。

② 中共中央文献研究室:《习近平关于社会主义生态文明建设论述摘编》,中央文献出版社 2017 年版,第 140—141 页。

中国还先后获得国际机构颁发的"联合国环境规划署笹川环境奖""绿色环境特别奖""全球环境领导奖""地球卫士奖"等。习近平以其宽广的国际视野，将中国与世界的生态文明、绿色发展有机联系在一起进行系统思考，体现了他对系统思维方法高屋建瓴的运用，为人类共建地球美好家园提供了重要方法论。

五、创新思维方法

大千世界，生生不已。人类社会发展的过程是由创新驱动的推陈出新、破旧立新的过程。没有创新，就谈不上人类的进步，更何谈人类的未来。中国特色社会主义事业在不断前进，需要把握创新的内在规律及其所蕴含的创新思维方法，勇于和善于进行理论创新、科技创新和制度创新。习近平指出："生活从不眷顾因循守旧、满足现状者，从不等待不思进取、坐享其成者，而是将更多机遇留给善于和勇于创新的人们。"①"惟创新者进，惟创新者强，惟创新者胜。"②创新思维方法作为唯物辩证法批判性和革命性本质的体现，其要旨在于破除与客观事物进程不相符合的旧观念、旧理论、旧模式、旧做法，发现和运用新联系、新属性、新规律，敢为人先，突破思维定式，以思想认识的新飞跃开创事业发展的新局面。习近平新时代中国特色社会主义思想处处闪耀着创新思维的光辉，其生态文明、绿色发展思想也贯穿着对创新思维方法淋漓尽致的运用。

"实践没有止境，理论创新也没有止境。"③没有贯穿创新思维方式的理论创新，就没有创新的行动和实践。习近平立足生态文明实践对理论创新的吁求，提出了一系列生态文明新思想，将中国马克思主义绿色发展观提升到新高

---

① 《习近平谈治国理政》第一卷，外文出版社 2018 年版，第 51 页。
② 《习近平谈治国理政》第一卷，外文出版社 2018 年版，第 59 页。
③ 习近平：《决胜全面建成小康社会　夺取新时代中国特色社会主义伟大胜利——在中国共产党第十九次全国代表大会上的报告》，人民出版社 2017 年版，第 26 页。

度、新境界。如前所述，在历史观上，习近平通过对人类文明史的考察，提出生态兴则文明兴、生态衰则文明衰的深邃论断；在自然观上，习近平基于对人与自然关系的哲学思考，提出了人与自然是生命共同体的根本看法；在发展观上，习近平将经济发展与环境保护有机统一，提出了绿水青山就是金山银山的全新观点；在民生观上，习近平以新时代人民愈益强烈的生态福祉、绿色福利诉求为旨归，提出了良好生态环境是最普惠的民生福祉的价值取向；在环境治理观上，习近平基于生态环境的整体性，提出了统筹山水林田湖草系统治理的整体思路；在环境法治观上，习近平深谙制度和法治对于生态环境保护和生态文明建设的保障作用，提出了实行最严格生态环境保护制度的严密法治主张和生态文明制度体系的"四梁八柱"；在实践行动上，习近平以人民为依靠力量，提出了全社会共同参与的全民动员观点；在全球生态建设上，习近平将人类看作命运共同体，提出了共建清洁美丽世界的合作共赢倡议。习近平的生态文明思想及其绿色发展观，彰显了他在把握历史发展趋势和聆听时代声音中的理论创新，体现了他善于和勇于创新的思维品格，将以其强大和令人感佩的真理力量指导中国乃至世界走向美好的绿色明天。

生态文明、绿色发展需要绿色科技创新的驱动。绿色发展的要义是实行人与自然的和谐发展，需要在科学认识生态系统一般规律和多样生物特殊规律的基础上，通过绿色技术创新及其产业化予以驱动。习近平指出："绿色发展是生态文明建设的必然要求，代表了当今科技和产业变革方向"，要"依靠科技创新破解绿色发展难题，形成人与自然和谐发展新格局"[1]。2016年，中共中央、国务院印发的《国家创新驱动发展战略纲要》贯穿了习近平的这一思路，从绿色发展源头供给的角度，明确将智能绿色制造技术、生态绿色高效安全的现代农业技术、安全清洁高效的现代能源技术、资源高效利用和生态环保技术等绿色技术创新纳入我国至2030年技术发展的战略任务。依靠绿色技

---

① 中共中央文献研究室：《习近平关于社会主义生态文明建设论述摘编》，中央文献出版社2017年版，第34页。

术创新形成绿色发展的战略支撑,集中体现了以习近平同志为核心的党中央在科技层面的创新思维方法。

制度体系创新是生态文明、绿色发展的根本保障。生态文明制度创新通过调整与绿色生产力发展要求不相适应的生产关系(经济基础)和上层建筑,建立与绿色生产力发展要求相适应的中国特色社会主义具体经济制度、政治制度和文化制度,使绿色生产力的解放与发展进一步得到制度保障和体制保障,使人民群众投身于绿色生产力发展的积极性、主动性和创造性得到充分激发,从而为生态文明建设注入强大的活力。习近平基于其"保护生态环境就是保护生产力,改善生态环境就是发展生产力"①的绿色生产力新思想,强调通过加快"约束和激励并举的生态文明制度体系"②的构建和完善,来有效应对生态环境保护和改善中的新情况新问题,保障绿色发展方式的新进步新跃升。对此,习近平明确提出:"要加快自然资源及其产品价格改革,完善资源有偿使用制度。要健全自然资源资产管理体制,加强自然资源和生态环境监管,推进环境保护督察,落实生态环境损害赔偿制度,完善环境保护公众参与制度。"③他在北京延庆2019年中国北京世界园艺博览会开幕式上发表的题为《共谋绿色生活,共建美丽家园》的重要讲话中进一步指出:我们要倡导简约适度、绿色低碳的生活方式,形成文明健康的生活风尚;倡导生态环保意识,构建全社会共同参与的环境治理体系;倡导尊重自然、爱护自然的绿色价值观念,形成深刻的人文情怀,让绿色发展理念深入人心。这与他尊重自然、顺应自然、保护自然的主张一以贯之,蕴含了建立绿色发展政治制度和文化制度的意旨。党的十九届四中全会突出强调要以制度力量促进人与自然和谐共生,

---

① 中共中央文献研究室:《习近平关于社会主义生态文明建设论述摘编》,中央文献出版社2017年版,第4页。

② 中共中央文献研究室:《习近平关于社会主义生态文明建设论述摘编》,中央文献出版社2017年版,第37页。

③ 中共中央文献研究室:《习近平关于社会主义生态文明建设论述摘编》,中央文献出版社2017年版,第110页。

明确界定划分了四大类基础性生态文明制度体系：最严格的生态环境保护制度、资源高效利用制度、生态保护和修复制度、生态环境保护责任制度。党的二十大报告提出，要"全面实行排污许可制，健全现代环境治理体系"。通过生态文明制度创新保障绿色发展行动和实践的创新，体现了以习近平同志为核心的党中央在绿色发展制度层面的创新思维方法。

六、底线思维方法

质量互变规律告诉我们，客观事物普遍存在着质、量、度，当事物量的变化突破了"度"的界限，事物的"质"就随之发生变化。从社会和人的角度看，事物"质"的变化可能有利于社会文明进步和人的更好生存与发展，也有可能不利于甚至危及社会文明进步和人的生存与发展。底线思维方法主要是质量互变规律在方法论上的体现，其要旨在于居安思危、见微知著、未雨绸缪，牢固树立忧患意识和前瞻意识，防范风险、补齐短板、守住底线，立足于最低点，防患于未然，致力于最大期望值。习近平明确指出："要善于运用'底线思维'的方法，凡事从坏处准备，努力争取最好的结果，这样才能有备无患、遇事不慌，牢牢把握主动权。"[①]对于人与自然的关系，马克思恩格斯当年已意识到生态自然的承载能力是人改造和利用自然的底线，如果人对生态自然的改造和利用突破这一底线，就会在人和自然之间"造成一个无法弥补的裂缝"，必将遭到生态自然的"报复"。当代科学证明，生态系统资源供给能力、承载能力、自净能力的有限性，决定了人对自然资源索取和废物排放的"度"的制约性，在习近平看来，这种有限性和制约性就是社会经济发展中的生态底线，并因此而将底线思维方法运用于生态文明、绿色发展的抉择思考之中。

首先，必须确定生态边界，防止越界行为。从陆地到海洋，从小生态到大生态，但凡生态系统皆有"度"，过度的资源消耗和废物排放，就会超越生态

---

① 中共中央宣传部：《习近平总书记系列重要讲话读本》，学习出版社、人民出版社2016年版，第288页。

"质"的边界,突破生态平衡的底线,导致"坏"的质变,轻者得不偿失,重者代价惨重,这已被过往的事实所证明。这里的"边界"和"底线"就是生态红线,具体包括"生态功能保障基线、环境质量安全底线、自然资源利用上线三大红线"①。习近平指出:"生态红线的观念一定要树立起来","要精心研究和论证,究竟哪些要列入生态红线,如何从制度上保障生态红线,把良好生态系统尽可能保护起来。列入后全党全国就要一体遵行,决不能逾越。"对于经济社会发展的考核评价,"一定要彻底转变观念,就是再也不能以国内生产总值增长率来论英雄了,一定要把生态环境放在经济社会发展评价体系的突出位置。"②对于海洋生态环境的保护,习近平指出:"要建立入海污染总量控制制度,从源头上有效控制陆源污染物入海排放","杜绝严重损害海洋环境的项目上马","尽快制定海岸线保护利用规划"③,从而化危机为契机。在党的十九大报告中,习近平进一步提出,要"完成生态保护红线、永久基本农田、城镇开发边界三条控制线划定工作",将生态红线的范围拓展到基本农田和城镇开发。底线的坚守需要制度和法治的保障。为了更好地守住生态红线,我国于 2015 年新修订的"史上最严格"的《中华人民共和国环境保护法》,其中明确规定要运用"公益诉讼""按日计罚""查封扣押"等撒手锏,对环境违法者予以严厉打击。同时,为了确保绿色生态政绩观自上而下的进一步落实,2018年,中共中央办公厅、国务院办公厅颁布《党政领导干部生态环境损害责任追究办法(试行)》,其中规定了对违反主体功能区定位或者突破资源环境生态红线、城镇开发边界,不顾资源环境承载能力盲目决策造成严重后果的越界行为,实行责任追究乃至终身追究,将生态边界的不可逾越纳入制度化、法治化

---

① 中共中央文献研究室:《习近平关于社会主义生态文明建设论述摘编》,中央文献出版社 2017 年版,第 37 页。

② 中共中央文献研究室:《习近平关于社会主义生态文明建设论述摘编》,中央文献出版社 2017 年版,第 99 页。

③ 中共中央文献研究室:《习近平关于社会主义生态文明建设论述摘编》,中央文献出版社 2017 年版,第 101 页。

的轨道,以促使党政领导干部守住底线、远离底线。这充分展现了在绿色发展上运用底线思维方法的智慧。

其次,要化解生态风险,保障生态安全。邓小平曾指出:"我们要把工作的基点放在出现较大的风险上,准备好对策。"[①]生态环境问题往往蕴含了生态风险,威胁生态安全,甚至关涉到社会稳定和国家安全。水体、土壤、大气的严重污染直接影响人的健康乃至生命安全,由不合理的生产活动而引起的极端天气、地质灾害、水文灾害等生态风险则对人的生命安全构成直接威胁。[②]至于全球气候变化、臭氧空洞、海洋污染、海平面上升、生物多样性锐减、沙尘暴,以及核泄漏、化学泄露等灾难,无一不威胁着人的生存与发展。这需要我们做到心中有数、居安思危、未雨绸缪。习近平在 2013 年就提出:"如果仍是粗放发展,即使实现了国内生产总值翻一番的目标,那污染又会是一种什么情况? 届时资源环境恐怕完全承载不了。……经济上去了,老百姓的幸福感大打折扣,甚至强烈的不满情绪上来了,那是什么形势? ……这里面有很大的政治。"[③]为了防患于未然,规避生态风险,"要抓紧对全国各县资源环境承载能力评价,抓紧建立资源环境承载能力监测预警机制",当接近红线时便及时提出警告警示。要坚决打好污染防治攻坚战;要采取更强有力的环境保护措施消解与人的不当行为有关的泥石流、山体滑坡等自然灾害的发生原因,减少其发生概率;要坚持保护优先、自然恢复为主,着力山水林田湖草的生态保护和修复以及生态廊道、生态屏障和生物多样性保护网络的构建,全面提升自然生态系统的多样性、稳定性、持续性和功能,从而最大限度地降低自然灾害风险,提高人民群众的生态安全系数。[④] 党的二十大报告进一步强调要"严密防控环境风险"。面对日益增多的全球生态环境问题,则要各国"同舟共济、权责

---

① 《邓小平文选》第三卷,人民出版社 1993 年版,第 267 页。
② 参见黄志斌等:《积极回应人民群众的生态需要》,《安徽日报》2018 年 5 月 15 日。
③ 中共中央文献研究室:《习近平关于社会主义生态文明建设论述摘编》,中央文献出版社 2017 年版,第 5 页。
④ 参见黄志斌等:《积极回应人民群众的生态需要》,《安徽日报》2018 年 5 月 15 日。

共担、携手应对"①。"气候变化是全球性挑战,任何一国都无法置身事外。发达国家和发展中国家对造成气候变化的历史责任不同,发展需求和能力也存在差异"②。因此,必须按照《联合国气候变化框架公约》所确立的共同但有区别的责任各负其责、合理推进,实现经济发展和应对气候变化的双赢。习近平以其博大的胸襟,先天下之忧而忧,运用底线思维方法,指明了化解生态风险、保障生态安全的绿色发展之路。

再次,必须补齐生态短板,增进人民福祉。改革开放以来,我国的经济发展成绩斐然,已稳居世界第二大经济体地位,但生态环境问题却累积严重,与人民群众日益普遍、愈发强烈的生态需求形成反差,成为明显的短板。新时代中国特色社会主义事业作为一项浩大的系统工程,需要也有条件实行经济、政治、文化、社会和生态诸子系统的协同推进,生态环境的短板不补齐,就会产生"木桶效应",阻碍其他方面的发展,为此我们党高屋建瓴地把生态文明建设纳入了"五位一体"总体布局。因此可以说,生态环境的短板是新时代中国特色社会主义事业协调发展中必须解决的以"下线"形式存在的"底线"问题。习近平指出:进入新时代,"人民群众对清新空气、清澈水质、清洁环境等生态产品的需求越来越迫切,生态环境越来越珍贵。我们必须顺应人民群众对良好生态环境的期待,推动形成绿色低碳循环发展新方式,并从中创造新的增长点。"③绿色发展就是要见微知著,未雨绸缪,补齐生态建设短板,从而转挑战为机遇,这充分体现了习近平对底线思维方法的娴熟运用。

总之,在绿色发展的实践部署上,通过历史思维方法鉴古知今,通过战略思维方法谋划全局,通过辩证思维方法化解矛盾,通过系统思维方法凝聚合

---

① 中共中央文献研究室:《习近平关于社会主义生态文明建设论述摘编》,中央文献出版社 2017 年版,第 128 页。

② 中共中央文献研究室:《习近平关于社会主义生态文明建设论述摘编》,中央文献出版社 2017 年版,第 132 页。

③ 中共中央文献研究室:《习近平关于社会主义生态文明建设论述摘编》,中央文献出版社 2017 年版,第 25 页。

力,通过创新思维方法增强活力,通过底线思维方法防范化解风险,展现了中国马克思主义绿色发展方法论的精义。

第二节 绿色发展的技术方法

马克思恩格斯在他们的有关著述中将技术看作人与自然之间完成物质变换的中介,认为可以依靠科技的进步和机器的改良来实现废料的循环利用。这种循环利用废料的技术预示了后来生态技术亦即绿色技术的发展。立足于我国基本国情,中国特色社会主义为生态技术的发展提供了优越的制度保障,从人民的根本利益出发,致力生态技术的全面开发和运用,加快绿色发展的步伐,推动我国走向社会主义生态文明新时代,从方法论意义上讲,意味着马克思恩格斯生态技术思维方法在当代中国的继承与发展,昭示出中国马克思主义绿色发展观的方法论特质。绿色发展需要突破传统经济发展观下的传统技术创新,实行与之相适应的绿色技术创新。嵌入传统经济发展观的传统技术创新存在两大弊端:一是以技术对自然的无限度消耗谋取偏狭的财富无限增长,陷入对环境资源存量有限性的罔顾和财富无限增长的虚幻;二是以单一的经济效益作为技术创新的目的,忽视经济效益与社会效益、生态效益的统筹兼顾以及与其相对应的环境资源价值的多样性,这必然会导致人与自然矛盾的更加激化。习近平指出:"生态文明发展面临日益严峻的环境污染,需要依靠更多更好的科技创新建设天蓝、地绿、水清的美丽中国"[①]。对于传统技术创新与自然环境无法协调的境遇,社会经济的发展必须立足于人与自然和谐发展,从传统技术创新转向绿色技术创新。党的十九大因应当代发展大势、立足中国国情,提出了坚定不移贯彻绿色发展理念、构建市场导向的绿色技术创新体系的顶层设计,内在地要求我国以绿色发展理念为指引,扬弃传统技术创新

---

① 中共中央党史和文献研究院:《十八大以来重要文献选编》(下),中央文献出版社2018年版,第334—335页。

的束缚,在绿色技术创新上奋力前行,同时也为我国的绿色技术创新注入了新的动能。① 而绿色技术的创新又需要采用相应的技术方法,这种方法就是绿色发展的技术方法。归纳起来,绿色发展的技术方法主要包括绿色设计方法、仿生技术方法和智慧网链方法。

一、绿色设计方法

习近平指出:"人类发展活动必须尊重自然、顺应自然、保护自然,……从全球变化、碳循环机理等方面加深认识,依靠科技创新破解绿色发展难题,形成人与自然和谐发展新格局。"②绿色设计是设计师在反思生态环境问题、追求人与自然的和谐中应运而生的一种技术方法,其本质是对生态自然之节约、再用、循环本性的模拟,因而体现了人在改造自然中对生态自然的顺应,以及社会经济目的与生态自然本性的高度统一。

首先,绿色设计方法与当代生态自然观、生态价值观是同源一体的。绿色设计方法与当代生态自然观、生态价值观有着共同的现实根源,都源于人们对于生态环境日益恶化的反思,体现了设计师生态环境道德的觉醒。它不仅要考虑产品的应用属性和对人的使用价值,又要注重产品的环境属性和对生态的自然价值,指向人与自然的协同发展。它的基本思想是:节约资源、预防污染应从产品设计开始,保护环境的重心是在产品设计阶段。于此,环境因素不再是设计师被迫考虑的约束条件,而是其自觉采取的切入要点,在产品外观上标新立异不再是设计师考虑的重点,用更简洁、更长久的造型使产品尽可能地延长其使用寿命,并在产品报废后能够回收利用才是其追求的目标,因而绿色设计超越了仅从技术层面考量产品设计的局限,凸显出生态环境观念的变

---

① 参见黄志斌、张涛:《企业绿色技术创新及其阻碍因素析解》,《自然辩证法研究》2018年第8期。

② 中共中央党史和文献研究院:《十八大以来重要文献选编》(下),中央文献出版社2018年版,第335—336页。

革,是一种与可持续发展观同源相恰的全新设计方法。

　　美国设计理论家维克多·巴巴纳克在20世纪60年代末出版的《为真实世界而设计》一书,对绿色设计有着直接的影响。他在这本书中聚焦人类需求最紧迫的问题,突出设计师在社会伦理中的作用。在他看来,设计的最大功效并非商业价值的创造,亦非包装及风格的角力,而是切合社会变革过程的一种元素。他认为,地球资源的有限性是设计师必须虑及的问题,设计要服务于地球环境的保护。这种设计理念,当时能理解者为数寥寥。但是,随着20世纪70年代"能源危机"的爆发,人们开始担忧地球有限资源的耗竭及其所带来的人类生存危机,维克多·巴巴纳克的设计理念也因此得以流行。

　　交通工具作为生产生活中普遍使用的人工产品,其所引发的消耗能源资源、产生空气和噪声污染有目共睹,加之新技术、新能源和新工艺的不断出现,提供了开发环境友好的交通工具的有利条件,这就促使设计师们的目光首先投向了交通工具特别是汽车的绿色设计。不少工业设计师在这方面倾注了智慧和汗水,致力于汽车尾气污染的减少和新的清洁能源的采用,同时在外观造型上强化整体性考量,努力实现汽车造型新颖、独特与减少风阻、节省动力的统一。这不仅与消费者日益增强的环保意识相切合,而且与企业塑造完美企业形象的公关策略相一致,在理念上则体现了生态自然观和生态价值观。

　　一般而论,产品作为联系生产与生活的一个中介,其环境属性如何对生态环境问题的影响举足轻重。如果以产品为核心,把产品生产过程及产品的使用和报废后处理相贯通,则就是一个产品系统,即产品的生命周期系统。其中原材料获取与加工、产品制造与使用、产品报废后处理诸环节都会影响到生态环境。在传统产品系统中,处于系统输入端的资源与能源的滥用造成了资源耗竭和能源短缺问题,而作为系统输出的废弃物和排放物则造成了环境污染与生态破坏,因此,所有的生态环境问题无一不与产品系统密切相关。绿色设计是获得绿色产品的基础,只有从设计阶段致力于产品系统的绿色化,才能在结果上推动生态环境问题的解决。清洁生产、绿色企业代表了工业生产的发展方向,这就决定了产品系统的绿色设计将逐渐在产品开发中居于主流地位。

从哲学理论上考察,自然观、价值观与方法论是统一的,具体地说,当代绿色发展的生态自然观、价值观与绿色设计方法是一而二、二而一的。绿色设计就是立足生态自然观、生态价值观,运用生态思维,将产品的设计纳入"人—机—境"系统进行优化的一种设计方法。其自然观基础是当代生态理论中的闭路循环规律、反馈调控规律与系统和谐规律,价值观基础是人与自然的和谐共生。在实施层面,可以将社会生产过程视为与自然生态系统相类似的系统,对其资源输入与过程物能产出以及产品报废后的回收再利用进行反馈调控、综合平衡,实现人与自然同存共生、协同进化,体现生态公正与和谐。绿色设计需要设计人员、生态学家、环境学家、生态哲学家、社会学家等的共同参与、通力合作。

总之,绿色设计方法与当代生态自然观、生态价值观都源自人们对生态环境问题的反思,绿色设计方法是当代生态自然观、生态价值观在方法论上的展开。绿色设计方法与当代生态自然观、生态价值观具有同源一体性。

其次,绿色设计方法是对传统设计方法的辩证否定。绿色设计(Green Design)的别称五花八门,诸如生态设计(Ecological Design)、生命周期设计(Life Cycle Design)、环境设计(Design for Environment)等,其目标都是设计在生命周期内对环境负面影响为最小的产品,因而经常被互换使用。从技术的视角看,绿色设计亦即以追求和使用绿色技术为内涵的产品设计方法。绿色技术(Gree Technology)在国际上被叫作"环境友善技术"(Environmental Sound Technology),涵括降低环境污染或节省原材料及自然资源消耗的各种技术、工艺或产品。它不仅在社会经济可持续发展的意义上提示了技术发展的方向,而且在产业发展层面提示了从传统技术创新向绿色技术创新转变的要求。

绿色设计方法不同于传统设计方法。绿色设计以可持续发展理论、绿色发展理念等新的发展理论为指导,力求经济、社会、生态三者效益的整体最佳,追求天人和谐以及生态环境与社会经济发展的协调,以其功能价值的多样性凸显环境资源价值的多样性。具体而言,绿色设计面向产品从"摇篮到坟墓"乃至再生利用的整个生命周期,考虑从根本上防止环境污染、节约资源和能源的问题,而不是等到产品产生了不良的环境后果再采取防治措施。即在产品设计阶段除保证产品应有的功能、使用寿命、质量、成本等之外,充分考虑诸如可降耗、可拆卸、可回收、可维护、可回用、可降解等整个生命周期内的环境属性,并将其作为设计目标的核心。它既着眼于人的当前需求,又考虑到生态系统的健康平衡和人类可持续发展的长远目标,为开发绿色产品、发展绿色产业、开拓绿色市场、引导绿色消费创造机遇。而传统设计方法则以传统发展理论为依据,以产品应有的功能、使用寿命、质量、成本为主要要求,以追求经济效益为主要目标,始终把"利润"放在第一位,其目的是以最小成本换取最大的利润。这无疑会使人们为了降低成本,提高生产效率,实现利润和资本的快速增值,而在生产过程中肆无忌惮地利用自然资源、排放人工废物,造成自然资源消耗和污染物排放的双重增加,导致以生态环境恶化为代价的经济增长。就此而言,传统设计方法具有反生态性和不可持续性。

在理解绿色设计的定义时,有一点我们必须注意,即通过绿色设计可以最大限度地化解产品的非绿色现象,但完全"化解"则难以做到。原因在于绿色设计覆盖了产品生命周期的各个环节,设计师考虑得再周全,也会受限于当下的技术水平,难以彻底消除非绿色现象不同程度地在一些环节的产生,如某些污染性或非再生原材料目前尚难觅环保型替代品,在制造工艺过程中对切削液的使用一时还无法完全取代等。绿色设计的努力方向是以环境生态学研究成果为支撑,依据节约资源、回收再用、闭路循环等生态环境特征来设计、研发生产技术与生产工艺,实现物质能量的高效利用乃至生产循环与消费循环、生态循环的耦合,尽可能以最少量的自然资源消耗和生态环境破坏获得社会经济发展需求的产品,其核心在于绿色技术创新。与传统设计所追求的技术创新相比,绿色设计所内含的绿色技术创新需以环境生态学为科学依据,更注重技术与生态的兼容性,突出对技术创新扩张性与环境资源有限性矛盾的化解。① 因此,绿色技术创新对于人才队伍的要求也更高,除传统技术研发人才之外,还需要环境科学类专业技术人才与其相配合。

另一方面,传统设计方法是绿色设计方法的根基。没有传统设计,绿色设计就如同无根之木。对于产品而言,传统设计所追求的功能、质量、寿命和经济性是不可或缺的,否则其绿色程度再高也没有实际价值。但绿色设计是对传统设计的升级,是在传统设计的基础上将环境属性这一核心目标融入产品系统设计之中,凭借产品的绿色性能增强其市场竞争力。

由此可见,绿色设计方法与传统设计方法既有本质区别又有接续关联,绿色设计方法是在传统设计方法基础上的创新发展。

再次,绿色设计方法是对生态自然"3R"本质特征的模拟。将上述绿色设计方法的产生根源、基本目标和不同于传统设计方法的特点进行综合概括,不难厘清其本质特征——"3R",即 Reduce(减量)、Reuse(重复利用)、Recycle(循环)。而"3R"恰好植根于生态自然的本质特征,也是绿色发展的应有追求。

绿色设计中的减量还有两层意思:一是减少资源的消耗;二是减少废弃物的数量。科学表明,生态系统中的各种资源并非取之不尽、用之不竭,生态系统对人为废弃物的降解亦非无所不能、无所不包。为求绿色发展,实现人与自然的和谐共生,必须节约资源、减少废弃物。生态自然观告诉我们,生态系统的功能由结构所决定,但这种"决定"并非一一对应的单值"决定",而是交叉对应的多元"决定"。同一结构可以表现为不同的功能,这就是同构异功原理。而结构又是要素通过关系有机关联的结果,内在地包含着要素和关系,结构的变异可以归结为要素及其关系的变化,要么是要素的增加、关系的复杂化,要么是要素的减少、关系的简化。生物个体经过亿万年的演化,其结构之

———————————

① 参见黄志斌等:《企业绿色技术创新及其阻碍因素析解》,《自然辩证法研究》2018 年第 8 期。

于相应的功能而言,往往是要素和关系的双重简化。尽管高级生命体的结构要素及其关系相对于低级生命体更为复杂多样,但高级生命体的功能也是复杂多样的,相对于其高级的生命功能表现而言在总体上仍然是节省环境资源的。而且一些生命体在演化过程中,其要素及其关系的简化,并未影响其既有功能的发挥,甚至使其已有功能得以优化,从而以更简化的结构、更小的物能消耗保持甚或优化了既有的功能,蝗虫之腿、蛇之"热眼"等等就是如此。在生态系统的层面上,其中的生物多样性不仅维持了生态系统自身的稳定性,而且展现了生态系统整体的"经济性",正是"多样性"的存在,使得一种生命体的"废料"成为另一生命体的"原料",形成生态系统整体对环境资源的"节约"和环境废料的"自净"。质言之,生态系统及生命体的结构要素及其关系在其相应功能的实现上彰显出"减量"的本质特征。绿色设计方法的主旨就是根据生态自然的异构同功原理,模拟生态系统及生命体"减量"的本质特征,通过减少要素、简化关系实现产品的既定功能目标。比如,我们在产品包装上重兴简约之风,不再铺张讲究,并使用节能性、可回收、可降解材料,维持包装的既有功能,避免资源浪费和环境污染,甚或追求华而不奢、简而不凡的至高境界,就是一种绿色设计方法的思路。

回用即对同一物体的回收再利用。绿色设计中的回用就是在进行产品设计时,充分考虑产品整体或部分以至材料的回收再利用,将产品价值及其所从出的资源的价值发挥到淋漓尽致。举个最简单的例子,装咖啡的瓶子在喝完咖啡之后,如果其瓶盖与杯体之间的密封性好,就可以作为水杯反复使用,从而使制作咖啡瓶的资源得以充分利用。

在产品整体的构思上,绿色设计所要考虑的是从一物多用出发,为产品的将来回用埋下"伏笔"。比如,随着电子商务的发展,实体性商场将趋于式微,因此对商业建筑的绿色设计,就要考虑其将来或改作公寓或改作文化场馆等其他使用功能的多种可能性。产品的部分即零部件的回收再利用,在绿色设计方法的运用中最受重视。对于性能保持优良而且完好无损的产品零部件,可以直接回收,在同类同型号产品甚或跨类产品中再使用,例如报废轿车的发动机、变速器、转向机构、照明及电器设备、轴承等标准零部件,其完好程度相当之高,经过正规检测,合格者即可进入农用动力机械、农用汽车、排灌设备等车辆或设备使用;对于性能没有改变但有损伤的产品零部件,如果满足经济性要求,则可以加工成小型号零部件予以回用;对于性能业已改变且其他产品难以回用的零部件,其材料的回用便是我们所要关注的。为了降低材料回收加工的成本,一般需要对其加以分类处理,因此在绿色设计时就要考虑到零部件材料的分类,采用编码系统对不同零部件材料予以标示。

产品整体及其部分的回用度以产品的可拆卸性为前提。就产品整体而言,其回用往往需要维修,产品不可拆卸,维修就难以施行,即使勉为其难,也会增加成本和资源负担。产品零部件的回用则直接要求零部件的拆卸分离。即便是材料的回用也要以产品的可拆卸性为前提,否则会在处理时造成各种零部件材料的破碎混合,加大回用的难度,甚至失去回用的价值。

产品的可拆卸性内在地要求绿色设计师模拟生态系统层次结合度的递减原理。前面第五章已述及,在生态系统从微观到宏观的层次递进中,系统的结合度是递减的。随着从生命大分子到细胞器、细胞、机体组织、机体系统再到生物群落、生态系统的空间尺度的扩大,同一层次要素之间的结合度呈依次弱化的趋势。正因为如此,生态系统中高层系统的解体才不至于引起低层系统一泻到底的失稳。在一定条件下,这些高层系统解体后仍保持相对稳定的"零部件"又可向新的高层系统转化,如动物死亡降解后可被植物吸收而合成有机物,植物中的有机物又可作为食草动物的养料转化为动物机体的内在之物,继而被食肉动物乃至人所摄入、转化、利用。有鉴于此,欲求人工产品的可拆卸、可回用,就得关照其结构层次的结合度,师法自然生态系统结合度的递减原理。在这方面,绿色设计师们已进行了不少探索,最常见的方法是舍弃传统的以铆、焊为主的结构方式,而优先考虑卡式结构,如新式房屋、汽车、计算机、照相机、机器人等都是如此。将所要设计的产品分成不同层次,明晰从低层到高层关联度的递减,已成为绿色设计方法运用不可或缺的环节。

循环即物质能量周而复始的转化。绿色设计中的循环就是在进行产品设计时,充分考虑产品生产过程中以及产品报废后废弃物物质能量的往复开发利用。在物质上它以上述产品的回用为基础,但它侧重于整个产品生命周期中物质能量的再度开发和再生利用,强调源头、过程、末端对生态自然资源的节约和生态环境的保护。其基本要点包括:一是考虑在固体废弃物最终处置前,对有用物资予以直接回收利用,这样既可以减少源头垃圾的产生,实行废旧物资利用的循环,又可以简化垃圾处理的工艺,减少配套设备的投入,降低垃圾处理的难度和费用。有关专家曾做过测定,每回收利用 1 吨废旧物资,可节约自然资源近 120 吨,节约标煤 1.4 吨,还可减少近 10 吨的垃圾处理量。二是考虑利用垃圾焚烧发电供热,实现垃圾废弃能量的转化循环利用。三是考虑对有机物为主的垃圾进行堆肥等微生物过程处理,将堆肥产品用于农田种植、动物饲养、水产养殖和土地改良。四是考虑将废弃物的"处理/处置"环节延伸到产品生命周期的始点地球生物圈,形成物质能量的闭路超循环。将产品设计的注意力集中到产品从制造到使用、废弃再到循环处理的各个环节,对环境无害或危害极小,最大限度地降低产品生产周期和生命周期各个环节的物能消耗,甚或将生产、生活中的物能循环与生态自然的循环相耦合,形成"生产—生活—生态"的超循环,乃是绿色设计方法的重要思路。

绿色设计方法作为内含绿色技术创新的重要方法,无疑是一种绿色发展的技术方法。绿色发展旨在推进人与自然的和谐、绿色资产的增值和绿色福祉的提升。绿色设计方法扬弃了传统设计方法对生态性的忽视,奉行以减量、回用和循环为本质特征的设计理念,它的普遍推行,将会推动自然资源在产品生命周期中的优化配置和利用,促进产业结构的绿色转型和升级,使原有经济高耗低效的线性增长方式转向低耗高效的循环发展方式。这不仅能为生态空间的青山常在、碧水长流、空气常新贡献力量,而且能为消费者提供宜人的绿色产品供给,从而增进人民的绿色福祉。[①] 质言之,绿色设计方法通过绿色技术创新将为生态环境和人工产品的双重增绿添砖加瓦,而"双重增绿"恰是人民绿色福祉的现实基础,因此它事关人民绿色福祉的普遍提升,切合了绿色发展的根本目的,具体体现了新时代中国发展的价值旨归和中国马克思主义绿色发展观的题中之义。

总之,绿色设计方法在其理论依据、覆盖环节、价值取向诸层面超越了传统设计方法,凸显了对生态系统"3R"本质特征的模拟,是促进绿色发展技术突破、推动绿色发展创新的重要路径。

二、仿生技术方法

习近平指出:我们"不仅要研究生态恢复治理防护的措施,而且要加深对生物多样性等科学规律的认识","自觉以对规律的认识指导行动"[②]。顾名思义,仿生技术方法是建立在仿生学研究基础上的一种结合自然的技术方法。其本质是技术对特定生命体及自然生态系统之内在运动、结构形态、信息传递、能量转化、功能作用等具体特质的模拟,因而体现了人工技术品与自然生命体在具体特质上的切合,以及社会技术过程和结果与多样的生物特质以至生态自然过程和结果的和谐统一。

第一,仿生技术方法是伴随人类对多样的生物生态特质从自发承续到自觉模仿而形成绿色发展的技术方法。

地球的自然界经过几十亿年的进化过程,繁衍出各种具有特殊结构、功能与特性的生物,并在环境的不断变迁中生生不息,展现着景象万千的奇特、奇妙和奇迹,不仅给人类以生产生活资源的馈赠,而且给人以丰富的知识宝库和技术启示。在人类的历史上,起初人们对生命特质的认知只是原始综合的现

---

① 参见黄志斌等:《企业绿色技术创新及其阻碍因素析解》,《自然辩证法研究》2018 年第 8 期。

② 中共中央党史和文献研究院:《十八大以来重要文献选编》(下),中央文献出版社 2018 年版,第 335 页。

象认知,因此对生命特质的模仿也只能是囫囵吞枣式的自发承续,其典型表现是驯养动物、种植作物,自发依循特定生物的繁育特性,生产衍生性生物产品。随着科学对生物特质认知的拓展和深化,人类开始模仿生物的某些特质来优化产品的性能,如按照生物的叶脉结构仿制钢架结构,以较少的钢材形成具有较好力学性质的网架结构等。在仿生学诞生之后,人类才真正进入对生物特质的自觉模仿阶段,即通过对生物特质的自觉探究和主动学习,在改造自然中寻道于自然生命体,赋予人工制造物以优异的自然生物特质,创造出与生态自然相契合、有利于绿色发展的技术产品。

从语义学上讲,中文"仿生学"一词译自英文"bionics",bios 在希腊语中意即生命,后缀"nic"意为具有……特质。斯蒂尔博士(Jack Ellwood Steel)在1960 年召开的全美第一届仿生学讨论大会上正式提出"仿生学"的概念,宣告了仿生学作为一门独立学科的诞生。从此,人们普遍认同仿生学是研究关于模仿生物系统、创建类似生物系统特质的技术系统的科学。将仿生学延展到技术创新过程,其方法路向就是人们在设计、制造技术产品时,以建立生物模型为中介,以生物原型乃至自然生态系统为类比对象,通过思维联想匹配,探明最适合的内在机理和外部造型来优化技术模型,进而生产出与生物原型及自然生态系统优异特质相类似的人工技术产品。生物及其所在自然生态系统是整个生态自然的有机组成部分,人工技术产品对生物以及自然生态系统特质的模仿,就是人对生态自然的尊重,也意味着人工技术产品与生态自然的璧合,因此仿生技术方法的核心是人工技术产品向生态自然的回归、与生态自然的结合,说明它是一种绿色发展的技术方法。

当代仿生学、仿生技术、仿生技术方法是一以贯之的。把特定自然生命体乃至自然生态系统的具体特质作为研究对象,目的在于改善人工技术产品的特质,而改善人工技术产品特质,特别是让人工技术产品富有生态自然的特质,与生态自然和谐共生,最有效的方法就是模仿自然生命体及其所在自然生态系统的特质,其前提就是研究探明生物及自然生态系统原型的特质。在这个意义上,仿生技术是在工程技术和生物科学的结合部新生的边缘科学,也成为高新技术领域的前沿学科。它在机械、电子、化工、建筑等领域成效斐然,不仅经济效益日益丰厚,而且生态效益和社会效益也日益显著。这极大地激发了人们的研究热情,如今仿生研究已拓展到医学、数学、动力学、材料学、航空航天工程等众多学科领域。与此相伴随,仿生技术方法也从功能模拟向结构仿生和信息仿生迈进,从力学仿生向物理仿生和化学仿生演变,从个体仿生向生态仿生和控制仿生延伸,从表象层面的单一特质仿生向诸多层面的综合特质仿生前行。

第二,从仿生对象的性态角度考察,仿生技术方法呈现为从功能模拟到结构仿生再到信息仿生的发展态势。

仿生对象即生物体或生命体,包括动物、植物、微生物乃至人体。生物体在其生存环境中表现于外的功能特质是最易于被人所观察和发现的,而且生态自然的异构同功原理启示人们,生物体的这些优异功能特质的彰显并非一定要以复杂的生命结构为载体,也可以用其他的人工结构取而代之。换言之,人们只要建构出与生命结构具有相似功能的技术模型,即可制造出模仿生物功能的技术产品。这就是仿生技术方法中的功能模拟方法。自古以来,人类在认识和改造生物的同时就不间断地进行着模仿生物的活动,而这种模仿往往是从生物的功能模拟开始,创造出许多适用于生产、生活的技术产品。诸如模拟鱼类的游泳特质,制作了独木舟,继而发明了船只、舰艇;模拟鸟类的飞翔特质制作了一些简单的飞行器,继而发明了飞机;模拟蜂房的隔热功能特质发明了蜂房式人工隔热材料,并在仿生建筑上广泛应用;模拟蛇的"热眼"功能和对红外线的感知能力,研制开发出现代化武器;模拟人脑神经元兴奋功能的"全"或"无"特质,生产出二进制人工智能计算机;模拟黏菌的觅食功能设计出高效的交通网等等。功能模拟主要关注人工技术产品对生物原型某些功能的再现,而不在意生物原型的具体物质结构、物质成分以及与其功能特质的内在复杂关系,因此是比较简单的模拟,可以在人们尚未搞清或难以搞清生物体结构的情况下采用。

　　模拟生物体功能的技术产品作为人造模型基本是无机的物质结构形态，不同于生物原型有机的物质结构形态。综观现实的生物体，其完美而奇妙的有机物质结构形态及相应的优异功能，大多是经过亿万年的长期演化才形成的，这使得人们难以用人工技术产品完全再现这些优异功能，更何况人工技术产品的功能还会受到其无机物质结构形态的限制呢。因此，人们欲求生物体原型的优异功能在人工技术产品中完美再现，就必须回归对生物体的结构仿生。从功能模拟进入结构仿生，是仿生技术方法的升级。结构仿生须以深入研究、清晰认识生物体原型的某种结构为前提，提出生物结构模型为中介，从而构思、设计类似生物原型的技术结构模型，最终创造出能最大限度地再现生物原型优异功能的人工技术产品。如人工神经网络计算机就在结构仿生之列，它通过对人脑构造机制的模仿，在人工神经元的动态互联中建构其结构，从而形成"神经元"激活，彰显算法特质，生成数据信息，甚至积累它自己可以理解和应用的知识，这种工作方式不仅模拟着人的左脑的"计算"特质和"逻辑思维"，而且接近人的右脑，可以进行"形象思维""发散思维"，进而克服现有人工智能计算机的许多缺点，如对人的依赖性、软件危机等，这对于电脑独立工作和担负创新性工作，将是重大突破。

　　伴随大数据时代的到来，云计算等尖端信息处理方式脱颖而出，工程技术中所采用的信息处理方法日益增多，并对其完善性提出越来越高的要求，人们事实上业已进入更高层次的技术设计途径——信息仿生。信息仿生的要义在于，通过生物机体与外界环境、生物个体之间、生物体内各部分间的信息接收、存储、处理与利用的机理特质的深入研究，建立信息技术模型，最终制造出类似于生物原型的施行信息传递、储存、处理和利用的技术系统。其模仿的内容既可以是细胞内外通信、动物间通信，也可以是机体的信息存贮与提取、感觉器官的机理，还可以是以上各种信息联系机理特质的综合。

　　人和动物的眼、耳、鼻、舌、皮肤等感觉器官是机体从外界获取各种信息的接收器和预处理系统,为人们改善人工技术产品的信息输入和传递装置,设计具有新型原理的探测、跟踪和计算等技术系统提供了十分有益的启示。生物通过进化形成了遗传信息的编码、复制和翻译等机制,其完善、灵活和"经济"程度令人惊叹,为人工技术产品的信息仿生提供了妙不可言的构建启示。这昭示了仿生技术方法发展的重要方向。

功能模拟撇开生物原型的具体物质结构形态,着力于人工技术产品在功能上与生物原型相似;结构仿生则通过人工技术产品对生物原型具体物质结构形态的模仿,实现对原型功能切近完美的再现;信息仿生又撇开生物原型的具体物质结构形态,而只求人工技术产品对原型中信息联系机理特质的效仿。"抽象—具体—抽象"展现了人们模仿生物体性态特质的辩证发展态势。但要注意的是,目前还不能因为结构仿生、信息仿生初露端倪就对功能模拟弃而不用,在现实的技术创新活动中,需要根据具体情况进行灵活选择甚或组合运用。

第三,从仿生对象内在的运动形式角度梳理,仿生技术方法呈现为从力学仿生到物理仿生再到化学仿生的发展态势。

生物体作为高级的生命运动形式,内在地包含了低级的机械运动、物理运动和化学运动形式。但这些束缚态的低级运动形式又不同于生物体外的自由态形式,是被生物体扬弃了的低级运动形式,其具体表现烙有生命运动的作用印记。于此,仿生技术方法就是在特定的技术研发时,探明、模仿这些蕴藏于具体生命运动中的低级运动形式的内在机理,从而推动新发明的诞生、新技术的发展。

人们对运动形式的仿生探索与近代以后自然科学的发展类似,经历了一个从低级到高级的过程。近代科学最先领跑的是牛顿的经典力学,与此相类似,人们对生物体内在运动形式的仿生首先研究和模拟的是蕴含于生物体之中的力学原理,这就是力学仿生。较为常见的是研究和模拟植物的茎、叶以及动物体形、肌肉、骨骼的结构力学原理,动物飞行、游泳、血液循环系统的流体力学原理。以体育馆的设计为例,考虑到体育馆的使用功能,屋顶不仅要牢固而且要减少梁柱以免遮挡观众视野,因此工程师将其与一种生长在热带的浮水植物"王莲"联系起来研究,王莲的叶子直径大的可达 2 米左右,通过其粗大的叶脉与镰刀状的细叶脉联结形成独特的构造,从而展现出较大的承载力,一个孩童坐于其上也不会折损下沉。有鉴于此,工程师在体育馆大厅屋顶的设计中将王莲叶脉的结构力学原理加以模拟应用,形成钢网架结构,实现了设计目标。这是典型的力学仿生。此外,高等动物骨骼和低等动物外骨骼所具有的精巧力学特质,如蝗虫强有力的后腿起飞,鱼类摆动式的尾鳍推进,蜂窝重量轻、强度大、绝热、省料的六角形嵌套结构,也都成为人们力学仿生的生物原型。

物理学是继机械力学之后迅速崛起的学科,物理仿生恰好也在力学仿生之后得到重视和发展。物理仿生主要研究和模拟的是生物体的各种物理现象及特质,这不仅赋予了声学、光学、电学、热学等物理领域交叉研究的新内涵、新方向,更为重要的是开拓了技术构思与发明的新源泉、新土壤。一只苍蝇停在桌面,你用手去捕捉它,往往是你手尚未至,它即已飞逸。原来苍蝇的眼睛是由许多六角形的视觉单位构成的复眼,对于时间分辨率极高,能把运动的物体分成连续的单个镜头,并由各个小眼轮流"值班"。人们根据苍蝇复眼的构造,仿制了"蝇眼"照相机,这种照相机还可作为物体速度的光学测速仪加以使用。鸽眼能在人眼视力所不及的距离上发现飞翔的苍鹰,根据鸽眼机能原理制成的鸽眼电子模型,将改进图像识别系统的性能。鳄鱼、海龟、海鸥等都生有小巧高效的天然海水淡化器,如能模仿这种生物腺体,将得到结构简单、体积小、重量轻、效率高的海水淡化设备。

化学仿生主要研究和模拟的是生物体内的化学反应、能量转换等过程,因此主要是生物分子水平上的微观模拟。就生物体内的化学反应而言,几乎所有的化学反应都离不开酶的催化。酶催化反应可以在常温、常压下专一高效、有条不紊地进行。仿照天然酶合成人工酶,通过酶催化反应制成相应产品,是化学仿生的重要发展方向。如固氮酶在常温下就可以将空气中的氮气与含氢物质合成为氨,为植物提供氮肥,模拟固氮酶的研究一旦成功,将开辟绿色化肥等产业发展的新天地。我国是富煤少油的国家,目前的能源结构仍不合理,煤炭仍然占据能源主导位置,要大幅降低环境污染,就得不断减少煤炭的直接燃烧利用。我国科学家们正行进在成功之路上,通过特定的催化剂,模拟植物变煤炭的逆过程,实现煤制油、煤制烯烃、煤制酒精,催黑化绿,将开拓我国清洁能源发展的康庄大道。就生物体内的能量转换而言,其显著的特点是诸如光能、电能、化学能等能量之间转换的效率极高,如生物体利用食物氧化所释放的能量效率可达 70%—90%,而萤火虫通过自身荧光素和荧光素酶的作用,发光率竟达 100%。珊瑚、水母、乌贼等海洋生物也都具有将化学能全部转化为不放出热量的"冷光"的本领。这样的能量转换效率是许多既有相关技术装置所望尘莫及的,它不仅提示了人类能量转换技术发展的努力方向,也预示着废弃能量和污染物质低排放甚或零排放的现实可能。至于模仿植物叶绿体的光合作用,更是人们梦寐以求的了。质言之,在能源日趋紧缺、污染亟须治理的今天,模仿生物体酶催化反应以及能量高效转换的特质已成为化学仿生的重要课题,化学仿生方法具有广阔的应用前景。

"力学仿生—物理仿生—化学仿生"从仿生对象内在运动形式的角度勾画出了一条由低级到高级的发展进路。但需要指出的是,这条进路的后面环节并不排斥前面的环节。物理仿生不排斥力学仿生,化学仿生也不排斥力学仿生与物理仿生。在实际的技术构思与发明中,人们可根据具体条件和目标选用其中的一种或若干种。

第四,从仿生对象的范围角度审视,仿生技术方法呈现为从个体仿生到生态仿生再到控制仿生的发展态势。

在仿生对象的范围上,可以有不同的层次尺度指向。个体仿生所指向的是生物个体,因而属于对生态系统的局部仿生。它侧重通过对生物个体功能、结构乃至内在运动形式的研究和模仿,以获取结构独特、功能优异的技术产品,同时拓展人类的生存、生活空间和能力,优化人工事物与自然事物的关系。

个体仿生的原型囊括了地球上的动物、植物、微生物乃至人体。自人类追求科技发展伊始，个体仿生的行为就从未间断过，它有力推动着人类文明的前行。就此而言，个体仿生是一种传统意义上的仿生。

与各种生物体特质的丰富多彩相比，人类对生物个体结构和功能乃至内在运动形式仍知之甚少，许多人工技术产品非但问世时间落后于生物体千百万年，其性能也远远赶不上生物体。但在仿生学成为一门独立学科之后，个体仿生业已得到快速发展，当代高新技术领域对个体仿生技术方法的应用已经成就斐然，个体仿生必将呈现质的飞跃。如化学纺织业污染环境、浪费资源、成本昂贵，似已走到了尽头。可想一想蚕变桑叶为蚕丝的低能耗无污染的完美生化过程，则使我们对化学纺织业的仿生化未来充满信心。随着人类对生物体研究和模仿的进一步深入与拓展，个体仿生必定给人类文明带来丰富的新技术突破。

生态仿生所指向的是生态系统，因而属于对生态系统的整体模拟。它要求在技术创新和成果使用的全部环节效仿自然生态系统的运转规律，实现物质能量的清洁、高效和循环使用，并将技术过程和结果与生态系统有机关联成良性超循环系统，以求生态环境问题在更大空域的解决。生态仿生比个体仿生在更大的范围来确定技术发展的方向、思路和目标，应该说对于人与自然的和谐共生更有意义。现在日益受到重视的生态农业技术、清洁生产技术和绿色产业链技术等就属此类。克隆技术和基因编辑重组技术被认为是近年来发展迅速的高新技术，它对社会经济以及人的发展将产生深远影响。从克隆技术和基因编辑重组技术本身来说，它符合自然生态系统的许多特点，如无污染、低能耗、生生不息等，但它是否会对现有生态系统造成破坏还是一个巨大的问号。克隆技术和基因编辑重组技术有可能打破现有自然生态的物种进化和繁殖的自然规则，在这种技术作用下，有可能诞生新的物种，但也有可能造成生物个体繁衍的混乱。自然生态经过亿万年的自然选择进化，每一种物种都有其存在的合理性，物种的数量在平衡生态系统中也有合理的意义，如果打破这种平衡,就有可能使自然资源受到严重破坏。因此克隆技术和基因编辑重组技术虽然源于自然生态系统的启示,但其结果如果破坏了现有生态系统的平衡机制,就可能会导致更为复杂的生态环境问题。只有在克隆技术和基因编辑重组技术发展的过程中全面、透彻地理解自然法则,它才能成为真正意义的生态仿生型高新技术。

控制仿生贯穿于生物个体和生态系统两个层次,旨在研究生物个体和生态系统的控制机理,并通过这些机理的模仿去改进、创新人工自动控制系统。业已进入研究和模仿视野的主要有动物肢体运动控制以及定向与导航、生态系统的涨落、个体内部及个体之间的稳态和反馈调控、人与机器人的合作共融。控制仿生从新的视角,把作为仿生对象的生物个体和自然生态系统看成是一个自身内部以及与环境之间不断地进行着调控的过程。事实上,所有的自然生态系统都是自动控制系统,而且在进化过程中经历了亿万年的发展和检验,这些存在于生物机体之中和生物个体之间的鲜活自动控制系统,彰显出结构精巧、功能完善、精确可靠的特质,在许多方面是目前人工控制系统所不能比拟的,因而可作为人类发展自动控制技术的借鉴。人们经过几十年的努力,使自动控制技术获得蓬勃发展。工程技术上的自动控制装置,输入系统的阈值是固定的,而生物控制系统都具有可变的阈值,如当人专注于某项活动时,可以阻断听觉通道,"两耳不闻窗外事",这启示我们可以去模仿这种调节控制功能,研制具有可变阈值的自动调控系统。在长期进化中,一些动物形成了准确地进行空间定向与导航的特殊本领,如蝙蝠的天然声呐系统采用全息术实现信息接收与处理,能同时探到几个目标,而且具有很强的抗干扰能力;候鸟经过几千公里甚至一两万公里的长途迁徙飞行,能以几米误差的准确度到达目的地。它们这种自定向、自导航控制系统对于新型通信设备和航空、航海导航仪器的研制,无疑是仿生模拟的极好原型。

一切技术系统都是由人来操控的,然而随着现代控制技术的日新月异,愈益复杂的技术装置对它的操控者所提出的要求,与人本身心理、生理能力之间的矛盾也愈益尖锐、复杂,因而使得自动控制系统的作用难以很好发挥。要更好地实现人机合作,必须寻找和创造适合于人操控的系统,最好的方法就是通过系统仿生,将生物系统的控制原理移植到技术系统之中,同时把人的控制特性和机器的控制特性相结合。①

"个体仿生—生态仿生—控制仿生"在仿生的对象范围上构成一条从生物个体到生态系统再到两者相统一的螺旋式进路。尽管这三种仿生技术方法在过往的发生上有先有后,但在当下的应用上是并行不悖的,而且与前述功能模拟、结构仿生、信息仿生、力学仿生、物理仿生、化学仿生也是相容交融的,在现实的人工技术系统构建中可根据具体条件选用其中的一种或若干种。随着人们对生物体和生态系统特质的认识的螺旋前进,仿生技术方法势必得到愈发普遍的应用,逐渐成为绿色发展的主导性技术方法。

三、智慧网链方法

习近平指出:以"绿色、智能、泛在"为特征的重大技术变革蓄势待发。这不仅要求我们着力应用绿色设计方法和仿生技术方法推动绿色技术创新,而且需要我们充分发挥智慧网链方法在我国绿色发展中的作用。在生态自然中,生物体自身及生态系统不仅以其奇妙的结构和功能展开着低耗高效的运行过程,展现出蓬勃的生机、旺盛的活力和绵延的生命,而且通过彼此的精巧关联形成生物网链,优化着物质能量信息的整体综合利用,体现其经长期演化而累积生成的"智慧"成果。而"大数据、云计算、移动互联网等新一代信息技术同机器人和智能制造技术相互融合步伐加快,……使社会生产和消费从工业化向自动化、智能化转变"②。人类可以也有条件在仿效生物体及生态系统

---

① 参见黄志斌等:《高新技术仿生化发展的态势分析》,《自然辩证法研究》2001年第10期。

② 中共中央党史和文献研究院:《十八大以来重要文献选编》(下),中央文献出版社2018年版,第332页。

的结构和功能的基础上,进一步关注生物网链对物质能量信息整体优化利用的特质,凸显社会运筹的技术优势和绿色发展的价值取向,不断拓展物质能量信息综合利用的空间范围,依托高度发展的大数据、云计算和物联网技术,加强智慧网链方法的运用,在空间整体集约运筹上推进绿色发展。智慧网链方法作为模拟生物网链物质能量信息整合高效运用的社会技术手段,主要包括智慧电子商务、智慧物流和绿色供应链,三者的交合发展、相辅相成,将汇聚成当代绿色发展的技术洪流。

智慧电子商务是电子商务发展的高级阶段。电子商务(Electronic Commerce)自20世纪90年代中后期面世之后即呈飞速发展之势。一般认为,2011年因应云计算技术的运用而出现的主动互联网营销模式,标志着电子商务开始进入到智慧阶段。

智慧电子商务的要旨是依托物联网、大数据和云计算,通过网络平台和配送中心,将生产者、商家、消费者、商城、产品、物流有机关联,形成商业信息和服务网链,开展诸如代理商、商家和消费者,企业对企业,企业对消费者,个人对消费者,企业对政府,线上对线下,商业机构对家庭,供给方对需求方,门店在线以及消费者对企业等各种模式的商务活动。

智慧电子商务是对传统商务模式的辩证否定。在自然经济阶段,生产者一般与消费者直接同一,处于襁褓之中的少量交换活动一般在集市中有限而直接地进行,因而在总体上表现为信息沟通贫乏、物能消耗低下的过程。进入商品经济阶段,伴随大工业体系的建立和拓展,人们不得不在生产者与消费者之间楔入愈益庞大的销售系统,兴建愈来愈多的实体商店和商场,以大规模的销售系统取代此前生产者直接将产品交换给消费者的销售形式。这种销售形式固然适应了大规模商品流通的需要,但由于它将生产与消费相分离,结果往往是生产者难以满足消费者的真正需要,导致商品个性化消费和服务的缺失,并且它在运行过程中生产者与消费者的信息不对称还会导致产品的哄抢、滞销、过期、盲目运输等现象,造成资源的浪费,此外它所依托的庞大实体销售系统的修建、维护和运营本身就是巨大的物能消耗。智慧电子商务的推行，一方面可以让生产者即时掌握消费信息，走出传统批量化生产的局限，有效避免有产无市的窘迫境遇，开展针对消费需要的个性化生产，甚或将消费者的创意融入产品的设计之中；另一方面可以让消费者即时了解商品信息及其个性化服务的信息，从而突破传统购物的时空限制，随时随地在网上交易，以便捷的方式完成过去较为繁杂的商业活动，享受个性化购物过程和个性化消费体验，提升消费品质；同时还可以减少商品流通的中间环节，大幅降低商品流通和交易的成本，减少商品流通过程中的物能消耗，并借生产者和消费者的直接沟通而逐步精简横挡于其间的庞大的实体商店和商场，从而节约自然资源、保护自然环境。就此而言，智慧电子商务所呈现的是生产者与消费者产销合一的趋向，是在社会经济运行中构建类似于生态自然中生物网链的供需关系。从发展的角度看，它是对以庞大实体销售系统为基础的传统商务模式的辩证否定和对生产与消费直接同一的古老交换模式的否定之否定。

智慧电子商务昭示了人类商品交易的发展方向，其节省自然资源、保护生态环境、提升人的消费品质等特征，与绿色发展所追求的人与自然的和谐共生高度契合，因此是绿色发展的重要方法。

智慧电子商务与智慧物流企业相辅相成，内在地要求智慧物流的同步发展。智慧物流是通过新一代信息技术和人工智能技术，实现对运输、仓储、包装、装卸搬运、流通加工、配送、信息服务等流通诸环节的系统感知、全面分析、即时处理以至自我调整，彰显物流规整智慧、发现智慧、创新智慧和系统智慧，达成资源"协同共享"的高端综合性物流系统。与智慧电子商务一样，它需要物联网的支撑，将大量物流设施通过传感器与互联网对接，依托信息互联、设施互联实现物流互联的在线化，推动存量资源的社会化转变和闲置资源的最大化利用，这从货物运输 APP 中可见一斑。它也需要物流大数据的支撑，物流的在线化将产生大量业务数据，使得数据驱动的商业模式成为现实，并反哺产业的智能化变革和科学决策，促进生产效率的提高和客户需求的满足。它还需要物流云服务的支撑,物流在线化和业务数据化既对云计算提出了要求,也为云计算提供了可能,人们必须也可以通过物流云平台的构建和运行,高效地整合、管理和调度物流数据资源,打破行业信息不对称和信息孤岛现象,打通客户与企业间的物流数据连接,使客户享有安全稳定的物流基础信息服务和标准统一的应用组件服务,犹如蜜蜂通过"舞蹈"吸引蜂群共享花蜜一样,推动物流行业协同共享资源的生态化转变。如果智慧物流再将人工智能技术融入其中,那将会如虎添翼。事实上,无人驾驶、无人仓储、无人配送、物流机器人等人工智能技术已开始长入物流行业,对物流资源配置、物流环节优化、物流资源节约、物流污染降低、物流运作效率提升的作用已露端倪,可望为物流技术的智慧化提供强有力的支撑。

物流的智慧化与电子商务的智慧化一样,是人类模拟生物网链物质能量信息高效整合利用的划时代杰作,它所带来物流的生态化效应,决定了它在当代绿色发展中不可或缺的地位。通过智慧物流方法的普遍应用,构建智慧物流生态体系,是新时代中国绿色发展的必然选择。

至于绿色供应链方法,学界已有较多研究。简单说来,可以将之理解为绿色原材料、绿色产品、绿色包装、绿色采购、绿色消费与智慧物流的结合,它要求从产品的材料选择、生产和包装到产品作为商品进入流通和消费的诸环节和各方面,都最大限度地将资源节约、环境友好的理念一以贯之,实现经济发展与生态环保、生活美好的高度统一,"推动互联网、大数据、人工智能和实体经济深度融合"[①]。它关涉到供应商、生产商、销售商、用户等对象,绿色制造、供应链管理等基础,决策技术、运作与管理、制造过程、集成技术、再造工程等内容,规制、文化、伦理等规范,是一项复杂的系统工程。绿色供应链方法的普遍应用既任重道远,又势在必行,理当成为新时代中国绿色发展的攻坚方向。还有区块链方法对于绿色发展也具有独特的作用,需要我们深入研究。

---

① 习近平:《决胜全面建成小康社会　夺取新时代中国特色社会主义伟大胜利——在中国共产党第十九次全国代表大会上的报告》,人民出版社 2017 年版,第 30 页。

第三节　绿色发展的工作方法

工作方法作为人们在社会具体实践中所采取的方式和手段,也可称之为实践方法。科学的工作方法离不开科学的思想方法的引领,须以科学的思想方法为前提,在正确认识客观事物发展变化规律的基础上来确定,并指向实践任务的完成,它在党的实践战略部署向群众具体实践的转化过程中起着桥梁作用。推而论之,绿色发展在实践上的推进,内在地要求与之相切合的工作方法,中国马克思主义对于绿色发展的工作方法,是中国共产党人在运用科学的思想方法进行绿色发展顶层设计基础上推进绿色发展的实践方法。党的十八大以来,以习近平同志为核心的党中央高度重视绿色发展理念和方略的实践推进,充分展现了绿色发展的群众路线、钉钉子精神等实践方法,把马克思主义绿色发展方法论应用于实际工作,为新时代中国绿色发展指明了实践路径。

一、群众路线方法

马克思主义经典作家所创立的唯物史观和认识论,主张人民是历史的创造者,要求在社会实践中坚持和运用群众观点。中国共产党人在中国革命、建设和改革的历程中,继承和发展马克思主义的群众观,形成了党的群众路线方法,造就了我们党事业成功和工作制胜的法宝。绿色发展的主体是人民群众,这就决定了绿色发展工作必须创造性地运用群众路线方法加以推进。

其一,凸显人民群众的绿色福祉。为人民谋幸福是中国共产党人的根本使命,一切为了人民群众,是党的群众路线的核心内容之一。其在绿色发展工作方法上体现为将人民群众的绿色福祉放在首位,围绕生态环境外在形式、内在作用、文化意蕴的优化美化开展工作,着力解决人民群众最关心的生态环境问题,"不断满足人民群众日益增长的优美生态环境需要",使人民群众对绿色发展工作成果能享之、心向往之。习近平指出:"我们要始终把人民立场作为根本立场,把为人民谋幸福作为根本使命,坚持全心全意为人民服务的根本宗旨。"①具体到绿色发展工作,就是要体察人民群众的绿色发展诉求,关心人民群众的生态环境境遇,把解决人民群众反映的最普遍、最强烈的现实生态环境问题作为工作重点,从人民群众热切盼望的绿色发展具体事情做起,尽心尽力帮助解决人民群众绿色生产生活中的实际困难,把绿色发展工作做深、做细、做实,让人民群众享有实实在在的绿色福祉,从而最大限度地动员人民群众投身绿色发展事业,共创绿色发展伟业。如果不把人民群众的绿色福祉作为绿色发展工作的出发点和归宿,对人民群众的生态环境境遇漠不关心,甚至自身奢侈浪费、贪图享受,那么动员人民群众共图绿色发展就会成为一句空话。因此,为人民群众谋绿色福祉既展现了绿色发展的要旨所在,也体现为绿色发展的工作方法。

其二,汇集人民群众的磅礴力量和生态智慧。在人民群众中蕴藏着巨大的力量和智慧源泉,一切依靠人民群众,是党的群众路线的又一核心内容,其在绿色发展工作方法上体现为尊重人民群众在绿色发展上的主体地位和首创精神,激发和凝聚广大人民群众共图绿色发展的力量和智慧。习近平指出:我们要"尊重人民主体地位和首创精神,始终保持同人民群众的血肉联系,凝聚起众志成城的磅礴力量,团结带领人民共同创造历史伟业"②,"动员全社会力量推进生态文明建设,共建美丽中国"③。具体而言,就是要相信人民群众能够在绿色发展中建功立业,尊重和支持人民群众对绿色发展的创新意念;虚心向人民群众学习生态智慧,善于从群众的议论中发现绿色发展亟须解决的问题,并提出解决问题的工作方针和政策;在绿色发展工作中善于通过说服教育、示范引导、热心服务等方法发动群众、组织群众,激发人民群众共图绿色发展的力量。相反,不管是沉湎于高高在上、脱离人民群众的颐指气使的命令主义,还是

---

① 习近平:《在纪念马克思诞辰 200 周年大会上的讲话》,人民出版社 2018 年版,第 17 页。
② 习近平:《在纪念马克思诞辰 200 周年大会上的讲话》,人民出版社 2018 年版,第 17 页。
③ 习近平:《在纪念马克思诞辰 200 周年大会上的讲话》,人民出版社 2018 年版,第 21 页。

一味迎合有悖绿色发展的落后思想和行为的尾巴主义，都会导致绿色发展工作的乏力、失误甚至失败。我们只有甘做人民群众的贴心人、领路人，才能在绿色发展工作中激发人民群众的力量和智慧。进而言之，要将人民群众的力量和智慧凝聚为共图绿色发展的磅礴合力，必须以绿色发展具体建设项目为载体。这就要求在各地具体绿色发展项目的设计上广泛听取人民群众的意见，因地制宜、因时制宜地设定其价值目标，能让身处当地的人民群众享有怡人的绿水青山，收获高质量的金山银山，使人民群众焕发出的力量和智慧作用点收敛、作用方向一致，凝聚为磅礴合力，共图绿色发展。① 因此，汇集人民群众的磅礴力量和生态智慧既展现了绿色发展的依靠所在，也昭示出绿色发展的工作方法。

其三，深入开展绿色发展的调查研究。人民群众是社会实践的主体，"从群众中来，到群众中去"是党的群众路线中关涉工作方法的直接表述。其过程与马克思主义实践论中"从实践中来，到实践中去"的过程相切合，在社会经济工作中集中体现为调查研究的过程。习近平指出："调查研究是谋事之基、成事之道。没有调查，就没有发言权，更没有决策权。"②面对绿色发展这一新时代发展主题，必须通过深入的调查研究，找准问题、体察民情、优化政策，从而使绿色发展工作得以有效推进。刻舟求剑、闭门造车甚至异想天开，必然会使绿色发展工作一事无成。具体而言，就是要高度重视绿色发展的调查研究，充分认识到调查研究对于贯彻落实绿色发展新理念和顶层设计、推行绿色技术创新、制定和执行好绿色发展政策、防止和减少以及纠正绿色发展工作偏误诸方面的重要性和必要性；明确调查研究的目的，即：把特定时空绿色发展的现状、条件、问题调查清楚，把特定时空绿色发展现实问题的产生原因、本质和规律把握准确，把人民群众反映强烈的突出生态环境问题发掘出来，把解决特定时空绿色发展问题特别是突出生态环境问题的路径和对策研究透

---

① 参见黄志斌：《坚守人民立场 共建美丽中国》，《经济日报》2018年9月6日。

② 中共中央文献研究室：《习近平关于全面建成小康社会论述摘编》，中央文献出版社2016年版，第191页。

彻；深入实际、"身入"基层、"心入"群众，解剖典型与了解全局相结合，总结先进经验与分析困难挑战相结合，问情问需问策于民，从人民群众的绿色发展实践中形成正确的工作思路和解决问题的办法，由人民群众的绿色发展实践来检验绿色发展工作的成效；坚持实事求是的原则，调查研究必须深入系统，切忌粗枝大叶，更不能走马观花、敷衍了事，务求在调查中实心实意地与人民群众交朋友、拉家常，掌握诸如绿色技术应用、绿色项目及其政策实施等绿色发展的实情，在研究中进行深入细致的系统思考，透过现象看本质，整合来自人民群众的意见建议和创新智慧，提炼特定时空绿色发展的本质和规律，找到推进绿色发展工作的"钥匙"；将这些从群众中集中起来的绿色发展工作智慧再回到群众中去，一般号召和个别指导相结合，让人民群众认识到绿色发展符合他们的生态需要，带领人民群众聚力绿色发展工作，引发绿色发展的自觉行动，使党的绿色发展新理念和生态文明顶层设计转化成为人民群众共图绿色发展、共建生态文明和美丽中国的物质力量。调查研究作为我们党做好领导工作的传家宝，业已成为绿色发展中发扬光大的工作方法。

二、钉钉子的方法

钉钉子精神固然是一种积极的工作态度、工作韧性，但其中蕴含了对工作任务、路径、着力点、手段和方式的科学选择，因而也是一种工作方法。绿色发展工作的创新性、艰巨性特点和稳定性、连续性要求，决定了它需要像钉钉子那样准确、接续发力，循序、扎实推进。

其一，绿色发展中的钉钉子精神的方法论意义体现为保持加强生态文明建设的战略定力。如前所述，经济发展与生态环境保护在本质上并非鱼和熊掌不可兼得，而是有机统一、相辅相成的。生态环境保护不可能毕其功于一役，需要"一代接着一代干，驰而不息，久久为功"[①]，塞罕坝、库布齐所创造的

---

① 《习近平谈治国理政》第二卷，外文出版社 2017 年版，第 397 页。

"绿色奇迹"就是如此。位于河北省最北部的塞罕坝原本树木参天、松林千里、禽兽繁集,曾经是皇家的狩猎场,由于清朝后期国力衰退而开围放垦,加之后来日本侵略者掠夺性的采伐以及频发的山火和过度的农牧,结果使这里树木消失、林毁沙进,在新中国成立前已蜕变为"飞鸟无栖树,黄沙遮天日"的沙地荒原,不仅自身生态环境恶化,而且导致京津深受风沙之害。1962 年,隶属于原国家林业部的承德塞罕坝机械林场正式成立,肩负起"为首都阻沙源、为京津涵水源"的神圣使命,开启了艰苦卓绝的高寒沙地人工造林工程。第一代造林人扎根大山、筚路蓝缕、矢志不渝,书写了"先锋树"、"六女上坝"、寒地育苗、分选树种、马蹄坑大会战等艰苦创业的故事。第二代造林人传承父辈、锲而不舍、开拓前行,接续着克难造林、林进沙退、人与大自然共生的故事。新一代造林人接过老一代的接力棒,将捍卫京津冀生态安全的重任扛在肩上,发起向石质荒山等"难啃硬骨头"的造林攻坚以及"森林防火关键技术研究"等林业尖端课题攻关,在更宽开拓、更深挖掘中传承发展着祖辈父辈的造林伟业,谱写着沙漠变绿洲、荒原变林海、生态效益和经济效益相得益彰的新篇章。没有塞罕坝三代造林人的驰而不息、久久为功,何能创下这里的树"按一米的株距排开,可以绕地球赤道12 圈"的人间奇迹? 没有三代造林人近 60 年的坚守、传承和积累,何谈今日的万顷林海和塞罕坝人的美好生活? 同样,内蒙古库布齐沙漠从过去寸草不生的"死亡之海"变成如今郁郁葱葱的生态经济示范区,也经历了长达 30 余年的接续奋斗。推而论之,生态文明建设是一个积沙成塔、集腋成裘的过程,需要始终保持战略定力。另一方面,国际形势的风云变幻对我国经济发展的影响是不可避免的,但不能因此而动摇我们加强生态文明建设的战略定力。习近平总书记指出,我们不能因为经济发展遇到一点困难,就开始动铺摊子上项目、以牺牲环境换取经济增长的念头,甚至想方设法突破生态保护红线①,否则就会前功尽弃、得不偿失、埋下后患。当前,我

---

① 习近平总书记在参加内蒙古代表团审议时强调,保持加强生态文明建设的战略定力,守护好祖国北疆这道亮丽风景线。《时事报告》2019 年 3 月 8 日。

国经济发展已进入高质量发展阶段,跨越污染防治和环境治理这道关口举足轻重。我们必须保持加强生态环境保护建设的定力,咬紧牙关爬坡过坎,决不开铺摊子上项目的口子。① 这就是说,我们要坚定生态文明建设的战略决心和方向,持续发力,闯出一片新天地,不断迈上我国生态文明建设新台阶。这是立足绿色发展长远目标的钉钉子精神的方法论体现。

其二,绿色发展中的钉钉子精神的方法论意义体现为打好污染防治攻坚战的战役突破。细颗粒物(PM2.5)、饮用水、土壤、重金属、化学品污染等是损害人民群众健康的突出环境问题,要大刀阔斧、动真碰硬,集中力量打一场攻坚战,切实推进大气、水体、土壤污染防治行动计划的实施,把空气、水质、土质的明显改善作为刚性要求,实行源头、过程、末端各环节的污染防治。② 坚决实施"散乱污"企业、重点区域大气环境、城乡污水、流域环境和近岸海域等方面的综合治理,对症下药,落实落地。我们要拿出壮士断腕、浴火重生的勇气,坚决打赢污染防治攻坚战,还给老百姓蓝天白云、沃土嘉禾、鱼翔浅底、鸟语花香的景象,让人民群众在繁星闪烁下共度幸福生活,在青山秀水中共赏美丽家园,在优美环境中共享民生福祉。这是立足绿色发展近期要务的钉钉子精神的方法论体现。③

其三,绿色发展中的钉钉子精神的方法论意义体现为落实绿色发展既有任务的奋发有为。绿色发展作为新的发展方式和生活方式,是基于绿色发展顶层设计的各类具体社会实践活动及其目标任务的集合体。而这些具体社会实践活动的持续及其目标任务的完成难免遭遇阻力、不会轻松实现,只有像钉钉子那样准确敲打、接续发力方能收效建功、惠民利民。习近平早在主政浙江期间就提出"抓落实如敲钉子"④的思想,后来他进一步指出:"我们要有钉钉

---

① 参见《李干杰部长就"打好污染防治攻坚战"答记者问》,《环境教育》2019 年第 3 期。
② 参见黄志斌:《坚守人民立场 共建美丽中国》,《经济日报》2018 年 9 月 6 日。
③ 参见黄志斌:《走向生态文明新时代》,《光明日报》2019 年 7 月 12 日。
④ 习近平:《之江新语》,浙江人民出版社 2007 年版,第 241 页。

子的精神,钉钉子往往不是一锤子就能钉好的,而是要一锤一锤接着敲,直到把钉子钉实钉牢,钉牢一颗再钉下一颗,不断钉下去,必然大有成效。"①我国科学的、切合实际的、符合人民愿望的绿色发展顶层设计蓝图已然绘就,全国各地因地制宜的绿色发展规划亦已制定,其中包含了各级各类具体的绿色发展项目及其工作任务,为绿色发展的"钉钉子"提供了着力点。这内在地要求我们坚持一张蓝图干到底,锐意进取、精准发力,一茬接着一茬干。唯有如此,方能干出绿色发展的新天地。那种东一榔头西一棒子、三天打鱼两天晒网的做法,其结果很可能是一颗钉子也钉不上、钉不牢,在绿色发展工作中必须杜绝。"一分部署,九分落实",若落实环节缺失,那再好的部署也是枉然。习近平强调指出:"要抓实、再抓实,不抓实,再好的蓝图只能是一纸空文,再近的目标只能是镜花水月。"②绿色发展的科学蓝图及其项目任务一经确定,就要以踏石留印、抓铁有痕的十足劲头,用切合实际的新思路、新举措见之于绿色发展的具体工作。唯有如此,才能把既定的绿色发展科学蓝图变成现实。做表面文章、耍花架子,是绝不可能获得绿色发展成效的,必须引以为戒。在绿色发展工作中"钉钉子",领导干部是关键,需要他们勇于担当、真抓实干,言必信、行必果。同时,建立规范的绿色发展考核评价体系,力戒领导干部在绿色发展工作中做表面文章、脱离实际盲目攀比、搞劳民伤财的"形象工程"和"政绩工程",激励干部在绿色发展工作中求真务实、取得实绩。这是立足绿色发展具体工作的钉钉子精神的方法论体现。

综上所述,在实践维度上,绿色发展的思想方法主要用之于绿色发展实践部署的设计,绿色发展的技术方法主要展现于绿色发展实践技术的创新,绿色发展的工作方法主要见之于绿色发展实践部署和具体工作的落实。内蕴在中

---

① 中共中央文献研究室:《习近平关于全面建成小康社会论述摘编》,中央文献出版社2016年版,第188页。

② 中共中央文献研究室:《习近平关于全面深化改革论述摘编》,中央文献出版社2014年版,第151页。

国马克思主义绿色发展观中的"思想方法—技术方法—工作方法"环环相扣、一以贯之,构成绿色发展方法论的主体内容。它作为中国马克思主义绿色发展观的方法论体现,是新时代中国推进绿色发展实践和实现人与自然和谐共生现代化目标的过河之桥、渡河之舟、善事之器。

参 考 文 献

一、马克思主义经典著作、中国共产党重要文献

1．《马克思恩格斯全集》第 2 卷，人民出版社 1957 年版。

2．《马克思恩格斯全集》第 19 卷，人民出版社 1963 年版。

3．《马克思恩格斯全集》第 26 卷，人民出版社 2014 年版。

4．《马克思恩格斯全集》第 30 卷，人民出版社 1995 年版。

5．《马克思恩格斯全集》第 31 卷，人民出版社 1998 年版。

6．《马克思恩格斯全集》第 33 卷，人民出版社 2004 年版。

7．《马克思恩格斯文集》（1—10 卷），人民出版社 2009 年版。

8．《马克思恩格斯选集》（1—4 卷），人民出版社 2012 年版。

9．马克思：《1844 年经济学哲学手稿》，人民出版社 2018 年版。

10．马克思：《资本论》（1—3 卷），人民出版社 2018 年版。

11．恩格斯：《自然辩证法》，人民出版社 2018 年版。

12．恩格斯：《反杜林论》，人民出版社 2018 年版。

13．恩格斯：《路德维希·费尔巴哈和德国古典哲学的终结》，人民出版社 2018 年版。

14．马克思恩格斯：《共产党宣言》，人民出版社 2018 年版。

15．马克思恩格斯：《德意志意识形态（节选本）》，人民出版社 2018 年版。

16．《毛泽东文集》（一至八卷），人民出版社 1993、1996、1999 年版。

17．《毛泽东早期文稿》，湖南出版社 1990 年版。

18.《毛泽东选集》(一——四卷),人民出版社 1991 年版。

19.中共中央文献研究室、国家林业局编:《毛泽东论林业》(新编本),中央文献出版社 2003 年版。

20.《邓小平文选》(一——三卷),人民出版社 1993、1994 年版。

21.冷溶、汪作玲等:《邓小平年谱》(上、下册),中央文献出版社 2004 年版。

22.《江泽民文选》(一——三卷),人民出版社 2006 年版。

23.江泽民:《论科学技术》,中央文献出版社 2001 年版。

24.中共中央文献研究室:《江泽民论有中国特色社会主义(专题摘编)》,中央文献出版社 2002 年版。

25.《胡锦涛文选》(一——三卷),人民出版社 2016 年版。

26.中共中央文献研究室:《科学发展重要论述摘编》,中央文献出版社 2008 年版。

27.习近平:《之江新语》,浙江人民出版社 2007 年版。

28.习近平:《摆脱贫困》,福建人民出版社 2014 年版。

29.《习近平谈治国理政》(一——四卷),外文出版社 2018、2017、2020、2022 年版。

30.习近平:《携手推进亚洲绿色发展和可持续发展——在博鳌亚洲论坛 2010 年年会开幕式上的讲话》,《人民日报》2010 年 4 月 11 日。

31.习近平:《决胜全面建成小康社会 夺取新时代中国特色社会主义伟大胜利——在中国共产党第十九次全国代表大会上的报告》,人民出版社 2017 年版。

32.习近平:《在纪念马克思诞辰 200 周年大会上的讲话》,人民出版社 2018 年版。

33.习近平:《携手共命运 同心促发展——在 2018 年中非合作论坛北京峰会开幕式上的主旨讲话》,人民出版社 2018 年版。

34.习近平:《论坚持人与自然和谐共生》,中央文献出版社 2022 年版。

35.中共中央文献研究室:《习近平关于实现中华民族伟大复兴的中国梦论述摘编》,中央文献出版社 2013 年版。

36.中共中央文献研究室:《习近平关于全面深化改革论述摘编》,中央文献出版社 2014 年版。

37.中共中央文献研究室:《习近平关于全面依法治国论述摘编》,中央文献出版社 2015 年版。

38.中共中央文献研究室:《习近平关于协调推进"四个全面"战略布局论述摘编》,中央文献出版社 2015 年版。

39．中共中央文献研究室:《习近平关于全面建成小康社会论述摘编》,中央文献出版社 2016 年版。

40．中共中央文献研究室:《习近平关于社会主义生态文明建设论述摘编》,中央文献出版社 2017 年版。

41．中共中央文献研究室:《习近平关于社会主义文化建设论述摘编》,中央文献出版社 2017 年版。

42．中共中央文献研究室:《习近平关于社会主义经济建设论述摘编》,中央文献出版社 2017 年版。

43．中共中央文献研究室:《习近平关于社会主义政治建设论述摘编》,中央文献出版社 2017 年版。

44．中共中央文献研究室:《习近平关于社会主义社会建设论述摘编》,中央文献出版社 2017 年版。

45．中共中央宣传部:《习近平总书记系列重要讲话读本》,学习出版社、人民出版社 2016 年版。

46．中共中央宣传部:《习近平新时代中国特色社会主义思想学习纲要》,学习出版社、人民出版社 2019 年版。

47．中共中央宣传部:《习近平生态文明思想学习纲要》,学习出版社、人民出版社 2022 年版。

48．胡锦涛:《携手并进 共创未来——在亚太经合组织工商领导人峰会上的演讲》,《人民日报》2011 年 11 月 14 日。

49．胡锦涛:《转变发展方式 实现经济增长——在亚太经合组织第十九次领导人非正式会议上的讲话》,《人民日报》2011 年 11 月 15 日。

50．胡锦涛:《把节约能源资源放在更突出的战略位置 加快建设资源节约型、环境友好型社会》,《人民日报》2006 年 12 月 27 日。

51．胡锦涛:《充分发挥科技进步和创新的巨大作用 更好地推进我国社会主义现代化建设》,《人民日报》2004 年 12 月 29 日。

52．习近平:《在纪念孔子诞辰 2565 周年学术研讨会暨国际儒学联合会第五届会员大会开幕式上的讲话》,《人民日报》2014 年 9 月 25 日。

53．习近平:《携手推进亚洲绿色发展和可持续发展》,《光明日报》2010 年 4 月 11 日。

54．《习近平向生态文明贵阳国际论坛 2018 年年会致贺信》,新华社 2018 年 7 月 8 日。

55．习近平：《共谋绿色生活，共建美丽家园——在北京延庆出席 2019 年中国北京世界园艺博览会开幕式上的讲话》，《人民日报》2019 年 4 月 29 日。

56．《十六大以来重要文献选编》（上），中央文献出版社 2004 年版。

57．《十七大以来重要文献选编》（上）（中），中央文献出版社 2009、2011 年版。

58．《十八大以来重要文献选编》（上）（中）（下），中央文献出版社 2014、2016、2018 年版。

59．中共中央办公厅、国务院办公厅：《生态环境损害赔偿制度改革方案》（2017 年 12 月 17 日）。

60．中共中央办公厅、国务院办公厅：《生态文明体制改革总体方案》（2017 年 9 月 21 日）。

61．《中共中央、国务院关于加快推进生态文明建设的意见》（2015 年 4 月 25 日）。

62．中共中央文献研究室：《新时期环境保护重要文献选编》，中央文献出版社、中国环境科学出版社 2001 年版。

二、古籍著作

1．宋祚胤注译：《周易》，岳麓书社 2000 年版。

2．上海师范学院古籍整理组校点：《国语》，上海古籍出版社 1978 年版。

3．陈晓芬译注：《论语》，中华书局 2016 年版。

4．《孟子》，中华书局 2016 年版。

5．王文锦译注：《大学中庸译注》，中华书局 2008 年版。

6．《荀子》，中华书局 2015 年版。

7．曾振宇、傅永聚注：《春秋繁露新注》，商务印书馆 2010 年版。

8．王充著，黄晖校释：《论衡校释》第三册，中华书局 1990 年版。

9．刘禹锡：《刘禹锡·天论集》卷五（天伦中），上海人民出版社 1975 年版。

10．老子：《道德经》第四十二章，中国文联出版社 2016 年版。

11．庄子：《庄子》，中华书局 2015 年版。

12．程颐、程颢：《二程集》，中华书局 1981 年版。

13．程颢、程颐：《河南程氏遗书》第 1 册，中华书局 1981 年版。

14．黎靖德编：《朱子语类》九十五，中华书局 1986 年版。

15．《朱子语类汇校》卷一、卷四，上海古籍出版社 2014 年版。

16．张栻：《张栻集》第 2 册，岳麓书社 2010 年版。

17．朱熹、吕祖谦撰，严佐之导读：《朱子近思录》，上海古籍出版社 2020 年版。

18．张载著，章锡琛点校：《张载集》，中华书局 1978 年版。

19．荆州市博物馆编：《郭店楚墓竹简》，文物出版社 1998 年版。

20．谢雨庭编：《唐诗》，二十一世纪出版社 2010 年版。

21．刘鹗：《老残游记》，古籍出版社 2005 年版。

22．邓绍基、周秀才、侯光复主编：《中国古代十大诗人精品全集》，大连出版社 1997 年版。

23．陈冲敏选注：《唐宋词一百五十首》，天津大学出版社 2009 年版。

24．高克勤编选，曹明纲注评：《宋诗三百首》，上海古籍出版社 2000 年版。

25．辛志贤、韩兆琦等编注：《汉魏南北朝诗选注》，北京出版社 1981 年版。

26．邓绍基、周秀才、侯光复主编：《中国古代十大词人精品全集》，大连出版社 1998 年版。

三、中文著作

1．冯友兰：《中国哲学简史》，北京大学出版社 1996 年版。

2．方克立、李兰芝：《中国哲学名著》，南开大学出版社 1996 年版。

3．北京大学哲学系中国哲学教研室：《中国哲学史》，北京大学出版社 2001 年版。

4．黄克剑、钟小霖编：《方东美集》，群言出版社 1993 年版。

5．黄克剑、王欣、万承厚编：《熊十力集》，群言出版社 1993 年版。

6．梁漱溟：《人心与人生》，学林出版社 1984 年版。

7．冯友兰：《三松堂会集》第 1 卷，河南人民出版社 2001 年版。

8．钱穆：《中国思想通俗讲话》，三联书店 2002 年版。

9．钱穆：《世界局势与中国文化》，九州出版社 2011 年版。

10．钱穆：《晚学盲言》（上），广西师范大学出版社 2004 年版。

11．钱穆：《中华文化十二讲》，九州出版社 2011 年版。

12．钱穆：《中国文化丛谈》，九州出版社 2011 年版。

13．钱穆：《世界局势与中国文化》，九州出版社 2011 年版。

14．人民日报评论部：《习近平用典》，人民日报出版社 2015 年版。

15．徐嵩龄主编：《环境伦理学进展：评论与阐释》，社会科学文献出版社 1999 年版。

16．环境保护部环境与经济政策研究中心：《生态文明制度建设概论》，中国环境出版社 2016 年版。

    17．秦宣：《中国特色社会主义新论》，中国人民大学出版社 2017 年版。

    18．胡鞍钢：《中国：创新绿色发展》，中国人民大学出版社 2012 年版。

    19．胡鞍钢、鄢一龙等：《中国新理念：五大发展》，浙江人民出版社 2016 年版。

    20．余谋昌、王耀先：《环境伦理学》，高等教育出版社 2004 年版。

    21．余谋昌：《环境哲学：生态文明的理论基础》，中国环境科学出版社 2010 年版。

    22．雷毅：《生态伦理学》，陕西人民教育出版社 2000 年版。

    23．王正平：《环境哲学：环境伦理的跨学科研究》，上海人民出版社 2004 年版。

    24．卢风等：《生态文明新论》，中国科学技术出版社 2013 年版。

    25．卢风、曹孟勤：《生态哲学：新时代的时代精神》，中国社会科学出版社 2017 年版。

    26．卢风：《生态文明与美丽中国》，北京师范大学出版社 2019 年版。

    27．郇庆治等：《绿色发展与生态文明建设》，湖南人民出版社 2013 年版。

    28．郇庆治：《当代西方生态资本主义理论》，北京大学出版社 2015 年版。

    29．张云飞、李娜：《开创社会主义生态文明新时代》，中国人民大学出版社 2017 年版。

    30．张云飞：《唯物史观视野中的生态文明》，中国人民大学出版社 2014 年版。

    31．任玲、张云飞：《改革开放 40 年的中国生态文明建设》，中共党史出版社 2018 年版。

    32．陈学明：《谁是罪魁祸首——追寻生态危机的根源》，人民出版社 2012 年版。

    33．陈学明：《全球视野下的中国道路》，重庆出版社 2014 年版。

    34．陈学明：《中国道路的世界意义》，天津人民出版社 2015 年版。

    35．王雨辰：《生态批判与绿色乌托邦——生态学马克思主义研究》，中央编译出版社 2009 年版。

    36．王雨辰：《生态学马克思主义与生态文明研究》，人民出版社 2015 年版。

    37．王雨辰：《生态学马克思主义与后发国家生态文明理论问题研究》，人民出版社 2017 年版。

    38．刘思华：《生态文明与绿色低碳经济发展总论》，中国财政经济出版社 2011 年版。

    39．陈金清：《生态文明理论与实践研究》，人民出版社 2016 年版。

    40．赵建军：《如何实现美丽中国梦——生态文明开创新时代（第 2 版）》，知识产权出版社 2014 年版。

41．方世南：《马克思环境思想与环境友好型社会研究》，上海三联出版社 2014 年版。

42．刘湘溶：《生态文明论》，湖南教育出版社 1999 年版。

43．刘湘溶、罗常军：《生态文明建设视域下的环境教育》，湖南师范大学出版社 2017 年版。

44．倪瑞华：《英国生态学马克思主义研究》，人民出版社 2011 年版。

45．罗浩波：《社会文明学导论》，浙江大学出版社 2008 年版。

46．孙育红、张志勇：《绿色技术创新论》，中国环境出版社 2017 年版。

47．龙睿赟：《中国特色社会主义生态文明思想研究》，中国社会科学出版社 2017 年版。

48．张进蒙：《马克思恩格斯生态哲学思想论纲》，中国社会科学出版社 2014 年版。

49．董强：《马克思主义生态观研究》，人民出版社 2015 年版。

50．潘家华：《中国生态文明建设年鉴 2016》，中国社会科学出版社 2016 年版。

51．秦书生：《社会主义生态文明建设研究》，东北大学出版社 2015 年版。

52．沈满红：《生态文明建设：思路与出路》，中国环境出版社 2014 年版。

53．李宏伟：《当代中国生态文明建设战略研究》，中央党校出版社 2013 年版。

54．李佐军：《中国绿色转型发展报告》，中共中央党校出版社 2012 年版。

55．张哲强：《绿色经济与绿色发展》，中国金融出版社 2012 年版。

56．黎祖交：《生态文明关键词》，中国林业出版社 2018 年版。

57．李晓西、胡必亮等：《中国：绿色经济与可持续发展》，人民出版社 2012 年版。

58．李国平等：《中国低碳发展公众参与战略研究》，人民出版社 2017 年版。

59．曾刚等：《长江经济带协同发展的基础与谋略》，经济科学出版社 2014 年版。

60．周冯琦、程进、陈宁等：《长江经济带环境绩效评估》，上海社会科学院出版社 2016 年版。

61．周冯琦、程进、嵇欣等：《全球环境战略转型比较研究》，上海社会科学院出版社 2016 年版。

62．蔡守秋：《生态文明建设的法律和制度》，中国法制出版社 2017 年版。

63．常杰、葛滢等：《生态文明中的生态原理》，浙江大学出版社 2017 年版。

64．赵成、于萍：《马克思主义与生态文明建设研究》，中国社会科学出版社 2016 年版。

65．苗启明等：《马克思生态哲学思想与社会主义生态文明建设》，中国社会科学出版社 2016 年版。

66．张孝德：《生态文明新时代与中国文明的复兴》，中国社会科学出版社 2013 年版。

67．俞可平等：《马克思主义与科学发展观》，重庆出版社 2006 年版。

68．李博主编：《生态学》，高等教育出版社 2002 年版。

69．中国 21 世纪议程管理中心编著：《生态补偿原理与应用》，社会科学文献出版社 2009 年版。

70．郭因、黄志斌等：《绿色文化与绿色美学通论》，安徽人民出版社 1995 年版。

71．黄志斌、刘志峰：《当代生态哲学及绿色设计方法论》，安徽人民出版社 2004 年版。

72．黄志斌：《绿色和谐文化论——构建社会主义和谐社会的文化理念与原理及其现实追求》，中国社会科学出版社 2007 年版。

73．黄志斌：《生态文明时代的和谐管理》，中央财经出版社 2011 年版。

74．黄志斌、吴慈生：《中西部地区"两型社会"建设的总体战略研究》，合肥工业大学出版社 2015 年版。

四、汉译著作

1．［希腊］亚里士多德：《政治学》，吴寿彭译，商务印书馆 2016 年版。

2．［加］威廉·莱斯：《自然的控制》，岳长龄等译，重庆出版社 1993 年版。

3．［美］詹姆斯·奥康纳：《自然的理由——生态学马克思主义研究》，唐正东、臧佩洪译，南京大学出版社 2003 年版。

4．［英］戴维·佩珀：《生态社会主义：从深生态学到社会正义》，刘颖译，山东大学出版社 2012 年版。

5．［美］杰里米·里夫金、特德·霍华德：《熵：一种新的世界观》，吕明、袁舟译，上海译文出版社 1989 年版。

6．［美］赫尔曼·E.戴利：《超越增长——可持续发展的经济学》，诸大建、胡圣等译，上海译文出版社 2001 年版。

7．［美］约翰·贝拉米·福斯特：《马克思的生态学：唯物主义与自然》，刘仁胜、肖峰译，高等教育出版社 2006 年版。

8．［美］罗德里克·弗雷泽·纳什：《大自然的权利：环境伦理学史》，杨通进译，青岛出版社 2005 年版。

9．[美]奥尔多·利奥波德：《沙乡年鉴》，侯文蕙译，吉林人民出版社1997年版。

10．[美]霍尔姆斯·罗尔斯顿：《环境伦理学：大自然的价值以及人对大自然的义务》，杨通进译，中国社会科学出版社2000年版。

11．[德]阿尔伯特·施韦泽：《敬畏生命》，陈泽环译，上海社会科学出版社1992年版。

12．[美]泰勒：《尊重自然：一种环境伦理学理论》，雷毅等译，首都师范大学出版社2010年版。

13．[美]戴斯·贾丁斯：《环境伦理学：环境哲学导论》，林官民等译，北京大学出版社2002年版。

14．[美]霍尔姆斯·罗尔斯顿：《哲学走向荒野》，刘耳、叶平译，吉林人民出版社2000年版。

15．[美]莱斯特·R.布朗：《建设一个持续发展的社会》，祝友三译，科学技术文献出版社1984年版。

16．[瑞典]冈纳·缪尔达尔：《亚洲的戏剧：对一些国家贫困问题的研究》，谭力文、张卫东译，北京经济学院出版社1992年版。

17．[美]迈克尔·P.托达罗：《经济发展与第三世界》，印金强、赵荣美等译，中国经济出版社1992年版。

18．[法]弗朗索瓦·佩鲁：《新发展观》，张宁、丰子义译，华夏出版社1987年版。

19．世界环境与发展委员会：《我们共同的未来》，王之佳、柯金良译，吉林人民出版社1997年版。

20．[美]巴里·康芒纳著：《封闭的循环：自然、人和技术》，侯文蕙等译，吉林人民出版社1997年版。

21．[俄]车尔尼雪夫斯基著：《车尔尼雪夫斯基论文学》中卷，辛未艾译，上海译文出版社1979年版。

22．[俄]瓦西里·康定斯基：《论艺术的精神》，吕澎译，上海人民美术出版社2014年版。

23．[美]希尔斯：《论传统》，傅铿、吕乐译，上海人民出版社1991年版。

24．[德]汉斯·萨克塞：《生态哲学》，文韬、佩云译，东方出版社1991年版。

25．[苏]阿法纳西耶夫：《系统与社会》，贾泽林、苏国勋等译，知识出版社1988年版。

26．[美]E.拉兹洛：《进化——广义综合理论》，闵家胤译，社会科学文献出版社1988年版。

27．[美]N.维纳著：《人有人的用处 控制论和社会》，陈步译，商务印书馆 2009 年版。

28．[法]弗朗斯瓦·魁奈：《魁奈经济著作选集》，吴斐丹、张草纫选译，商务印书馆 2017 年版。

29．[英]亚当·斯密：《国富论》精粹版，章莉译，译林出版社 2018 年版。

30．[英]彼罗·斯拉法主编：《大卫·李嘉图全集》第 1 卷，郭大力、王亚南选译，商务印书馆 2013 年版。

31．[意大利]托马斯·阿奎那：《神学大全》第 3 卷，段德智、徐弢译，商务印书馆 2013 年版。

五、英文文献

1．Reiner Grundmann：Marxism and Ecology，Oxford University Press，1991.

2．Ted.Benton："Marxism and Natural Limits：An Ecological Critique and Reconstruction"，New Left Review，No.178，1989.

3．Reiner Grundmann："The Ecological challenge to Marxism"，New Left Review，No.187，1991.

4．John Bellamy Foster：The Vulnerable Planet：A Short Economic History of the Environment，New York：Monthly Review Press，1999.

5．David Pepper：Eco-socialism：from deep ecology to social justice，London and New York：Routledge，1993.

6．Warren M.The rights of nonhuman word.In：Elliot R，Gare A.ed.Environmental philosophy.St.Lucia：The University of Queensland Press，1983.

7．VanDeVeer D.Interspecific justice.In：Donald VanDeVeer，Christine Pierce：the Environmental ethics and policy book，Wadsworth Publishing Company，1994.

8．Paul. Taylor，Respect for Nature：A Theory of Environment Ethics，Princeton University Press，1986.

9．Naess A.The Deep Ecological Movement：Some Philosophical Aspects，In：Sessions G.Deep Ecology For The 21st Century.Boston：Shambhala Publications Inc.1995.

10．Holmes，Rolston，III. Environmental Ethics：Values in and Duties to the Natural.Philadelphia：Temple University Press.1988.

11．OECD：Towards Green Growth，OECD Meeting of the Council，2011.

12. https://en.wikipedia.org/wiki/Green_development.

13. World Bank:Inclusive Green Growth:the Pathway to Sustainable Development, World Bank,Washington D.C.,2012,pp.171.

14. Colby M E:The Evolution of Paradigms of Environmental Management in Development,Strategic Planning and Review Department,The World Bank,1989,pp.10.

15. Barnes P:Herbage Yields and Quality in Four Woody Forage Plants in A Subhumid Environment in Ghana,Agroforestry Systems,1998,Volume 42,No.1,pp.25-32.

16. OECD:Declaration on Green Growth,OECD Meeting of the Council,Paris,2009a.

17. OECD:Towards Green Growth,OECD Meeting of the Council,Paris,2011a.

六、报刊文章

1. 王雨辰:《生态政治哲学何以可能?——论西方生态学马克思主义的生态政治哲学》,《哲学研究》2007 年第 11 期。

2. 郇庆治:《生态文明理论及其绿色变革意蕴》,《马克思主义与现实》2015 年第 5 期。

3. 郇庆治:《生态文明及其建设理论的十大基础范畴》,《中国特色社会主义研究》2018 年第 4 期。

4. 赵建军、杨博:《"绿水青山就是金山银山"的哲学意蕴与时代价值》,《自然辩证法研究》2015 年第 12 期。

5. 陈学明:《社会主义是解决生态危机的唯一出路》,《求是》2013 年第 7 期。

6. 肖贵清、田桥:《习近平治国理政思想的逻辑主线和框架结构》,《中国特色社会主义研究》2017 年第 1 期。

7. 方世南:《生态环境与人的全面发展》,《哲学研究》2002 年第 2 期。

8. 方世南:《生态文明是对马克思主义文明系统理论的丰富和发展》,《马克思主义研究》2008 年第 4 期。

9. 刘湘溶:《生态文明建设:文化自觉与协同推进》,《哲学研究》2015 年第 3 期。

10. 李周:《建设美丽中国,实现永续发展》,《经济研究》2013 年第 2 期。

11. 秦书生、吕锦芳:《习近平新时代中国特色社会主义生态文明思想的逻辑阐释》,《理论学刊》2018 年第 5 期。

12. 康沛竹、段蕾:《论习近平的绿色发展观》,《新疆师范大学学报》(哲学社会科学版)2016 年第 3 期。

13．段蕾、康沛竹：《走向社会主义生态文明新时代——论习近平生态文明思想的背景、内涵与意义》，《科学社会主义》2016 年第 2 期。

14．王雨辰、陈富国：《习近平的生态文明思想及其重要意义》，《武汉大学学报》（人文社会科学版）2017 年第 4 期。

15．刘海霞、胡晓燕：《论绿色发展观的理论渊源》，《西南林业大学学报》（社会科学版）2018 年第 3 期。

16．冯留建、管婧：《中国共产党绿色发展思想的历史考察》，《云南社会科学》2017 年第 4 期。

17．陈凡、白瑞：《论马克思主义绿色发展观的历史演进》，《学术论坛》2013 年第 2 期。

18．刘玉高、陶泽元：《马克思恩格斯绿色发展观及其当代再现》，《中南民族大学学报》（人文社会科学版）2016 年第 3 期。

19．蓝强：《人与自然和谐共生的多维取向》，《重庆社会科学》2016 年第 11 期。

20．刘尚洪、单喜凤：《新时代人与自然和谐共生的对策》，《信息与决策》2017 年第 11 期。

21．杨发庭：《绿色发展的哲学意蕴与时代价值》，《理论与改革》2016 年第 5 期。

22．苏亮乾：《习近平绿色发展理念的真善美意境》，《广西师范学院学报》（哲学社会科学版）2017 年第 1 期。

23．卢艳芹、彭福扬：《人与自然命运共同体论析》，《理论月刊》2017 年第 6 期。

24．王景通、林建华：《"金山银山"与"绿水青山"关系的逻辑理路》，《学习与探索》2019 年第 6 期。

25．张建、袁伟：《绿色发展理念的"生产力、群众、制度"三重逻辑》，《前沿》2018 年第 4 期。

26．刘保国、张小娟：《习近平绿色发展观的方法论探析》，《中共山西省委党校学报》2018 年第 6 期。

27．刘保国：《习近平新时代绿色发展观九论》，《西华大学学报》（哲学社会科学版）2019 年第 1 期。

28．陈俊：《习近平新时代生态文明思想的理论特征》，《广西社会科学》2018 年第 5 期。

29．唐鸣等：《习近平生态文明制度思想：逻辑内涵、内在特质与实践向度》，《当代世界与社会主义》2017 年第 4 期。

30．诸大建：《从"里约+20"看绿色经济新理念和新趋势》，《中国人口资源与环境》2012 年第 9 期。

31．刘琨、白英防：《绿色资产和绿色费用的确认与计量》，《绿色财会》2006 年第 2 期。

32．黎祖交：《让绿色财富成为全社会共同追求》，《绿色中国》2011 年第 1 期。

33．樊雅丽：《生态福利的引入与社会化——一个社会政策的研究视角》，《河北学刊》2009 年第 6 期。

34．张军：《生态福利观念的兴起与医疗保障模式的转型》，《生态经济》2009 年第 1 期。

35．张云飞：《试论社会建设的生态方向》，《北京行政学院学报》2010 年第 4 期。

36．丁通、骆骄阳等：《朱砂毒性的研究进展及配伍必要性分析》，《中国中药杂志》2016 年第 24 期。

37．赵发清、马海燕等：《生态系统中的菌流》，《中国微生态学杂志》1995 年第 4 期。

38．黄志斌：《意识系统发生过程新探》，《合肥工业大学学报》（社会科学版）1987 年第 4 期。

39．黄志斌：《人顺天·人制天·人和天——人对自然的实践史》，《合肥工业大学学报（社会科学版）》1992 年第 2 期。

40．黄志斌、江泓：《绿色设计及其自然哲学基础》，《自然辩证法研究》1998 年第 8 期。

41．黄志斌、汪宜丹：《高新技术仿生化发展的态势分析》，《自然辩证法研究》2001 年第 10 期。

42．黄志斌：《"绿色"辨义：从感性直观到知性分析再到理性综合》，《科学技术与辩证法》2003 年第 3 期。

43．黄志斌、任雪萍：《马克思恩格斯生态思想及当代价值》，《马克思主义研究》2007 年第 7 期。

44．黄志斌、邱国侠：《超循环：生态文明建设的本然依据、应然规范和实然途径》，《哲学动态》2014 年第 1 期。

45．潘莉、黄志斌：《党的十八大以来生态文明思想及其实践的重要发展》，《当代世界与社会主义》2015 年第 2 期。

46．黄志斌等：《毛泽东的绿色发展思想及其时代意义》，《毛泽东邓小平理论研究》2015 年第 8 期。

47．黄志斌等：《绿色发展理论基本概念及其相互关系辨析》，《自然辩证法研究》

2015 年第 8 期。

48．黄志斌等:《邓小平绿色发展思想的历史考察》,《安徽史学》2016 年第 3 期。

49．黄志斌等:《绿色发展中的辩证思维论要》,《毛泽东邓小平理论研究》2017 年第 3 期。

50．刘金、曹康康、黄志斌:《绿色发展的系统特征、价值取向以及实践路径》,《学术界》2018 年第 5 期。

51．黄志斌、高慧林:《习近平生态文明思想:中国化马克思主义绿色发展观的理论集成》,《社会主义研究》2022 年第 3 期。

52．《绿色财富理念挑战传统经济学 绿色财富论坛将在京举行》,《中国环境报》2005 年 11 月 17 日。

53．黄志斌:《贯彻绿色发展新理念 开创生态文明新局面》,《经济日报》2017 年 8 月 7 日。

54．黄志斌:《坚守人民立场 共建美丽中国》,《经济日报》2018 年 9 月 6 日。

55．黄志斌:《走向生态文明新时代》,《光明日报》2019 年 7 月 12 日。

56．黄志斌、黄驰:《以绿色发展解决人与自然和谐共生问题》,《经济日报》2020 年 12 月 21 日。

57．黄志斌:《积极稳妥推进碳达峰碳中和》,《光明日报》2022 年 12 月 14 日。

后　记

　　本书是在国家社科基金重点项目——"中国马克思主义绿色发展观的基本理论与方法研究"（项目编号：14AKS013）最终成果的基础上进一步提炼、修改而成的学术专著。2013年岁末，在由国家社科规划办发布的国家社科基金2014年度课题指南中，"中国马克思主义绿色发展观研究"选题赫然在列，鉴于我长期从事可持续发展理论与实践的研究积累，以及担任安徽省绿色文化与绿色美学学会会长的学术视野，便以重点项目类别申报了此项目，获得批准立项。立项之后，我们倾注所有的力量和极大的热情于该项目的研究之中，先后在《当代世界与社会主义》《自然辩证法研究》《光明日报》等重要报刊发表阶段研究论文20余篇，单篇论文被引最高达182次，多篇文章分别被全国学习平台"学习强国"和国家社科工作办《学坛新论》等推介，在全国学术交流和安徽咨政服务中获得好评，最终成果于2020年初春获得结项鉴定优秀等级，因此而享有耕耘学海和服务学术的愉悦。

　　本书以历史和现实相贯通、理论和实践相结合、国际和国内相关联的宽广视角，从"基本理论与方法"的论域，按照"现实化形态阐释—思想渊源探索—学术化形态构建"的思路展开中国马克思主义绿色发展观的研究。其中，关于中国马克思主义绿色发展观孕育、成长、成熟过程及其历史逻辑、理论逻辑和实践逻辑的概括凝练,特别是关于习近平新时代绿色发展观的基本理论之科学内涵、创新发展和内在逻辑的系统阐述,丰富和深化了马克思主义中国化与中国化马克思主义的认识;梳理、发掘和提炼的马克思恩格斯生态自然观、价值观、方法论的整体结构和主要内容,中华传统"天人合一"智慧所包含的生态保护观、生态价值观、生态思维观等绿色发展思想基因,国外生态思潮所内含的自然内在价值与外在价值、环境道德建构与社会结构变革、代内发展与代际发展相统一等绿色发展思想成分,拓新了中国马克思主义绿色发展观基本理论与方法之思想根基、本土基因和国外借鉴研究;对中国马克思主义绿色发展范畴论、规律论、价值论、方法论的阐证和构建,呈现出一系列新的学术见解,形成学术化形态的绿色发展理论与方法体系,提升和创新了中国马克思主义绿色发展观的学术研究成果,可望为我国绿色发展提供价值目标、实践理据、对策思路、行为规范和方法指引,有助于人们思想观念、思维方式和实践行为的绿色转型,从而推进社会主义生态文明和美丽中国建设,以及人民绿色福祉和我国国际影响力的提升。

本书由黄志斌完成。同行专家张雷声、钟明华、肖贵清、王永贵、胡大平、董春雨、吴波等对书稿的修改提出了宝贵意见;合肥工业大学老师张才国、潘莉、王志红、董军、曹钰等,以及研究生范思贤、陈茜、王新、沈琳、曹康康、潘佳勋、魏冉、钱巍、高慧林、张童彤、夏文雨、施晨晨等,不同程度地参与了课题研究,钱巍、高慧林还承担了大量的文献核对工作;许多学者的研究成果给了笔者有益的启示和参考;人民出版社的方国根编审和郭彦辰编辑以及合肥工业大学习近平新时代中国特色社会主义思想研究院给予了大力支持和帮助。2022 年,合肥工业大学还以学校哲学社会科学培育计划创新群体项目(项目编号:JS2022ZSPY0042)的方式予以激励。在此,笔者一并表示由衷的感谢。

关于中国马克思主义绿色发展观基本理论与方法的研究是一项新课题,而且涉及诸多学科和实践领域以及大量文献,既需要理论上的融会贯通,又需要对策上的综合创新,还需要材料上的精选细析和与时俱进。本书成稿于 2021 年 3 月,在后来的清样校对中,结合党的二十大精神学习,融入了相关内容。因笔者学识有限,书中难免有疏漏、偏颇甚至不当之处,祈望同行及读者指正。不断深化中国马克思主义绿色发展观研究,完善其理论与方法体系,使之成为绿色发展和生态文明建设的学理支撑和资政理据,将是笔者不懈的学术追求。

黄志斌

2023 年 3 月

于合肥工业大学斛兵塘畔